作者简介

陈立，1954年10月出生于福建省厦门市。1982年7月毕业于北京大学，1986年7月毕业于中国政法大学研究生院。曾在厦门中级人民法院工作2年。在厦门大学任教20年，兼职律师18年。1997年晋升教授。兼任中国刑法学会理事，厦门中级人民法院专家咨询委员会委员，厦门人民检察院专家咨询委员会委员，厦门联合信实律师事务所律师，厦门仲裁委员会仲裁员，厦门市人民检察院监督员。出版专著3部，主编教材10部，参编各类法学书籍6部，发表学术论文40余篇。

厦门大学法学院刑事法学系列

陈立 主编

经济犯罪理论与实务

JINGJI FANZUI LILUN YU SHIWU

陈 立 著

丛书总序

处在社会转型期的国家的法律总是处于不断的变化之中，这种变化所造成的后果之一就是法律的不断修改纂订。因为，与处于不断变化之中的现实生活和法律所调整的对象相比，立法者的认识能力、表达能力和立法技术总是有限的，“谁在起草法律时就能够避免与某个无法估计的、已生效的法规相抵触？谁又可能预见全部的构成事实，它们藏身于无尽多变的生活海洋中，何曾有一次被全部冲上沙滩？”①因此，为了保持与社会生活的适应性，法律就需要不断地修改，以便更好地发挥其规制社会生活的目的。自 1996 年对《刑事诉讼法》、1997 年对《刑法》进行了全面的集中修订后，全国人大根据社会形势的发展变化和司法实践的迫切要求，针对带有普遍性的、突出的而又亟须解决的实际问题，以修正案、决定、立法解释等方式陆续对修订后的《刑法》、《刑事诉讼法》进行了若干次的修改纂订。最高人民法院、最高人民检察院亦不失时机地对刑事审判中遇到的重大、疑难问题频频做出司法解释。

伴随着刑事立法的演进和司法实践的发展，刑事法学理论也在不断地发展和进步。每一次立法的变动都是一次理论繁荣的契机，刑事法条的修改废立为刑事法学研究提供了足够的诠释空间和生长点，新的理论学说的不断涌现，各种观点见解的彼此交锋，逐渐分化离析出彼此的适域与界限，从而搭建起完美精致的理论大厦，推动了刑事法学研究的繁荣与进步。

刑事立法的变化、刑事司法解释的发展、刑事法学理论的更新决定了本系列丛书的编撰。本系列丛书基于刑事法学一体化的理念，以整体刑事法为研

---

① [德]拉德布鲁赫：《法学导论》，米健译，中国大百科全书出版社 1997 年版，第 106 页。

究对象。丛书分为十种:《刑法总论》、《刑法分论》、《财产、经济犯罪专论》、《刑法疑难案例评析》、《外国刑法专论》、《刑事诉讼法学》、《外国刑事诉讼法专论》、《刑事证据法专论》、《刑事诉讼疑难案例评析》、《经济犯罪理论与实务》。丛书由中国刑法学会理事、福建省刑法专业委员会主任、厦门大学法学院教授陈立担任总主编。厦门大学出版社施高翔同志为责任编辑。在编撰时我们坚持做到:

一方面力图吸纳最新的理论发展和学术成果,使本书始终关注当前的学术动态和理论前沿,具有强烈的学术性而不至于是翻炒冷饭。因为,法学教育并非简单的使法科学生习知法律,而是要进行法理的熏陶和训练。特别是刑事法学作为实用性很强的科学,必须阐述刑事法法理,只有掌握了刑事法法理,才能掌握刑事法的分析工具,将体系中的知识系统化,否则,法律的运用只能停留在半瓶醋的水平上,总是由偶然因素和专断所左右。①

另一方面力图反映最新的立法成果和司法经验,将新近颁布的立法解释、司法解释以及权威性的判例在本书中加以体现,使本丛书始终紧扣法律实践,具有鲜明的应用性而不至于是空谈理论。因为刑事法学也应该进行应用研究,学术并非存在于真空之中,刑事法学产生和发展的动力源于社会的需要,近代法学的发展过程已经证明法学作为一门知识的形成是与实践性的法律职业活动分不开的。

丛书的编撰是一项艰巨、复杂的工作,我们必定要殚精竭虑、精益求精。但正如世界上不存在绝对完美的事物一样,丛书中的缺讹失漏亦在所难免,我们祈望各位专家、读者批评指正。

陈　立

2006 年 8 月

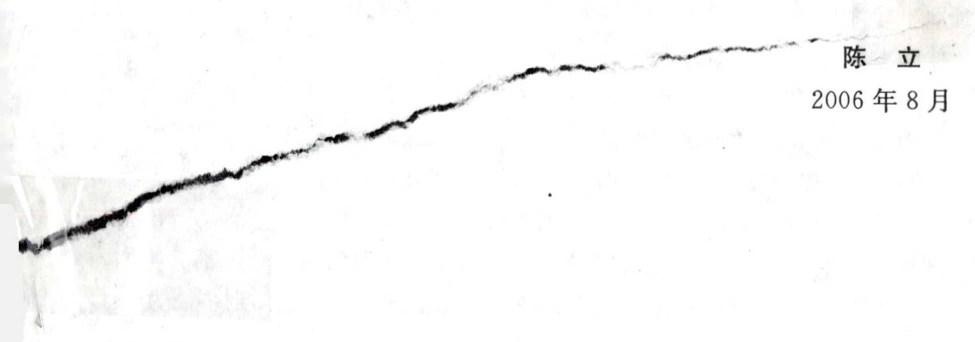

① [德]弗兰茨·冯·李斯特:《德国刑法教科书》,徐久生译,法律出版社 2000 年版,第 2 页。

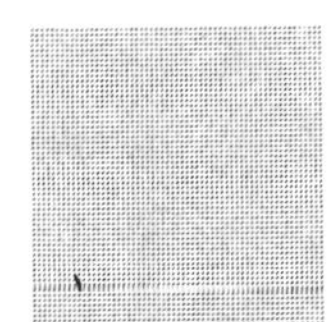

前言

本书以最高人民法院刑二庭所界定的广义经济犯罪(即包括破坏社会主义市场经济秩序罪、侵犯财产罪、贪污贿赂罪)为范围,选择其中在司法实践中比较常见的多发性罪种进行研究。对其构成要件及其认定中所存在的重大疑难问题,特别是针对我国在社会主义市场经济条件下经济犯罪所呈现的新情况、新问题,运用最新的法律规定、司法解释从理论与实务两方面进行深入、系统的剖析。对破坏社会主义市场经济秩序罪,如生产、销售伪劣商品罪,走私罪,公司犯罪,金融犯罪,妨害税收征管罪,侵犯知识产权罪,扰乱市场秩序罪等主要罪种都进行了较为细致的分析并对其在司法实践中所存在的重大疑难问题进行探讨。对传统的财产犯罪,如抢劫罪、盗窃罪、诈骗罪、侵占罪、敲诈勒索罪在新形势下出现的新的表现形式及其认定的疑难问题也有更新的阐述。对职务型经济犯罪,如贪污罪、挪用公款罪、受贿罪的新的特别表现形式和构成特征以及认定的疑难问题也进行了专门的研讨。本书特别注重对经济犯罪的罪与非罪和罪与罪之间的界限结合实际案例进行实务研究,以期能更深入地把握各种经济犯罪的特征和内涵。希望本书的出版有助于司法实践对经济犯罪的认定,为正确定罪量刑提供一定的法理根据。

陈　立

2006年8月于厦门大学法学院

目 录

第1章 生产、销售伪劣商品罪的司法认定

一、生产、销售伪劣产品罪犯罪对象的认定

1. 伪劣产品与伪劣商品的关系

刑法分则第三章第一节标题为“生产、销售伪劣商品罪”，这是作为类罪名的罪名称谓，具体包括刑法第140条至第148条规定的九种具体犯罪。刑法第140条规定的即是其中一个具体的犯罪，即“生产、销售伪劣产品罪”。由此产生的问题是，“伪劣产品”与“伪劣商品”的内涵与外延是否一致？

从经济学的角度言之，产品与商品是不同的概念，产品是指劳动所创造的物质成果，产品只有用于交换目的进入流通领域，才成为商品。如果产品仅用于满足生产者的需要，则不成其为商品。商品是用来交换的劳动产品。但根据《产品质量法》第2条第2款的规定：“本法所称产品是指经过加工、制作，用于销售的产品。”可见，我国产品质量法所称的“产品”即为“商品”。在生产、销售伪劣商品犯罪中，“伪劣产品”与“伪劣商品”也是没有区别的，只是为了使具体罪名区别于类罪名，刑法第140条才用“伪劣产品”一词。[①] 这可以从刑法第149条的规定得到佐证。该条第1款规定“生产、销售本节第141条至第148条所列产品，不构成各该条规定的犯罪，但是销售金额在5万元以上的，依照本节第140条的规定定罪处罚”，从而明确了第140条所指的“伪劣产品”是可以包容类罪名伪劣商品项下的各种特殊伪劣产品的。这反映了法律上的

① 刑法界有论者认为，本罪的罪名可以称为“生产、销售一般伪劣商品罪更为准确”。参见黄京平主编：《破坏市场经济秩序罪研究》，中国人民大学出版社1999年版，第80页。

用语与其他领域或一般日常生活用语不一定一致的情况。①

2. 伪劣产品范围的界定

伪劣产品实际上包括伪产品和劣产品两类。其一是伪产品，即“以假充真”的产品；其二是劣产品，包括“掺杂、掺假”、“以次充好”、“以不合格冒充合格”的产品。具体表现为四种情况：一是掺杂、掺假，即指在产品中掺入杂质或者异物，致使产品质量不符合国家法律、法规或者产品明示质量标准规定的质量要求，降低、失去应有使用性能的行为。② 二是以假充真，即指以不具有某种使用性能的产品冒充具有该种使用性能的产品的行为。三是以次充好，即指以低等级、低档次产品冒充高等级、高档次产品，或者以残次、废旧零配件组合、拼装后冒充正品或者新产品的行为。四是以不合格产品冒充合格产品。所谓“不合格产品”，是指不符合《中华人民共和国产品质量法》第26条第2款规定的质量要求的产品。如将没有达到国家标准、行业标准的产品冒充达到国家标准、行业标准的产品，将超过使用期限的产品冒充没有超过使用期限的产品等。以上四种行为类型实际上很难绝对区分，存在一定程度的交叉关系。司法实践也没有必要硬性将某种行为归为哪一类，只要行为符合上述四种类型所描述的情况之一，便可以认定。有分歧的是，伪造产地，伪造或者冒用他人的厂名、厂址，伪造或者冒用认证标志的产品是否也应界定为伪劣产品？我们认为依照罪刑法定原则，不适当扩大伪劣产品的范围是不妥当的，作为生产、销售伪劣产品罪的犯罪应以刑法第140条明确规定的伪劣产品的范围为基本依据，凡符合其中任何一个条件的，即属于伪劣产品，否则，即应予排除。

---

① 又如生产、销售有毒、有害食品罪中所指的“食品”，其内涵由于近年出现的用“瘦肉精”饲养肉猪，销售后致人中毒的案件亦有争议。有人认为，肉猪是食品原料而不是食品，只有猪肉才是食品，进而言之，只有煮熟的猪肉才是食品！饲养肉猪不属于生产食品，因此，用“瘦肉精”饲养肉猪不符生产有毒、有害食品罪的构成。这同样是因为法律用语与一般生活用语不一致而导致的法条理解分歧。为此，最高人民法院、最高人民检察院2002年8月23日印发的《关于办理非法生产、销售、使用禁止在饲料和动物饮用水中使用的药品等刑事案件具体应用法律若干问题的解释》明确规定明知是使用盐酸克伦特罗（俗称“瘦肉精”）养殖供人食用的动物，而提供屠宰等加工服务，或者销售其制品的，依照刑法第144条的规定，以生产、销售有毒、有害食品罪追究刑事责任。我们认为，法律用语若与一般用语有较大区别，应通过有权解释机关，采用规范的方法界定其含义，以免产生歧义。

② 掺杂、掺假有个度的问题。例如，在一麻袋大米中掺入一把沙子，这袋大米的使用性能还没有失去，但如果在一麻袋大米中掺入1千克沙子，这袋大米就淘洗不干净了，就失去了使用性能。

因而，将伪造产地，伪造或者冒用他人厂名、厂址，伪造或者冒用认证标志的产品排除在本罪对象之外，是完全恰当的，这也符合我国产品质量法的立法原意。因为根据产品质量法第 49 条、第 50 条、第 52 条的规定，生产不符合保障人体健康，人身、财产安全的国家标准、行业标准的产品，在产品中掺杂、掺假，以假充真，以次充好，以不合格产品冒充合格产品，销售失效、变质的产品的行为，根据情节，除给予行政处罚外，构成犯罪的，要追究刑事责任。即这些行为具有触犯刑法的可能性，而该法第 53 条规定，伪造产地的，伪造或者冒用厂名、厂址的，伪造或者冒用认证标志等质量标志的行为，只能予以行政处罚，而不具备刑罚可能性。

此外，生产、销售伪劣产品罪中的“产品”是否包括“建筑工程”，这也是个有分歧的问题。[①] 若根据产品质量法第 2 条的规定，该法所指的产品是不包括建筑工程的。但我们认为，不能因为产品质量法将建筑工程排除在适用范围之外，就将之排除在刑法第 140 条的适用范围之外。产品质量法将建筑工程排除在适用范围之外，是基于建筑工程的质量问题不同于一般产品质量问题，而不是建筑工程不存在质量问题。如果建筑工程用于交换，符合商品属性，则应当可以成为本罪的犯罪对象。因为劣质建筑工程较其他劣质产品的社会危害性更大，而刑法第 137 条规定的工程重大安全事故罪只处罚造成重大安全事故的劣质建筑工程生产者(包括建设者、设计者、施工者、工程监督者)，如果对以商品交换为目的的劣质建筑工程的生产者、销售者不进行处罚，于法于理都难以令人诚服。因此，我们认为，应将用于交换为目的的建筑工程列入本罪对象。

二、生产、销售伪劣产品罪未遂犯的认定

理论上对本罪是否存在未遂犯的问题，曾有否定说与肯定说两种主张。否定说者认为，构成生产、销售伪劣产品罪要求销售金额在 5 万元以上，若生产销售伪劣产品达不到 5 万元的销售金额，则不构成犯罪，也不构成本罪的未遂犯。如果生产者只是生产了伪劣产品，并没有推向市场，就谈不上销售金额较大，因而不符合本罪的客观要件。“生产者虽然生产了大量的伪劣产品，但

① 一种观点认为，建筑工程只要具有商品的性质，可以成为本罪对象，参见龚培华、肖中华著：《刑法争议疑难问题与司法对策》，中国检察出版社 2002 年版，第 281 页；另一种观点认为，不动产质量情况较为复杂，一般不应是本罪的对象，参见孙国祥、魏昌东著：《经济刑法研究》，法律出版社 2005 年版，第 180 页。

该生产者没有销售该产品，或者销售者虽然购买了大量伪劣产品，但没有销售该产品”，“行为人和买方约定了销售价额，但尚未交付该产品给买方”的，均不能认定构成犯罪，也不能按本罪的未遂犯认定。[①] 肯定说者认为，生产者已经生产出了伪劣产品，或者销售者已经购进了伪劣产品，准备销售或者正在销售，即使销售金额尚不足 5 万元即被查获的，应以犯罪未遂论，而不能认为不构成犯罪。[②]

我们认为问题的关键在于，刑法第 140 条所规定的“销售金额五万元以上”究竟是构成该罪不可缺少的构成要素，还是仅构成该罪既遂的标准。若将其理解为构成要件不可缺少的要素，缺之则自应不构成犯罪，而非未遂；若将其理解为仅是既遂的标准，只要有证据证明存在相应的故意及部分的实行行为，缺之则仍可构成本罪的未遂犯（满足修正的构成要件），此种理解仅将“销售金额五万元以上”作为本罪既遂的一项结果条件。这个问题其实存在于所有的“数额犯”中，应予以重视。

由于我国刑法对犯罪未遂只是在总则中作原则性的规定，在分则各具体罪名中并没有再作提示性规定（不像大陆法系国家刑法典一般都在分则中对应处罚的未遂犯作特别提示性规定），因此，从理论上可理解为，我国刑法分则所规定的每种犯罪都存在未遂犯，而且每种犯罪的未遂犯皆具可罚性。司法解释对诸如盗窃罪、诈骗罪这些数额犯也都认为存在未遂犯，只不过从刑事政策方面考虑，为缩小处罚范围，在情节上作了限制，一般规定“情节严重”才追究刑事责任。

这样，从我国刑法的立法模式及相应的司法解释上看，数额犯仍有构成未遂犯的余地。本罪既然为数额犯之一种，自然不能例外。据此，只能将第 140 条规定的“销售金额五万元以上”视为构成该罪既遂的一个结果因素，而不是客观构成要件不可缺少的要素。[③]

---

① 黄京平主编：《破坏市场经济秩序罪研究》，中国人民大学出版社 1999 年版，第 110～111、115 页。马克昌主编：《经济犯罪新论》，武汉大学出版社 1998 年版，第 68 页。

② 何秉松主编：《刑法教科书》，中国法制出版社 1997 年版，第 677 页。史卫忠、张径楠编著：《生产、销售伪劣商品犯罪定罪量刑案例评析》，中国民主法制出版社 2003 年版，第 60 页。

③ 在一般大陆法系国家刑法里，除明确提示该罪的未遂犯要处罚外，叙明罪状的要素皆为构成要件不可缺少的要素，缺之，则不构成犯罪；若提示该罪的未遂犯要处罚，叙明罪状结果要素的缺乏，则可构成该罪的未遂犯。区别的关键在于是否有处罚未遂犯的特别规定。

最高人民法院、最高人民检察院2001年4月5日《关于办理生产、销售伪劣商品刑事案件具体应用法律若干问题的解释》(下称《解释》)第2条指出："'销售金额'，是指生产者、销售者出售伪劣产品后所得和应得的全部违法收入。伪劣产品尚未销售，货值金额达到刑法第140条规定的销售金额三倍以上的，以生产、销售伪劣产品罪(未遂)定罪处罚。"由此肯定了本罪是要处罚未遂犯的，但同时也从刑事政策角度进行限制，即以货值金额达到销售金额3倍以上才处罚，而不是只要查明行为人具有实施生产、销售5万元以上销售金额伪劣产品的故意即定罪。这样的限定一方面与其他数额犯未遂处罚的情节限制相适应，另一方面其实也是以此证明行为人主观故意确实、充分的一种推定性规定，即行为人既然存有货值为销售金额3倍的伪劣产品，无疑可推定其具有实施生产、销售伪劣产品达到5万元以上的故意。

但是，我们认为，该《解释》在处理本罪的未遂犯问题上，消除了分歧意见，但仅解决了浅层次的问题。不仅如此，还产生了新的问题。由于《解释》将"销售金额"界定为"生产者、销售者出售伪劣产品后所得和应得的全部违法收入"，也就是说必须有"出售"行为，并有违法收入(出售后的对价，包括应得款)。这就是说，单纯的生产行为，不论生产量多少，货值多大，也只能构成本罪的未遂犯(而且还必须是其货值金额达到销售金额的3倍以上)，使得生产伪劣产品行为存在双重的从轻减轻情节。这对于销售伪劣产品的行为人而言是不公平的。[①] 而且还可能导致单处或并处罚金缺乏依据，因为在伪劣产品未出售前毕竟是未实现的、不确定的，无法以之为依据确定罚金。实际上，对本罪的未遂犯一方面以货值金额定罪，另一方面以销售金额处罚也缺乏内在的逻辑性。另外，这与选择性罪名的司法适用也是相背离的。本来选择性罪名既可概括适用，也可拆解适用，拆解后的每个罪名皆具独立性、完整性，但根据该《解释》，仅生产伪劣产品构成犯罪的，[②]因为没有销售金额，只能以未遂犯的形式认定，显然违背立法本意。

有些学者认为，仅生产伪劣产品，只要该伪劣产品尚未推向社会，其危害

① 当然，伪劣产品生产者批发伪劣产品的行为亦属销售行为。但由于批发价一般低于销售者的销售价，例如某伪劣产品生产者甲批发4万元汽车配件，由乙进行销售，若乙按5万元销售，则乙的销售行为构成本罪，而甲的生产加批发伪劣产品行为则由于未达5万元以上，不构成本罪，显见也不合理。

② 包括行为人为进行销售而收购、运输、储存伪劣产品尚未出售的，也是仅有货值金额，没有销售金额。

性就较小,[①]这是没道理的。若没有生产者生产伪劣产品的源头,销售者亦无从销售。其实,如果从刑法分则第三章第一节有关生产、销售伪劣商品罪的各条文(从第140条至第150条)整体把握,可以发现立法者实际上是将生产伪劣产品的行为与销售伪劣产品的行为视为具有同等社会危害性的。第140条将生产者和销售者相提并论,并在以下各条文中皆将生产伪劣商品行为与销售伪劣商品行为一直予以并列规定,特别是第145条至第148条更是将生产特种伪劣商品行为与销售行为区别规定,并且强调销售行为必须以明知是伪劣商品为处罚要件,可见立法者并不认为销售行为才具有真正危害性,恰恰相反,立法者更可能认为生产行为之危害甚于销售行为。对此可参见刑法有关伪造假币与贩卖假币、制造毒品与贩卖毒品犯罪的规定。

我们认为,比较妥当的解决方法是将"销售金额"理解为生产、销售伪劣产品的货值金额。[②] 从实务上可以这样处理:若行为人已经销售(包括出售、批发、转售),那么就按照该销售行为的实际违法收入计;若是已经生产或者购入伪劣产品,并且已与对方签订销售合同,但对方尚未付款的,就按照合同已签订的应付款计;若行为人仅生产或仅购入伪劣产品,但既没有实际销售,也没有与他人签订销售合同的,则应按已生产出或已购入的货值金额计。这样,生产伪劣产品行为或仅购入伪劣产品行为就具有了独立的意义,不仅符合选择性罪名的一般要求,也避免了对生产伪劣产品行为只能按未遂犯定罪甚至不能定罪而导致罪刑不相适应及不能充分有效地打击制造伪劣产品源头犯罪的弊端。当然这应由立法部门直接对条文进行修正。

值得讨论的是,若将销售金额理解为货值金额,同样要思考本罪是否尚有必要对货值金额未达5万元,但行为人主观上有准备生产、销售5万元以上货值伪劣产品的故意按未遂犯认定?我们认为,本罪实为行政犯。所谓行政犯,即该违法行为本由相应行政法规调整,只是因为达到严重程度,才转化为刑事犯罪。这种程度往往在刑事立法上体现为一定的数额。因此,行政犯往往表现为数额犯。可以说,我国刑法分则第三章规定的"破坏社会主义市场经济秩序罪"是行政犯之集合。一般而言,若将未达相应数额的行政违法行为,根据其主观意图而按未遂犯加以认定,将架空本来的行政法规,使刑法干预面过大,不符刑法的谦抑原则,也不利于行政执法部门的积极性。其实,要证实数

---

① 张明楷:《刑法第140条"销售金额"的展开》,载《清华法律评论》1999年第2辑。

② 既然司法解释在处理本罪的未遂犯时已经采用了货值金额,为何不将之一以贯之,使之前后一致。

额以上的故意内容，在证据上也是很困难的。而且，一般而言，行政犯也不存在行为实行终了的未遂，因为在行政犯情形下，行为一旦实行终了，即构成既遂，无理由存在行为实行终了的未遂。如此观之，则本罪不应有未遂犯存在之情形。因此，实务中也绝少出现对行政犯之未遂犯的认定。

不过，目前在上述《解释》仍有效的情况下，仍应以存有3倍以上销售金额的货值作为认定未遂的依据。

三、生产、销售伪劣商品罪主观认识因素的认定

本类罪都是故意犯罪，不存在过失犯罪。我们认为，这类罪的故意一般表现为间接故意，特别是从第141条的生产、销售假药罪，第143条的生产、销售不符合卫生标准的食品罪，第144条的生产、销售有毒、有害食品罪的构成上分析，更不可能存在直接故意的情形，因为行为人若是直接故意实施上述行为，便可能构成以上述危险方法危害公共安全的犯罪。

本类罪的犯罪形态包括结果犯（数额犯亦可视为结果犯的一种）、行为犯、危险犯（在本类罪中表现为具体危险犯）及结果加重犯。与之相应，行为人主观故意所应有的认识因素在不同形态的犯罪类型中也是不同的。

在结果犯的情况下，如第142条的生产、销售劣药罪，行为人应对其行为会对人体健康造成严重危害具有认识，即不仅仅认识到其生产、销售的是劣药，还应认识到其所生产、销售的劣药对人体健康会造成严重的危害。

在行为犯[①]的情况下，如第144条的生产、销售有毒、有害食品罪，行为人应对其生产、销售的是有毒、有害食品具有认识，至于其行为会产生何种结果，则不要求具体证明其具有认识，因为立法者已经推定其具有认识。如果生产、销售有毒、有害食品“造成严重食物中毒事故或者其他严重食源性疾患，对人体健康造成严重危害的”则属结果加重犯。根据结果加重犯的构成条件，行为人对加重的结果只要存在预见的可能性即可，不必要求具有明知。

在具体危险犯的情况下，如第141条的生产、销售假药罪，第143条的生产、销售不符合卫生标准的食品罪，则行为人不仅应对其生产、销售的是假药，是不符合卫生标准的食品具有认识，还应认识到其生产、销售的假药“足以严

---

① 也有学者认为行为犯实际上就是抽象危险犯。这是由于目前我国刑法界对抽象危险犯与行为犯之间的界限如何区分仍有争议的缘故。本书作者鉴于目前国内刑法界对危险犯，特别是抽象危险犯的理论分歧比较大，因此倾向于以行为犯概念代替抽象危险犯概念。

重危害人体健康”，或其生产、销售的不符合卫生标准的食品“足以造成严重食物中毒事故，或者其他严重食源性疾患”。因为这两种犯罪都属于具体危险犯，从具体危险犯的构成上看，行为人应对其行为可能产生的具体危险状态存在认识。但问题是，在司法实践中，对这种具体危险状态的认识，除被告人的自我供述外，应如何加以证明呢？我们认为，可以从其生产、销售假药的性质或不符合卫生标准食品的状况与程度加以推定。例如，行为人明知其生产、销售的假药具有上述《解释》第3条规定的以下情形：(1)含有超标准的有毒有害物质的；(2)不含有所标明的有效成分，可能贻误诊治的；(3)所标明的适应症或者功能主治超出规定范围，可能造成贻误诊治的；(4)缺乏所标明的急救必需的有效成分的，即可推定其对该具体危险状态存在认识。至于不符合卫生标准食品罪的具体危险状态的认知，根据该《解释》第4条规定，则应以行为人明知其所生产、销售的食品“含有可能导致食物中毒事故或者严重食源性疾患的超标准的有害细菌或者其他污染物”为推定依据。

根据我国刑法第14条有关犯罪故意的界定，不论是直接故意还是间接故意，其认识程度都应达到明知的程度。同样，对实施上述犯罪的行为人的主观认识因素也应如此把握。也就是说，“明知”是一切故意犯罪在主观认识方面必须具备的特征。如果一个人的行为虽然在客观上会发生甚至已经发生了危害社会的结果，但行为人本人在行为时并不明知自己的行为会发生这种结果，那就不构成犯罪的故意。“明知”的内容应当包括法律所规定的构成某种不可缺少的事实，亦即作为犯罪构成要件的客观事实。具体而言，明知包括三项内容：(1)对行为本身的认识，即对刑法规定的危害社会的内容及其性质的认识。(2)对行为结果的认识，即对行为产生或者将要产生的危害社会结果的内容与性质的认识。(3)对危害行为和危害结果相关联的其他犯罪构成要件事实的认识。当然，在具体司法实践中如何认定生产、销售伪劣商品罪行为人的主观认识因素，仍然存在诸多争议，由此导致对该类案件定性的认识差异，仍然不乏其例。下面我们用具体案例说明问题。

被害人唐某、钱某在B市游玩，途经黄某经营的干果店时购买了该店出售的河豚烤鱼片食用。当晚，唐某、钱某两人出现类河豚毒素中毒症状。唐某经抢救无效死亡，钱某因食用量小，经治疗痊愈。经公安部物证鉴定中心检验鉴定，被害人吃剩的烤鱼片及死者胃里的内容物含河豚鱼毒素；B市公安局刑事技术检验鉴定结论认为，死者系河豚毒素中毒死亡；该市卫生防疫站检测证实，被害人吃剩的烤鱼片以及从干果店查封提取的烤鱼片皆具毒性；该市某医院证明死者系呼吸麻痹并衰竭死亡，死亡症状与河豚毒素中毒症状相似。经查明，黄某的干果店所销售的河豚烤鱼片是由A市吴某负责的水产品加工厂生产的。吴某是在办理了有关合法证照等手续后，开办了一家水产品加工厂，以新鲜河豚鱼为原料，经清除头部、内脏、鱼皮后，再进行盐腌、烘烤等处理工序生产烤鱼片。该烤鱼片通过了当地卫生防疫部门的常规食品检验，当地卫生防疫部门也出具了该食品的食品合格证。此后，吴某才向该市及其他地区销售该食品，被告人黄某所经营的干果店也向其进货并对外销售。吴某将刚出厂的4箱散装烤鱼片(此批食品无合格证)运至该市批发给黄某销售。结果唐某、钱某在购买该批烤鱼片食用后引起中毒，并导致了一死一伤的严重后果。侦查情况表明：A市生产加工河豚烤鱼片、B市销售河豚烤鱼片，均有十几年历史，具有普遍性。生产者和销售者自己也食用河豚烤鱼片，产销两地没有发生过重大伤亡事故，两地有关部门也从未对此产销行为进行禁止或处罚。相反，A市有关部门还大力扶持该产业的发展，予以一定的政策倾斜，甚至以政府文件形式鼓励对河豚鱼进行开发和利用。

公安机关在案件侦查终结后移送检察院审查起诉。检察院在审查起诉过程中，对于本案定性有三种分歧意见：

第一种意见认为，两被告人行为符合刑法第115条的规定，构成过失以危险方法危害公共安全罪。这种意见认为，两被告人在主观上是过于自信的过失。他们已经预见到河豚鱼有毒，加工不当可能造成严重后果，但他们过分相信对河豚鱼进行剔除、盐腌、烘烤后即可食用。客观上看，两被告人仅仅依靠传统、简单的加工处理方法生产含有剧毒的河豚，显然无法达到正常食品安全无毒的要求，但他们仍向不特定人销售，显然是一种危害公共安全的危险方法，并且已经造成一死一伤的严重后果。这种严重后果与两被告人的行为有着必然的联系，因而构成过失以危险方法危害公共安全罪。

第二种意见认为，对两被告人应适用刑法第143条的规定，构成生产销售不符合卫生标准的食品罪。这种意见认为，两被告人在主观方面不是过失，而是间接故意，他们明知河豚鱼含有毒素，处理不好会造成严重后果，但仍放任这种结果发生；客观方面，生产者没有经过专门的培训、不具备科学的检测手段而对河豚鱼进行加工生产，根本不具备安全生产条件，并且此批食品没有合格证。而销售者将没有合格证的具有特殊危险的食品作为普通食品面向大众销售，造成严重后果，符合生产销售不符合卫生标准食品罪的犯罪构成。

第三种意见认为，两被告人无罪，不应承担刑事责任。这种意见认为，两被告人主观上既无故意，也无过失，不可能也不应当预见到自己的行为会造成危害社会的后果。因为从多年的河豚烤鱼片产销现状、政府部门的政策态度等等具体的条件和环境来看，产销两地都普遍认为经过传统加工生产出来的河豚烤鱼片是可以食用的。被告人作为社会的一般个体，不能要求其应当预见到超出社会普遍认知水平的危害结果。客观方面，国家和地方都没有河豚烤鱼片具体卫生检测指标，也没有具体明确的有关河豚鱼生产经营的法律规范，因此不能认为该加工方法就是一种危险方法。同时，这种意见还认为，公安部的鉴定结论仅有定性分析，没有定量分析，作为鉴定结论应该说不够准确。

最终，检察院对两被告人以过失以危险方法危害公共安全罪向法院提起公诉。开庭中，两被告人的辩护人均作无罪辩护。一审法院最终认定两被告人犯过失以危险方法危害公共安全罪，分别判处有期徒刑 3 年，缓刑 3 年。判决后，检察机关未进行抗诉，两被告人也没有上诉。

本案的关键即在于要对两被告人的主观要件方面进行准确认定，即要认定被告人对自己的行为及其结果所抱的心理态度。上述三种不同意见的主要分歧也在于对两被告人主观认识因素认定的不同。我们认为，本案不宜认定被告人具有主观故意。基本理由就是本案的两被告人均缺乏故意犯罪的主观认识因素，即两被告人对其生产、销售的有毒河豚烤鱼片缺乏明知。两被告人在长期的生产、销售过程中，认为河豚鱼经过剔除、浸泡、盐腌等工序后所制成的烤鱼片就能达到安全无毒的卫生要求，况且他们以前在产销过程中没有发生过重大伤亡事故，两地有关部门也从未对此产销行为进行禁止或处罚。两被告人对食用者一死一伤这一严重后果既不存在希望的心理态度也不存在放任的心理态度：两被告人与受害者素不相识，并无伤害的动机，他们生产、销售河豚烤鱼片是为了营利，并不会希望这一违反他们营利初衷的严重后果发生，完全可以排除直接故意；再从两被告本人亦食用烤鱼片的事实以及产销已经过相当长的时间都未发生危害后果的情况来看，可以推断他们认为食用河豚烤鱼片不会产生致人伤亡的后果，因而也就缺少放任危害结果发生的主观心态，不存在间接故意。

在这种情况下，法院采用第一种观点认定本案被告人构成过失以危险方法危害公共安全罪是合理的。如果采用第三种观点，认为本案属于意外事件，则被害人将得不到相应的救济，亦显属不合理，况且，认为本案被告人不存在过失的心理态度，与其生产、销售存在高度危险的食品的行为也是不相称的，实施高度危险的行为本应具有高度的注意义务。从本案案情来看，不能认为本案被告人已经尽了高度的注意义务。当然，法院将被告人的行为认定为过失以危险方法危害公共安全罪，与我国刑法对生产、销售伪劣商品罪没有设置过失犯规定也是有关系的。我们认为，对危险性较大的本类罪种，例如生产、销售有毒、有害食品罪，生产、销售假药罪引起实害结果的，立法似应考虑设置过失犯的规定，以避免在发生诸如本案类型的行为时法律定性的尴尬。

又如林某在某市注册成立了以经营粮油为主的某贸易部，自任经理、法人代表并聘请林某乙、林某丙（另案处理）参与管理。自此以后，林某从香港以每吨 1400 元港币的价格大量进口无商标、无生产厂家、无生产日期、无合格证的工业用猪油。当某省定南、龙南等地的粮油经销商来林某的贸易部购买猪油时，林某乙和林某丙隐瞒真相将工业用猪油当作食用猪油批发销售给粮油经销商。1998 年 12 月，林某将其从香港进口的工业用猪油当作食用猪油，以每吨 7500 元的价格批发给何某。何某再将猪油运至某省定南县，以每吨 7900 元的价格批发给黄某、吴某、罗某等人销售。结果导致某省定南县、龙南县共 1002 人食用此批猪油后中毒，其中 3 人死亡，57 人重度中毒，742 人轻度中毒，另外 334 人食用后出现不适反应。经专家组鉴定，盛装此批工业用猪油的桶曾经被用作有机锡的包装桶，以致有机锡污染了猪油。死亡的 3 人均为有机锡中毒致死，其他人也系有机锡中毒。

本案在审查起诉和审理过程中，在认定何某、黄某、吴某和罗某的行为性质时，意见一致，都认为构成不符合卫生标准食品罪。但在林某和林某乙行为的定性问题上存在三种不同意见：

一种意见认为，被告人林某、林某乙的行为构成以危险方法危害公共安全罪，不构成销售有害食品罪。理由是：两被告人明知将工业用猪油当作食用猪油销售给消费者，必定危害广大消费者的身体健康，但他们置广大消费者的生命健康于不顾，对可能造成人员死亡或重伤的后果听之任之，结果导致严重危害结果的发生，其行为符合以危险方法危害公共安全罪的犯罪构成。而销售有害食品罪的犯罪对象应是掺有有害非食品原料的食品，本案中被告人销售的工业用猪油不是食品，并且被告人对这批工业用猪油中含有有机锡也不明知，因此不构成销售有害食品罪。

另一种意见认为，被告人林某、林某乙的行为构成销售有害食品罪，不构成以危险方法危害公共安全罪。理由是：被告人明知工业用猪油被人食用有害身体健康，却将之当作食用猪油销售，其行为符合销售有害食品罪的犯罪构成。两被告人之所以不构成以危险方法危害公共安全罪，是因为两被告人的动机是非法牟取暴利，主观上无危害公共安全的故意，客观上销售工业用猪油给人食用也难以危害公共安全。事实上此案造成特别严重后果的原因是盛装工业用猪油的包装桶的有机锡污染，这不是两被告人所能预见的。

还有一种意见认为，被告人林某、林某乙的行为构成销售不符合卫生标准食品罪。理由是：我国刑法第144条规定的销售有害食品罪的客观方面的要件是在生产、销售的食品中掺入有害的非食品原料，或者销售明知掺有有害非食品原料的食品。而本案中，林某、林某乙并未在销售的工业用猪油中掺入有害的非食品原料，也不明知所销售的工业用猪油被有机锡污染，故两被告人没有销售有害食品的故意。但是两被告人明知工业用猪油不符合食用猪油的卫生标准，仍按食用猪油予以销售，构成销售不符合卫生标准食品罪。

某市人民检察院对林某和林某乙以危险方法危害公共安全罪、对何某等4人以销售不符合卫生标准食品罪向某市中级人民法院提起公诉。林某的辩护人提出过失犯罪的辩护意见。何某等4人的辩护人也提出过失犯罪的辩护意见。林某乙提出无罪的辩护意见。某市中级人民法院一审判决认为检察院对林某和林某乙的指控罪名不当，林某和林某乙应构成销售有害食品罪，对何某等4人的认定则与检察院起诉意见一致，构成销售不符合卫生标准的食品罪。一审判决后，各被告均未上诉。

本案的客观情况是，被告人林某和林某乙以食用猪油名义销售了一批被有毒物质有机锡污染的工业用猪油，危害了不特定多数人的生命健康。因此，要对两被告人的行为进行准确认定，同样是要准确认定被告人对其行为及行为造成的结果所持的心理态度，也就是主观认识因素的问题。这应从两个层次进行考察：(1)被告人对将已被有机锡污染的工业用猪油当作食用猪油进行销售的行为是持怎样的心理态度；(2)被告人对1002人中毒、其中3人死亡这一危害不特定多数人生命健康的后果是持怎样的心理态度。

对于被告人实施销售被有机锡污染的工业用猪油行为时的心理态度，我们认为，两被告人主观上具有销售有害食品的故意。被告人林某和林某乙，明知其所销售的是工业用猪油(非食品)，作为非食品本身不符合食品的卫生标准，给人食用可能有害人体健康，但他们仍将其当作食用猪油(食品)销售。因此，林某和林某乙主观上存在销售有害食品的故意。[①] 但是，林某和林某乙所销售的是被有机锡污染的有毒工业用猪油，为什么仅认定两人存在销售有害食品的故意而没有销售有毒食品的故意呢？这是因为林某及其聘请参与管理的林某乙，并不明知其最后一批销售的工业用猪油的包装容器会被有毒的有机锡污染，因而也就不明知这批猪油会有毒（不仅仅是有害），所以不存在销售有毒食品的故意，而仅仅存在销售有毒食品的过失。因为国家对非食品的包装容器没有卫生方面的要求，他们应该预见到用来装工业用猪油的容器不可能像装食用猪油的容器那样干净卫生，但是仅仅有过失不构成销售有毒食品罪，因为销售有毒食品是一种故意犯罪。

至于被告人对造成了1002人中毒，其中3人死亡这一危害后果的发生是出于怎样的心理态度，我们认为，林某和林某乙以工业用猪油当作食用猪油销售的主观目的是牟取非法暴利，而并非危害不特定多数人的生命健康，如果他们知道这批工业用猪油有毒（不仅仅是有害），会导致1002人中毒、3人死亡，就不会以食用猪油名义进行销售，因为这一后果会给他们带来更大的财产损失，违背其牟取暴利的初衷。可见，林某和林某乙并不希望造成危害不特定多数人的生命健康这一后果发生，对这一严重危害结果不存在直接故意的问题。至于是否存在间接故意，就得考察行为人是否存在放任危害结果发生的心理态度。放任某一危害结果的发生是以行为人明知这一危害结果可能发生为前提的，如果行为人并不明知其行为可能造成危害结果，就不存在放任的问题。从本案的事实可以看出，林某和林某乙已有多年将工业用猪油当作食用猪油销售的历史，他们对工业用猪油有害虽然能够认识到，但对最后一批工业用猪油被有机锡污染确实没有认识到。但这并不影响他们对所发生的加重结果承担刑事责任。这是因为，销售有害食品罪属于行为犯，只要行为人对其所销售食品的有害性质具有认识，就可以认定构成销售有害食品罪，对其所造成的严重后果并不要求有明确的认识。因为对于结果加重犯的加重结果，即使行为

---

① 表面上看，两被告人销售的工业用猪油似乎与销售有害食品罪的对象不相符，因为按照刑法第144条的规定得知，销售有害食品罪的对象是指掺入有害的非食品原料的食品，而工业用猪油本身并非食品。但是，按照《中华人民共和国食品卫生法》的有关规定，就不存在上述问题。《中华人民共和国食品卫生法》第9条规定："禁止生产经营下列食品：……（八）用非食品原料加工的，加入非食品用化学物质的或者将非食品当作食品的……"按照此规定，"将非食品当作食品"销售的，应以销售食品论。本案中林某和林某乙为了牟取非法暴利，将工业用猪油冒充食用猪油销售，就是一种典型的以"非食品当作食品"的行为。

人不明知其会发生，但只要对该加重结果存在预见可能性（有过失）[①]就要对该加重结果承担责任。所以本案中林某、林某乙对其行为造成的严重后果虽不明知，仍不影响构成销售有害食品罪的结果加重犯。

本案实际上还存在一个因果关系认识错误的问题，即行为人原以为造成1002人中毒、3人死亡的结果是食用工业用猪油所致，后来发现原来是最后一批工业用猪油被有机锡污染才造成这样的结果，也就是说中毒的直接原因是有机锡而不是工业用猪油。那么，行为人能不能以此作为抗辩理由而不承担结果责任呢？当然不能。这就如同行为人为谋杀而将被害人从桥上推入水中，意图让被害人溺水而死，不料法医事后鉴定被害人在入水前因颅脑与桥墩发生撞击，其主要致死因是颅脑破裂，尽管是行为人事前未曾料到的，但与行为人的行为仍存在因果关系，只不过该因果关系没有被行为人认识到，这种因果关系的认识错误并不能阻却行为人的刑事责任。

总而言之，林某和林某乙虽然在客观上将被有机锡污染而对人体有毒的工业用猪油当作食用猪油来销售，虽然他们仅仅明知其有害性，并不明知其有毒性，虽然他们只有销售有害食品的故意，而没有销售有毒食品的故意，但并不影响他们构成销售有害食品罪并对其加重结果承担结果加重犯的责任。因此，某市中级人民法院对林某和林某乙定性为销售有害食品罪是准确的。

至于被告人何某等4人，检察院和法院都认定他们构成销售不符合卫生标准的食品罪，这也是正确的。虽然诸被告人客观上将被有机锡污染的工业用猪油当作食用猪油来销售，但他们并不明知所销售的是工业用猪油，更不知道该猪油已有被有机锡污染的情况，不存在销售有毒、有害食品的故意。但他们明知所销售的是无生产厂家、无生产日期、无生产合格证的产品，违反了国家产品质量管理法规和食品卫生管理法规。当然，这里有一个问题值得一提，即“三无”产品是否一定就是不符合卫生标准的食品？我们认为这两者虽然不是绝对等同的，但至少具有很大的盖然性。行为人明知所销售的是“三无”产品，对其可能是不符合卫生标准的食品也就具有盖然性的认识，存在着销售不符合卫生标准的食品的间接故意。因此，以销售不符合卫生标准的食品罪认定是合法合理的。

---

① 大陆法系甚至有理论认为，对结果加重犯中加重结果的承担，只要该加重结果与基本犯之间存在因果关系即可，不需要考虑主观心态问题。

四、生产、销售伪劣商品罪竞合犯的认定

刑法第141条至第148条对生产、销售特定种类的伪劣商品犯罪分别作了专门的规定。其罪名包括生产、销售假药罪；生产、销售劣药罪；生产、销售不符合卫生标准食品罪；生产、销售有毒、有害食品罪；生产、销售不符合标准的医用器材罪；生产、销售不符合安全标准的产品罪；生产、销售伪劣农药、兽药、化肥、种子罪；生产、销售不符合卫生标准的化妆品罪等8种特殊的伪劣商品犯罪。而刑法第140条规定的生产、销售伪劣产品罪的对象则是一般意义上的不特定产品，并且要求销售金额达到法定标准；上述生产、销售其他特定种类伪劣商品犯罪的对象是特定的，而且没有销售金额的法定数量要求，但却是以“足以严重危害人体健康的”、“对人体健康造成严重危害的”、“足以造成严重食物中毒事故或者其他严重食源性疾患的”、“造成严重后果的”、“使生产遭受较大损失的”等作为构成要件。① 可见两者是普通法条与特别法条的关系。根据法条竞合的特别法条优于普通法条的原理，如果行为人实施了生产、销售特定种类伪劣产品的行为，并且符合各该条犯罪构成的，就应按刑法第141条至第148条规定的生产、销售特定种类伪劣商品犯罪论处。若行为人虽然实施了生产、销售特定种类伪劣商品的行为，但不符合各该条规定的犯罪构成的，例如，生产、销售假药，却不足以严重危害人体健康；生产、销售劣药，却没有对人体造成严重危害；生产、销售不卫生化妆品，却没有造成严重后果，如此等等，则不能以生产、销售特定种类伪劣商品犯罪论处。但是，根据刑法第149条第1款规定，如果销售金额在5万元以上，则应当以生产、销售伪劣产品罪论处。广义的伪劣产品可包含特定的伪劣商品。在法规竞合的情况下，特别法应当优于普通法适用，这是处理特别法与普通法关系的基本原则，也是刑法第149条第1款规定的基本精神。可是，该条第2款同时又规定，生产、销售本节第141条至第148条所列产品，构成各该条规定的犯罪，同时又构成本节第140条规定的犯罪的，依照处刑较重的规定定罪处罚。这实际上

---

① 应注意刑法第144条规定的生产、销售有毒、有害食品罪，是一种行为犯（也有论者认为属于抽象危险犯），不要求发生具体危险，更不要求发生危害结果，即可构成犯罪。

又确立了法规竞合重法优于轻法的原则。[①] 因此,行为人生产、销售特定种类的伪劣商品,实际销售金额在5万元以上的,是按第140条生产、销售伪劣产品罪论处,还是按第141条至第148条生产、销售特定种类伪劣商品罪论处,就完全取决于法定刑的轻重。在生产、销售特定种类伪劣商品犯罪的法定刑重于生产、销售伪劣产品罪的情况下,则应当按生产、销售特定种类伪劣商品罪论处;但是,如果生产、销售特定种类伪劣商品犯罪的法定刑轻于生产、销售一般伪劣产品罪的法定刑时,则应当按生产、销售伪劣产品罪论处。例如,行为人生产、销售劣药,对人体造成了严重危害,但没有造成特别严重危害,然而销售金额在50万元以上。根据刑法第142条的规定,对这种行为最高刑只能处10年有期徒刑;而根据刑法第140条的规定,生产、销售一般伪劣产品销售金额在50万元以上不满200万元的,处7年以上有期徒刑,并处销售金额50%以上2倍以下罚金;销售金额在200万元以上的,处15年有期徒刑或者无期徒刑,并处销售金额50%以上2倍以下罚金或者没收财产。可见其中轻重之差别。

此外,本类型犯罪还很容易与假冒注册商标罪发生竞合关系。我们以一起案件来说明这个问题。被告人陈某某以每箱人民币800元(每箱216盒)的价格多次向林某购得假冒金日牌商标标志的美国洋参丸共计551箱,后分别以每盒7.2元和7.3元人民币的价格出售给一些医药公司,后被发现其所售洋参丸系假货而案发。检察院以被告人陈某某犯销售伪劣产品罪向法院提起公诉。被告人陈某某辩称其不知向林某购得的洋参丸系假货,其行为不构成犯罪。辩护人提出,被告人陈某某的行为构成销售假冒注册商标的商品罪而非销售伪劣产品罪,理由是:陈某某销售假冒伪劣金日牌美国洋参丸,侵犯的是金日集团注册商标专用权。因为陈某某在销售期间,并未获得任何该洋参丸系劣质产品的消息,林某没有告诉他,他也未对该洋参丸进行检验。虽然有部分售出的洋参丸被购买方退回,那也是因为该洋参丸的重量、规格与金日集团注册商标的规格不一致,并不是质量劣质而被退回,所以,陈某某主观上不具备销售伪劣产品的犯罪故意,不构成销售伪劣产品罪,而是构成销售假冒注册商标的商品罪。

---

① 一般情况下,若有特别法条的规定,本应优先使用特别法条。而且立法技术若成熟,特别法条的法定刑本来也应重于普通法条。故在法规竞合情况下,应用特别法优于普通法原则即可解决问题。但我国的法规设计并不如此,常常存在特别法条的法定刑轻于普通法条的情况。为体现罪刑相适应原则,不得不又确定重法优于轻法原则。

检察院认为，陈某某的行为应定为销售伪劣产品罪。理由是，陈某某很早就开始经营药品生意，明知金日牌洋参丸是他人注册的商标产品，因此不可能不知道林某出售给他的每盒仅有3.7元(与市场批发价相差两倍多)且没有药品报告书的洋参丸系假货，显然，陈某某在主观上是故意的，即明知是假冒伪劣产品而为牟取非法利润予以销售。这种以假充真的行为，不仅侵害了国家对产品质量的监管制度和消费者的合法权益，也侵害了注册商标所有人的权益，故陈某某的行为符合销售伪劣产品罪及销售假冒注册商标的商品罪的构成要件，应择一重罪，以销售伪劣产品罪惩处。

法院经审理后认为，金日牌洋参丸是金日投资有限公司向国家工商机关依法登记注册的商标，依法受到法律保护。被告人陈某某以不合格产品冒充合格产品的方式销售伪劣假冒的金日牌美国洋参丸，销售金额达人民币76万余元，其行为已经构成销售伪劣产品罪。被告人陈某某提出其不知向林某购得的洋参丸是假货的辩解意见，经查明与事实不符。辩护人提出被告人陈某某的行为构成销售假冒注册商标的商品罪的辩护意见，理由不足，不予采纳。据此认定被告人陈某某犯销售伪劣产品罪判处有期徒刑8年，并处罚金人民币40万元。

本案争议的焦点主要就是对陈某某实施销售假冒金日牌美国洋参丸的行为，应定性为销售伪劣产品罪还是销售假冒注册商标的商品罪。

销售伪劣产品罪与销售假冒注册商标的商品罪存在相互交叉的情况：行为人为了顺利销售伪劣产品，往往假冒名牌产品的注册商标；而销售假冒注册商标的商品，也往往是将自己生产的质量差的产品冒充他人质量好的产品。但两者毕竟存在着明显的区别。两罪的根本区别在于犯罪的对象不同。前者的犯罪对象是伪劣产品，后者的犯罪对象是假冒商品。实践中往往可见伪劣商品的生产者、销售者冒用他人的注册商标，而假冒他人注册商标的商品往往就是伪劣商品。但有例外。也就是说，伪劣商品不必然就是假冒商品，反之，假冒商品也不必然就是伪劣商品。明确伪劣商品与假冒商品的联系与区别，有益于正确认定犯罪。就本案而言，被告人陈某某销售的洋参丸是假冒产品，同时也是伪劣产品。在这种情况下，对被告人的定罪就涉及了法条竞合与想象竞合的区分及适用问题。

对行为人既明知某种商品是假冒注册商标的商品又明知该商品属于伪劣商品而予以销售，且销售金额较大的应当如何处理，在学理上有不同的见解。一种观点认为，这种情况属于一行为触犯数罪名的想象竞合犯，应当按照刑法理论关于想象竞合的处罚原则进行处理。另一种观点认为，这种情况应当视为法条竞合，其理由是法条竞合也是一行为触犯数罪名的情况，但这种数罪名是由于法律条文之间的交叉重叠引起的。即认为，当某种商品既是假冒注册商标的商品又是伪劣商品时，则销售假冒注册商标的商品罪与销售伪劣商品罪在构成要件上具有交叉关系，因此，应当按照法条竞合的处罚原则进行处理。

我们认为，当某一个行为必须由数个法条进行综合评价才能完整定性时，这种情形应属于想象竞合犯的一个行为触犯数个罪名的情况；而当某一个行为可以分别由数个法条单独评价时，这种情形才属于因法条交叉重叠引起的法条竞合犯。本案陈某某实施的一个行为必须由刑法第 214 条规定的销售假冒注册商标的商品罪和刑法第 140 条规定的销售伪劣产品罪综合评价才能完整定性，而无法由其中任何一个法条进行单独评价。陈某某的行为之所以触犯两罪名，不是因为法律的错杂规定所导致，而是因为洋参丸既假冒又伪劣这个事实特征。这完全属于想象竞合犯的范畴。据此，我们认为，陈某某销售假冒注册商标的伪劣洋参丸的行为应属于一行为触犯数罪名的想象竞合犯，应当按照想象竞合犯的处罚原则进行处理，对其依照“从一重处断”的原则认定为销售伪劣产品罪。

第2章　走私罪的司法认定

一、走私罪主观方面的认定

走私罪在主观方面表现为故意。过失不构成本罪。对走私罪的故意的认定，有以下三个问题需要注意。

1．关于明知的认定

走私罪的明知是指，行为人明知自己的行为违反海关法规，逃避海关监管，偷逃进出境货物、物品的应缴税额，或者逃避国家有关货物、物品进出境的禁止性规定，仍予实施。明知，是指知道或者应当知道所从事的是走私行为。根据司法实践经验的总结，具有以下情形之一的，可以认定为明知，但有证据证明行为人确属被蒙骗的除外：(1)逃避海关监管，运输、携带、邮寄的货物、物品属于国家禁止进出境货物、物品的；(2)使用特制的设备或者运输工具走私货物、物品的；(3)未经海关许可，在未设海关的码头、海(河)岸、陆路边境等地点，装卸、驳载、运输、收购或者贩卖进出境货物、物品的；(4)向被委托人提供的合同、发票、证明及相关商业单据虚假或不真实的；(5)曾因同一方式的走私行为受到过刑事处罚或者行政处罚的；(6)从事外贸经营、报关、进出口(境)货物、物品的运输、加工、储存、寄售等行业的企业人员实施或者参与走私行为，以及从事外(边)贸、海关、出入境检疫、港务等管理工作或者特定职业的有关人员实施或者参与走私行为的；(7)有其他证据证明行为人具有走私犯罪的主观故意的。①

应强调的是，行为人对走私的具体对象不明知，但只要对其实施的是走私行为存在概括的认识即可认定。例如，行为人知道其帮助走私入境的货物中

---

① 见《刑事审判参考》编辑委员会整理：《打击走私犯罪工作座谈会综述》，载《刑事审判参考》总第25辑，法律出版社2002年版，第159页。

有夹藏,但不知夹藏为何物,应按其被查获的具体对象认定。当然,如果查获的物品导致犯罪客体变化或者不存在,那么对行为人就不能以走私罪认定。如所夹藏的物品既非违禁品又非应税、应证物品,则无法按走私认定。但值得注意的是,刑法关于走私罪的规定,是根据不同对象设立不同罪名,规定不同的法定刑。不同罪名之间的法定刑区别是很大的,例如走私武器、弹药罪与走私普通货物、物品罪的差异。因此,如果行为人以为其所运输或夹藏的是普通货物、物品而实际上却是武器、弹药或假币,假如行为人所获利益在较小范围内,那么认定时本应按"所知轻所犯,按所知"原则,即主观轻、客观重,应按其主观认识范围认定。反之,若"所知重所犯",则应按所犯原则,即主观重、客观轻,按客观结果认定。这是在主客观认识不一致时应采取的有利被告原则。[①]不过,这个原则的适用,在实务中有时会发生困难。例如,行为人偷运伪造的假币入境,被查获后辩称不知道所运输的是假币,而以为是一般应税物品。若不按实际走私对象定罪,而按照所误解的走私对象定罪,则只能定走私普通货物、物品罪,但该罪是以偷逃应缴税额的大小作为定罪量刑的标准,这种情形显然无法认定偷逃应缴税额。为此,司法实践一般将那种对走私对象的认识错误作为概括故意[②]的情形来处理,即一律根据实际的走私对象定罪处罚。典型的案例有最高人民法院核准死刑的被告人庄添活走私假币案。该案被告人受走私分子雇佣运载假币,从台湾到大陆海域交给大陆走私分子,双方欲交接货时被缉私人员截获,缉私人员在被告人庄添活驾驶的渔船的暗仓里,查获18箱百元面额的机制版假人民币共计62647300元。案发后,被告人辩称不知道所运输的是假币,但知道是走私物品,至于具体是什么物品不明确。但该案仍以行为人具有走私的概括故意,按其实际走私对象定罪处罚。该案于2000年7月由最高人民法院核准死刑。《最高人民法院、最高人民检察院、海关总署关于办理走私刑事案件适用法律若干问题的意见》(下称《意见》)亦持此观点,《意见》认为,走私犯罪嫌疑人主观上具有走私犯罪故意,但对其走私具体对象不明确的,应当根据实际的走私对象定罪处罚。只是在确有证据证

---

① 该原则是笔者在长期研究走私罪各罪种认定的基础上提出来的,多年来,在给在职法律硕士以及到各地司法机关讲授有关走私罪认定的问题时,笔者一直坚持这样的观点,也得到许多实践部门同志的认同。

② 概括故意原意仅指对某个特定犯罪构成内容的笼统认识,如对盗窃罪的数额或伤害罪的程度的笼统认识。但目前在司法实践中对概括故意的解释似已超出原先范畴,而包括了对不同罪的内容的概括故意。此处只能从走私罪种系列本源于一个统一的走私罪名来解释这个问题。

明行为人因受蒙骗而对走私对象发生错误认识的，可以从轻处罚。当然，如果行为人根本不存在走私故意而被蒙骗则不构成犯罪。

2. 关于间接故意的认定

多数论者认为，走私罪在主观方面只能（或一般）表现为直接故意，[1]我们认为，走私罪故意应包括间接故意在内。例如，实践中时有发生的“包税包证”案件，[2]即货主为了达到进口货物少缴税的目的，以低于正常进口的应缴税额的价位将要进口的货物包给进口代理商，货主并不直接介入进口代理商的进口活动，案发后，货主往往以进口代理商在进口环节走私，自己并不知情为自己辩解。此种情形，货主主观上明知以如此低的价位不可能正常通关，实际上是对走私行为采取放任的态度，属间接故意。一般而言，走私间接故意的认定仅适用于共同走私犯罪案件当中，因为孤立的放任故意并不直接产生走私行为，走私犯罪的形成必须存在一个或几个具体的、积极的实施者。应该注意的是，在上述包税包证的走私情形下，若发包人（包括转包人）采取胁迫、利诱或者指使被委托人从事走私犯罪活动的；或者向被委托人提供的合同、发票、证明以及相关商业单证虚假或者不真实的；或者以明显低于货物正常进口的应缴税额委托他人代理缴纳进口税款的；或者与被委托人通谋，为其走私犯罪行为提供其他帮助或者方便的，则应属直接故意而非间接故意。[3]

3. 关于走私共犯之间“通谋的认定”

“通谋”是描述共同犯罪特征的一个专用术语，旨在揭示共同犯罪人之间具有共同的主观故意。《刑法》第156条规定：“与走私罪犯通谋，为其提供贷款、资金、账号、发票、证明，或者其他方便的，以走私罪的共犯论处。”在司法实践中，对如何理解通谋的具体含义存在较大的争议。我们认为，该条只不过是对刑法共同犯罪在走私犯罪共犯中的帮助犯的表现形式所作的提示性规定，

---

① 参见黄芳著：《走私犯罪的定罪与量刑》，人民法院出版社1999年版，第106页；莫开勤、颜茂昆主编：《走私犯罪》，中国人民公安大学出版社1999年版，第51页。

② 外贸业务中的包税，原是指某个客户欲进口某种物品，出于种种原因，客户不愿或不能亲自到海关纳税，而将其委托给一家公司代理，最后，在应纳的进口环节税之外，付给代理公司一笔佣金，这个过程即为包税。然而近年来在有些地方，某些包税已不再是应缴进口环节税加佣金，而是客户只给代理公司一个大大低于正常进口环节税的死数，不管代理公司如何操作，客户只要最后的结果，即进口货物安全抵运指定地点，而不计其是否触犯法律。

③ 见《打击走私犯罪工作座谈会综述》，载《刑事审判参考》总第25辑，法律出版社2002年版，第159页。

对通谋的理解仍然要依照共同犯罪对主观方面的要求来把握，因此，该条所指的通谋，应当是事先通谋，若非事先通谋，只是事后知情而提供帮助行为，不应按该条认定为走私共犯，而应按其提供的帮助行为性质，结合刑法分则相关条文确定罪名。对此可参见刑法第 310 条第 2 款有关窝藏、包庇罪的规定。当然，我们强调通谋的事先性[①]，并不要求通谋必须存在“事先开会商量”，或者事先必须有“见面或碰头”。通谋不必拘泥于具体的形式，只要行为人之间能达到联络、交流的目的即可。通谋自然包括通过电讯手段进行的交流，而不一定要面对面。而且，通谋还可以通过先前的行为事实或行为态度进行默示的交流。这种类型的通谋主要存在于专业化分工的共同犯罪之中，如经过多次的、长期的交易形成了约定俗成的、熟练的合作，由于同类行为的反复进行，使行为人各自对今后同种行为的进行已经能够配合默契，各自对行为的性质也是心知肚明，只是心照不宣而已。在这种情况下，就不必强求要有通谋的言词表示或信息传递，这可以说是行为人以先前的行为完成了共同犯罪犯意的交流。典型的例子如厦门市中级人民法院审理的赖昌图等人共同走私汽车一案中对被告人宋宗宏行为的认定。被告人宋宗宏被指控明知是走私的汽车，仍受指使锉改 14 辆走私汽车发动机号、车架号，协助被告人赖昌图将走私汽车合法化销售。该案被告人宋宗宏的辩护人提出宋宗宏没有与走私犯罪分子通谋，不是走私共犯的辩护意见。但是，法院认为被告人宋宗宏曾因锉改机动车的发动机号被判过刑，又在明知被告人赖昌图销售的是走私汽车的情况下，仍长期为销售走私汽车锉改发动机号、车架号，其与被告人赖昌图等人构成走私汽车的共同犯罪。该案对被告人宋宗宏与走私罪犯通谋的认定，即是根据被告人宋宗宏帮助锉改汽车发动机号等行为的反复性、长期性，已形成了通过先前行为达到共同犯罪犯意的交流。即使在该案中并无被告人宋宗宏与走私罪

---

① 理论上关于共同犯罪中通谋的认定，一般认为通谋应包括事中通谋。实际上事中通谋之构成通谋也是就其后续行为而言构成通谋，同样具有事先性。无论如何，决不能仅仅以行为人明知或者应知他人走私犯罪而为其提供物质帮助或者方便条件就认定为具有通谋性，否则，将很难将其与放纵走私罪、洗钱罪、窝赃罪、包庇罪、窝藏罪加以区别。因此，我们认为，《意见》第 15 条规定：(1)对明知他人从事走私活动而同意为其提供贷款、资金、账号、发票、证明、海关单证，提供运输、保管、邮寄或者其他方便的；(2)多次为同一走私犯罪分子的走私行为提供前项帮助的，也应当认定为“走私罪犯通谋”的帮助犯。其中的(1)项推定通谋是不合理的，因为仅仅“明知”不足以构成“通谋”。其中的(2)项的推定则相当于我们文中所说的“以先前的行为完成了共同犯罪犯意的交流”，可看作是“事中通谋”的表现形式。

犯交流的言词证据,也不影响对其通谋的认定。①

二、走私罪既遂、未遂的区别标准

走私罪既遂、未遂的区别,原则上应以是否已经逃避海关监管为标准。已经逃避海关监管,就是走私既遂,未逃避海关监管则为走私未遂。② 至于是否逃避海关监管则应根据不同的走私行为方式具体分析。

1. 绕关走私,即从未设海关的地点或者不经过海关,运输、携带国家禁止进出境的物品或者依法应当缴纳税款的货物、物品进出境的。这种走私行为的特点是根本不向海关申报而逃避海关监管。对此,应适用国(边)境标准说,只要将走私物品移入或移出国(边)境的就应视为既遂。例如,走私船舶将停泊在公海上外轮的走私物品接运入领海,就是既遂;未入境的是未遂。因为在未设关卡地点走私,走私物品一旦进出国(边)境,就意味着已经逃避了海关监管,至于进入国(边)境后被捉获,不影响走私罪既遂的成立。这里应注意的是,走私进出境,应以走私物品是否进出国(边)境为准,与走私犯本身是否已进出国(边)境有所不同。即使走私犯本身尚未进出境,只要其所雇佣的人员已将走私货物、物品携带、运输进出境的,就可按走私罪既遂缉捕走私货主。还应注意,在未设关卡地点走私货物、物品出境比入境的行为要严重。因为走私入境既遂在国内还会有其他方面制止其危害性发生的可能,而对走私出境既遂,就不属于我国主权管辖范围,很难稽查,除非该走私犯再次入境,所以对走私出境的处罚应重于走私入境。对走私出境未遂的处罚,应当视其危害程度,可以考虑不予从轻或者减轻处罚。有些国家对走私出境不区分既遂与未遂(如意大利),有些国家虽作了区分,但量刑时也不区分(如日本)③,这些国家的做法可供我们参考。

2. 通关走私,即经过设立海关的地点,但采取伪报、瞒报、伪装、藏匿等欺骗手段,瞒过海关的监督、检查,运输、携带、邮寄国家禁止、限制进出口或者依法应当缴纳税款的货物、物品进出境的。对此,应以是否脱离海关监控为标

---

① 参见厦门市中级人民法院刑事判决书(2000)厦刑初字第141号"赖昌图等走私普通货物案",载《刑事审判参考》总第15辑,法律出版社2001年版,第83~108页。

② 有论者认为走私罪是一种行为犯,不存在未遂问题。参见徐秋跃:《走私罪认定与处理的若干疑难问题研究》,载姜伟主编:《刑事司法指南》总第5辑,法律出版社2001年版,第50页。我们认为只有海上走私属于举动犯,其余均为结果犯。行为犯(除了举动犯之外)和结果犯都存在既遂、未遂问题。

③ 参见陈兴良主编:《刑事法判解》第4卷,法律出版社2001年版,第113页。

准。即使行为人已经实施了伪报、瞒报行为，只要走私货物、物品尚在海关监控之中，海关尚未放行的，在海关例行的开箱检查中案发的，皆应认定为未遂。只有在走私货物、物品已脱离海关监控，海关对该走私货物、物品已无法定检查、控制权时，该走私行为才属既遂。有论者认为，只要行为人已实施伪报、瞒报等欺骗行为的，即应视为既遂。[①] 这种观点是将走私犯罪作为行为犯来看待的结果。但我们认为走私犯罪，尤其是涉税走私犯罪属于结果犯至为明显。刑法规定的走私普通货物、物品罪是以偷逃应缴税额为定罪量刑标准的，属于数额犯的范畴。数额犯是结果犯的一种表现形式。其他非涉税的走私犯罪，刑法对其虽无具体结果规定，但司法解释对其定罪量刑也有相应的数量规定(参见最高人民法院 2000 年 9 月 20 日《关于审理走私刑事案件具体应用法律若干问题的解释》)。若承认走私犯罪为结果犯，则其既遂自应以行为人对该物品具有控制力为准。

3. 后续走私，即未经海关许可并且补缴关税，擅自将批准进口的来料加工、来件装配、补偿贸易的原材料、零件、制成品、设备等保税货物或者特定减税、免税进口的货物，在境内销售谋利的。对此，则应以内销行为实施完毕作为既遂判定标准。一般而言，后续走私包含两个环节：一是擅自内销保税货物，二是骗取海关核销。两环节可同时进行，也可先后进行，但构成后续走私既遂，必须是内销行为实施完毕，该行为的构成要件才齐备。因为该种行为是否构成犯罪是根据偷逃的应缴税额是否达到刑法第 153 条及相关司法解释规定的数额标准予以认定的，所以只有内销行为实施完毕才会出现偷逃的应缴税额问题。当然，实际获利与否或者获利多少不影响其既遂的认定。

4. 海上(水上)走私，即在内海、领海、界河、界湖运输、收购、贩卖国家禁止进出口物品，或者运输、收购、贩卖国家限制进出口货物、物品，数额较大，没有合法证明的。此种走私犯罪行为属于举动犯，一经查出在上述特定地点实施上述行为而无合法证明即构成既遂，无未遂可能。[②] 根据上述《意见》，追究海上(水上)走私犯罪运输人的刑事责任时，一般追究运输工具的负责人或者主要负责人的刑事责任，但对于事前通谋、集资走私或者使用特制的海上运输工具从事走私犯罪活动的，可以追究通谋、集资、改制运输工具的其他运输人员的刑事责任。

---

① 参见徐秋跃：《走私罪认定与处理的若干疑难问题研究》，载姜伟主编：《刑事司法指南》总第 5 辑，法律出版社 2001 年版，第 50 页。

② 此种情形实际上与前述绕关走私情形一样。

5. 间接走私，即直接向走私人非法收购国家禁止进口物品的，或者直接向走私人非法收购走私进口的其他货物、物品，数额较大的。此种情况应以收购行为实施完毕为既遂标准。

三、走私罪认定应注意的问题

1. 间接走私行为的认定

《刑法》第155条规定："下列行为，以走私罪论处，依照本节的有关规定处罚：1. 直接向走私人非法收购国家禁止进口物品的，或者直接向走私人非法收购走私进口的其他货物、物品，数额较大的；2. 在内海①、领海、界河、界湖②运输、收购、贩卖国家禁止进出口物品的，或者运输、收购、贩卖国家限制进出口货物、物品，数额较大，没有合法证明的。"此即间接走私行为，有的称为准走私行为。

第一类的间接走私行为以直接向走私人非法收购为范围。也就是说，行为人明知对方是走私犯，并且直接向其收购走私货。至于走私货物、物品是倒过二手、三手之后收购的，即使明知收购的是走私货物，也不以走私罪论处，而属一般的购私贩私行为（这类行为极为普遍），如果违反国家有关工商管理规定的，则属非法经营性质，严重的可按非法经营罪认定。

以这类走私行为的内容来论，行为人只是直接向走私人收购走私货，行为本身不具有逃避海关监管的因素，为什么立法上要把它规定为按走私罪论处呢？这是因为走私人在走私得逞以后，一般都寻求从速出售走私货，方能达到其谋利的目的，这是走私行为的延续，故直接从走私人收购国家禁止进口的物品或数额较大的其他走私货物、物品的行为，实质上是直接帮助了走私人达到其谋利目的，使其走私货得以迅速脱售而不被抓获。立法上根据近年走私情况严重、私货充斥市场的现象，为了斩断私货的去路，特别规定对它要按走私罪论处。

第二类间接走私行为的方式是运输、收购、贩卖。其目的是什么，是代人运输取利，还是收购贩卖谋利，抑或是为了走私进出口，在所不论。就地域而言，都必须发生在我国内海、领海，界河、界湖，不发生在这个特定地域的，不能适用本项规定追究行为人的罪责。从犯罪对象来说，为谁运输，是否直接向走私人收购，贩卖给谁，也在所不论。

---

① 根据上述《解释》，"内海"包括内河的入海口水域。

② 根据《刑法修正案（四）》第3条的规定，使本行为的范围扩大到界河、界湖。

这类非法行为，往往是为了贩私或走私，故它直接地实施了或间接地帮助了走私。实际情况表明，沿海一些渔船，以打鱼为名，在内海、领海把大量收购或贩卖的国家禁、限出口的货物，运往领海内外，与在那里等候的外籍走私船进行私货贸易，然后非法运输进境销售，逃避海关监管，逃征关税，牟取非法利益，危害很大，必须予以惩罚。这里还应该明确指出，这类行为不论是属于帮助走私，还是走私的预备行为，法律规定不是属于共同犯罪的从犯行为，不必依附于主犯的存在而成罪。也就是说，只要符合上述规定的，即使对其出售限制进口的私货的卖主没有被抓获或者其数额不够大，不构成走私犯罪，而对运输、收购、贩卖者只要私货的数额已达到较大，仍可单独成罪予以判刑。

2. 武装掩护走私行为的认定

武装掩护走私，是指携带武器进行走私，保护、运送、掩护走私行为与走私物品的行为。它既可以是走私分子自己持有武器掩护走私，也包括雇佣、组织其他武装人员武装掩护走私。这种行为具有极大的社会危害性，因此，无论走私的物品种类是什么，走私行为本身是否构成犯罪，只要是以武装掩护走私的，就构成走私犯罪。另外，必须注意，成立武装掩护走私行为只要求携带武器，而不要求行为人实际是否动用武器。已经动用武器构成其他犯罪的，应数罪并罚。如使用武器杀伤检查人员，应以本行为与故意杀人罪、故意伤害罪实行并罚；只是以动用武器相威胁抗拒缉私的，应以本行为与刑法第277条规定的妨害公务罪实行并罚。

《刑法》第157条第1款规定："武装掩护走私的，依照第151条第1款、第4款的规定从重处罚。"我们认为，刑法第157条第1款的规定是针对处刑的，并不涉及罪名的确定，而且最高人民法院关于执行《中华人民共和国刑法》确定罪名的规定也没有将"武装掩护走私"单立一个罪名。因此，具体认定武装掩护走私行为时，应根据走私货物、物品的种类、性质确定罪名。例如，若武装掩护走私的是普通货物、物品的，应定走私普通货物、物品罪；若武装掩护走私的是淫秽物品的，则应定走私淫秽物品罪，以此类推。但不论认定为何种罪名，其处刑均应按刑法第151条第1款和第4款规定的法定刑从重处罚。

3. 抗拒缉私行为的认定

《刑法》第157条第2款规定："以暴力、威胁方法抗拒缉私的，以走私罪和本法第277条规定的妨碍公务罪，依照数罪并罚的规定处罚。"所谓以暴力、威胁方法抗拒缉私，是指走私行为人对查私人员采用殴打、捆绑等方式进行抗拒，或者采取恐吓、胁迫等手段阻挠缉私检查工作正常进行的行为。对以暴力、威胁方法抗拒缉私的，应以走私罪或刑法第277条规定的妨害公务罪，依照数罪并罚的规定处罚。这里应注意的是，犯罪分子必须是在既构成走私罪，又构成妨害公务罪的情况下，才能按数罪并罚的规定处罚。我国刑法规定的数罪并罚，是指对两个以上独立的犯罪进行的并罚。如果其走私行为尚不构成走私罪而使用暴力、威胁方法抗拒缉私检查的，则只能按妨害公务罪定罪处刑。

对于走私行为应根据具体走私货物、物品的性质定罪，如果走私的是普通货物、物品的，按走私普通货物、物品罪认定；如果走私的是国家禁止进出口的物品的，则按走私特定种类物品的犯罪（如走私武器、弹药罪，走私淫秽物品罪等）认定。

对于在使用暴力抗拒缉私检查过程中又致人死亡的，是定妨害公务罪还是定故意杀人罪或者故意伤害罪呢？我们认为，应定故意杀人罪或者故意伤害罪。因为犯罪人使用暴力是出于一个目的，而其行为的结果又触犯了另一个罪名（故意杀人罪或者故意伤害罪）。这在刑法理论中称作转化犯。对转化犯只需按其转化后的罪认定就行了。因此，走私犯罪分子在使用暴力抗拒缉私和检查过程中又致人死亡的，应当以走私罪、故意杀人罪或者故意伤害罪实行数罪并罚。

4. 走私罪帮助犯行为的认定

《刑法》第156条规定："与走私罪犯通谋，为其提供贷款、资金、账号、发票、证明，或者为其提供运输、保管、邮寄或者其他方便的，以走私罪的共犯论处。"这一条文实际上就是规定走私罪帮助犯的行为构成，据此，构成走私罪帮助犯必须具备以下两个条件：(1)行为人主观上存在共同犯罪的故意，即与走私罪犯通谋。所谓与走私罪犯通谋，是指事前与走私罪犯共同商议走私，或者共同制定走私犯罪计划及进行分工等活动。这种事前通谋行为，[①]表明行为人主观上具有走私犯罪的共同故意，否则，即不能构成走私罪帮助犯，根据具体情况，可能构成窝赃罪、洗钱罪或者其他犯罪。(2)客观上有为走私罪犯提供便利的行为，即为走私罪犯提供贷款、资金、账号、发票、证明，或者为其提供运输、保管、邮寄或者其他方便。所谓提供贷款、资金，是指银行或者其他金融机构的人员，按一定的利率，并规定归还期限，将资金借给走私分子或者直接提供资金或其他金钱方面的帮助；提供账号是指将本人或单位在银行或金融机构中设立的账号提供给走私分子，供其在走私活动中使用；提供发票是指为走私分子提供可作为记账、纳税、报销等凭据的写有售出商品名称、数量、价

① 关于通谋的认定详见本章第一部分"走私罪的主观方面的认定"。

格、日期等内容的发票或者空白发票；提供证明是指为走私分子提供运输、收购、贩卖走私货物、物品所需的有关证明，如进出口许可证、商检证明等；提供运输方便是指为走私分子提供运输走私货物、物品的各种工具、运输准运证明等；提供保管方便是指为走私分子存放走私货物、物品提供存放仓库、场所或者代为储存、保管等便利；提供邮寄便利是指海关、邮电工作人员明知他人邮寄的物品是国家禁止进出境或者是超过国家规定的进出境限额的物品而仍准予邮寄等；其他方便是指上述所列以外的各种便利，如为走私分子传递各种重要信息等。由于行为人在客观上为走私罪犯提供各种帮助行为，从而使走私犯罪活动得以实现或得以顺利实现。这种行为一经实施，即可构成走私犯罪。但是，如果具体实施走私人员的走私行为没有构成走私犯罪，则上述为其提供便利条件的帮助人员也不能构成走私犯罪。

走私帮助犯在走私共同犯罪中起着辅助作用，在走私犯罪中处于从犯地位。因此，本条所说的“以走私罪的共犯论处”，是指对走私帮助犯，应根据其为走私罪犯提供方便的事实、性质、情节和社会危害程度，依照走私罪犯实施走私犯罪的性质和应受的刑罚处罚幅度，从轻、减轻或者免除处罚。

另应注意，刑法第411条规定了放纵走私罪，即指海关工作人员徇私舞弊，放纵走私，情节严重的行为。但根据前述《意见》规定，如果海关工作人员与走私分子同谋，在放纵走私过程中以积极的行为配合走私分子逃避海关监管或者在放纵走私以后分得赃款的，应以共同走私罪追究刑事责任。我们理解，区别放纵走私罪与走私罪共犯的界限，关键在于行为人是否参与实施了走私罪的实行行为。若行为人没有参与实施走私罪的实行行为，应按照走私罪的共犯认定；反之，若行为人仅实施放纵走私行为，情节严重的，则按照放纵走私罪认定。

第3章 虚报注册资本罪与虚假出资、抽逃出资罪的司法认定

一、虚报注册资本罪的司法认定

(一)虚报注册资本罪的基本构成

虚报注册资本罪，是指申请公司登记使用虚假证明文件或者采取其他欺诈手段虚报注册资本，欺骗公司登记主管部门，取得公司登记，虚报注册资本数额巨大，后果严重或者有其他严重情节的行为。本罪的客体是公司登记管理制度。本罪的客观方面表现为申请公司登记使用虚假证明文件或者采取其他欺诈手段虚报注册资本，欺骗公司登记主管部门，取得公司登记，虚报注册资本数额巨大，后果严重或者有其他严重情节的行为。具体阐述如下：

1. 行为人虚报了注册资本。即虚报的必须是注册资本，而不是其他情况(如股东人数、董事会成员等)。所谓“注册资本”是指有限责任公司的股东和股份有限公司的股东在公司登记机关登记的股东实际缴纳的出资总额。注册资本是公司承担风险、偿还债务的一项基本保证。我国公司法对有限责任公司和股份有限公司分别规定了注册资本的最低限额。虚报注册资本，既可以表现为没有达到登记注册的资本数额，却采取欺诈手段证明达到了法定数额，也可以表现为虽然达到了法定数额却虚报更高数额的资本。

2. 为虚报注册资本，行为人必须使用虚假证明文件或者其他的欺诈手段。我国公司法为维护资本的确定性、真实性，规定公司发起人、股东缴纳出资或发行股份的股款缴足后，必须经法定的验资机构验资确认并出具证明[①]，

① 见《公司法》第29条、第90条第1款(此处所引《公司法》为经人大常委会2005年12月27日修订后的《公司法》，下同)。

才能凭此证明向登记机关提出申请设立有限责任公司或者股份有限公司。行为人为虚报注册资本必须使用虚假证明文件或者其他的欺诈手段才能得逞。所谓“虚假证明文件”即指伪造、变造的验资证明文件。其既可能是行为人直接伪造、变造的验资证明文件,也可能是行为人与验资机构的工作人员恶意串通提供虚假的验资证明文件,还可能是行为人提供伪造的产权证明欺骗验资机构人员出具表面真实的验资证明文件。所谓“其他欺诈手段”是指虚假证明文件以外的欺骗手段。

3. 行为人欺骗的对象是公司登记的主管部门。根据《公司登记管理条例》的规定,公司登记主管部门,即工商行政管理机关。若行为人使用虚假的证明文件或者采用其他欺诈手段仅用以欺骗他人与之签订合同,或用于诈骗钱财或进行其他的招摇撞骗活动则不构成本罪。

4. 行为人必须取得了公司登记。即工商行政管理部门对行为人提交的虚假证明信以为真,予以登记,并发给公司营业执照。是否取得公司登记是构成本罪的客观构成要件之一。若行为人虽有上述虚报注册资本的行为,但最终没能取得公司登记,则不构成本罪,也不能按本罪的未遂犯认定。之所以这样限定,是因为只有取得了登记的公司才正式成为企业法人,才能以公司名义对外开展经营活动,由此才会产生经营风险。注册资本虚假的公司也只有在其取得了公司登记之后,才显现其比较严重的社会危害性,刑法才有必要介入干预。

5. 行为人虚报注册资本必须数额巨大、后果严重或者有其他严重情节。三种情节满足其中之一的,都可以定罪。根据 2001 年 4 月 18 日最高人民检察院、公安部《关于经济犯罪案件追诉标准的规定》(下称《规定》),虚报注册资本涉嫌下列情形之一的,应予追诉:

(1)实缴注册资本不足法定注册资本最低限额,有限责任公司虚报数额占法定最低限额的 60%以上,股份有限公司虚报数额占法定最低限额的 30%以上的。(2)实缴注册资本达到法定最低限额,但仍虚报注册资本,有限责任公司虚报数额在 100 万元以上,股份有限公司虚报数额在 1000 万元以上的。(3)虚报注册资本给投资者或者其他债权人造成的直接经济损失累计数额在 10 万元以上的。(4)虽未达到上述数额标准,但具有下列情形之一的:①因虚报注册资本,受过行政处罚两次以上,又虚报注册资本的;②向公司登记主管人员行贿或者注册后进行违法活动的。

(二)虚报注册资本罪主体的认定

虚报注册资本罪的主体是申请公司登记的自然人或单位。公司包括有限责任公司和股份有限公司两种形式，申请设立有限责任公司的，依据《公司法》第 30 条的规定，股东的首次出资经依法设立的验资机构验资后，由全体股东指定的代表或者共同委托的代理人向公司登记机关报送公司登记申请书、公司章程、验资证明等文件，申请设立登记。根据《公司法》第 78 条、第 80 条、第 84 条第 1 款、第 85 条的规定，[①]股份有限公司的设立可以采取发起设立或者募集设立的方法。不论是发起设立或者募集设立，发起人都必须按照规定认购其应认购的股份，并承担公司筹办事务。以发起方式设立股份有限公司的申请登记，《公司法》第 84 条第 3 款规定，发起人首次缴纳出资后，应当选举董事会和监事会，由董事会向公司登记机关报送公司章程、由依法设定的验资机构出具的验资证明以及法律、行政法规规定的其他文件，申请设立登记。以募集方式设立股份有限公司的申请登记，《公司法》第 93 条规定，董事会应于创立大会结束后 30 日内，向公司登记机关申请设立登记。[②]

由以上规定可见，在申请设立有限责任公司的情形下，申请公司登记的人是指全体股东，不能仅将指定的代表或者委托的代理人视为申请公司登记的人。而在申请设立股份有限责任公司(不论是发起设立还是募集设立)的情形下，申请公司登记的人应为全体发起人，也不能仅将董事会视为申请公司登记的人。

有学者认为，有限责任公司申请公司登记的人，是由全体股东指定的代表或者共同委托的代理人；而股份有限公司申请登记的人，是指股份有限公司的

① 《公司法》第 78 条：“股份有限公司的设立，可以采取发起设立或者募集设立的方式。发起设立，是指由发起人认购公司应发行的全部股份而设立公司。募集设立，是指由发起人认购公司应发行股份的一部分，其余股份向社会公开募集或者向特定对象募集而设立公司。”《公司法》第 80 条：“股份有限公司发起人承担公司筹办事务。”《公司法》第 84 条第 1 款：“以发起设立方式设立股份有限公司的，发起人应当书面认足公司章程规定其认购的股份；一次缴纳的，应即缴纳全部出资；分期缴纳的，应即缴纳首期出资。以非货币财产出资的，应当依法办理其财产权的转移手续。”《公司法》第 85 条：“以募集设立方式设立股份有限公司的，发起人认购的股份不得少于公司股份总数的百分之三十五；但是，法律、行政法规另有规定的，从其规定。”

② 《公司法》第 93 条：“董事会应于创立大会结束后三十日内，向公司登记机关报送下列文件，申请设立登记：(一)公司登记申请书；(二)创立大会的会议记录；(三)公司章程；(四)验资证明；(五)法定代表人、董事、监事的任职文件及其身份证明；(六)发起人的法人资格证明或者自然人身份证明；(七)公司住所证明。以募集方式设立股份有限公司公开发行股票的，还应当向公司登记机关报送国务院证券监督管理机构的核准文件。”

董事会。[①] 这种认识是仅从形式意义上理解申请公司登记的人，既不符合公司法的本意，也不符合刑法设立虚报注册资本罪所要规制的目的。

刑法设立虚报注册资本罪的主要目的在于保障公司在设立时和变更后资本额的真实性，使进入市场的主体确实拥有与其所要进行的经营行为相称的资本额度，以作为承担责任的财产保证，维护交易的安全。因此，本罪约束的对象应当是对公司资本额的真实性负有法律上保证义务的人，也就是公司登记申请书上所列明的申请人（即公司的股东或公司的发起人）。因为只有他们才拥有决定公司设立时和变更后资本额的权利，同时也就承担了保证公司资本额真实性的义务，所以才应承担违反该义务的刑事责任，故称之为实质意义上的申请人。实质意义上的申请人既可以是单位，也可以是自然人。至于实际上去办理申请登记手续的人，他们既可能是股东或者发起人的代表人本身就是股东或者发起人之一，也有可能是共同委托的股东或者发起人之外的代理人。[②] 相对于实质意义上的申请人，可以称这种实际操作中办理申请手续的人为形式意义上的申请人。因为形式意义上的申请人必须到公司登记管理机关办理相关手续，这种性质决定了形式意义上的申请人必须是自然人，而不可能是单位。形式意义上的申请人在公司登记申请过程中只是实施一些事务性的行为，这些行为并不能在实质上影响公司的资本额度，只是出资行为完成后的后续行为，虽然必不可少，但是并非决定性因素。而且，根据民法上的原理，代表人或者代理人进行的受托行为是为了被代表人或者被代理人的利益而实施的，行为后果应由被代表人或者被代理人承担，被视为被代表人或者被代理人行为的延伸。而形式上的申请人恰恰就是实质上的申请人的代表人或者代理人。因此，本罪的主体应当是实质上的申请人而非形式上的申请人，也就是说只有实质意义上的申请人才能构成本罪的实行犯。

当然，这不等于说形式意义上的申请人就不会构成本罪。在形式意义上申请人为代表人的情况下，因为该代表人本身也是申请书上列明的申请人之一，兼具了形式意义上的申请人和实质意义上的申请人的身份，所以也可以成

---

① 参见林亚刚：《虚报注册资本罪的构成及认定》，载《刑事司法指南》总第 23 辑，法律出版社 2005 年版，第 59 页。与之相同的观点还可参见孙国祥、魏昌东著：《经济刑法研究》，法律出版社 2005 年版，第 250 页。

② 《中华人民共和国公司登记管理条例》第 15 条规定：“设立有限责任公司，应当由全体股东指定的代表或者共同委托的代理人向公司登记机关申请名称预先核准；设立股份有限公司，应当由全体发起人指定的代表或者共同委托的代理人向公司登记机关申请名称预先核准。”

为本罪的主体，从而构成本罪。在形式意义上的申请人为代理人的情况下，因为代理人是实质意义上的申请人在自身之外另行委托的人，所以不具备虚报注册资本罪的主体资格，不可能构成本罪的实行犯。对于代理人并不知道其所代理的行为是虚报注册资本的行为，或者由于其过失而进行了实际上的虚报注册资本行为的情况下，代理人缺乏主观上的犯罪故意，因此不能构成本罪。如果代理人明知其所代理的是虚报注册资本骗取公司登记的行为，虽然因为缺乏身份要件不构成本罪的实行犯，但是应当作为纯正身份犯犯罪中无身份的帮助犯，以本罪的共犯论处。

综上可以得出以下结论：虚报注册资本罪是一种纯正的身份犯，其主体必须具备实质意义上的申请人的资格，也就是公司登记申请书上所列明的申请人。形式意义上的申请人不是本罪主体，不能成为本罪的实行犯，但是可能构成本罪的共犯。

应该强调的是，构成本罪的主体是作出虚报注册资本具体决定的人。虽然法律规定，作为有限责任公司申请登记的人包括全体股东，而股份有限公司申请登记的人为全体发起人，但实践中不一定全体股东或全体发起人都参与虚报注册资本的决策，有些股东或发起人虽有出资，但并不参与公司决策，对虚报注册资本的行为并不知情，或仅是事后知情。我们认为，构成本罪主体的应是作出虚报注册资本决策的人。因此，虽身为股东或发起人，只要已履行出资义务，而没有参与虚报注册资本决策的，不构成本罪。[①] 至于对虽没有参与决策但知情（包括事后知情）的股东或发起人能否构成本罪，这是个问题。我们倾向于不构成本罪，因为从主观要件上看，其共同故意并不明显，充其量属于知情不举，但对其民事法律后果则应承担责任。

还要注意的是，也不能将经骗取注册登记而成立的公司作为本罪的犯罪主体，否则等于承认该骗取登记的公司的合法性。刑法第 158 条第 2 款规定的单位犯本罪的情形，是指作为申请登记的有限责任公司的股东或申请登记的股份有限公司的发起人是一个单位而不是自然人。也就是说，本罪对单位犯罪的规定不是针对通过骗取登记而设立的公司本身，而是针对参与骗取登记的单位。至于公司设立之后的虚报注册资本行为，可否认为是该公司的行为或仍为作为股东（或原公司发起人）的决策人员的行为，我们认为，这个问题

① 包括有些公司申请注册时可能存在一些挂名的股东、发起人，由于他们并非公司实际上的所有人或经营者，因此，不论这些人是否知情，都不宜以虚报注册资本罪的共犯追究他们的刑事责任。

值得研究。

根据传统公司设立的一般程序，先有实质意义上的申请人的申请设立行为，再由形式上的申请人办理具体申请登记手续，而后才有目标公司的成立，因此在逻辑上目标公司不可能成为自己的设立申请人，无论是实质上的还是形式上的都不可能。一般而言，目标公司不可能构成虚报注册资本设立自身的犯罪主体。但是，虚报注册资本的行为并不一定只发生于设立登记阶段，还存在着其他情况。例如在变更登记阶段的虚报注册资本。由于在变更登记阶段，公司已经取得独立人格，完全可以实施公司行为，实际上，公司员工也是以公司的名义对外开展活动的。况且，根据《公司登记管理条例》的规定，与设立公司必须提交"全体股东指定代表或者共同委托代理人的证明"不同的是，公司申请变更登记提交的是"依照《公司法》作出的变更决议或者决定"。可见，此处的"变更决议或者决定"，除非是部分股东或发起人滥用公司人格而成立自然人犯罪的情形，否则申请人是公司而非股东或发起人，我们不能无视这种单位犯罪的集体决策性。所以，在变更登记阶段，目标公司可以成为本罪的犯罪主体。当然，如果已经成立的目标公司是虚报最低注册资本而取得登记的，而在变更阶段又虚报注册资本，此时应当认为目标公司不能成为本罪的犯罪主体，否则无异于肯定违法成立的公司的合法性。

目标公司不能成为自己的设立申请人的论断在传统的、作为我国 2005 年 12 月 27 日修订前公司法所规定的实缴资本制基础上是无可置疑的。[①] 在法定资本实缴制中，公司成为独立主体是在出资行为完成并且申请得到登记确认之后，而虚报注册资本行为则是发生在出资和申请的过程中，此时公司还不存在，也就无所谓成为虚报注册资本罪的主体。但是，2006 年 1 月 1 日开始

---

① 修订前的《公司法》第 23 条规定："有限责任公司的注册资本为在公司登记机关登记的全体股东实缴的出资额。"第 78 条规定："股份有限公司的注册资本为在公司登记机关登记的实收的股本总额。"此外，第 26 条规定："股东全部缴纳出资后，必须经法定的验资机构验资并出具证明。"第 27 条还规定，申请公司设立登记时应"提交验资证明"。由此可见，修订前的《公司法》对于国内公司的注册资本制度是实缴资本制。

实施的公司法对申请公司登记的注册资本的缴资制度采取了法定资本分缴制[①]（此前我国法律只对外资企业采用了折中授权资本制，其本质也是法定资本分缴制[②]）。在这种特殊的注册资本制度下，可能存在目标公司设立之后，对后续应到位资本的虚报问题。在外资企业，甚至可能存在目标公司的成立是先于出资行为的，也就是说，先有了目标公司，然后才开始实施出资行为。新修订的公司法设立这种注册资本的分期缴纳制度的目的是减轻投资创办公司的资金压力，使公司的设立更为便捷，以吸引投资。但是这种缴资制度很可能被恶为利用（以往这类后续资金的虚报主要发生在外资企业），造成目标公司成立后对后续应到位的资金进行虚报的情况，从而也会构成虚报注册资本罪。然而这种虚报注册资本的行为，既不是发生在设立登记阶段，也不是发生在变更登记阶段，此时该目标公司能否成为虚报注册资本罪的主体，值得探讨。

首先，从这种特殊的注册资本制度的内容上看，其先行赋予目标公司法人主体资格的效力并不是绝对的，而是附条件的。[③] 如果在设立登记阶段的实质意义上的申请人（就是出资人）在目标公司成立后未能按期出资，目标公司已获得的法人主体资格将会失去。可以认为，在公司资本分缴制的情形下，目

---

① 《公司法》第 26 条规定："有限责任公司的注册资本为在公司登记机关登记的全体股东认缴的出资额。公司全体股东的首次出资额不得低于注册资本的百分之二十，也不得低于法定的注册资本最低限额，其余部分由股东自公司成立之日起两年内缴足；其中，投资公司可以在五年内缴足。"第 81 条规定："股份有限公司采取发起设立方式设立的，注册资本为在公司登记机关登记的全体发起人认购的股本总额。公司全体发起人的首次出资额不得低于注册资本的百分之二十，其余部分由发起人自公司成立之日起两年内缴足；其中，投资公司可以在五年内缴足。在缴足前，不得向他人募集股份。"

② 《外资企业法实施细则》(2001 年 4 月 12 日修订)第 20 条规定："外资企业的注册资本，是指外国投资者认缴的全部出资额。"第 31 条第 1 款规定："外国投资者缴付出资的期限应当在设立外资企业申请书和外资企业章程中载明。外国投资者可以分期缴付出资，但最后一期出资应当在营业执照签发之日起三年内缴清。其中第一期出资不得少于外国投资者认缴出资额的 25%，并应当在外资企业营业执照签发之日起九十天内缴清。"

③ 《外资企业法实施细则》(2001 年 4 月 12 日修订)第 31 条第 2 款规定："外国投资者未能在前款规定的期限内缴付第一期出资的，外资企业批准证书即自动失效。外资企业应当向工商行政管理机关办理注销登记手续，缴销营业执照；不办理注销登记手续和缴销营业执照的，由工商行政管理机关吊销其营业执照，并予以公告。"第 32 条第 1 款规定："第一期出资后的其他各期的出资，外国投资者应当如期缴付。无正当理由逾期三十天不出资的，依照本实施细则第三十一条第二款的规定处理。"

标公司的法人主体资格要受到一定的制约，其完全主体资格的获得，取决于注册资本能否按期缴清。也就是说，目标公司要完全获得法人主体资格必须等到注册资本全部缴清后。在目标公司设立申请获得批准并登记后到注册资本全部缴清前这一段时间可以被看作是传统的实缴资本制中设立登记阶段的延伸。因此，采取资本分缴制的目标公司在设立阶段同样不可能成为自己的设立申请人的，也就不可能成为这一阶段虚报注册资本犯罪的主体。

其次，从虚报注册资本罪的立法目的上看，是要约束对于公司资本额度的真实性有法律上保证义务的主体，以保证注册资本的公示效力。目标公司成立后，注册资本缴清前，这一阶段的出资行为其实是设立登记申请人履行其在设立登记申请时所作承诺的行为。对该阶段的出资真实性负有法律上保证义务的应该是目标公司的设立登记申请人（就是出资人）。因此，只有它才能构成此阶段的虚报注册资本罪的主体。此阶段每期的出资行为都是以设立登记申请人的名义作出，而非目标公司，所以目标公司不可能承担虚报注册资本的责任。

最后，从单位犯罪的主体要求上看，具有完全法律人格，是单位成为犯罪主体的要件之一。[①] 采用法定资本分缴制和授权资本制（包括折中授权资本制）的公司在成立时获得的法律人格并不完全。第一，表现在其人格的获得与维持是附条件的，而不是完全的。第二，表现在没有与其所要从事的经营活动相称的资本。从财产关系的角度看，任何法律人格都建立在财产之上，无财产即无人格。[②] 在目标公司成立后进行虚报注册资本的行为，将导致目标公司财产不实，从而可能动摇目标公司法律人格生成的基本要件。当公司人格生成条件缺乏，乃至公司空壳化，就应当否定该公司的独立人格。[③] 虽然目标公司在成立时是合法有效的，但是由于后来的虚报注册资本行为致使其法律人格产生和维持所必需的条件在实际上未能达成，造成了已取得的法律人格的丧失。所以，即使公司完成登记，已领取法人营业执照，若其独立人格存在无

---

① 参见孙光焰：《单位犯罪主体论》，载《华东政法学院学报》1999 年第 4 期。

② 参见彭万林主编：《民法学》，中国政法大学出版社 1999 年版，第 31 页。

③ 参见赫然、司国林：《公司人格否认制度的价值评析》，载《当代法学》2001 年第 11 期。修订后的《公司法》第 20 条第 3 款规定：“公司股东滥用公司法人独立地位和股东有限责任，逃避债务，严重损害公司债权人利益的，应当对公司债务承担连带责任。”这是将公司人格否定制度或揭开公司面纱规则引入我国法律的重要体现。

效事由,公司设立也将被宣布为无效,自始丧失独立人格。[①] 因此,可以得出结论:在分期缴纳出资阶段的虚报注册资本行为足以使目标公司丧失法律人格,无法成为本罪单位犯罪的主体。

由此可知,在法定资本分期缴纳制和授权资本制(包括折中授权资本制)的情形下,目标公司成立后的出资行为中出现的符合虚报注册资本罪构成的行为主体不可能是目标公司,而只能是目标公司的设立登记申请人,即出资人。

不过,应予注意的是,根据《公司法》第199条的规定,对虚报注册资本的公司,处以虚报注册资本金额5%以上15%以下的罚款。此时,接受行政处罚的主体是虚报注册资本的目标公司本身,而不是设立公司登记的实质申请人。这是因为,如果虚报注册资本没有达到定罪的严重程度,则该目标公司仍具有一定的财产,也能够从事一定的经营活动,能够对外承担相应的民事责任,自然具有承担行政处罚的能力。当然,如果虚报注册资本的性质达到定罪的严重程度,则该目标公司就可能空壳化,对外将会丧失赔付能力,此时,该目标公司就失去法人资格,不能作为承担法律责任的主体,因此,只能够由其实质上的申请人承担相应的刑事责任。

还有一种情况值得提出,即实质意义上的申请人在没有任何出资的情况下,虚报注册资本已经达到定罪的程度。但是虚报注册资本的目标公司经过一段时间的经营活动,产生了一定的公司自有资本,具备了对外承担责任的能力。此时,接受行政处罚的仍应由目标公司承担。但问题是,这种公司资本“先虚后实”的情况是否还有必要追究其虚报注册资本罪的刑事责任?我们认为,从社会效益上看,已经失去刑罚的必要性;但是,从有罪必罚的观念出发,似乎仍具有可罚性,否则,容易导致鼓励此种空手道的高风险经营行为。对这种情况是否需要追究刑事责任,应当根据个案的具体情况具体分析,我们倾向于原则上不必处罚,除非情节特别严重的则可例外地给予一定的非实体刑处罚,例如判处罚金刑。

二、虚假出资与抽逃出资罪的司法认定

(一)虚假出资、抽逃出资罪的基本构成

虚假出资、抽逃出资罪,是指公司发起人、股东违反公司法的规定未交付

① 参见马强:《公司被吊销营业执照与公司人格否认》,载《法律适用》2001年第3期。

货币、实物或者未转移财产权，虚假出资，或者在公司成立后又抽逃其出资，数额巨大、后果严重或者有其他严重情节的行为。

本罪的客体是公司出资管理制度。公司资本不仅是公司运作的物质基础，也是公司对外承担债务的物质保障，具有标志公司信用的特殊功能。修订后的公司法仍然采用法定资本制度；同时根据目前出资人的经济状况，将原有的全额缴纳制修改为分期认缴制，即认购出资（或股本）分期缴纳，不再需要一次性实缴。允许股东或发起人自公司成立之日起两年内分期缴足，投资公司则放宽至5年。学界将之称为法定资本制加认缴制结构，这种制度一方面能够巩固公司资本结构，维护社会交易安全和经济秩序；另一方面也彰显了降低公司设立门槛，使得设立公司更加简便，鼓励投资创业的价值取向，被认为比较适合目前的国情。在法定资本制下，发起人或者股东缴纳出资既是股东对公司的义务，也是股东对公司承担有限责任的物质前提和公司对外承担民事责任的物质基础。公司法对股东虚假出资和抽逃出资的构成以及民事责任承担方面也作了一些原则性规定，为刑事法律认定虚假出资和抽逃出资行为提供了相应的基础性行为类型。有论者认为本罪的侵犯客体是复杂客体，包括公司出资制度与公司、其他股东和债权人的权益。[①] 我们认为公司出资管理制度就是为了保护公司、其他股东和债权人的权益而设立的制度，侵犯了公司出资管理制度，自然就侵犯了公司、其他股东和债权人的权益。本罪的主体是公司的发起人和股东，包括单位与个人。“公司发起人”，是指依法创立筹办股份有限公司事务的人，在公司成立后，发起人即成为股东。“股东”是指公司的出资人，包括有限责任公司的股东和股份有限公司的股东。不论是公司发起人或股东都是依法负有出资义务的人。本罪的客观方面表现为违反公司法的规定未交付货币、实物或者未转移财产权，虚假出资，或者在公司成立后又抽逃其出资，数额巨大、后果严重或者有其他严重情节。其行为主要表现为两种形态：

其一是虚假出资，即行为人未交付货币、实物或者未转移财产权，以欺骗手段向其他发起人、股东隐瞒真相，使之相信其已出资或已足额出资。从具体方法看有提供伪造、变造的金融票证；有将已作债务抵押或没有支配权的实物用作出资；有提供假的产权证明；也有故意对用作出资的实物、产权高估作价的。[②] 商法界有论者将之进一步细分为如下类型：(1)以无实际现金或高于实

---

① 参见喻伟：《论维护公司资本制度的刑法保障》，载《法学评论》1998年第3期。

② 若这种高估作价是过失所致则不符合本构成要件。

际现金的虚假银行进账单、对账单骗取验资报告，从而获得公司登记；(2)以虚假的实物投资手续骗取验资报告，从而获得公司登记；(3)以实物、工业产权、非专利技术、土地使用权出资，但并未办理财产权转移手续；(4)作为出资的实物、知识产权、土地使用权的实际价额显著低于公司章程所定价额；[①](5)股东设立公司时，为了应付验资，将款项短期转入公司账户后又立即转出，公司未实际使用该款项进行经营；(6)未对投入的净资产进行审计，仅以投资者提供的少记负债高估资产的会计报表验资。[②] 其中，存在争议的是，对于以实物、知识产权或者土地使用权出资，在评估作价时，以欺骗的方法故意高估作价，使其实际价额显著低于公司章程所定价额的情况，可否按照虚假出资定性？上述论者将这类行为视为虚假出资罪客观方面的表现之一；但是根据刑法第159条的规定，虚假出资罪客观方面表现为“公司的发起人、股东违反公司法的规定，未交付货币、实物或者未转移财产权，虚假出资”。这里的“虚假出资”，显然是对“未交付货币、实物或者未转移财产权”这些行为性质的概括，而似乎不能包括与这些行为并列的以实物、知识产权或者土地使用权出资在评估作价时以欺骗的方法故意高估价格的情况。

根据《公司法》第31条的规定，“有限责任公司成立后，发现作为设立公司出资的非货币财产的实际价额显著低于公司章程所定价额的，应当由交付该出资的股东补足其差额；公司设立时的其他股东承担连带责任”。这种情况属于股东不如实缴付出资的责任。以货币形式出资的，因为货币本身具有确定

---

① 在这种非货币财产出资场合，如果纯粹因市场行情变动而导致的出资差额，是否应由出资股东承担出资不实的责任？因为非货币财产出资股东对其非货币财产的市场行情并无控制力，所以对出资差额的出现并无任何过失。根据公司法第26条和第81条等规定，公司的注册资本为在公司登记机关登记的全体股东(或发起人)认缴(或认购)的出资额(或股本总额)。由此可引申出这样一个原则：股东应当出资的价额由公司章程确定，而实际出资的价额以公司成立时所交付的为准。以非货币财产出资的，即便在制定章程时依当时的市场行情进行了正确的评估作价，如果公司成立时市场行情显著跌落，公司实收资本便在实际上低于章程所定资本，因此造成出资不实的结果与非货币财产过高作价在客观上是一样的。所以，以非货币财产出资的股东仍应对该差额承担补充责任，以确保公司设立后，其实收资本与章程所定资本一致。这“不仅当然适用于当初财产过大评价的情况，亦适用于因经济变动而导致物价下跌的情况，是为公司资本充实而设定的无过错责任”。见陈甦：《公司设立者的出资违约责任与资本充实责任》，载《法学研究》1995年第6期。当然，这种情形并不存在虚假出资的刑事责任问题。

② 参见江苏省高级人民法院民二庭：《关于股东瑕疵出资及其民事责任的认定》，载《中国民商审判》总第3卷，法律出版社2003年版，第62页。

性，所以不存在差额问题；而以实物、知识产权、土地使用权等非货币财产出资的，则其价额具有不确定性，所以必须经过核实、评估，只能在公司成立前后一定时间内对该出资标的价值进行评估。因此，公司法规定，不如实出资责任的确定时间为“有限责任公司成立后”。但是，这种不如实出资如果是故意的，且差额达到“数额巨大”，或造成严重后果或有其他严重情节的，则与虚假出资罪的行为就没有本质上的区别，[①]我们认为，故意不如实出资应是虚假出资的一种表现形式。

根据公司法的规定，申请设立登记要出具验资证明等文件，这就要求无论是缴纳货币出资还是转移非货币出资的所有权，都必须在申请设立登记之前完成，即缴纳出资、验资在前，设立登记在后。由此，虚假出资的行为一般也只能发生在公司设立登记之前。当然，对采用分期缴纳资本制、授权资本制或折中授权资本制的情况下，也可能发生在公司设立登记之后，即对本应分期到位的资金的虚假出资。但是，构成虚假出资罪都应以该公司取得设立登记为定罪界限，如果在公司设立登记之前，行为人的虚假出资被其他股东或发起人发现的，根据公司法第 28 条第 2 款和第 84 条第 2 款，行为人承担的是民事上的违约责任。也就是说，在公司设立登记之前，不必直接对虚假出资的行为人追究刑事责任。因为此阶段的虚假出资虽然也是一种欺诈行为，但其仅发生于股东或发起人之间，尚未发生直接的社会危害性，可以通过公司章程责令其补足出资，或令其承担民事违约责任即可解决问题。

其二是抽逃出资，即行为人在设立公司时，虽缴纳了公司章程中规定的自己所认缴的出资额，但在公司设立登记后，又从公司抽回自己出资额的全部或一部分的行为。从具体方法看有将股款支走或者将已存入银行的出资取走，有将已交付的实物又取走，有将已转入公司名下的财产权又转走等等。商法界将之进一步细分为如下类型：(1)控股股东利用其强势地位，强行将注册资金的货币出资的一部分或全部抽走；(2)伪造虚假的基础交易关系，如公司与股东间的买卖关系，公司将股东注册资金的一部分划归股东个人所有；(3)将注册资金的非货币部分，如建筑物、厂房、机器设备、工业产权、专有技术、场地使用权在验资完毕后，将其一部分或全部抽走；(4)未提取法定公积金或者法定公益金或者制作虚假财物会计报表虚增利润，在短期内以分配利润名义提走出资；(5)抽走货币出资，以其他未经审计评估且实际价值明显低于其申报

---

① 这同以货币出资的股东或发起人将数额很小的银行进账单改为数额巨大的银行进账单进行虚假出资的情形并无二致。

价值的非货币部分补账，以达到抽逃出资的目的；(6)通过对股东提供抵押担保而变相抽回出资等。[①] 抽逃出资的行为人在公司设立登记前已实际出资且有真实的验资证明，公司的设立登记是合法的。但在公司成立后，行为人即按预先计划抽回出资。[②] 一般而言，构成抽逃出资行为是在公司成立之后较短时间内实施的，且是事先预谋好的。[③] 这种抽逃出资的行为使本来合法设立登记资本确实的公司仍沦为资本不确实的公司，其性质与一开始就使资本不确实的虚假出资行为毫无二致。

不论是虚假出资还是抽逃出资，都必须是数额巨大、后果严重或者有其他严重情节才符合本罪的客观构成要件。[④] 根据前述《规定》，虚假出资、抽逃出资涉嫌下列情形之一的，应予追诉：

(1)虚假出资、抽逃出资，给公司、股东、债权人造成的直接经济损失累计数额在10万元至50万元以上的。(2)虽未达到上述数额标准，但具有下列情形之一的：①致使公司资不抵债或者无法正常经营的；②公司发起人、股东合谋虚假出资、抽逃出资的；③因虚假出资、抽逃出资，受过行政处罚两次以上，又虚假出资、抽逃出资的；④利用虚假出资、抽逃出资所得资金进行违法活动的。

---

① 参见席建林：《试论公司股东抽逃出资》，载《中国民商审判》总第4卷，法律出版社2003年版，第215页。

② 有些单位或个人为了达到设立公司的目的，通过向银行贷款或者向其他单位借款等手段取得资金，用以当作自己的出资予以注册，一旦公司成立后，又抽回这些资金。这种行为与虚假出资行为实质是一样的。

③ 如果从公司抽出资本的行为是在公司登记设立较长时间后进行的或者抽出后很快又补足的话，则一般也不宜直接认定构成本罪。条文中“公司成立后又抽逃资金的……”的“又”字表明，抽逃资金行为是在公司成立之后较短的时间内实施的。

④ 公司法第28条第2款、第84条第2款分别规定了有限责任公司股东、股份有限责任公司发起人的违反公司章程或发起人协议而未缴足出资的违约责任。该违约责任当属严格责任，无论瑕疵出资股东主观上是否有过错，皆应对公司和已足额出资的股东承担违约责任。同样地，股东抽逃出资后仍享有股权利益，显然是对其他股东利益的变相侵占。在此情形下，已足额出资的股东既可以根据公司章程之规定，要求抽逃出资的股东承担违约责任，也可以根据修订后的公司法第152条之规定，在公司怠于行使其追偿权时，代表公司提起间接诉讼，要求将抽逃的资金退还公司。另根据公司法第3条之规定，公司享有法人财产权。由于股东财产与公司财产严格分离是公司人格独立的前提，因此，股东在出资后又抽逃其出资的，已经构成对公司法人财产权的侵害，故公司有权起诉抽逃资金的股东，要求其归还所抽逃的出资。

(二)虚假出资罪与虚报注册资本罪的关系

从理论上看,两罪的构成特征是有一定区别的:第一,前者侵犯的客体是公司出资管理制度,后者是公司登记管理制度;第二,前者的欺骗针对的是其他出资人,后者针对的是公司登记机关;第三,前者的主体是公司发起人、股东,后者是申请公司登记的人。但是,从实质上看,两罪在客体上具有内在的统一性,不论是公司出资管理制度还是公司登记管理制度,其要维护的都是公司法定资本制度。两罪的主体究其实质也是同一的,即都是负有出资义务的人,①只不过在虚假出资、抽逃出资的情况下一般表现为个别出资者的行为,而在虚报注册资本的情况下则一般表现为整体出资者的行为。而两罪的行为往往也体现为原因与结果的关系。虚假出资的结果必然是虚报注册资本,而虚报注册资本必然以虚假出资为前提,两者相辅相成,存在明显的交叉和牵连关系。因此,如何区别虚假出资罪与虚报注册资本罪的界限便是一个亟待厘清的问题,对此,不仅需要遵循相关法律规定以免出现违反罪刑法定原则的任意解释,更需要探究法律规定背后的立法精神,以实现解释的合理性并达成解释的实践意义。我们认为从法理上分析,虚假出资罪与虚报注册资本罪的根本区别在于:前者属于公司发起人、股东的个体行为;后者属于公司发起人、股东的整体行为。

理由简要说明如下:第一,虚假出资可以通过公司发起人或者股东个体实施;但虚报注册资本申请公司登记的只能是公司的发起人或者股东整体,具体办理申请公司登记的人只是拟设立公司的发起人、股东整体的代表或者代理人。第二,公司法关于虚报注册资本与虚假出资的行政处罚主体的规定截然不同。其中,虚报注册资本的处罚主体是公司,而虚假出资的处罚主体是公司

① 向公司登记机关提出设立登记申请的人形式上虽有非出资者的董事或代理人等,但他们是代表或代理出资者进行申请的,因此可以认为真正的申请人仍然是出资人。

的发起人、股东。[①] 第三，虚报注册资本只是公司的发起人或者股东整体为了取得公司登记进行的欺骗；而虚假出资则除了为了取得公司登记进行欺骗外，还存在对公司内部人员的欺骗，属于双重的欺骗，其恶性已经超出了行政犯的禁止恶范畴而接近于自然犯的自体恶范畴，因此，刑法关于虚假出资罪的法定刑规定才会高于虚报注册资本罪。否则，对于结果一样的两种行为在法定刑的设定上却轻重不同，就难以得到合理的解释。

根据上述界定基准，可以对实践中较为常见的下属几种情形比较方便地进行区分、认定。

(1)若公司各发起人、股东合谋虚假出资，或者个别发起人、股东虚假出资，其他发起人、股东均知情，而后进行虚报注册资本的，这种情形不存在对公司内部人员的欺骗，属于整体行为，应以虚报注册资本罪定罪，但本着刑罚谦抑原则，处罚主体应限定为实际未出资的发起人和股东，不适用共同犯罪的处理原则。

(2)若个别出资人、股东虚假出资，但其他发起人、股东作为申请公司登记的实质意义上的申请人并未参与合谋并且不知情[②]而申请了注册资本登记的，这种情形就存在对公司内部人员的欺骗，属于个体从事的双重欺骗行为，应以虚假出资罪追究该虚假出资的发起人或者股东的刑事责任。当然，这种情况应限于公司取得了注册资本登记，如果虚假出资人在公司未取得注册资本登记前就被发现其虚假出资，则属于公司内部出资人的民事纠纷问题，依照民事法律处理即可，刑法在此阶段不必介入。

(3)对公司法规定的一人有限公司的虚假出资并虚报注册资本的，因为这

---

① 《公司法》第 199 条："违反本法规定，虚报注册资本、提交虚假材料或者采取其他欺诈手段隐瞒重要事实取得公司登记的，由公司登记机关责令改正，对虚报注册资本的公司，处以虚报注册资本金额百分之五以上百分之十五以下的罚款；对提交虚假材料或者采取其他欺诈手段隐瞒重要事实的公司，处以五万元以上五十万元以下的罚款；情节严重的，撤销公司登记或者吊销营业执照。"第 200 条："公司的发起人、股东虚假出资，未交付或者未按期交付作为出资的货币或者非货币财产的，由公司登记机关责令改正，处以虚假出资金额百分之五以上百分之十五以下的罚款。"第 201 条："公司的发起人、股东在公司成立后，抽逃其出资的，由公司登记机关责令改正，处以所抽逃出资金额百分之五以上百分之十五以下的罚款。"

② 这种不知情的情况在实践中是极其罕见的。因为申请公司登记的实质意义上的申请人也就是共同出资人，对其他出资人是否真正履行出资义务是会尽力审查的，这是利益驱动所必然。因此，一般情况下，虚假出资人是很难欺骗其他共同出资人的。

种情况同样不存在对其他公司人员的欺骗，其中的虚假出资仅仅是一种自骗自的行为，故应按整体行为认定为虚报注册资本罪。

三、虚报注册资本罪与虚假出资、抽逃出资罪认定应注意的问题

1. 虚报注册资本罪与注册资金不到位的界限

公司法上的注册资本制度，分别有确定资本制、授权资本制、折中的授权资本制三种。公司资本一次形成的是确定资本制，即注册资本必须于公司设立时由股东一次性全部认足并缴纳；授权资本制是指公司根据政府授权可以在公司成立后分次发行募集资本的全部，这种资本只需记载于公司章程，不必在公司成立时认足缴纳；折中授权资本制，是指股东认足公司章程规定的注册资本的一定比例，差额部分授权公司成立后筹足。我国修订前的公司法采取确定资本制，新修订的公司法实行法定资本分缴制，但对中外合资的有限公司作授权资本制的规定，国家工商局《中外合资企业各方出资的若干规定》第4条规定，各方认缴的出资额可以在公司成立后分期缴付。

在实行授权资本制或折中授权制以及法定资本分缴制的公司，认缴金额允许在注册后分期到位或先缴一定比例的注册资金，余额分期到位。被授权和允许分缴的公司，应当在规定期限内，缴足应到位的注册资金，到期未缴足，就是资金不到位。资金不到位，自然导致原先注册的资金不足额，或者虚无，也会影响已登记公司的正常运作，甚至干扰经济秩序。但这种资金不到位的行为与虚报注册资本罪的性质完全不同。前者行为人只是消极地不履行应按期缴纳的出资额，而且是发生在公司已经登记设立后，公司事实上已经存在；后者则是使用虚假证明文件或采取其他欺诈手段虚报注册资本，而且行为多发生于公司登记设立之前。工商行政管理部门对资金不到位的，应责令其尽快补交，由于特殊情况不能补交的应变更注册资本登记或注销公司登记。值得注意的是，分期出资的，投资者在每期出资缴清时，均应向登记机关提交法定验资机构出具的验资证明，若行为人在公司年检验资时，为隐瞒资金不到位的情况而使用虚假证明文件或采取其他欺诈手段虚报分期出资额达到数额巨大、后果严重或者具有其他严重情节的，亦应认定为虚报注册资本罪。这种情况行为人已经不是消极地不履行应缴纳的出资额的问题，而是积极地实施欺骗行为。其性质与在公司设立登记时虚报注册资本一样，都侵犯了公司的登记管理制度，不能仅因其是设立在先、虚报在后而有所区别。

2. 虚报注册资本罪与妨碍公文、证件、印章类的犯罪关系

刑法第280条规定的妨碍公文、证件、印章的犯罪，其中，伪造、变造国家

机关公文、证件、印章罪，伪造、变造公司、企业事业单位、人民团体印章罪，往往与虚报注册资本罪的使用虚假证明文件或者其他诈欺手段的行为有密切关联，行为人使用的虚假证明文件，常常也就是伪造、变造的前列公文、证件或者以伪造、变造的印章形成的证明文件，这种情形发生的密切关联关系，应区别不同场合解决好一罪与数罪问题。第一，行为人使用的虚假证明文件是他人伪造、变造或他人提供的，[①]"使用"就是虚报注册资本罪涵盖的行为，只构成虚报注册资本罪；第二，行为人使用的虚假证明文件，是串通他人共同伪造、变造的，或者直接是行为人自己伪造或变造的，已构成事实上的数罪，有牵连或吸收关系的，从一重罪处断，反之实行数罪并罚；第三，如果行为人使用虚假证明文件取得公司登记，但尚欠缺定罪情节要件不构成虚报注册资本罪时，行为人参与或直接实施的伪造、变造公文、证件、印章的行为，可以构成妨碍公文、证件、印章的犯罪。

3. 虚假出资、抽逃出资与依法撤回股款、转让出资和出资不到位的区别

第一，关于依法撤回股款问题，主要针对募集设立的股份有限公司而言。根据公司法规定，因发生法定事由，认股人可行使撤回权。例如，发行的股份超过招股说明书规定的截止期限尚未募足的，或者发行股份的股款缴足后发起人在 30 日内未召开创立大会的，公司创立大会作出不设立公司的决议的，主管部门撤销募股批文的等等。在上述情形下依法撤回股款，不发生侵犯合法权益的问题，[②]与虚假出资、抽逃出资有本质区别。第二，关于依法转让出资问题，主要针对有限责任公司而言。根据公司法的规定，股东之间可以相互转让其全部或者部分出资。如果向股东以外的人转让出资，必须经全体股东过半数同意。不同意转让的股东应购买该转让的出资，如果不购买该转让的出资，视为同意转让。经股东同意转让的出资，在同等条件下，其他股东对该出资有优先受让权。[③] 转让出资与抽逃出资外形有点相似，但前者是合法的且不影响公司资本充实原则，后者则是非法的且影响了公司资本充实原则。

---

① 他人若为承担资产评估、验资、验证、会计、审计、法律服务等职责的中介组织人员故意提供虚假证明文件，情节严重的，则构成刑法第 229 条第 1 款、第 2 款规定的"提供虚假证明文件罪"。若为过失，如严重不负责任，出具的证明文件有重大失实，造成严重后果的，则构成该条第 3 款的"出具证明文件重大失实罪"。他人若为银行或者其他金融机构的工作人员违反规定，出具信用证或者其他保函、票据、存单、资信证明，造成较大损失的，则构成刑法第 188 条规定的"非法出具金融票证罪"。

② 参见《公司法》第 90 条、第 92 条。

③ 参见《公司法》第 72 条。

还需注意,即使是非法转让出资也只应依公司法的有关规定处理,亦不构成抽逃出资罪。第三,关于资金不到位问题,在公司资本分缴制和授权资本制或折中授权资本制的情况下,在公司依法登记设立后属于按期应到位或授权资本范畴内的出资未按期到位,只要出资人没有使用虚假证明文件或者其他欺诈手段虚假出资,就不构成虚假出资、抽逃出资罪。但对这种资金不到位的情况,亦应进行规范。

4. 关于公司股东"过桥借款"缴纳出资的行为性质

公司股东通过"过桥借款"缴纳出资,是司法实践中最常见也是最有争议的情形。"过桥借款"通常指公司股东为履行出资义务从第三人处借款;股东将所借资金交付公司并取得公司股权后,再将公司资金直接或间接地归还给出借人,用以抵消股东对出借人的欠款。在形式上,"过桥借款"出借人获得清偿的方式有两种:一是股东将公司资金转入股东名下,并以股东名义向出借人偿还借款、清偿债务,公司财务记载公司对股东的应收款;二是股东以公司名义将资金直接支付出借人,公司财务记载公司对出借人的应收款。无论出现何种情况,公司股东都在设立公司之前就存在着主观故意。工商行政管理机关在处理此种案件时,大部分都是以股东抽逃出资或虚假出资进行处理的。只要出借人借此实现了债权,即可认定股东采取"过桥借款"出资。对此有论者认为,如果出借人与股东、出借人与公司签署了合法的协议,且根据协议出借人向股东、公司向出借人都收取合理报酬或价款,且这一报酬都在法律允许的民间借贷利率之内,似乎不宜认定公司股东以"过桥借款"方式缴纳出资为虚假出资或抽逃出资,认为这不过涉及非金融企业之间的融资的合法性问题。但是也有学者认为,法定资本制要求公司名义资本与实际资本相一致,同时也要求股东名义持有的股权须与实际出资相一致。"过桥借款"不仅会导致公司名义资本与实际资本之间的差异,而且将导致股东名义股权与实际股权之间的差异,从而背离法定资本制和实缴资本制的要求。股东以"过桥借款"出资,其主观目的在于既能取得以公司名义从事经营的资格,又可以不用按照出资数额或者比例承担投资风险、取得投资收益。这完全违背了现代公司制度的投资、风险、收益三合一的基本原则。即使出借人与公司签署所谓"合法的协议",其行为性质根本上也是不合法的,同样属于虚假出资、抽逃出资的行为。①

---

① 参见李国光、王闯:《审理公司诉讼案件的若干问题(上)》,载《人民法院报》2005年11月21日。

我们认为对公司股东“过桥借款”缴纳出资行为的认定应根据还款时间的早晚与公司资本状态加以认定。如果“过桥借款”的股东在公司刚刚成立时就将公司资金抽出用于偿还出借人，此时公司根本还未产生自有资金，这种“过桥借款”的行为完全符合抽逃出资的行为，构成犯罪的，应认定为抽逃出资罪；如果“过桥借款”的股东在公司成立后比较长的时间才将公司资金抽出用于偿还出借人，而此时公司也已经产生了自有资本，则这种“过桥借款”的行为基本上没有影响公司的法定资本，这种情况与前述虚报注册资本罪中的资本“先虚后实”的性质一样，一般不宜再按照犯罪论处。至于时间多长才能够阻却行为人的犯罪性，我们倾向于以公司是否形成了满足法定资本制要求的自有资本为界限。

5. 虚报注册资本罪和虚假出资、抽逃出资罪是否适用于外商投资企业

在司法实践中，有些虚报注册资本的公司就是属于公司制外商投资企业。如果这类外资企业从事虚报注册资本或虚假出资、抽逃出资行为，是否构成虚报注册资本罪或虚假出资、抽逃出资罪？对此问题有较大的争议。

持反对意见者的主要理由有三点：一是从立法渊源及现行刑法规定来看，虚报注册资本罪，虚假出资、抽逃出资罪的适用范围仅限于受公司法调整的有限责任公司和股份有限公司。二是当前外商投资企业法律、法规仅仅规定了逾期未缴纳或者未缴足注册资本行为的民事及行政上的法律责任，而未规定刑事责任。三是外商投资企业在注册资本的认缴期限方面，不同于单纯依照公司法设立的国内公司。合营方即使未能依照合同、章程规定按期缴纳出资，因行为发生在公司登记之后，亦不应适用刑法关于侵害公司登记管理制度的犯罪规定，以虚报注册资本罪或者虚假出资、抽逃出资罪追究刑事责任。上述意见及理由，固然与立法上的不明确存在一定关系，但其在外商投资企业性质、外商投资企业法律规范及公司登记行为的理解方面均存在明显的片面性和局限性。我们认为，虚报注册资本罪和虚假出资、抽逃出资罪同样适用于公司制外商投资企业。

首先，外商投资企业同时也是有限责任公司；其既要遵守外商投资企业的法律、法规，同时也要遵守具有普遍效力的公司法。何况新修订的《公司法》第218条也已明确规定：“外商投资的有限责任公司和股份有限公司适用本法；有关外商投资的法律另有规定的，适用其规定。”其次，刑法对某种行为的处罚，并不需要以非刑事法律、法规存在相应提示性规定为条件。再次，公司制外商投资企业的虚报注册资本及虚假出资行为同样侵犯了公司的登记管理制度。外商投资企业在出资缴纳的期限方面，虽然不同于依照公司法设立的国

内公司，但是随着新公司法的施行，这种区别已经不那么明显了。外商投资企业的虚报注册资本及虚假出资、抽逃出资行为虽然发生在公司登记之后，但诚如前述，公司登记之后的虚报注册资本和虚假出资行为同样侵犯了公司的法定资本制，符合构成条件的一样要按照虚报注册资本罪或虚假出资、抽逃出资罪追究其刑事责任。唯有如此，才符合刑法平等原则。

第4章 破坏金融管理秩序罪的司法认定

一、伪造货币罪与出售、购买、运输假币罪的司法认定

(一)伪造货币罪的司法认定

伪造货币罪,是指无权制造货币的人,仿照人民币或外币的样式,非法制假货币,冒充真货币,并意图使之进入流通的行为。

本罪的客体是国家的货币管理制度。国家货币管理制度,是指通过法律、法规所确立的关于我国货币印制、发行以及对外币的收、支、存、兑等进行监督和控制的制度。根据《中华人民共和国银行法》的规定,人民币由中国人民银行统一印制、发行,其他任何单位或个人均无权印制、发行人民币。伪造人民币的行为侵犯了上述管理制度,伪造外币的行为则侵犯了我国对外币的收、支、存、兑的管理制度。这里的外币是广义的,既包括可在我国兑换的外国货币,也包括不可以在我国兑换的外国货币,还包括港澳台地区的货币。

本罪的客观方面表现为伪造货币的行为。所谓伪造,是指仿照真币的形状、图案、颜色、字体、质地等特征,采用铸造、描绘、复印、制版、胶印、拓印、感光等方法制作假币冒充真币的行为。传统观点认为,不论采用何种方法伪造,一般应当在外观或形式上能够达到与真币基本相似的程度,至于是否达到足以欺骗具有专门货币知识的人,则不是构成本罪的必要条件。只要足以使一

般人误认为是真币即可构成本罪。[①] 如果行为人不是非法制作假币，而是采用其他方法，如从画册上剪下货币的图案，冒充真币骗取他人钱财，则不构成本罪。骗取他人财物数额较大的，可按诈骗罪认定。如果行为人不是以真币为摹本，而是自行设计货币的样式，如设计制作出面值为 200 元的假货币，在这种情况下，不存在与伪造的货币相当的真货币，很难进入流通领域。若行为人借此骗取他人钱物，则其行为属诈骗性质，应按诈骗罪认定。[②] 另外，如果行为人伪造已经停止流通的古钱、废钞，例如伪造银元骗取钱财的，亦应按诈骗罪认定。本罪主体是一般主体，但单位不能构成本罪。

本罪的主观方面是故意，并且应具有使伪造的货币进入流通使用的目的。虽然我国刑法并无明文规定本罪为目的犯，[③]但我们认为本罪的构成若无使伪造的货币进入流通使用的目的，将很难使之与其他行为加以区别，例如行为人仅仅是为了练习自己的描摹能力或者是为了显示自己的绘画技艺，而伪造少量货币用于珍藏或随之废弃，并无投入流通使用的目的，自不构成本罪。因此，本罪的流通使用目的应属不成文的构成要件。[④] 当然，强调本罪的流通使用目的并不要求目的的实际实现，只要该行为是在该目的的支配下实施的即可。

关于本罪既遂、未遂的认定标准问题。有一种观点认为，只要行为人实施了伪造货币的行为，无论是否将货币伪造出来，都构成犯罪的既遂，换言之，即认为本罪不存在未遂形态。其基本理由如下：一是认为本罪是举动犯，不是过程犯；二是根据 2001 年 1 月印发的《全国法院审理金融犯罪案件座谈会纪要》

---

① 但近年来有论者认为，一般人能够辨别不等于特定的群体也都能辨别。实践中，有人用伪造技术粗劣的货币专门行骗于偏僻地区的老年人，即使其伪造的货币一般人都能够识别，但特定的人群难以识别的，也应构成本罪。因此，伪造的货币只要外形大体上与真币相同，并不需要与真币完全一样，即使伪造的货币不具备真币所具有的号码、图章、隐纹等，也属伪造的货币。参见孙国祥、魏昌东著：《经济刑法研究》，法律出版社 2005 年版，第 302 页。我们认为，这种观点值得重视。

② 刑法理论界有人认为即使没有以真币为基础(例如伪造 200 元面值的人民币)，也能构成伪造货币罪。参见刘艳红：《货币犯罪若干问题研究》，载《法商研究》1997 年第 3 期。

③ 大陆法系多数国家都将本罪规定为目的犯。例如德国刑法规定意图供流通之用，或有流通可能而伪造货币的，构成伪造货币罪；俄罗斯刑法规定以行使为目的作为伪造货币罪的构成要件。

④ 关于不成文的目的犯，可参见陈立：《略论我国刑法的目的犯》，载《法学杂志》1989 年第 4 期。

(下称《纪要》)中的指示:"伪造货币的,只要实施了伪造行为,不论是否完成全部印制工序,即构成伪造货币罪;对于尚未制造出产品,无法计算伪造、销售假币面额,依据犯罪情节决定处罚。"[①]我们认为,这种观点值得商榷。首先,本罪的伪造行为无疑需要一个过程,并非一蹴而就,本罪应属过程犯;其次,上述《纪要》所要表明的是,只要实施了伪造行为,即构成伪造货币罪,但并没有说即构成该罪的既遂,因此《纪要》所言并不能为这种观点提供支持。我们还是倾向于认为本罪是存在既遂、未遂问题的,应以伪造行为是否完成为区分既遂、未遂的标准。也就是说行为人预定的伪造行为完成了是既遂,未完成的为未遂。至于该伪造的货币是否投入流通则不影响既遂的构成。

首先,认定伪造货币罪应注意本罪的数额标准。刑法第170条并未对本罪的定罪数额作出规定,但这也不意味着无论伪造的数额多少都一律构成犯罪。对伪造货币的数额或数量较少的,可以不作为犯罪论处。2000年9月8日最高人民法院《关于审理伪造货币案件具体应用法律若干问题的解释》对本罪规定了起刑点标准,即以伪造货币的总面额在2000元以上不满3万元的,或者币量在200张(枚)以上不足3000张(枚)的,为本罪的起刑点。另外,还必须注意,对于伪造货币的行为人,又从其住处或者藏匿地查获伪造的货币的,也应当认定为同一伪造货币犯罪行为的数额,但有证据证实后者是行为人实施其他假币犯罪的除外。

其次,应注意本罪与变造货币罪的界限。刑法将变造货币的行为区别于伪造货币行为,分立不同的罪名。所谓变造,是指没有货币制造或发行权的人,对真实的货币进行加工(一般采用挖补、剪贴、揭层、涂改、拼凑等方法)致使真币本身的价值变大或张数变多(一般是增大票面的金额、增多票面的张数),企图蒙混使用。例如,有的将真实的人民币浸泡在水中一段时间后,撕开面、背两面,加工成两张人民币;有的则把数张人民币各挖掉一个部分,然后拼凑成更多张数的人民币;有的银行、信用社工作人员将各种换下来的损坏的纸币,重新剪贴、拼凑等等。在现实生活中,这种变造货币的行为,在一般情况下,变造的数量不可能很大,其社会危害性与伪造货币相比要轻得多,对于变造数量少的,一般不宜定罪。因此刑法规定,变造货币,必须"数额较大的",才构成犯罪,而且其法定刑也大大低于伪造货币的行为。故在实践中区别伪造与变造这两种不同性质的行为是很重要的。

伪造是以假充真,无中生有,变造是在真币基础上的加工、改造,两者在一

---

① 孙国祥、魏昌东著:《经济刑法研究》,法律出版社2005年版,第304页。

般情况下是不难区分的。但对真实货币的加工也有可能构成伪造，将两者区别开来就较困难。学者一般认为，在这种条件下，如果经过加工的假币与真实的货币仍在同一性限度的范围内，即为变造。例如将一张 10 元的人民币正、背两面撕开，变成两张 10 元面值的人民币，这种货币与真币存在着同一性，所以是变造；但如果经过加工的假币与真币丧失了同一性，即可认为是伪造。例如将真实的硬角币熔化铸造出 1 元面值的硬币，这就使假币丧失了与原来真币的同一性，因而就不是变造而是伪造。对这种行为可以直接以伪造货币罪论处。

在司法实践中，一人同时实施伪造货币，持有、使用、运输、出售伪造的货币等数种犯罪行为的情况常有发生，对这种情况是按一罪处理，还是按数罪实行并罚，就要看行为人持有、使用、运输、出售伪造的货币是否其本人伪造的。如果行为人持有、使用、运输、出售的假币是本人伪造的，则按伪造货币罪一罪定罪处罚；如果行为人既伪造了货币，又持有、使用、运输、出售了其他人伪造的货币，则应按伪造货币罪和有关犯罪实行数罪并罚。

最后，还应注意制造、销售用于伪造货币的版样的行为的司法认定。根据最高人民法院《关于审理伪造货币等案件具体应用法律若干问题的解释》第 1 条第 3 款的规定，对此种行为应以伪造货币罪定罪处罚。但我们认为应注意行为人事前是否与伪造货币的犯罪分子同谋：对于事前与伪造货币的犯罪分子通谋的，以伪造货币罪的共犯论处，并根据伪造货币的数额、情节确定量刑档次和幅度；事前没有通谋的，不认定犯罪数额，依据犯罪情节决定刑罚，以伪造货币罪定罪处罚。

（二）出售、购买、运输假币罪行为的司法认定

本罪的客观方面表现为出售、购买、运输假币数额较大的行为。本罪的认定要注意其客观行为形态的三种表现，以下分别说明：

“出售假币”，是指将本人持有的假币有偿地转卖给他人，通常是以低于假币的票面额来出售。出售给他人，并不必然要换取真币，既可以是假币与真币之间的交易，也可以是假币与实物之间的交易。不论是行为人将自己伪造的货币予以出售还是将购买来的假币再行出售，都是本罪所指的出售行为。如果无偿将假币赠送他人，不构成本罪。但赠与的假币如果是行为人自己伪造、变造的，或者购买后又赠与他人的，可以伪造货币罪、变造货币罪或者购买假币罪认定，在查不清来源的情况下，可以持有假币罪认定。单一的出售行为构成独立的出售假币罪，购买后又出售的是一种连续性或者合并性的行为，成立一个合并型罪名，即购买、出售假币罪。

"购买假币",是指将他人持有的假币予以收购,通常是以低于票面额的价格买进,可以是用较少的真币换取较多的假币,也可以是以较少价值的商品换取较多表面价值的假币。应该注意的是,法律将出售和购买假币的行为均规定为犯罪。没有出售行为也就没有购买行为,同样,购买行为也依出售行为而存在,因而是一种必要的共同犯罪。依照刑法理论,这种情况属于必要共犯中的对向犯。对向犯,是指两个或两个以上的行为者,彼此互相对立之意思经合谋而成立之犯罪。因行为者各有其目的,各就其行为负责,彼此间无所谓犯意联络,故无适用共同犯罪中共同实行犯之规定的余地。即出售假币的行为者只对其出售行为负责,购买假币的行为者也仅对其购买行为负责,出售、购买者罪责之有无不影响相对人罪责之有无。当然,要求购买方与出售方都明知交易的对象是假币,如果出售方用假外币冒充真外币交易,购买方误假为真进行购买,自不能构成本罪行为,但就出售方而言,可以构成使用假币罪。

在一般情况下,出售与购买之间往往没有其他环节,但对于复杂的大宗出售与购买假币案件,出售者与购买者往往并不直接正面接触,而是通过中间人的活动来完成。那么,对这个中间人应如何定罪?我们认为,如果中间人受出售者的委托或与出售者事先通谋而后寻找出售对象,则对中间人以出售假币罪共犯论处。同理,如果中间人受购买者的委托或与购买者事先通谋而后寻找出售对象,则对中间人也以购买假币罪共犯论处。如果出售人与购买人之间没有合意而仅是找中间人让其寻找购买对象、出售对象,中间人就此促成此项交易的,则该中间人就构成了出售、购买假币罪的共犯。

"运输假币",是指行为人主观以运输之意图持有、携带、控制假币的行为。运输假币在客观形态上表现在三个方面:一是空间性。运输的空间仅限于境内(跨境运输构成走私行为),且是从一地到另一地的空间位移,距离不能过近,如从同一城区内的一家房屋携带到相邻的另一家房屋,显然不能以运输论。二是与人的关系。既可以是自己运输假币,也可以是受雇为他人运输,还可以利用不相干的他人替自己运输(这种情况下,被利用者并不知情,行为人构成运输假币的间接正犯)。既可以人货同行,也可以是委托商业承运机构运输。三是运输工具。既可以是任何形式的交通工具,也可以是人体隐藏和随身携带,还可以是其他方法如利用动物携带假币等。需要注意的是,实践中有一种情况,即行为人既有购买假币的行为,也有运输假币的行为该如何定性?我们认为,如果行为人从甲地购买假币后又将之运输到原来的乙地,这种情况下,"购买"与"运输"不是相互独立的行为,两者之间有不可分割的内在牵连,运输行为是购买行为的自然延伸,运输依附于购买,是购买行为的一部分,不是独立于其外的,因此只能定“购买假币罪”。同理,为了出售假币而从家里将假币带到某地出售的行为,也只能定为“出售假币罪”。即当运输行为不过是为了购买或者出售假币,则其仅是一种附属的而且是实现主行为所必需的从行为。

数额较大是本罪的构成要件,也是区分本罪与非罪的重要标准。如果出售、购买、运输假币,尚未达到数额较大,则不构成犯罪,仅属一般违法犯罪行为。关于数额的标准,根据最高人民法院《关于审理伪造货币等案件具体应用法律若干问题的解释》(2000 年 9 月 8 日)第 3 条的规定,出售、购买假币或者明知是假币而运输,总面额在 4000 元以上不满 5 万元的,属于“数额较大”;总面额在 5 万元以上不满 20 万元的,属于“数额巨大”;总面额在 20 万元以上的,属于“数额特别巨大”。

本罪的主观方面只能是故意,即明知是假币而予以出售、购买或者运输。由于货币本身不允许非法买卖,且现实生活中根本不存在以低于某种货币的面值能够买到同一面值的同种货币,或者用低于某种货币的面值去出售同种货币的情形,因此,如果行为人实施上述行为,在主观上出于故意是不言而喻的。当然,司法实践仍然有必要对行为人所出售、购买、运输的货币属于假币,在主观心态上是明知的进行认定。一般而言,对于出售、购买假币的行为,其主观上的明知比较容易认定,而对运输假币的行为,认定主观上的明知,则相对复杂些,因为运输假币的行为人比较容易以其不知道所运输的物品是假币为辩解理由,而且,事实上也可能存在行为人被作为不知情的“工具”使用的情况。那么,在司法实践中应当如何判断行为人的明知呢?从理论上讲,明知包括两种情形:一是确定知道,二是知道的可能性。从证据学角度看,要求达到“合理怀疑的程度”。“怀疑”是指在缺乏证明的情况下的猜测或推测的主观状态,它要求一定程度的满足,即行为人认为是假币的客观可能性达到相当高的程度,具有正常理智的人均能够对此引起怀疑,在这种心理状态下仍实施行为的情形。“怀疑”并不要求达到相信的程度,但是必须有充分的事实根据作为怀疑的基础,而不是行为人的无端猜疑。从对行为人的查证方面看,进行客观的推定也无法说明行为人对此有明知的可能性,在这种情况下就不能认定行为人对“假币”存在明知。因此,认定“明知”应综合考虑本罪的特点,同时结合犯罪故意的一般理论来确定。如果行为人有充分的根据怀疑是违禁品,但究竟是何种违禁品,是毒品还是假币,还是淫秽物品,行为人尚无法确认,在这种情况下,只要行为人实施了客观事实,就可以认定其具有明知的故意。

二、内幕交易、泄露内幕信息罪行为的司法认定

内幕交易、泄露内幕信息罪①，是指证券交易内幕信息的知情人员或者非法获取证券交易内幕信息的人员，在涉及证券的发行、交易或者其他对证券的价格有重大影响的信息尚未公开前，买入或者卖出该证券，或者泄露该信息，情节严重的行为。

1. 关于本罪客体的认定

本罪的客体为双重客体，也就是说本罪既侵害国家对证券市场的管理秩序，也侵害了证券投资者的合法权益。内幕交易、泄露内幕信息犯罪行为违反了国家证券法律法规关于禁止利用内幕信息进行证券发行交易活动的规定，破坏了证券市场运行应当遵循的公开、公平、公正和诚实信用原则，使证券的发行和交易不能有序、有效、正常地运行，从而破坏了国家对证券市场正常的管理秩序。同时本罪也直接侵犯了投资者的平等知情权，直接侵害了投资者的合法权益。对于与内幕交易者进行方向相反交易的投资者来讲，内幕交易就意味着对其合法权益进行侵害，即当内幕人员买进时，投资者不知情而卖出，就会丧失本来应该属于自己的利益；当内幕人员卖出时，投资者不知情而买进，就会因高价承接内幕人员卖出的证券而被高位套牢，遭受其本来不应该遭受的损失。对于公司的其他股东以及其他可以从事与内幕交易者方向相同交易的投资者来讲，内幕交易也是对其合法权益的侵犯，即当内幕信息属于利空，内幕人员在信息公开前卖出证券时，其他股东因为不知情而没有卖出证券，就会不平等地承担利空信息对股东造成的损失；当内幕信息属于利好，内幕人员在信息公开前买进证券时，其他投资者因为不知情而没有买进，就会不平等地丧失利好信息可能带来的好处。内幕交易直接侵犯的是证券市场信息披露制度和作为证券市场主体的投资者的合法权益。但其结果会使投资者丧失对公开、公平、公正的证券市场的信心，挫伤其对证券市场进行投资的积极性，甚至撤出投资，从而阻碍证券的融金渠道，危害证券市场的健康发展。尽管各国对内幕交易看法不同，颇有争论，但对其危害性还是众口一词，各国无

① 根据《刑法修正案》第 4 条的规定，刑法第 180 条规定的内幕交易、泄露内幕信息罪的行为包括了证券内幕交易、泄露证券内幕信息的行为和期货内幕交易、泄露期货内幕信息的行为。但鉴于我国目前期货交易市场受到比较大的限制，这方面的法律规范还很不完善，实例也很少。因此，在这里我们只讨论有关证券内幕交易、泄露证券内幕信息的行为构成犯罪的司法认定问题。

不把内幕交易视为证券市场的毒瘤，将其规定为典型的证券违法行为和证券犯罪行为，并规定严厉的刑事、行政、民事制裁措施，予以重点防范和严厉打击。①

2. 关于本罪客观行为的认定

本罪在客观方面特别要注意对内幕信息和内幕交易行为的认定。

所谓内幕信息，是指在涉及证券的发行、交易或者其他对证券的价格有重大影响、尚未公开的信息。② 其范围根据证券法③的规定包括：(1)证券法第62条第2款所列重大事件，即：①公司的经营方针和经营范围的重大变化；②公司的重大投资行为和重大购置财产的决定；③公司订立重要合同，可能对公司的资产、负债、权益和经营成果产生重要影响；④公司发生重大债务和未能

---

① 西方国家一般认为，对内幕交易的禁止，其最主要的依据是维护证券市场的公平性与公正性，投资者不应有人利用其地位或机会取得内幕信息买卖土里，而使不知悉该内幕信息的投资者遭受损失，投资者应在平等的基础上，基于本身的研究，应用公开的信息和资料对证券市场进行预测、分析或根据直觉，自行作出投资决定，而不能以他人所不知悉的内幕信息作为竞争手段，唯有如此才符合证券市场的公平与公正原则。美国联邦交易委员会在处理这类案件时，还创立了一些处罚的理论依据，包括：(1)禁止或公开理论，即认为掌握内幕信息的人都必须作出选择，要么将之公开，要么不公开。若是后者，则不论是出于维护公司信誉的目的，还是他本人不愿公开的事由，他将不得进行该项证券的交易，也不得介绍他人进行与该未公开信息有关的证券交易。(2)委托责任理论，即认为只有在存在委托关系，其中一方向另一方公开自己所知道的与委托关系有关的内幕信息的义务时，他在使用这些内幕信息牟取私利之前，却没有履行公开义务，才可以认定他实施了欺诈行为。本原则适用于公司内部人或其信息来自此种公司内部人的交易者。(3)滥用理论，即认为进行内幕交易的人虽然对发行证券的公司不负有委托义务，但如该人对他人应负责任，而该内幕信息是他人基于契约或其他关系自发行公司获得，该人即属违背义务。犹如盗用他人之物。滥用理论弥补了上述委托理论的不足，它使得投资者应在平等的基础上而不能以他人所不知的内幕信息作为竞争手段这一基本观念，具有了法律效力，成为打击内幕交易犯罪的重要理论基础。参见陈立：《西方证券犯罪立法与实务及其借鉴意义》，载《比较法研究》1994年第3、4期。

② 此与证券法第75条第1款对内幕信息的定义基本相似，但略有区别。该款规定："证券交易活动中，涉及公司的经营、财务或者对该公司证券市场价格有重大影响的尚未公开的信息，为内幕信息。"该定义比较强调内幕信息的公司源泉性，即与其证券在证券市场交易的公司有关。

③ 《中华人民共和国证券法》于2005年10月27日经全国人大常委会第18次会议修订通过，自2006年1月1日起施行。本书所引用的证券法为修订后的证券法，特此说明。

清偿到期重大债务的违约情况;⑤公司发生重大亏损或者重大损失;⑥公司生产经营的外部条件发生重大变化;⑦公司的董事、1/3以上的监事或者经理发生变动;⑧持有公司5%以上股份的股东或者实际控制人,其持有股份或者控制公司的情况发生较大变化;⑨公司减资、合并、分立、解散及申请破产的决定;⑩涉及公司的重大诉讼,股东大会、董事会决议被依法撤销或者宣告无效;⑪公司涉嫌犯罪被司法机关立案调查,公司董事、监事、高级管理人员涉嫌犯罪被司法机关采取强制措施;⑫国务院证券管理机构规定的其他事项。(2)公司分配股利或增资计划。(3)公司股权结构的重大变化。(4)公司债务担保的重大变更。(5)公司营业用主要资产的抵押、出售或者报废一次超过资产的30%。(6)公司的董事、监事、高级管理人员的行为可能依法承担重大损害赔偿责任。(7)上市公司收购的有关方案。(8)国务院证券监督管理机构认定的对证券交易价格有显著影响的其他重要信息。应注意的是,内幕信息不包括运用公开的信息和资料对证券市场作出的预测和分析。

一般认为证券内幕信息具有两个主要特征:其一是对证券价格会产生重大影响,或称价格敏感性。就是说,这些信息所包含的内容极其重要,信息一旦公开,极有可能影响理性投资者的投资决策,从而可能造成证券价格发生较大波动。这种影响并不以该项信息所涉及的事情以后是否会真正实现为转移。其二是秘密性或称未公开性,即有关的重要信息尚未通过法定的方式向社会公众和投资者公开,该信息尚处于保密状态。上市公司的信息公开以在中国证监会核准的"七报一刊"以及在证券交易所的信息发布系统上的公布为准。

内幕信息的公开又有形式的公开(即通过法定的信息公开方式予以公布就算公开)与实质公开(即信息经法定方式公开,并被证券市场消化、吸收后才算公开)之分。美国有判例认为内幕信息公布后,必须经过市场吸收、消化后才能认定该内幕信息为真正公开,即强调实质公开才算公开。[①] 我国有些学者也持此观点。[②] 我们认为,以实质公开为公开的观点在理论上有其合理性,但在具体操作上有一定难度,例如证券市场到底要等待多长时间才算吸收和

① 至于到底要等待多长时间,美国的司法判例认为,应具体问题具体分析:大公司、知名度高的公司,只需等待10多个小时;小公司、知名度低的公司则需等数天。我国台湾地区一般认为,消息公布后的第11个营业日才算是真正公开,掌握内幕信息者才可自己从事证券买卖。

② 参见马克昌主编:《经济犯罪新论》,武汉大学出版社1998年版,第291页。

消化了已公开的信息，尚需相关配套法规进行细化规定。

本罪的行为表现为各自独立的两种类型。

(1)内幕交易，即在内幕信息公开前买卖有关的证券。如果内幕信息属于利好，就买进该证券，一旦信息公开后该证券价格上涨时便抛出获利；如果内幕信息属于利空，就卖出该证券，以避免信息公开后该证券价格下跌所造成的损失。买卖有关证券，是指内幕人员自己买卖有关证券，至于是为自己买卖，还是为他人买卖，则在所不问。至于构成本类型行为是否以利用内幕信息为要件，在国外证券犯罪的司法实践曾有过激烈的争论，在国内理论界也有不同的看法。我们赞同只要内幕人员在内幕信息公开前买卖有关证券的，即构成本罪，而不必问其是否实际利用了内幕信息获利的观点。这种观点既符合刑法第 180 条的规定，也使指控内幕交易行为较为容易。当然，如果内幕人员买卖的是与内幕信息无关的证券，如某甲得知 A 股票的内幕信息而从事与 A 股票完全无关的 B 股票的买卖行为，则不属内幕交易行为。不过必须证明 A 股与 B 股间无任何关联关系和业务关系。

(2)泄露内幕信息，即指在内幕信息公开前，将尚处于保密状态的内幕信息公之于众，使之为公众知悉。根据过失犯罪以刑法有明文规定为限的法理，这里的泄露，应指故意泄露，不包含过失泄露。其具体表现有二：其一，将信息故意告知不应或无权知道该信息的人，即泄露给特定人；其二，在保密期届满前故意泄密，即泄露给不特定人。不论哪种类型的泄露，行为人只要是故意的，即构成本罪。

本罪的客观方面还要求情节严重。根据相关的规定，涉嫌下列情形之一的，应予追诉：(1)内幕交易数额在 20 万元以上的；(2)多次进行内幕交易、泄露内幕信息的；(3)致使交易价格和交易量异常波动的；(4)造成恶劣影响的。

3. 关于本罪主体的认定

本罪的行为主体是特殊主体，具体是指证券交易内幕信息的知情人员或者非法获取证券交易内幕信息的人员，简称内幕人员。内幕人员，根据其知悉内幕信息的途径是否合法，可以分为两大类：

(1)证券交易内幕信息的知情人员。《证券法》第 74 条规定：证券交易内幕信息的知情人包括：

①发行人的董事、监事、经理、高级管理人员；

②持有公司 5%以上股份的股东及其董事、监事、高级管理人员，公司的实际控制人及其董事、监事、高级管理人员；

③发行人控股的公司及其董事、监事、高级管理人员；

④由于所任公司职务可以获取公司有关内幕信息的人员；

⑤证券监督管理机构工作人员以及由于法定职责对证券的发行、交易进行管理的其他人员；

⑥保荐人、承销的证券公司、证券交易所、证券登记结算机构、证券服务机构的有关人员；

⑦国务院证券监督管理机构规定的其他人。此项规定是兜底性条款，除以上六种人员以外，其他有可能合法获得内幕信息的人员，都包括其中。例如由于工作关系，有可能接触或者获得内幕信息的秘书、机要人员、新闻记者、报刊编辑、电台主持人乃至编排印刷人员等。

(2)非法获取证券交易内幕信息的人员，即指上述内幕人员以外，通过非法方法从内幕人员处获取内幕信息的人员。所谓非法方法，可以是盗窃、骗取信息资料或者通过窃听、监听手段获取内幕信息，也可能采取私下交易、套取等手段取得内幕信息。就获取内幕信息时的主观心理状态而言，可能是故意的，也可能是非故意的。例如行为人不知是某上市公司董事长的家而入室盗窃，从董事长公文包内发觉了该公司将要宣布的重大收购计划，该行为人即非故意地非法获取内幕信息的人员，如果行为人利用这个信息在证券市场上进行交易，即构成本罪行为。但若行为人纯属偶然得知内幕信息则不属于非法获取证券交易内幕信息的人员。例如清洁垃圾的工人从某上市公司的垃圾箱偶然得到该公司大型投资计划的草稿，如果行为人利用这个信息在证券市场上进行交易，即不构成本罪行为。另外，若仅消极地从内幕信息人员处接受内幕信息，并无采取任何非法手段，如某内幕信息知情人员故意无目的、无报酬地向非内幕人员的乙泄露内幕信息，则乙作为消极的信息接受者，似不宜认为属于非法获取内幕信息的人员，亦不能以泄露内幕信息的共犯认定。

4. 认定本罪行为应该注意以下关系

(1)区分罪与非罪的界限。根据刑法第 180 条的规定，认定内幕交易、泄露内幕信息罪，除必须达到情节严重外，还应注意行为类型必须表现为内幕交易行为(即行为人在内幕信息公开前买卖有关证券)和泄露内幕信息行为，而不包括其他行为类型。因此，对于证券法第 202 条规定的内幕人员建议他人买卖有关证券的行为，即使情节严重，也只构成证券违法行为而不构成本罪。当然，这是坚持罪刑法定原则应有的结论，但是，从法的统一性与合理性角度出发，我们认为，刑法有必要对第 180 条进行补充规定，将内幕人员建议他人买卖有关证券情节严重的行为也规定为犯罪。因为，从社会危害性上分析，内幕人员利用先知的内幕信息建议他人买卖有关证券的行为与内幕人员利用内幕信息自己买卖有关证券或者泄露该信息的行为性质并无本质区别，刑法没有必要对它们进行分别评价。

(2)本罪与其他犯罪的牵连或竞合关系的处理。非内幕人员采取非法手段如行贿获取内幕信息，再利用该信息进行证券买卖或故意泄露该信息；或者内幕信息的知情人员或非法获取内幕信息的人员接受或索取贿赂，将内幕信息予以泄露，则行为人不仅构成本罪还牵连行贿罪或受贿罪(如果行为人属于非国有公司、企业人员则牵连公司、企业人员行贿罪或公司、企业人员受贿罪)，应依牵连犯从一重处罚。但若行为人采取行贿手段获取内幕信息后，未利用该信息进行证券买卖或故意泄露该信息，则仅构成行贿罪，而不构成本罪。

(3)若内幕信息的知情人员为国家机关工作人员，其所故意泄露的内幕信息亦属于国家秘密，则行为人的行为同时满足刑法关于本罪与故意泄露国家秘密罪的构成要件。这种情况属于法规竞合犯，即该两罪的构成要件存在交叉竞合，按照特别法优于普通法原则，仍应以本罪认定。

三、非法吸收公众存款罪行为的司法认定

1. 非法吸收公众存款罪客观要件的认定

所谓非法吸收公众存款罪，是指非法吸收公众存款或变相吸收公众存款，扰乱金融秩序的行为。本罪的客观方面，表现为非法吸收公众存款或变相吸收公众存款，扰乱金融秩序的行为。被告人是否实施了非法向社会公开吸收公众存款或者变相吸收公众存款，扰乱了金融秩序，是认定被告人是否犯罪的重要条件。我们认为，正确理解本罪的客观要件，关键在于准确把握以下三个方面：

(1)非法吸收公众存款罪是一种法定犯罪。法定犯罪不同于自然犯罪，是一种“禁止恶”，其恶性源于法律的禁止性规定，其具体构成要件还要借助行政法律法规来进一步确定。[①] 有关禁止非法吸收公众存款罪的法律、法规有：(1)全国人大常委会2003年12月修正通过的《中华人民共和国商业银行法》。该法第11条第2款规定：“未经中国人民银行批准，任何单位和个人不得从事吸收公众存款等商业银行业务。”该法还在第81条中规定：“未经国务院银行业监督管理机构批准，擅自设立商业银行，或者变相吸收公众存款，构成犯罪

① 鲜铁可编著：《金融犯罪定罪量刑案例评析》，中国民主法制出版社2003年版，第195页。

的依法追究刑事责任；并由国务院银行业监督管理机构予以取缔。”(2)国务院发布的《非法金融机构和非法金融业务活动取缔办法》。该办法第4条规定，未经中国人民银行批准，擅自从事非法吸收公众存款或者变相吸收公众存款，属于非法金融业务活动。该办法第5条、第6条还规定，未经中国人民银行批准，任何单位和个人不得擅自从事金融业务活动，并就非法金融业务的取缔程序和罚则进行了规定。(3)2000年3月20日发布的《个人存款账户实名制规定》。非法吸收公众存款，行为人无视国家有关存款法律制度的禁止性规定，采取提高利率等方式，与银行争资金，将大量资金集中于其控制之下，从而造成大量社会闲散资金失控，不利于国家集中有限的资金进行必要的经济建设，而且因此形成在吸收存款上的不正当竞争，破坏了利率的统一，影响了币值的稳定，给广大储户和公众带来风险，是刑法严厉打击的对象。

不过，由于刑法第176条对本罪的客观表现形式没有明确的规定，导致司法实践中对有些金融经营行为的认定产生一定的分歧。例如，关于证券公司向客户承诺“保底加固定收益”的理财经营模式是一般的违规①还是可以构成本罪？有观点认为虽然目前法律和司法解释没有直接规定非法开展资产管理业务就是变相吸收公众存款，但由于该行为在主客观上已经符合非法吸收公众存款罪的犯罪构成，因此，可以按本罪论处。但也有观点认为，由于刑法规定不明确，承诺保底加固定收益的违规理财是否属于非法吸收公众存款罪就具有不确定性，不能仅仅因为保底加固定收益，就把理财当作存款。而且从历史上看，承诺保底加固定收益的违规理财并非完全扰乱金融管理秩序。在2004年2月证监会明令禁止前，这种理财方式是许多券商普遍采用的一种资金经营手段，证券市场也是国家金融体制的一部分，本身也需要试验和发展，这种试验和发展的成本不应该完全加在券商身上。② 我们认为，保底加固定收益的理财确实会导致把本应存在银行的钱拿到券商那里，如果券商的许诺非常诱人，大量的资金就会涌入证券市场，银行存款也会跟风而动，从而使整个金融风险大增，金融秩序就会被打乱，从这个意义上说承诺保底加固定收益

---

① 依据2004年2月1日施行的《证券公司客户资金管理业务实行办法》第41条第2项的规定，证券公司不得向客户作出保证其资本金不受损失或者取得最低收益的承诺。

② 相关的观点参见：《保底加收益理财等于非法吸收公众存款？》，载《检察日报》2006年1月26日。

的违规理财对社会的危害性确实很大，现实中出现的问题也证实了这一点。[①]但是，这种违规行为是否一律构成非法吸收公众存款罪还得具体分析，由于前几年证券业普遍存在这种现象，行为人就可能产生违法性认识错误。一般而言，违法性认识错误不会阻却犯罪故意，但是对行政犯而言，这种违法性认识错误可能会阻却行为人的犯罪故意，再加上刑法对非法吸收公众存款罪的客观要件规定不明确，更容易导致行为人对其行为性质的误认。我们同意这样的分析意见，即对于那些依照券商当时的经营状况可能实现的保底和收益的承诺，只作违规处理；对于那些几乎不可能实现的收益承诺，或者资金根本就没有用于证券市场而是挪作他用的，可以根据情况按非法吸收公众存款罪或者集资诈骗罪认定。[②]

(2)关于“公众”的理解。本罪在客观方面要求行为人向不特定的公众吸收存款，如果行为人只向特定的单位或者个人吸收存款，则不构成本罪。我们认为，关于不特定公众不能简单理解为多人，也不能泛化理解为必须是全部人，比如说将最低集资的数额限制在100万元以上，社会上凡是能一次缴纳100万元集资款的人都在被邀请之列——这种情况虽然有所选择，不是面向全部人群，但仍然符合公众概念，因为它的对象是面向全社会。如果要约或要约邀请是面向社会，即使最终接受的只有少数几家或者一家，这种行为也符合“公众”概念。但如果只是向特定的几家客户发出要约或者要约邀请，之后签订协议，一般认为这种情况不符合“公众”概念。

(3)非法吸收公众存款行为的理解。根据刑法第176条的规定，非法吸收公众存款的行为包括两种类型。所谓非法吸收公众存款，是指未经中国人民银行批准，向社会不特定对象吸收资金，出具凭证，承诺在一定期限内还本付息的活动。所谓变相吸收公众存款，是指未经中国人民银行批准，不以存款之名而以其他名义吸收公众资金，但承诺履行的义务与吸收公众存款的性质相同的活动，即非以吸收公众存款之名，却行吸收公众存款之实。例如，以资金互助会、投资、集资认股等名义吸收公众存款，但并不按照规定分配利润或股息，而是以一定的利息进行支付。变相吸收公众存款规避国家对吸收公众存

---

① 例如上海友联组织金新信托、德恒证券等公司，采取承诺保底和固定收益率的方式，变相吸收公众存款人民币450.02亿元，其中未兑付资金总余额为人民币172.18亿元，严重破坏了国家金融管理秩序。详见:《“德隆”系列案主案在武汉公开审理》，载《人民法院报》2006年1月21日。

② 参见:《承诺保底理财是违规还是犯罪》，载《检察日报》2006年1月26日。

款的监督管理，其实质仍是非法吸收公众存款。这里的中国人民银行，包括中国人民银行总行和各级分行。未经中国人民银行批准从事存款业务，即缺少法定的特别授权。

实践中尤其应注意对民间"合会"行为的认定。真正意义上的民间合会为一种民间相互帮助及合作的融资信用关系，但其运作缺乏保障和相关制度，主要依靠人的信用起作用。它可能形成一种连环借贷。它的运作机制就像一个金字塔，塔尖为会主，中间是中小会主，下面是会脚。这种合会，如果信用好，利息稳定（比银行稍高），入会人员会源源不断地进入，会主就用新会脚的钱去付老会脚的本息，在一定时间内可能得到维持。但是，一旦出现会头"携款而逃"（倒会）或利息过高（抬会）而被政府干预的情况，则广大的会脚将血本无归。这类案件一般应按照非法吸收公众存款罪认定，但是，如果会头一开始就存有非法使用所得款项或携款而逃的主观故意，则对会头应按照刑法第192条的集资诈骗罪定性。还应注意的是，如果这种合会是在比较有限的范围进行，例如仅限于某个公司、企业内部或某个村或某几个村，则不宜按照本罪认定，又如果其形式符合民间借贷的形式，也不能按照本罪定性。

构成本罪在客观方面还要求有扰乱金融秩序的结果。何为扰乱金融秩序？我们认为可以从以下两个方面进行考查：一是非法吸收的存款量。如果非法吸收的存款量大，自然会对正常的存款活动造成严重冲击，因而给正常的金融秩序造成混乱。二是造成的社会影响。如果非法吸收存款或者变相吸收公众存款的行为对社会造成了严重影响，妨害了正常的存款管理，那么正常的存款管理秩序就会被扰乱。总之，如果参与的储户众多、金额巨大、持续时间长、影响面较广，即可视为扰乱金融秩序。

2. 非法吸收公众存款罪主体的司法认定

刑法界有论者认为构成本罪的主体是不具有吸收公众存款资格的人，如果是具有吸收公众存款资格的金融机构是不能构成非法吸收公众存款罪主体的。多数学者持这样的观点，认为本罪的社会危害性主要表现为国家存款管理秩序。只有不具有吸收存款资格的单位和个人，才导致人民银行无法对其进行有效监控，才会因为其不具有银行的实力而无法保证存款人的利益。具有吸收存款经营权的金融机构违规吸收存款的行为，不具有本罪的社会危害性，应不构成本罪。[①] 具有吸收公众存款的金融机构不能成为本罪的主体。因为这些主体本身具有吸收公众存款的资格，它之所以能够取得这种资格，往

① 孙国祥、魏昌东著：《经济刑法研究》，法律出版社2005年版，第327页。

往是具备了严格的法定条件，其经济实力雄厚，账目健全，资金流向受人民银行监管，所以，尽管在吸收存款中有抬高利率等不正当竞争的行为，也不会造成严重的后果，不能以本罪论处。[①] 折中的观点认为，对于具有吸收存款经营权的金融机构实施非法吸收、变相吸收公众存款的行为应区别对待，其行为虽亦符合本罪的客观方面的特征，但一般应认为属于情节显著轻微，危害不大，不构成犯罪。当然，情节严重且应予刑罚处罚的，则仍应以本罪论。[②] 但也有学者持肯定的观点，认为本罪的主体既可以是一般的单位，也可以是银行或者其他金融机构。[③] 因为"本罪的设立目的，首先是为了防止银行同业之间的不正当竞争。据此，刑罚的对象正在于有权吸收公众存款的银行机构及其工作人员的非法吸收行为"。[④]

对此，我们认为值得进一步研究，因为刑法对本罪主体并没有作出特别规定，刑法规定的犯罪行为也不要求一定要有行政法规的相关规定作为依托，而且，实际上也不能笼统地认为，具有吸收公众存款的金融机构非法吸收公众存款的社会危害性就比不具有吸收公众存款的人非法吸收公众存款的社会危害性要小。我们基本赞同对于具有吸收存款经营权的金融机构实施非法吸收公众存款或变相吸收公众存款的行为一般应认为属于情节显著轻微，危害不大，不构成犯罪；但是，对于情节严重且应予刑罚处罚的，则仍应以本罪论处的观点。

3. 金融机构内部人员实施本罪行为的司法认定

金融机构内部人员实施本罪行为需要认真研究，这个问题涉及本罪与职务侵占罪的界限。我们以一个实例加以分析：李某某受某信用社的委托，担任该信用社某信用站代办员，负责办理储蓄和贷款业务。李某某以"信用社活期储蓄存款凭条"为凭证（存款凭条本是贷方传票，应由储户填写，表明自己的存款意图，经信用社盖章确认后作为贷方传票做账，信用社再开具活期储蓄存折或者定期存单给储户作为存款凭证），采取加盖个人私章，没有加盖信用站业务章的形式，以高于信用社的存款利率，先后向 83 人吸收存款计 669804.99

---

① 王作富主编：《刑法分则实务研究》（上），中国方正出版社 2001 年版，第 422 页。

② 张军主编：《破坏金融管理秩序罪》，中国人民公安大学出版社 2003 年版，第 180 页。

③ 高铭暄、马克昌主编：《刑法学》，北京大学出版社、高等教育出版社 2000 年版，第 412 页。

④ 屈学武：《信托投资公司试办个人存款是否构成犯罪，关键看吸收存款时是否采取了非法手段》，载《检察日报》2004 年 8 月 23 日。

元。李某某未将上述吸收款项在该农村信用社人账，而是将之作为自己的款项任意支配使用，导致案发时仍无法归还。

一审法院判决李某某以高利率为诱饵，非法向83人吸收公众存款178笔共计人民币669804.99元，其行为构成非法吸收公众存款罪。根据一审判决，某信用社对李某某非法吸收公众存款的行为不承担民事责任。83个储户不服，多次上访。该市中级人民法院建议一审法院复查此案。经原一审法院再审，将非法吸收公众存款罪改判为职务侵占罪。根据再审判决，某信用社应该承担李某某吸收83个储户存款行为的民事责任，偿还所有储户的存款。本案审理法院的再审判决，不能不说存在社会政策的作用，即为了平息83个存款户的上访。但从法理上辩明本案的性质确有必要。

我们认为，本案的关键是，李某某占有的款项是否为其工作单位的财产，即那些款项是否已经转为信用社的财产。如果那些款项已经转为信用社的财产，则李某某占为己有的行为，就应认定为职务侵占罪；如果那些款项未转为信用社的财产，则不能对李某某按照职务侵占罪认定。而要判断本案李某某所占有的款项是否转移的关键则取决于李某某的行为是否属于表见代理，若其行为属于表见代理，则意味着李某某的行为等同于信用社的行为，存款户将存款交付给李某某就等于交付给了信用社，存款户属于已经履行了储户与信用社的民事法律行为。李某某没有将存款交给信用社，就是侵占了信用社的财产权，而不是直接侵犯存款户的财产权。因此，若表见代理成立，则李某某的行为构成职务侵占罪，其侵占的对象符合职务侵占罪的“本单位财产”这一对象条件。但是，若表见代理不成立，则李某某侵占的对象就不属于信用社的财产，不符合职务侵占罪构成的对象条件。

那么，李某某的行为是否符合表见代理呢？所谓表见代理，是指行为人虽无代理权，但善意相对人客观上有充分理由相信行为人具有代理权，而与其为民事法律行为，该民事法律行为的后果直接由被代理人承担。我国《合同法》第49条规定：“行为人没有代理权，超越代理权或者代理权终止后以被代理人的名义订立合同，相对人有理由相信行为人有代理权的，该代理行为有效。”表见代理的构成，要求包括以下条件：(1)客观上存在使相对人相信无权代理人有代理权的事由；(2)相对人主观上为善意且无过失，不仅不知无权代理人的代理行为欠缺代理权，而且相对人的这种不知情不能归咎于他的疏忽或懈怠；[①](3)无权代理人同相对人之间的民事法律行为具备代理的表面特征和民事法律行为的一般有效要件。

从案情可见，李某某确实是以信用社某信用站代办员的特殊身份吸收存款的。李某某是受信用社委托，办理储蓄和贷款业务的代办员，属于受委托从事职务的人员，李某某也是以信用站代办员的特殊身份吸收存款的。这在客观上存在足以使相对人相信其有代理权的事由，似乎符合表见代理的第一个条件。但在表见代理的第二、第三个条件上，却存在可以讨论的余地。

首先，案情中的83个存款户主观上是否为善意且无过失？对于这个问题，李某某在庭审时供述，曾告诉储户"钱借我周转一下"，自己的主观认识是"这是我个人与他们之间的借款关系"。但83个储户均不承认存款时双方明确约定高利率，不承认存款的主观目的是获取高息而将钱借给李某某个人。所以，在没有其他证据佐证的情况下，仅凭李某某个人供述确实是无法认定双方有否明确约定超过法定的利率，无法认定储户存款的主观目的是获取高息而将钱借给李某某个人，也就是说，没有足够的证据证明83个存款户(作为相对人)将钱款交给李某某的行为为非善意。

尽管如此，我们认为，存款户的过失是显而易见的。83个存款户将钱款交付给李某某后，取得的凭证仅是"存款凭条"，上面只有李某某的签章，无任何信用社的公章。任何社会一般人都会认识到这种无加盖公章的"存款凭条"的效力问题。谁都知道，存款凭条仅是信用社供储户填写，表明自己的存款意图，需经银行盖章确认后由银行作为贷方传票做账。任何存款人在银行或信用社的柜台前都能够随意取得存款凭条。如果存款凭条可以作为存款凭据，那么，任何银行工作人员(具备代理人身份就行)只要在取得的"存款凭条"上随便填写存款人、金额、利息等要素，而且无须加盖公章，金融机构就必须为此向所谓的"存款人"支付存款凭条上记载的金额，岂不荒谬？可见，认识能力再低下的人，都会认识到这种没有加盖公章的凭条是不可能代表信用社的。如果硬要认为该83个存款户无法认识这一问题，那简直就是说，这83个存款户

① 这个要求是建立在法律理性人的基础上的，即每个人都是理性的，他有能力去独立地创设一种有利于自己的权利义务关系。这就要求每个意思自治的民事主体都具有基本的常识和道德判断，从而在平等的民事活动中作出于己有利的选择，这种观念与经济学中的理性经济人的设定是一样的。如果不作这样的设定，这个社会将是一个没有效率的社会。

进入集体愚痴状态，否定了他们的行为能力。而本案审理法院并没有否定该83个存款户的行为能力。因此，我们认为，本案中的83个存款户是存在过失的，不符合表见代理的第二个条件。

其次，李某某与83个存款户之间的民事法律行为是否具备代理的表面特征和民事法律行为的一般有效要件呢？我们认为同样不具备。李某某以存款凭条加盖私章作为存款的证明，这连起码的存款合同的形式要件都不具备。存款凭条充其量只是一种合同要约，表明存款人的存款意图而已。李某某在存款凭条上加盖私章，也只能说明李某某与存款户的关系，并不能证明存款户与信用社的关系。本案中的所谓存款合同的形式要件确实不符合法律的规定。从法律性质上讲，存款合同应具有以下特点：其一，存款合同是实践性合同，在存款人将款项交付金融机构，金融机构出具存单时成立。其二，存款合同是要式合同，是书面合同。存款合同应当具有合法真实的存单(折)作为表现形式。其三，存款合同的一方当事人是固定的，必须是经中国人民银行批准依法能够办理存款业务的金融机构。其四，存款合同是有偿合同，金融机构必须按规定的利率支付利息，当事人无权约定超越规定的利率。如果约定高息，则该约定无效。本案中，83个储户与李某某订立的“存款”合同显然违反法律的规定：其一，采用了存款合同法定表现形式(即存单、存折或银行卡)之外的“存款凭条”；其二，没有加盖信用社的公章；其三，利率超过规定利率，是以同期国家贷款利率作为存款利率。可见，本案中李某某与83个存款户之间的民事法律行为不具备代理的表面特征和民事法律行为的一般有效要件，因此，李某某的行为也不符合表见代理的第三个条件。

综上分析，李某某的行为由于不符合表见代理的第二和第三个条件，因此，不能认定李某某的行为构成表见代理。既然不构成表见代理，则李某某所收钱款就不能视为代理信用社的收款行为，而是李某某的个人行为，应由李某某个人承担责任。至于李某某在刑法上应认定为何种犯罪，则取决于李某某是否具有非法占有目的，若有证据证明李某某具有非法占有所取得的钱款的目的，可认定其构成诈骗罪，即利用信用站代办员身份实施诈骗行为；若无证据证明李某某存在非法占有目的(例如，李某某仅有借用其取得的钱款的目的)，则应认定为非法吸收公众存款罪。

本案还可以讨论的问题是，存款人有没有将款项实际交付给信用社。这也是认定存款关系是否成立的重要因素。目前，对如何判定存款是否交付，法律尚无明确规定。根据中国人民银行总行对有关案件的分析，交付是指存款人向金融机构转移现金的占有或向金融机构交付注明存款人或金融机构为收款人的票据。判断款项是否交付，还可以参考以下两点：一是款项是否进入金融机构的账目；二是存款是否在金融机构的营业场所、营业时间办理。本案中，款项是交付给李某某个人而并非金融机构，李某某侵占的钱款全部未进入信用社的账，也没有合法、有效的收款凭证供其入账。本案审理时有人提出，由于信用社未明确规定信用站的营业时间与营业地点，而且实际工作中，农村信用社代办员在代理信用站的委托职务时是不分时间、不分地点，任何时间、任何地点（包括田间地头）都可以办理的。本案中，储户将款项交给李某某即算交付，至于款项未进入信用社的账目，则是信用社自身管理的疏忽造成的。我们认为，即使现实中可能存在诸如此类的不规范的交付行为，但是，作为代表信用社一方的代办员也必须出具表面有效的盖有公章的存单作为对价，否则，尚不能认为款项交付给了信用社。当然，本案中的李某某在一定程度上利用了其作为信用站代办员的身份，信用社由于监管不严、制度不规范，在民事上也应承担一定的责任，但这并不影响李某某行为的性质。

四、违法发放贷款罪的司法认定问题

（一）本罪客观要件的认定

违法发放贷款罪是指银行或者其他金融机构的工作人员违反法律、行政法规规定，向关系人以外的其他人员发放贷款，造成重大损失的行为。

本罪的客观方面表现为行为人违法向关系人以外的其他人发放贷款。首先，这里所谓的“其他人”并非仅指自然人，还包括公司、企业和其他经济组织。关系人是指商业银行法第 40 条规定的商业银行的董事、监事、管理人员、信贷业务人员及其近亲属以及上述人员投资或担任高级管理职务的公司、企业和其他经济组织。除上述人员和公司、企业、其他经济组织外的自然人、公司、企业、其他经济组织均为“关系人以外的其他人”。其次，正确理解此处的“法律法规”是正确认定行为人发放贷款的违法性，正确适用刑法的关键。由于有关银行贷款的规定的政策性很强，且经常变动，加之我国的金融监管体系处于改革与探索之中，所以必须注意各项贷款规定的有效性。另外，行为人所违反的具体规定的法律效力，属于法律、行政法规的自不必说，不属于法律、法规的，还要分析其是否有明确的法律、行政法规依据；分析是否与法律、行政法规相抵触。[①] 这个问题在司法实践中争议较大，我们试以一个案例加以阐述：

---

① 宣炳昭主编：《刑法各罪的法理与实用》，中国政法大学出版社 2001 年版，第 114 页。

被告人黄某某在担任中国农业银行某市分行信用卡部副总经理期间，在明知信用卡“协议透支”的业务已被明令禁止的情况下，仍擅自与沈某、张某等签订七份“抵押透支协议书”，让沈、张以其本人或其所在公司职员的信用卡透支取得人民币共计588万元(其中张350万元、沈238万元)。期间，黄某某虽然要求沈、张两人提供抵押，但未对抵押物的权属、价值等进行审查、也未办理抵押权登记；为隐瞒其继续进行协议透支的事实，逃避金融监管，黄某某还指使其下属刘某、林某某分别修改电脑内数据库参数值，制作虚假的统计报表。至案发时，以上透支款尚有本金人民币486万余元、利息人民币887万余元(根据信用卡透支罚息的计息方法由电脑自动生成)无法回收。

该市检察院以违法发放贷款罪向法院提起诉讼。被告人及其辩护人辩称：(1)协议透支的实质是违反信用卡管理办法，不是违法贷款行为。(2)黄某某的协议透支行为是上级银行领导安排、授权的，是银行的单位行为。单位也是明知的，况且利息归单位所有，应认定为单位行为而不是个人行为。(3)起诉书认定造成887万余元利息损失不符合事实。

该市一审法院经审理后认为，被告人黄某某身为银行工作人员，竟违反法律规定，向关系人以外的其他人员发放贷款，造成人民币486万余元的贷款无法追回的特别重大损失，其行为已构成违法发放贷款罪。依据《中华人民共和国刑法》第186条第2款的规定，判处有期徒刑5年，并处罚金人民币2万元。一审法院判决后，被告人黄某某不服，提出上诉。二审法院维持原判。[①]

这个案例就涉及违反部委的规章制度能否视为本罪的“违法”，特别是本案所涉及的协议透支问题在全国很多银行的信用卡部业务开展过程中存在的一种为了部门利益进行违规经营的现象。毫无疑问，信用卡透支作为发卡机构为持卡人提供的一项服务措施，是有严格的最高透支金额限制的，金融机构利用信用卡搞协议透支，既严重违反了信用卡业务章程，逃避信贷监控，又影响信用卡业务的健康发展，容易让不法分子钻空子，造成银行资金的损失。因此，中国人民银行于1994年即已下文禁止“协议透支”。

在本案中，早在1995年10月12—26日，中国人民银行某市分行即对中国农业银行某市分行进行专项稽核，并形成厦人银稽结字(1996)015号《关于对中国农业银行厦门市分行信贷资金来源与运用专项稽核的结论和处理决定》。在这份文件中，中国人民银行指出中国农业银行某市分行信用卡部“于

① 蓝景贤：《黄某某违法发放贷款案》，载陈立、廖惠敏主编：《刑法案例精解》(下)，厦门大学出版社2004年版，第53页。

1995年1月17日与某市天马祥业农牧工商有限公司签订协议,期限3个月,利率千分之二十,是属变相发放贷款",并对此"利用信用卡搞协议透支的违规行为处以7.5万元的罚款";可见,协议透支行为是被中国人民银行定性属于应当禁止的"变相发放贷款"行为。但是,我们认为,本罪的"违法"应该指达到法律、法规级别的违法,而不能扩张到违反一般部门规章制度。中国人民银行的禁止性规定只是部门规章制度,我们不能将之升格为法规。这是刑法适用严格解释的要求。我们认为,对本案的认定,只能从对现有的法律、法规的具体规定或者原则规定上阐明行为人行为的违法性,而不宜直接以中国人民银行的部门禁止规定作为认定本罪的依据。根据《刑法第六修正案》(草案),刑法第186条中的违反法律、法规的文字,拟改为违反国家规定。国家规定的范围会模糊一些,其所涵盖的范围就可能包括部门规章制度,这应该是立法者有意为之的。如果该修正案通过的话,则上述行为以违法发放贷款罪认定就不会存在争议了。

此外,认定本罪尚应注意对犯罪损失数额的认定。"造成了重大损失"这一危害结果是构成本罪的必要条件,如果没有达到"重大损失"则不构成本罪。例如在上述案例中,认定黄某某违法发放贷款的数额是以总共发放的贷款额为据还是以尚未追回的贷款额为据,有不同意见。多数人认为,刑法第186条第2款规定了两种量刑幅度,但是现行法律对该罪中"重大损失"、"特别重大损失"的数额没有具体的规定,结合本案仍有486万余元无法追回,应依据第二种情况以"造成特别重大损失"进行处罚。有论者认为,这一规定是刑法中数额犯立法模式中"犯罪损失数额"的一种,并认为司法解释是认定和处罚数额犯的主要依据,[①]然而,这种观点也没有明确指明在制定司法解释时确定数额的基数。也有论者指出,"犯罪损失数额"应包括行为人违法发放的贷款的本金、利息和为追回贷款而支出的其他费用。[②] 我们认为,正确认定犯罪损失数额,还需要考虑以下两个问题:

(1)案发前后追回的数额是否应该计算在内?本罪的客体是国家对金融机构贷款活动的管理制度和金融机构由贷款产生的合法权益,只要违反法定条件和法定程序对外发放贷款就侵犯了上述客体中的第一个客体,因此在确

---

① 参见刘华:《论我国刑法上的数额及数量》,载陈兴良主编:《刑事法评论》第2卷,中国政法大学出版社1998年版,第580、591页。

② 宣炳昭主编:《刑法各罪的法理与实用》,中国政法大学出版社2001年版,第113～114页。

定数额时，应当以发放贷款的全部数额作为确定“重大损失”和“特别重大损失”的标准，在依此标准确定量刑幅度后，才以追回的数额作为从轻或减轻处罚的情节。据此，在本案中，应当先以发放的贷款 588 万元作为量刑的依据，再考虑“造成人民币 486 万余元的贷款无法追回”来作为量刑情节轻重的依据。

(2)贷款的利息应否计算在内？如何计算？这涉及贷款的本质和本罪的客体。首先，贷款是银行业务中的主要业务，是银行赢利的主要来源。其赢利的主要表现形式即是向借款人收取贷款利息。其次，本罪侵犯的客体包括金融机构因贷款产生的合法收益，因此在计算行为所造成的损失时，必须将利息计算在内。如何计算？我们认为，在合同约定的贷款期间内，按约定的利息计算，遇利息调整时按调整的利率计算；对于逾期尚未偿还的贷款则应当以逾期期间的最高贷款利息计算。

(二)本罪与挪用公款罪的区别

违法发放贷款罪的主体限于银行或其他金融机构的工作人员，这些人员所属单位也可以构成本罪。但是不具有上述主体身份的行为人可以和具有上述主体身份的人内外勾结实施本罪行为，不过这种内外勾结实施的违法发放贷款行为很容易转化为实质意义上的挪用公款罪。例如银行工作人员违法发放贷款给其朋友从事证券交易，而后从中分成的情形应当如何认定，在实践中就存在争议。有论者认为采取“贷款”的方式盗用国家资金不宜定性为挪用公款罪，理由是：挪用公款罪的典型特征是，合法保管或经手公款的国家工作人员利用职务之便，或采取出具“借条”，或未经任何程序直接将公款转入自己的(或自己能够控制的)账户或者现金而为己用。[①] 实际上，挪用公款的行为并不排除以发放贷款的方式进行，上述观点只注意到挪用公款的典型形式，以之来排除以非法发放贷款的方式进行的挪用公款是片面的，尤其对内外勾结进行的违法发放贷款行为，上述观点更可能导致减轻行为人罪责的后果。我们认为，如果银行工作人员利用职务之便与外部人员相互勾结违法发放贷款给外部人员从事营利活动并从中分成，应按挪用公款的共同犯罪认定；如果银行工作人员利用职务之便违法发放贷款给外部人员而收受或索取贿赂的，对该银行工作人员则应按照违法发放贷款罪和受贿罪数罪并罚，对该外部人员应按行贿罪认定。

① 屈学武著：《金融刑法学》，中国检察出版社 2004 年版，第 382 页。

第5章 □□□ 金融诈骗罪的司法认定

一、贷款诈骗罪的司法认定

(一)贷款诈骗罪客观方面的认定

贷款诈骗罪是指以非法所有为目的,采取虚构事实或隐瞒真相的方法,骗取银行或者其他金融机构的贷款,数额较大的行为。贷款诈骗罪的客观方面表现为违反国家金融管理法规,用虚构事实或者隐瞒真相的方法,骗取银行或者其他金融机构的贷款,数额较大的行为。刑法第193条规定了骗取银行或者其他金融机构贷款,构成贷款诈骗罪的具体行为方式:

(1)编造引进资金、项目等虚假理由骗取贷款。如编造根本不存在的或情况不实的所谓社会效益和经济效益良好的投资项目,或者以引入外资需要配套资金等理由,直接向银行或者其他金融机构诈骗贷款。

(2)使用虚假的经济合同骗取贷款。如使用伪造的、变造的无效的或者不可能履行的经济合同骗取贷款。此种行为的实质是行为人以合同为载体向金融机构发出虚假信息,该虚假信息可能全部虚假,也可能部分虚假,但应以足以使贷款人产生错误认识,并对行为人取得贷款产生决定性的影响作用为条件,因此,如果只是对合同的某些要素、某些条款进行不实渲染,对取得贷款不具有决定作用的,就不符本行为方式。

(3)使用虚假的证明文件骗取贷款。如使用伪造的、变造的无效的证明文件骗取贷款。这类证明文件的实质是向金融机构证明借款人身份、资信品质和还款能力。具体包括有关借款人的身份(如营业执照、工商部门年检手续)、资信情况(如注册资本、基本账户、财产状况、资产负债表、损益表、财务会计表)、还贷能力(如存款证明、公司和金融机构的担保函、划款证明等文件)。[①]

(4)使用虚假的产权证明作担保或者超出抵押物价值重复担保。虚假的产权证明是指伪造的、变造的不存在的所有权证明,[②]这里的"产权证明"是指能够证明借款人或保证人对不动产、动产和商业票据拥有所有权的文件。[③]所谓超出抵押物价值重复担保,是指在申请担保贷款的过程中,用同一抵押物进行重复抵押并且所抵押担保的贷款的价值超出抵押物的价值。

(5)使用其他方法诈骗金融机构贷款。人大法工委参与立法的同志在其编写的书中对这里的"其他方法"解释时指出:其他方法是指伪造单位公章、印鉴骗取贷款的;以假货币为抵押骗取贷款的;以非法占有为目的,先借贷后采用欺诈手段拒不还贷的等情况。考虑到要在法律中将所有的诈骗银行或者其他金融机构贷款的行为都具体列举、予以规定是不可能也是不现实的,因而本条规定了以其他方法诈骗银行或者其他金融机构贷款的概括性行为模式。根据这一规定,不论行为人是以何种方法诈骗贷款的,都要予以追究刑事责任。[④] 但是理论界对于先借贷后采用欺诈手段拒不还贷的情形是否能够归属于贷款诈骗罪的行为类型存在较大的争议:一种观点认为,"其他方法"应当与前面所列举的四项行为类型具有性质上的同一性,即行为人在申请贷款的过程中,未得到贷款之前采用上述方法以外的其他虚构事实、隐瞒真相的手段,将银行或其他金融机构的资金骗出并非法占为己有。[⑤] 如果在贷款之时并未采取欺诈手段,在合法取得贷款之后虚构事实、隐瞒真相将贷款据为己有,不能视为"其他方法"诈骗贷款的行为。[⑥] 另一种观点认为,尽管立法者在前面

---

① 根据中国人民银行1996年6月28日的《贷款通则》第25条第2款:"借款人应当填写包括借款金额、借款用途、偿还能力及还款方式等主要内容的'借款申请书'并提供以下资料:一、借款人及保证人基本情况;二、财政部门或会计(审计)事务所核准的上年度财务报告,以及申请借款前一期的财务报告;三、原有不合理占用的贷款的纠正情况;四、抵押物、质物清单和有处分权人的同意抵押、质押的证明及保证人拟同意保证的有关证明文件;五、项目建议书和可行性报告;六、贷款人认为需要提供的其他有关资料。"

② 鲜铁可编著:《金融犯罪定罪量刑案例评析》,中国民主法制出版社2003年版,第55页。

③ 薛瑞麟主编:《金融犯罪研究》,中国政法大学出版社2000年版,第321页。

④ 参见胡康生、李福成主编:《中华人民共和国刑法释义》,法律出版社1997年版,第262页。

⑤ 孙军工主编:《金融诈骗罪》,中国人民公安大学出版社1999年版,第51页。

⑥ 莫开勤:《贷款诈骗罪疑难问题研究》,载《中国人民公安大学学报》2003年第1期。

四项中所列举的诈骗手段，行为人都是在申请贷款之前就产生了非法占有目的，并为达到这一目的而采取了相应的诈骗手段，但这并不表明立法者因此而在“其他方法”的内涵中否定了行为人的欺诈手段可以出现在取得贷款之后。如果行为人采取合法手段取得贷款后，又基于某种原因，为自己的私利产生了不归还贷款的故意，致使银行无法收回贷款的，应认定为“其他方法”。[①] 也就是说，行为人在贷款时并没有采取诈骗手段，在合法取得贷款后虚构事实、隐瞒真相将贷款占为己有，也属于“其他手段”的范畴。

我们认为，第二种观点是违背刑法规范的内在逻辑性的，在法理上也是讲不通的。因为刑法规范中的“其他方法”并非一种完全开放式的规定，它是受到前面所列举的行为模式的限制的，对“其他方法”的理解不能脱离贷款诈骗罪的本质特征。所谓“其他方法”应当从形式上与前述所列举的行为具有内涵的一致性。如果承认在前述列举的四种贷款诈骗行为必须同时存在非法占有目的，那么在“其他方法”的行为类型上也必须同时存在非法占有目的才符合诈骗行为的性质。放弃对“其他方法”的行为内涵与前述列举的行为类型保持一致性，就是放弃罪刑法定原则，是一种不负责任的任意解释，而且将使得前述列举行为的规定成为多余的话。我们赞同陈兴良教授在分析“吴晓莉贷款诈骗”一案所持的观点，即非法占有目的，在贷款诈骗罪中是指通过诈骗非法占有贷款的目的，因而诈骗是非法占有贷款目的实现的手段，离开诈骗手段就不存在本罪的所谓非法占有目的可言。[②] 换言之，本罪的诈骗故意必须与诈骗行为同在。对于还有论者提出本罪与合同诈骗罪属于种属关系，认为既然根据刑法第 224 条的规定，合同诈骗行为可以贯穿于合同的签订与履行的整个过程，那么本罪对贷款的诈骗行为亦可贯穿于贷款合同的签订和履行的整个过程的观点，[③]我们认为，刑法第 224 条规定的合同诈骗罪的非法占有目的可以产生于“在签订、履行合同过程中”，这是就一般意义上的合同而规定的，它并不能推而广之到特别合同(例如贷款合同)。贷款诈骗罪是作为特别法从合同诈骗罪中独立出来的，它们之间并非种属关系，而是并列关系。特别法与

---

① 李邦友、王德育:《贷款诈骗罪若干问题探讨》，载赵秉志主编:《新千年刑法热点问题研究与适用》(下)，中国检察出版社 2001 年版，第 1191～1192 页。持该种观点的学者还有游伟。具体可以参见游伟主编:《刑法理论与司法问题研究》，上海文艺出版社 2001 年版，第 371 页。

② 陈兴良:《贷款诈骗罪分析——以吴晓莉案为切入点》，载《刑事司法指南》总第 22 辑，法律出版社 2005 年版，第 182 页。

③ 孙国祥、魏昌东著:《经济刑法研究》，法律出版社 2005 年版，第 396 页。

普通法的关系不是种属关系，特别法就是存在区别于普通法的特别事项，两者之间不能类比，否则，立法者就没有必要规定特别法，径直使用普通法即可，何必多此一举，徒增繁难。

另外，对于司法实践中经常出现的使用虚假的银行存款单进行骗贷的行为如何归类定性的问题，我们认为使用虚假的银行存款单不属于刑法第193条所明确列举的四项骗贷行为方式的任何一项，但是否可以归入刑法第193条第5项规定的“以其他方法诈骗贷款的”行为类型之中，值得研究。这是因为：首先，存款单是一种债权凭证。其表征着存款人（自然人、法人或其他组织）与借款人（银行或其他金融机构）之间的债权债务关系，在该法律关系中银行是债务人，存款人是债权人。债权人享有在存款期限届满之时取得本息的权利，债务人负有在存款期限届满之时偿还本息的义务。如果我们认定产权凭证是一种所有权凭证，存款单就不能认定为产权凭证，因为存款单是一种债权凭证。因此虚假的存款单不属于刑法第193条第4项所规定的虚假的产权证明。

其次，如果虚假的存款单是被作为质物用以与银行签订质押贷款合同时，其也不属于刑法第193条第3项所规定的虚假的证明文件。根据中国人民银行的《贷款通则》，借款人欲借款时必须提交的证明文件并没有包括质物、抵押物等，而只是要求借款人提交有关质物、抵押物的清单。关于虚假的银行存款单在贷款诈骗罪的客观方面的归属，最高人民法院在“朱成芳贷款诈骗、金融凭证诈骗案”一案中的判解意见也是倾向于不将其归入虚假的证明文件中。[①]

最后，使用虚假的银行存款单的行为从广义上确实可以归入刑法第193条第5项规定的“以其他方法诈骗贷款的”行为类型之中。理论上也认为，只要行为人不具备借款人资格和偿还能力或超出其偿还能力，以非法占有为目的，采取捏造事实或隐瞒真相等不正当手段骗取贷款的，即可成立以“其他方法诈骗贷款的”行为方式。

但是，使用虚假的银行存款单的行为同时也符合刑法第194条第2款规定的金融凭证诈骗罪的构成要件，即属于使用伪造、变造的委托收款凭证、汇款凭证、银行存单等其他银行结算凭证的行为。陈兴良教授对这种情况进行分析的结果是，贷款诈骗罪和金融凭证诈骗罪存在交互竞合关系，即两个罪名

---

① 最高人民法院刑事审判第一庭编：《刑事审判参考》第5辑，法律出版社1999年版，第1～4页。

概念之间各有一部分外延互相重合。[①] 对于这种法条竞合的情形，理论上认为，应按重法优于轻法原则处断。[②] 不过，由于金融凭证诈骗罪的最高刑为死刑，而贷款诈骗罪的最高刑为无期徒刑，如此适用法律无异于人为提升贷款诈骗罪的法定最高刑，恐有悖罪刑法定原则。更主要的是，其在无形中增加了我国刑法的死刑条款。我们倾向于将使用虚假的银行存款单进行骗贷的行为分离出贷款诈骗罪的评价范围，将其归入金融凭证诈骗罪的评价范围，从法条的文字表述上看，使用虚假的银行存款单进行骗贷的行为也更符合刑法第194条第2款的规定。

在贷款诈骗行为中，只要行为人使用诈骗手段骗取到贷款就属于行为实施完毕，就是既遂，至于此后是否归还贷款，不影响本罪既遂的构成；反之，如果行为人通过正当方法取得贷款，形成的就是一种民事借贷关系，此后的不还款行为属于事后的民事赖账行为，应通过民事法律解决。

(二)贷款诈骗罪主观方面的认定

贷款诈骗罪的主观方面只能是故意，并且行为人主观上还必须具有非法占有贷款的目的。如果行为人主观上没有非法占有贷款的目的，即使在申请贷款时使用了欺诈手段，如为了解决生产、经营中的资金困难问题，编造虚假理由申请贷款，贷款到手后也确实用于生产和经营，结果因为种种原因（经营不善、被骗、市场风险等）到期未能偿还或未能完全偿还贷款本息的，不能以贷款诈骗罪论处。

贷款诈骗罪主观方面认定中最为关键的问题是，行为人是否具有非法占有的目的，这是区分本罪与非罪的重要标志。非法占有目的属于主观的范畴，其认定只能借助客观外在事实。那么，在什么样情况下可以认定行为人主观上具有非法占有的目的？根据最高人民法院2001年1月21日《全国法院审理金融犯罪案件工作座谈会纪要》的精神，结合贷款诈骗罪的具体实际，我们认为可以从以下几个方面判断行为人主观上是否具有非法占有贷款的目的：(1)行为人明知没有偿还能力而大量骗取贷款，到期不能偿还贷款的；(2)行为人采取欺诈的方法骗取贷款后逃跑的；(3)行为人采取欺诈的方法骗取贷款后肆意挥霍，以致不能返还贷款的；(4)行为人在骗得贷款后，利用所骗贷款进行

---

① 参见陈兴良：《使用伪造的银行存单作抵押骗取贷款行为之定性研究》，载《刑事司法指南》总第17辑，法律出版社2004年版，第156页。

② 参见李文燕主编：《金融诈骗犯罪问题研究》，中国人民公安大学出版社2002年版，第206页。

违法犯罪活动，致使贷款不能偿还的；(5)行为人采取欺诈的方法骗取贷款后，抽逃、转移资金，隐匿财产，以逃避返还贷款的；(6)行为人采取欺诈的方法骗取贷款后，隐匿、销毁账目，或者搞假破产、假倒闭，以逃避返还贷款的；(7)行为人采取欺诈的方法取得贷款后，有能力偿还而拒不偿还贷款，行为人根本也没有准备将来到期偿还贷款的。

应该说明的是，上述情形的存在只是推定行为人具有非法占有目的的一种判断，行为人当然可以对这种推定提出反证，如果反证达到优势证据的程度，即可推翻这种推定。证明行为人具有非法占有贷款目的的证据必须达到排除合理怀疑的程度。

关于非法占有目的产生的时间。我们认为，非法占有目的只能产生于贷款之时，不能产生于履行还贷之时。对于行为人采取欺诈的方法取得贷款之时并无明确的非法占有贷款的目的，但却任意签约，不计后果，仅仅是想能够贷到款，一旦贷款到手后，又采取假破产、假倒闭、转移财产等方法，逃避偿还贷款的，这种情况是否可以认定行为人具有非法占有贷款的目的？我们认为，这种情况可以推定行为人具有非法占有目的，但是推定的是行为人在取得贷款之时就具有的非法占有目的，而不是取得贷款之后才产生非法占有目的。有论者认为，在目的犯中，行为人不仅要实施行为，而且要达到犯罪目的，才能成立既遂。由此认为，贷款诈骗罪应当既包括以非法占有为目的采取欺诈方法从银行或其他金融机构骗得贷款，也包括贷款到手后采取欺诈方法试图非法占有贷款。① 这是值得商榷的。我们认为在贷款到手后行为人才采取欺诈方法试图非法占有贷款的情况，固然可以用以推定行为人具有非法占有目的，但推定的这种非法占有目的是行为人在取得贷款时就存在的，而不是取得之后。换言之，如果只能证明行为人是在取得之后才具有非法占有目的，则属于事后目的，事后目的也就是行为实施完毕后才产生的目的，不能追溯前行为。

总之，对于行为人不具备或不完全具备申请贷款的条件，在向银行等金融机构申请贷款的过程中使用了欺骗手段，隐瞒了其不具备或不完全具备申请贷款条件的事实，或者虚构了某些条件，但其目的是解决生产经营的一时急需，贷款到手后，积极投入生产经营，以后按时偿还了贷款或想方设法创造条件偿还贷款的，属于骗贷行为，不能以贷款诈骗罪论处。在司法实践中，对于以虚假手段取得贷款后，于案发前已经主动偿还贷款本息的，一般也不作为犯罪处理(反之，如果诈骗贷款的行为被揭穿后，迫于压力，即使退清全部贷款本

① 参见王晨：《贷款诈骗罪定性问题研究》，载《法律科学》2004 年第 2 期。

息，也应以贷款诈骗罪论处）；对于行为人取得贷款后，具有偿还或基本具有偿还能力，但行为人拖欠不还，即赖账，只要不能推定行为人取得贷款之时就具有非法占有目的，即使行为人存在躲避贷款人追索债务或者诸如隐匿、转移财产等行为，不能以贷款诈骗罪论处；对于行为人在骗取贷款时对能否偿还贷款采取放任态度，那么一旦他大肆挥霍贷款，或拒不偿还贷款，则可以推定行为人在贷款之时便具有非法占有目的，[①]但不能将这种情况视为间接故意，仍然是直接故意。

（三）内外勾结进行贷款诈骗的行为应如何定性

实践中贷款诈骗要得逞往往是通过内外勾结的方式进行的，对这种内外勾结的贷款诈骗行为的认定，涉及有身份的人和无身份的人共同犯罪的定性问题，需要深入讨论，以下先看一争议案例：某民办银行信贷员黄某与朋友许某、徐某内外勾结，骗取本银行的贷款。由许某、徐某私刻某造币厂的公章，以造币厂名义在该民办银行设立账户，并伪造造币厂的企业代码证等资料，在该银行申请了贷款额度。此后，黄某利用负责造币厂存、贷款的职务便利，先后以造币厂的名义向其所在银行申请贷款数十次，骗得贷款近亿元。所得款项由三人私分挥霍。

对此案的处理存在下述分歧观点：

第一种观点认为，三个行为人非法获取民办银行的贷款，既借助了黄某的职务之便，又依赖于许某和徐某的诈骗行为。整体行为同时触犯了职务侵占罪和贷款诈骗罪两个罪名，属于想象竞合犯的情况。对于这种情况，应按照从一重处罚原则，以贷款诈骗罪认定。

第二种观点认为，黄某、徐某和许某三人出于非法占有的目的，由徐某和

---

① 严格而言，此种推定并不足以排除无罪的可能性，属于盖然性推定，不符合证据证明力的要求。较为妥当的是由立法设置不以非法占有目的作为犯罪构成要件的贷款欺诈犯罪类型。《中华人民共和国刑法修正案（六）》第 10 条在刑法第 175 条后增加一条，作为第 175 条之一："以欺骗手段取得银行或者其他金融机构贷款、票据承兑、信用证、保函等，给银行或者其他金融机构造成重大损失或者有其他严重情节的，处三年以下有期徒刑或者拘役，并处或者单处罚金；给银行或者其他金融机构造成特别重大损失或者有其他特别严重情节的，处三年以上七年以下有期徒刑，并处罚金。即对贷款诈骗罪增加了一款不要求以非法占有目的的规定。"在"关于《中华人民共和国刑法修正案（六）（草案）》的说明"中，提出该修正案的理由是"认定骗贷人是否具有'非法占有'贷款的目的很困难"。参见全国人大常委会法制工作委员会在第十届全国人民代表大会常务委员会第十九次会议上对该修正案草案的立法说明。

许某两人采用私刻印章、伪造企业资料等手段骗取银行贷款，构成贷款诈骗罪。黄某利用职务之便，利用造币厂的名义向所在的银行骗取贷款，构成职务侵占罪。由于三人是共同犯罪，因此虽然各自只是实施了部分行为，但是仍然应当承担整个共同犯罪的责任，所以应当对三人以贷款诈骗罪和职务侵占罪数罪并罚。

第三种观点认为，黄某的行为构成职务侵占罪无疑，而许某和徐某在黄某所在的民办银行骗取贷款额度，设立虚假账户，不过是在为黄某的职务侵占行为提供帮助条件，应当被视为黄某职务侵占犯罪构成要件中的诈骗手段而已，而不能作为一个独立构成犯罪的行为看待。因此，黄某与许某、徐某属于内外勾结的共同犯罪，应当以职务侵占罪一罪论处。

第四种观点认为，应当对三人分别定罪。黄某的行为同时构成职务侵占罪的实行犯和贷款诈骗罪的帮助犯，徐某和许某的行为同时构成贷款诈骗罪的实行犯和职务侵占罪的帮助犯。根据各自行为的特点，应当对黄某以职务侵占罪论处，对徐某和许某则以贷款诈骗罪认定。刑法分则关于伙同贪污以共犯论处的规定只是对贪污罪的特别规定，对于职务侵占罪并无适用余地和指导意义。①

我们认为，本案要解决的是内外勾结的混合主体共同犯罪中行为人的定罪问题。对于这个问题，学界已有很多研究，但是各种学说莫衷一是。曾经有学者提出分别定罪说。这种学说认为，混合主体的共同犯罪，应根据犯罪主体的不同区别对待，有特定身份者以纯正身份犯论，无特定身份者则以常人犯论。② 这种学说遭到以下批评：有悖共同犯罪整体性特征，割裂了共同犯罪人在主客观上的联系；出现同一共同犯罪行为不同罪名的不合理结果；可能放纵无身份主体等。③ 根据实定法中“内外勾结进行……的共同犯罪……应按其共同犯罪的基本特征定罪。共同犯罪的基本特征一般是由主犯犯罪的基本特征决定”的规定，④有人提出了主犯决定说，认为应该按照主犯犯罪行为的基本特征确定各共同犯罪人罪名。但是该学说受到诸如主犯不是定罪依据、在

① 黄冬生：《黄某与许某、徐某贷款诈骗案》，载陈立主编：《刑法疑难案例评析》，厦门大学出版社 2003 年版，第 50 页。

② 参见李学同：《论混合主体的共同职务犯罪》，载《政法学报》1991 年第 4 期。

③ 参见徐留成：《混合主体共同犯罪定罪问题研究》，载《人民检察》2001 年第 9 期。

④ 参见 1985 年 7 月 18 日最高人民法院、最高人民检察院《关于当前办理经济犯罪案件中具体应用法律的若干问题的解答(试行)》。

多个主犯的情况下无法解决问题、为共同犯罪人避重就轻指明方向等有力批判，并为此后的刑事立法所否定。[①] 但是，在司法解释中仍然可见其影响力。[②] 因此，又有学者提出身份犯决定说，认为内外勾结，特殊主体与一般主体共同犯罪的，全案应该以身份犯论处。因为一般情况下，共同犯罪属于同性质的犯罪，有特殊主体规定的应从规定；法律对特殊主体犯罪的要求与刑罚严于一般主体犯罪，特殊主体犯特定罪时，其他参加人应以特定犯罪论处。[③] 这种学说其实是建立在刑法关于贪污罪共犯规定的基础之上的。由于贪污罪法定刑较之一般主体犯罪要重，因此才会得出“特殊主体犯罪的要求与刑罚严于一般主体犯罪”的结论，其实这并不是普遍现象，例如本案中就出现了相反的情况。有论者认为，贪污罪的这一规定也很难说就体现了刑法整体精神，否则就应该在总则中加以规定，而且其他特殊主体的犯罪中也未有类似规定。因此，这只能视为一种特殊的例外规定，对分则的其他特殊主体犯罪并无参照指导作用。[④] 而且这样会忽略了特殊主体在犯罪中并未利用其身份进行犯罪的情况，导致罪名适用的不合理。类似的还有利用特定身份说，认为确定混合主体共同犯罪性质的最根本、最关键的依据就在于有特定身份者是否利用其身份的便利实施了犯罪。如果没有利用其特定身份上的便利进行犯罪，就不能认定构成纯正身份犯。如果在犯罪过程中，有特定身份者利用其身份上的便利实施犯罪，就使无身份者的犯罪性质发生了质的变化，整个案件就应依照有身份者的犯罪性质定罪。[⑤] 这虽然避免了前一学说的后一个缺陷，但还是无法解决前一问题。实际上，有的特殊主体犯罪因为立法疏漏或者其他原因，其刑罚比一般主体还要轻。本案就是一个实例，由特殊主体构成的侵占罪相对一般主体构成的金融诈骗罪，刑罚反而要轻。

有不少学者主张，应当按照实行犯的犯罪性质来决定内外勾结混合主体

---

① 修订后的《刑法》第 382 条第 3 款规定：“与前款所列人员勾结，伙同贪污的，以共犯论处。”

② 参见 2000 年 6 月 27 日最高人民法院《关于审理贪污、职务侵占案件如何认定共同犯罪几个问题的解释》第 3 条。

③ 参见张穹主编：《刑法适用手册》(下)，中国人民公安大学出版社 1997 年版，第 1365 页。

④ 参见谢治东：《身份与共同犯罪的若干问题及立法思考》，载《广西社会科学》2002 年第 5 期。

⑤ 参见肖石清：《论“内外勾结”犯罪应以特定身份者的行为定性》，载《河北法学》1993 年第 2 期。

共同犯罪的定性问题。[①] 实行犯确实更能体现混合主体共同犯罪的特征，更具有合理性。但是，特殊主体和一般主体可能都实施了实行行为，若按这个原则，还是无法确定共同犯罪的性质。而且在罪刑相适应方面，论者也承认难以保证。[②] 可以修正前一理论的是有特定身份的实行犯决定说，该说认为，无身份者与有身份者同为实行犯时，应依照有身份的实行犯的犯罪特点来统一定罪。[③] 该说结合了身份犯决定与实行犯决定的学说，有更好的说服力。但是在罪刑相适应问题上仍然无法令人满意。例如本案，按此说只能以职务侵占罪认定。如果全部由一般主体实施反而可以定更重的贷款诈骗罪，因为有特殊主体介入，反而使行为人的罪名变轻，实在难以让人接受。还有学者比较深入地指出，要解决特殊主体和一般主体共同实施犯罪行为的共同犯罪定性问题，首先应明确如何认定整个共同犯罪的基本特征。无论是主犯、身份犯还是实行犯，这些特征都是静止片面的，无法从根本上全面反映出共同犯罪这个复杂系统的基本特征。共同犯罪案件性质的确定取决于共同故意与共同行为是否符合法定某一具体犯罪的构成要件。[④]

我们认为，共同犯罪的共同故意往往是概括的，并不能作为认定罪名的主要依据。例如本案，共同犯罪人的共同故意只是非法占有银行的钱款，而不可能分清具体是职务侵占的共同故意还是贷款诈骗的共同故意。因此，具有决定性意义的要素还是共同行为。我们也反对只有整个共同行为体现出了利用特殊身份的特点，才能将身份特征作为该共同犯罪的基本特征，对整个共同犯罪以身份犯认定；否则，应当以常人犯认定整个共同犯罪的性质的观点。我们认为，在有身份者与无身份者构成的共同犯罪行为中，只要共同行为部分利用了有身份者造成的便利，就这部分而言就可以构成身份犯的共同犯罪；至于共同行为的其余部分是依靠无身份者的行为完成的，就这共同行为的其余部分只要存在共同的故意，就应该构成非身份犯的共同犯罪。但是考虑到共同犯罪是一个整体，而不能人为将其分割，所以我们倾向于对这种双重利用兼交叉

---

① 参见马克昌主编：《犯罪通论》，武汉大学出版社 1999 年版，第 584 页以下；张明楷著：《犯罪论原理》，武汉大学出版社 1991 年版，第 529 页；周红梅：《职务犯罪中的共同犯罪》，载《法律科学》1990 年第 4 期。

② 参见张明楷著：《刑法的基本立场》，中国法制出版社 2002 年版，第 279 页。

③ 参见赵秉志：《论主体特定身份与共同犯罪》，载《中南政法学院学报》1989 年第 2 期。

④ 见黄冬生：《黄某与许某、徐某贷款诈骗案》，载陈立主编：《刑法疑难案例评析》，厦门大学出版社 2003 年版，第 57 页。

利用的有身份者与无身份者相结合的共同犯罪按照想象竞合犯的原理从一重处罚。

本案的各共同犯罪人在实施共同犯罪行为时，虽然一定程度上利用了黄某的职务之便，但并没有都利用了黄某的职务之便。许某和徐某私刻公章、伪造资料，骗取银行贷款额度的贷款诈骗行为与黄某职务之便确无任何联系，不存在利用黄某职务之便的问题。如果只是利用黄某银行工作人员身份，而没有骗取银行贷款额度这一非利用黄某职务之便的行为，共同犯罪人也还是无法随心所欲地以造币厂名义申请贷款，根本无法实现犯罪目的。但是，不可否认，黄某的职务之便对本案中的共同贷款诈骗行为的实施具有举足轻重的作用。本案共同犯罪的两个分工行为，分别构成利用职务之便的职务侵占行为和贷款诈骗行为，属于共同犯罪中的一个整体行为触犯数罪名的情形，可以按照想象竞合犯的处罚原则，从一重认定为贷款诈骗罪的共同犯罪。因此，我们赞同对本案处理的第一种观点。

二、票据诈骗罪的司法认定

(一)票据诈骗罪行为类型的认定

票据诈骗罪的客观方面表现为利用金融票据进行诈骗活动数额较大的行为。其行为的具体方式包括以下五种类型：

1. 明知是伪造、变造的汇票、本票、支票而使用的

这里的“伪造”，从理论上说包括两种方式的伪造：一是对汇票、本票、支票本身的伪造，即行为人仿照真实的汇票、本票、支票的形式、图案、颜色、格式，通过印刷、影印、绘制等方式非法制造以上票据的行为。二是对汇票、本票、支票上签章的伪造。实际上第二种方式的伪造是更为关键的伪造。上述票据的有效成立是以签章为其必备要件的。票据的这一特点决定了对其伪造除采取第一种行为方式外，还必须采取第二种行为方式，才能骗取财物。采取第二种行为方式时往往牵连刑法第 280 条的伪造公司、企业、事业单位、人民团体印章罪。实践中发生的案件，往往是票据本身是真实的，只是票据上的签章是伪造的。如在窃取的空白支票上伪造签章，伪填数额、日期而使用的情况。因此，票据法上所称票据的伪造即指签章的伪造。签章的伪造有两种情况：一种是伪造出票人的签章，例如假冒他人名义签发票据。由于出票行为是创设票据的主行为，这种伪造又称为出票的伪造。二是伪造出票人以外的其他票据债务人的签章，例如，假冒他人名义在票据上进行背书、保证、承兑等，这种伪造又称为票据上签章的伪造。

这里的“变造”，是指在真实的汇票、本票、支票的基础上，通过剪接、挖补、覆盖、涂改等方法，对票据上签章以外的记载事项加以非法变更的行为。例如非法变更票据上的金额、到期日、付款日、付款地等。票据的变造，应当同时符合三个条件：一是变造的票据是合法成立的有效票据，二是变造的内容是票据上所记载的除签章以外的事项，三是变造人无变更权限。

应注意将票据的变造与票据的更改加以区别。票据的更改是有权限的人所进行的变更。例如出票人某甲签发票据后，原将付款地写为福建某市，后觉不妥，经与收款人商议后，将付款地改为广东某市，此为票据更改；背书人某乙不是付款地的记载人，但在其背书时，将原记载的付款地福建某市改为广东某市，此即为票据变造。我国《票据法》第 9 条规定，票据金额、日期、收款人名称不得更改，更改的票据无效。对票据上的其他记载事项，原记载人可以更改，更改时应当由原记载人签章证明。

这里的“使用”是指持票人明知所持有的票据是伪造的或变造的，以获取经济利益为目的，通过出票、背书、承兑、保证、付款等方式实现票据价值的行为。居间倒卖伪造、变造的票据，一般应当认定为伪造、变造金融票证罪或者票据诈骗罪的共犯。对于不能以共犯处理的居间倒卖行为，应认定为“使用”票据。在主观上是否明知所使用的汇票、本票、支票是伪造、变造的，是划分是否构成本类型行为的重要界限之一。当然，判断行为人在主观上是否“明知”，不能仅依据行为人自己的供述，而是要全面分析整个行为过程，结合各方面因素才能得出结论。应该注意的是，如果行为人仅仅伪造或变造票据，尚未着手使用即案发，即使行为人本有使用的目的，也只能以伪造、变造金融票据行为认定；反之，如果行为人所使用的伪造、变造的票据是他人伪造、变造的，则只应以票据诈骗行为认定。但是，如果行为人先行伪造、变造票据，而后再行使用自己伪造、变造的票据骗取财物的，则属牵连犯，按从一重处罚原则，仍应按本罪论处。

2. 明知是作废的汇票、本票、支票而使用的

作废的票据，是指根据法律和有关规定不能使用的票据。这里的“作废”是广义的，它既包括票据法中所说的“过期”的票据，也包括无效的以及被依法宣布作废的票据。

任何票据都存在法定的付款提示期限，超过法定期限，就是过期的票据，

只能作废，不得使用。无效的票据，包括被法院宣告无效的票据①和自始无效的票据。关于自始无效的票据，票据法有明确的规定，如《票据法》第 8 条规定："票据金额以中文大写和数码同时记载，二者必须一致。二者不一致的，票据无效。"《票据法》第 9 条规定："票据金额、日期、收款人名称不得更改，更改的票据无效。"另外，票据法第 22 条、第 75 条、第 84 条还分别对汇票、本票、支票各自应记载的事项作了明确的规定，凡属应记载而不记载的，该票据即属无效票据。被依法作废的票据是指银行根据国家有关规定予以作废的票据，如国家规定更换票据版本，而旧的不得再行使用的票据版本就是作废的票据。作废的票据还包括那些经营不善宣布倒闭企业的票据。付款请求权已经实现的票据亦属作废的票据。

应注意的是，出票或者转让票据后挂失止付，或者使用过期的票据，或者明知是空头支票，无资金保证的汇票、本票而使用的，也应认定为"明知是作废的汇票、本票、支票而使用的"。

构成本类型行为同样要求行为人实施了具体的使用行为，并且以"明知"为构成要件。

3. 冒用他人的汇票、本票、支票的

这里所说的"冒用"是指无权利人明知没有法律依据或没有得到授权而擅自以合法持票人的名义使用他人票据的行为。实践中通常表现为以下两种情况：一是行为人以欺诈、偷盗或者胁迫等非法手段取得票据，或者明知有前列情形，出于恶意取得票据而冒用的；②二是行为人将他人委托代为保管的或者捡拾他人遗失的票据而冒用的。

上述两种冒用的情况都违背了票据法第 10 条的规定，即票据的签发、取得和转让，应当遵循诚实信用的原则，具有真实的交易关系和债权、债务关系。票据的取得，必须给付对价，即应当给付票据双方当事人，也就是出票人和持票人相互商定认可的相对应的代价。"对价"一词，是维护票据信用的一项必不可少的有效原则。其实质就是说，票据的取得必须付出代价，要有真实的商

---

① 如因票据丧失，行为人根据票据法第 15 条的规定，通知票据的付款人挂失止付，并在 3 日内向人民法院申请公示催告，届满后申请法院作出判决，或者直接向人民法院提起诉讼。法院判决所丧失的票据无效。

② 根据票据法第 12 条第 2 款规定，若因重大过失而取得上述票据，不享有票据权利。但也不构成冒用行为。这里的冒用应限于故意，过失不构成本行为类型。

品买卖或者债权、债务作为基础。以欺诈、偷盗[①]或者胁迫手段取得票据缺少“对价”自不待言，就是明知以这类手段取得的票据，继而恶意取得或捡拾他人遗失的票据等也皆属缺少“对价”，不具有真实的交易关系和债权、债务关系。

尚需注意的是，构成本类型行为的冒用行为，行为人必须明知自己所实施的是冒用行为。“冒用”一词，显然已将主观上的明知包含在内。因此，若行为人缺乏对其冒用行为的明知，则不构成本行为类型。如行为人对其所持票据是其前手诈骗或者窃取的完全不知情而使用的，或如行为人是受他人委托并使用委托人提供的票据进行购物、支付、结算等活动，而该票据本身是冒用的，委托人为了逃避追查，隐瞒了该票据持有人的真实情况，请他人代为使用。这些情形皆属行为人对其“冒用”行为不明知的情况，不构成本类型行为。

4. 签发空头支票或者与其预留印鉴不符的支票，骗取财物的

所谓“空头支票”，是指出票人签发的支票金额超过其付款时在付款人处实有的存款金额的支票。我国票据法规定，使用支票必须开立支票存款账户，在我国开立账户必须到银行或者其他金融机构，只有银行或者其他金融机构才能依法从事此项业务。因此，付款人就是指签发空头支票人开立账户的银行或者其他金融机构。签发空头支票严重损害支票的信誉，造成大量的退票，也破坏了银行的信誉，扰乱了经济、金融秩序。因此，我国票据法也明文规定，禁止签发空头支票，并规定以此进行票据欺诈的，依法追究刑事责任。

所谓“预留印鉴”，是指开立支票存款账户的申请人在开立账户时，要事先确定开户后在支款凭证上加盖哪些印章，并将其印章加盖印模送存银行，作为预留银行印鉴，以供银行在支付款项时审查鉴定支付款凭证的真假。在向银行预留的印鉴上要包括申请人的财务公章和有权签发支票凭证人员的印章，

---

① 关于盗窃他人票据后加以使用行为性质的认定应注意的是，如果行为人盗窃的是印鉴齐全的有效票据（包括盗窃时将签发支票等票据的印鉴一起盗窃的），继而冒充失窃单位的人员去其他单位骗购财物或冒领现金的，属于本罪与盗窃罪的想象竞合犯，从一重处罚仍应认定为本罪。即使有效票据的性质决定了它是一种见票即付的证券，行为人冒充失窃单位的人员似乎只是获取财物的一种辅助手段，但却是取得财物的决定性手段，不能将之仅视为盗窃行为实施完毕的附随行为。有论者认为在这种情况下，行为人仅构成盗窃罪（参见孙国祥、魏昌东著：《经济刑法研究》，法律出版社 2005 年版，第 410 页），我们认为是不对的；如果行为人盗窃的是无效的票据（印鉴不全的空白支票或虽然印鉴齐全但已过使用期限），行为人为了达到使用的目的，私刻印章或涂改票据的，则行为人主要采取的是隐瞒真相的欺骗手段，且其受害的对象是被骗的单位而不是票据的失窃单位，符合票据诈骗罪的特征，应认为仅构成票据诈骗罪一罪。

如财务主管、会计负责人、出纳等人员的印章。所谓签发与其预留印鉴不符的支票，就是指票据签发人在其签发的支票上加盖与其预留存在银行或者其他金融机构处印鉴不一致的财务公章或者支票签发人的名单。这里所说的“与其预留印鉴”不符，可以是与其预留的某一个印鉴不符，也可以是与所有预留印鉴都不符。

构成本类型行为，行为人必须具有骗取财物的目的。考虑到在当前实践中出现签发空头支票或者与其预留印鉴不符的支票的情况比较复杂，造成这种情况的原因很多。例如，有的企业内部缺乏健全的支票管理制度，对转账支票管理不严，把盖有印鉴的支票给采购人员随身携带，而采购人员并不清楚本企业在银行存款多少，如采购人员购买大量货物，往往会造成空头支票的情况；又如目前账户管理混乱，有的企业多头开户，加之各种委托代扣款项过多，如代扣税款、水费、保险金等，使企业难以掌握账面资金，因而造成空头支票的情况发生，有些则是由于资金转让、结算等方面的原因。当前在一些地方，银行、金融机构在办理结算、汇款等业务中“压单”、“压票”情况比较严重，使原本按正常期限应当到账的款项被拖延，单位在这种情况下，可能会误认为钱已到账而开出空头支票。类似以上的情况，在实际生活中是很多的。在这种情况下，行为人主观方面有的有过失，有的没有过失。无论是否有过失，只要行为人不具有骗取财物的目的，便不符合本类型行为。本类型行为主要是指那些明知账户存款不足或者根本无款，套取银行信用，违反结算纪律，置自身的信誉于不顾，故意签发空头支票或者与其预留印鉴不符的支票骗取财物，一走了之或者拒不补还的行为。

另外，值得注意的是，支票出票人在出票时账户资金充足，出票后迅速转移账户资金，致使支票被拒付的情形，可以认定为签发空头支票；反之，出票时账户内无资金，但在付款时账户资金充足，支票没有被银行拒付的，不能认定为签发空头支票。

5. 汇票、本票的出票人签发无资金保证的汇票、本票或者在出票时作虚假记载，骗取财物的

出票人签发汇票、本票时，必须具有可靠的资金保证。这是其承担票据责任的基础和保证。这里所说的“资金保证”，是指票据的出票人在承兑票据时具有按票据支付的能力。由于汇票大多不是即时支付的，有的是远期汇票，因此，汇票的出票人在出票时并不要求其当时即具有支付能力，而是要求其保证汇票到期日具有支付能力即可。因此，这里的“资金保证”既包括出票人从出票时起就具有支付能力，也包括有“可靠的资金来源”。而“无资金保证”是指

出票人根本无任何资金来源，不仅现在没有，在票据限定的付款期届满时也不可能有。所谓“虚假记载”，是指出票人对票据上除签章以外的其他事项，如付款人、收款人、票据金额、付款地等所作的不真实记载。在这种情况下，票据的各种形式要件均具备，极易造成票据的其他当事人的错误认识，信以为真而受骗上当。

构成本类型行为的行为人也必须具有骗取财物的目的。如果汇票、本票的出票人签发无资金保证的汇票、本票或者在出票时作虚假记载，是出于过失或者其他原因，而不具有骗取财物的目的，则不符合本类型行为。

应该注意的是，本罪的各类行为在主观方面都必须是故意的，并且必须具有非法占有他人财物的目的。虽然在本罪条的第 1 项、第 2 项和第 3 项行为类型的规定中并未明确此种目的，但根据本罪行为性质，只有包含此种目的，才能构成本罪，故可视之为“不成文的目的犯”。①

（二）票据诈骗罪认定应注意的问题

1. 票据诈骗罪行为与侵占罪的关系

一般情况下，票据诈骗罪与侵占罪不会发生认定上的混淆，但是在特殊情况下，也会出现交叉关系。我们试分析下面案例：A 市某集团有限公司拟在 B 市成立某有限公司，经 A 公司财务总监江某具体联系后，委托时在 B 市代办工商登记的被告人兰某购买他人证件并以他人名义办理公司设立和税务登记手续，双方约定委托费为人民币 7000 元，事成后支付。在兰某非法购买万某、刘某两个虚假身份证之后，江某于 2003 年 7 月 4 日在招商银行总行营业部（B 市）开设了 B 市某有限公司临时账户，分别以万某（30 万元）、刘某（20 万元）为出资人存入人民币 50 万元作为注册资金。之后，被告人兰某依照约定办理了 B 市某有限公司的工商设立登记、税务登记手续，刻制了公司公章、财务专用章以及公司法定代表人万某的虚假印章。同年 7 月 29 日，兰某在招商银行总行营业部开设了 B 市某有限公司一般账户，并将该公司临时账户上的注册资金 50 万元转入该账户，以公司财务专用章和万某私章作为印鉴。同年 8 月 5 日，兰某冒用 B 市某有限公司财务专用章、公司法定代表人万某的印章开出支票，在招商银行总行营业部 B 市有限公司一般账户上提取现金人民币 5 万

① 刑法上规定的多数目的犯，其目的在条文上一般应有明文规定，但也存在一些目的犯，其特定目的是认定该罪所不可缺少的，但条文却无明文规定。这种情况往往是该罪性质本身即当然包含了此种目的内容，无须明文规定，故可称为“不成文的目的犯”。如多数财产犯罪中的“占有目的”及伪造货币罪的“使用目的”，皆可归为此类。

元,并转账人民币44万元至其他公司后提现占为己有。次日,兰某即关停手机,携款潜逃回A市。案发后,公安机关追缴兰某赃款49万元并发还失主。

A市中级人民法院认为,兰某以非法占有为目的,冒用他人支票诈骗人民币49万元,已构成票据诈骗罪。公诉机关指控被告人兰某犯诈骗罪的罪名不能成立。关于被告人兰某犯侵占罪的辩护意见,因被告人兰某实施犯罪前并没有合法持有被害人的财产,其行为不符合侵占罪的犯罪构成,故不予采纳。被告人犯罪数额特别巨大,但案发后赃款被全部追回,量刑时可予适当考虑。依照刑法第194条第3项之规定,判决被告人兰某犯票据诈骗罪,判处有期徒刑13年,并处罚金人民币5万元。

一审宣判后,被告人兰某不服,向A市所在省高级人民法院提出上诉。

被告人兰某上诉提出:将自己保管的被害人的财产非法据为己有,属于侵占而非票据诈骗;犯意的产生源于被害人不支付代理费用,具有从轻处罚情节,请法院依法改判。该省高级人民法院经审理认为,被告人兰某采取冒用他人支票的方法,非法占有他人财物49万元,其行为已构成票据诈骗罪,且数额特别巨大。被告人兰某关于其行为属于侵占罪的上诉意见,因无相应的事实支持,不予采纳。关于因被害人不支付代理费而产生犯意的上诉意见,不影响本案的定性,且原判对此情节在量刑时已经有所考虑,故不予支持。裁定驳回上诉,维持原判。

本案的定性涉及的主要问题是委托事项完成后,被告人兰某利用保管他公司工商登记、经营证章的便利条件,以他公司名义申领、签发支票并非法占有他公司财物行为,应以侵占罪还是票据诈骗罪定罪处罚?

我们认为,委托事项完成后,被告人兰某利用保管A市某有限公司工商登记、经营证章的便利条件,以该公司名义申领、签发支票并非法占有该公司财物的行为,应认定为票据诈骗罪而不是侵占罪。

对于本案行为的定性,有一种意见认为被告人兰某的行为构成侵占罪。理由是:由于委托人身处异地和未能及时支付手续费的原因,兰某不能及时归还办理完的某有限公司的有关证章,其对新成立公司的注册资金具有保管的义务,此种情形类似于公司财会人员利用公司证章占有公司财产的行为,不同的是前者是公司委托的财务人员,后者是公司聘用的财务人员,其行为是一种侵占行为,所以其行为构成侵占罪。另一种意见认为被告人兰某的行为构成票据诈骗罪。理由是:兰某仅是受委托办理工商、税务登记的有关手续,在其完成公司有关手续的登记行为后,委托事项已经完成。由于被告人的身份不是新公司的成员,完成委托事项后仅是临时持有公司有关证章,而无权使用这些证章，对公司的财物不享有任何经营、管理权利，不能认定公司财物由其保管。因此，其冒领公司支票非法取得公司财产的行为既不属侵占，也不属职务侵占，应以票据诈骗罪定罪处罚。我们认为，根据本案行为事实和相关法律规定，将被告人兰某的行为认定为票据诈骗罪是妥当的，理由如下：

第一，本案行为不构成侵占罪。首先，本案不存在对物进行保管的前提。作为财产犯罪的侵占罪，不同于侵犯经济秩序犯罪，其所侵占的对象应当是具体的财产或者财产凭证。在本案中，被告人接受委托办理的事项是公司设立登记，其代为保管的是公司登记所需和所形成的证章，而非注册资金，这两点是存在差别的，不能以对于公司有关证章的保管的认定，来替代对于公司具体财产的保管的认定。实际上，公司的注册资金也无须任何人具体保管。其次，被告人不是基于对物的保管关系实现对物的直接侵占。财产犯罪表现为对对象物的直接侵占、骗取或者毁损，因而具有直接性，作为财产犯罪的侵占罪自不例外。在本案中，一方面，因非直接保管着公司资金或者资金凭证，被告人仅依据手中所保管的公司证章，并不能实现对公司注册资金的非法占有；另一方面，被告人主要是通过骗领、签发、使用支票行为实际取得公司资金的，这与侵占罪通过拒不退还或者拒不交出合法持有物的取得他人财物方式是完全不同的。

第二，被告人兰某在委托事项完成后，利用B市有限公司工商登记、经营证章的便利条件，以该公司名义申领、签发支票进而非法占有该公司财物的行为，构成票据诈骗罪。不过，本案行为是否属于票据诈骗罪法定的五种情形之一，是本案司法认定中必须加以考虑的一个问题。本案所使用的票据是支票，且非废票，亦非空头或者与预留印鉴不符的支票，故上述第2、4、5三项行为首先得以排除，在剩下的使用伪造支票和冒用他人支票两种行为中，虽然一、二审裁判意见认为本案应属冒用他人支票行为，但我们认为应属于使用伪造支票行为。应当说，没有代理权或者超越代理权以及利用所保管的出票权利人的印章开具票据并使用行为的具体认定，在理论和实务上均存在一定的分歧，本案即属于此种情形。我们之所以将此种情形认定为使用伪造支票行为，其主要理由是，冒用他人支票以真实、有效的支票既已存在为前提，是一种单纯的使用行为。而利用管理他人印章等便利条件冒用他人名义开具并使用支票，实际上包含着一个出票行为，尽管该出票行为具有表面上的真实性，但因未经权利人授权，非权利人的意志所为，所以根本上是一个伪造支票的行为，即假冒他人名义伪造票据。本案被告人兰某利用其保管的B市有限公司相关证章擅自签发支票并加以使用，从而将该公司49万元注册资金非法据为己有的行为，实际上同时触犯了伪造金融票证罪和票据诈骗罪两个罪名，但因两者存在手段和目的之间的牵连关系，按照牵连犯的一般适用原则，本案应以票据诈骗罪一罪处理。

2. 票据诈骗罪与金融凭证诈骗罪的关系

《刑法》第194条第2款规定：使用伪造、变造的委托收款凭证、汇款凭证、银行存单等其他银行结算凭证的，依照前款的规定处罚。此条款即是金融凭证诈骗罪的规定，但是立法者没有为金融凭证诈骗罪设置单独的法定刑，而是规定对使用伪造、变造的金融凭证的行为要依照刑法第194条第1款的规定处罚，即按照票据诈骗罪处罚。如何理解按照票据诈骗罪处罚呢？有的人理解为不仅应当按照票据诈骗罪的量刑规定来处罚，还应当按照票据诈骗罪的基本构成特征的描述（罪状）来界定刑法第194条第2款的伪造、变造行为，也就是说，对金融凭证诈骗罪行为类型的理解也要与票据诈骗罪的行为类型理解相一致。[①] 这样的话，金融凭证诈骗罪所规定的使用伪造、变造的金融凭证的行为，就可以扩大解释为包括票据诈骗罪中可能出现的所有行为类型，例如明知是作废的金融凭证而使用的，冒用他人的金融凭证的等等。我们认为，立法者对金融凭证诈骗罪的行为模式的描述是很清楚的，把本罪的基本构成特征界定在使用伪造、变造的金融凭证，而没有包括其他情形。如果立法者希望引证票据诈骗罪的所有行为类型作为金融凭证诈骗罪的行为参照类型，就根本没有必要在第194条第2款中对金融凭证诈骗罪的行为模式进行界定，而完全可以直接规定：使用金融凭证具有前款（第194条第1款）所规定的五种情形时，依照前款的规定处罚。另外，既然刑法第194条第1款所列举的五种情形将伪造、变造和作废、冒用并列，说明相互间并无涵盖关系。同一个用词在同一个法条中含义应当一致，所以在第2款中的伪造、变造的内涵自然不能又变成涵盖了作废、冒用的范畴。立法者对于伪造、变造两词的定义是有明确界定的，不能够任意解释。

总之，金融凭证诈骗罪中的“伪造”、“变造”的含义不应当包括“作废”以及“冒用”等行为的含义。也就是说，金融凭证诈骗罪中的伪造、变造的词语与票据诈骗罪中的伪造、变造的词语是等意的，切不可会错意，将作废、冒用等词语的意思包含在内。至于为什么刑法第194条第1款规定了五类票据诈骗行为方式，而该条第2款对金融凭证诈骗罪仅限于“使用伪造、变造的委托收款凭

① 司法实践中有人认为金融凭证诈骗罪中的“伪造”可以包括所有针对银行结算凭证而为的没有法律效力的行为。

证、汇款凭证、银行存单等银行结算凭证"一种行为方式，刑法作出这样的规定是否是立法者在立法时存在疏忽呢？赵秉志教授认为：刑法之所以对金融凭证诈骗罪仅规定一种行为方式(即使用伪造、变造的金融凭证)是由银行结算凭证的特点决定的。由于银行结算凭证一般均为非现金结算，而结算双方都是特定的，结算是在特定的账户之间进行的，因此一般不存在冒用他人结算凭证的情况，其他类似签发空头支票等票据诈骗手段也无法在本罪中使用。[①]然而事实是，在司法实践中，使用作废的金融凭证和冒用他人的金融凭证的行为时有发生。例如厦门市法院就审理过行为人采取对存款单位的巨额存单进行假挂失从而骗取银行补发新存单，并以之作为贷款质押，由此取得银行贷款的案件。该案在审理中对行为人通过假挂失骗取银行补发的新存单应视为无效、作废的存单并无争议，但是对这种故意使用无效、作废的存单进行抵押骗贷的行为能否按照金融凭证诈骗罪认定就很有争议。诚如上述，刑法第194条第2款的规定确实无法涵盖这种使用无效、作废的金融凭证的行为。然而，法院还是认为使用在法律评价上无效、作废的银行存单进行诈骗的行为可以认定为金融凭证诈骗罪。法院认为虽然不能直接认定本案行为人使用的存单是伪造的，但是可以依照票据诈骗罪处罚。认为刑法规定金融凭证诈骗罪按照票据诈骗罪处罚的含义不限于处刑方面的依照，也不限于对票据诈骗罪客观方面的五种法定情形的第一种情形即"明知是伪造、变造的汇票、本票、支票而使用"的依照，而是只要具备刑法第194条第1款的五种法定情形之一均可依照。很显然，既然行为人所使用的银行存单是无效、作废的，那就具备了票据诈骗罪客观方面的第二种情形，因此可以依照票据诈骗罪的行为模式处断。我们认为，本案审理法院作这样的解释形似当然解释，实属对法律的曲解。但这种曲解也是事出有因的。使用无效、作废的金融凭证与使用伪造、变造的金融凭证的行为性质并无本质区别，立法者有什么理由要对之分别评价？刑法第194条第2款(金融凭证诈骗罪)怎么可以不规定这种类型的金融凭证诈骗行为模式？这难道还不是立法疏漏？我们认为，在目前立法未作补充修改之前，根据罪刑法定原则，这类案件确实不能以金融凭证诈骗罪定罪处罚，但可以普通诈骗罪定罪处罚。普通诈骗罪对包括金融凭证诈骗罪在内的各种诈骗罪起着兜底作用，这种兜底作用犹如司法是社会正义的最后一道屏障，能够对

---

① 参见赵秉志主编：《金融诈骗罪新论》，人民法院出版社2001年版，第272页。

那些不符合特别法条但是仍然具有严重社会危害性的行为进行包容。[①]

当然,我们也不反对在罪刑法定原则的基础上对金融凭证诈骗罪中的使用"伪造"、"变造"的金融凭证作一定广义的解释,例如:在真实的空白银行结算凭证上偷盖对方当事人的印章从而取得他人的款项也应当认定为伪造行为。有的学者对此也持肯定态度,认为行为人在真实的空白银行结算凭证上偷盖对方印章行为使得该金融凭证在记载内容上完全违背当事人真实意思表示,使得金融凭证的价值完全变异,实质仍是"伪造"的金融凭证。[②] 还有根据《刑法》第287条的规定:"利用计算机实施金融诈骗、盗窃、挪用公款、窃取国家秘密或者其他犯罪的,依照本法有关规定定罪处罚。"据此,通过侵入银行的计算机系统,虚存资金到自己开设的本无资金的户头(存折)上,也应解释为"伪造"金融凭证,如果虚存资金到自己已有一定数额资金的户头(存折)上,应解释为"变造"金融凭证,行为人进而使用,就符合金融凭证诈骗罪的构成。

例如,1998年六七月期间,被告人郝景龙、郝景文因经济拮据,商议使用调制解调器通过电话线将自己使用的计算机与银行的计算机系统连接,侵入中国工商银行扬州市分行储蓄网点计算机系统进行盗窃。后郝景文多次到中国工商银行扬州市分行数个储蓄所踩点,并购买了调制解调器2只、遥控玩具1只,郝景龙制作了侵入计算机系统装置。1998年8月下旬,郝景文在扬州市郊区双桥乡双桥村王庄村以吕俊昌的名义租借了房屋1间,并在房屋内连接电话分机1部。1998年9月7日,郝景文以吕俊昌、王君等16个假名在白鹤储蓄所开立16个活期存款账户。期间郝景龙制作调试侵入计算机系统装置,并向郝景文传授安装方法。1998年9月22日凌晨,郝景文秘密潜入白鹤储蓄所,将郝景龙制作的部分侵入计算机系统装置与该所计算机连接。当日上午9时许,郝景龙携带另一部侵入计算机系统装置从镇江市窜至扬州,来到郝景文租住处。中午12时许,郝景文窜至白鹤储蓄所,并与郝景龙取得联系,郝景龙指使郝景文打开侵入计算机系统装置的遥控开关。中午12时32分至12时42分,郝景龙在郝景文的租住房内操作计算机,分别向事前在白鹤储蓄

---

① 在本案中行为人使用无效的金融凭证骗取贷款的行为又牵连了贷款诈骗罪,对此应从一重罪处罚。如果前述行为认定的是普通诈骗罪,则从一重罪应当按照贷款诈骗罪处罚;若前述行为认定为金融凭证诈骗罪,则从一重罪就应当认定为金融凭证诈骗罪而适用票据诈骗罪的法定刑(最高刑为死刑)。本案审理法院认为行为人分别构成金融凭证诈骗罪和贷款诈骗罪,从一重处罚认定为金融凭证诈骗罪。

② 龚培华、肖中华著:《刑法疑难争议问题与司法对策》,中国检察出版社2002年版,第387页。

所以吕俊昌、王君等假名开立的16个活期存款账户上各输入4.5万元，共计人民币72万元。嗣后，郝景文、郝景龙从中午12时50分至14时6分，利用银行的通存通兑业务，在中国工商银行扬州市分行下设的瘦西湖、国庆北路、史可法路、沿河、解放桥、跃进路、琼花、仙鹤等储蓄网点取款共计人民币26万元。当郝景文、郝景龙窜至汶河储蓄所要求支取人民币4万元时，因该所工作人员向其索要身份证查验，郝景龙、郝景文唯恐罪行暴露，遂逃回镇江市。郝景龙分得赃款13.5万元，郝景文分得赃款12.5万元。案发后，侦查机关追回人民币23.265767万元及用赃款购买的电脑主机及万普显示屏2台、格兰仕微波炉1台、TCL牌29寸彩电1台等物，均发还被窃单位。

扬州市中级人民法院认为：被告人郝景文、郝景龙以非法占有为目的，私制侵入银行计算机系统装置，盗窃银行资金，数额特别巨大。两被告人的行为均已构成盗窃罪。被告人郝景龙检举被告人郝景文其他重大盗窃事实，经查证属实，属重大立功，依法予以从轻处罚。两被告人及其辩护人提出本案定性不当，应定诈骗罪的意见，经查，两被告人采用秘密手段，非法侵入银行计算机系统，操作计算机将银行资金72万元转入自己的存款账户内，从而占有该资金，其行为构成盗窃罪。此后，被告人虽然公开在储蓄所支取钱款，但该行为仅是秘密窃取银行资金行为的延续，并不改变其行为的性质。被告人郝景文犯盗窃罪，判处死刑，剥夺政治权利终身，并处没收财产人民币5万元；被告人郝景龙犯盗窃罪，判处无期徒刑，剥夺政治权利终身，并处没收财产人民币3万元。该案上诉后二审维持原判。[①] 有学者认为，该案应定性为金融凭证诈骗罪，行为人的行为实质是通过侵入银行计算机系统而实施的“伪造”金融凭证继而使用的行为。[②] 尽管本案依照金融凭证诈骗罪认定，其最高刑也是死刑，被告人郝景文仍改变不了被判死刑的命运。不过我们认为，从定性准确的角度出发，本案应认定为金融凭证诈骗罪。顺便指出，该案行为人虽然“伪造”了72万元人民币价值的金融凭证，但实际取款仅26万元人民币，且案发后已全部追回赃款，以这样的情节判一被告人死刑，另一被告人无期徒刑，委实属量刑畸重，难怪会引起舆论大哗。这样的判决凸现了我国对经济犯罪法定刑设置过重的现象，确实值得引起注意。

在此还需要说明的是，金融凭证诈骗罪的对象包括委托收款凭证、汇款凭

---

① 详细案情及判决理由可参见最高人民法院刑事审判第一庭、第二庭主编：《刑事审判案例》，法律出版社2002年版，第445页。

② 参见屈学武著：《金融刑法学》，中国检察出版社2004年版，第447页。

证、银行存单等其他银行结算凭证。其中的其他结算凭证是一种概括性的规定，凡是具有支付功能、能进入银行结算业务，由国家统一规定并为银行金融机构所接受的结算凭证，均是银行结算凭证。因此，对司法实践中经常遇到的使用伪造、变造的拨款凭证、银行进账单等其他银行结算凭证进行诈骗的行为，应按金融凭证诈骗罪认定，不能因为它们没有被列举规定而否认它们可以构成金融凭证诈骗罪的对象。随着结算形式的改革和发展还可能出现新的结算凭证，因此，刑法第 177 条规定的伪造、变造金融票证罪，刑法第 194 条第 2 款规定的金融凭证诈骗罪，对金融凭证的范围采用列举加概括性的规定应该认为是一种明智的、有预见性的立法模式。

三、信用证诈骗罪的司法认定

(一)信用证结算的基本模式及其存在的问题

信用证诈骗罪的客观要件表现为利用信用证进行诈骗活动的行为。对信用证诈骗罪行为类型的认识必须基于信用证结算的基本知识。信用证结算是国际贸易结算的主要方式。据统计，以信用证结算方式下的贸易额占世界贸易总额的 90%以上，中国目前的国际贸易结算 80%以上采用信用证结算方式。信用证是指一家银行(开证行)按照其客户(开证申请人)的要求和指示向另一方(受益人)所签发的一种书面约定。根据这一约定，如果受益人满足了约定的条件，开证行将向受益人支付信用证中约定的款项。信用证的法律运作程序根据其种类、国别均可导致差异，但是大同小异，基本上遵循“进口商申请开证→开证行开立信用证→通知行通知信用证→出口商银行议付并索汇→进口商同开证行清算、赎单提货”几个环节。信用证交易的基本法律运作程序大致包括：

(1)买方向买方银行申请开立信用证。买方根据基础交易合同的规定向开证银行递交开证申请书，这是银行据以开立信用证的基础。

(2)买方银行开立信用证。即接受开证申请人的申请后即根据申请书内容开立信用证，通知通知行。

(3)通知行将信用证通知受益人。开证行通过信开或电开的方式将信用证交给通知行，由通知行将信用证通知给受益人(往往就是卖方)。通知行在通知之前要审核信用证的表面真实性。

(4)卖方(受益人)发运货物并提交规定的单据。卖方(受益人)在收到信用证并经审核认为可以接受后，即按规定发运货物，取得信用证规定的有关单据，在规定的单据提交期限内，将单据提交给被指定银行或开证行，请求付款、承兑或议付。

(5)卖方(受益人)取得货款——议付、付款、承兑。卖方将单据提交给信用证规定的银行,该行经审核认为单据符合信用证的要求,卖方即可取得信用证项下的款项(包括议付、付款或承兑几种形式)。

(6)买方(开证申请人)备款赎单,开证申请人与开证行清算。开证行接受单据,偿还全部票款之后,立即通知买方备款赎单,开证申请人备齐货款,连同有关费用一并偿还开证行,收回单据,据以提货。

跟单信用证特别适用于调解和折中买方和卖方之间的矛盾和互不信任(卖方担心发货后收不到货款,买方唯恐先付了货款对方不交货)。由于跟单信用证是一种银行信用,卖方可以向银行(议付行、保兑行)要求付款,而不用担心买方的付款能力;而买方通过银行审单后,确信符合信用证项下的单据(代表符合规格的货物已发出)满足后再付款。银行在买方和卖方之间起中间人的作用,促成了国际贸易的顺利进行。可以说,信用证支付条件的出现本是为了防止商业欺诈应运而生的,但在它出现之后,由于信用证本身应用的规则,又导致了利用信用证欺诈行为的出现。根据《跟单信用证统一惯例》(UCP 500)的规定,"信用证与可能作为其依据的销售合同或其他合同是相互独立的交易"(第3条);"在信用证业务中,各有关当事人处理的是单据,而不是与单据有关的货物、服务及/或其他行为"(第4条)。即开证行与受益人之间的法律关系独立于基础合同,即买方与卖方之间的买卖合同之外。

开证行和受益人间法律关系的这种基本特点被称为信用证的"独立抽象性原则"。这一原则是信用证交易的基本原则。早在20世纪初叶,就被英美判例法所确定,并从一开始就为《跟单信用证统一惯例》所采纳。根据该原则,信用证交易只能是单据交易,而非单据下的货物、服务或其他行为。银行在决定是否付款时必然以"单据为唯一依据"。受益人所提交的单据只要表面上和信用证要求相符,例如交货期、数额、金额与信用证的规定一致,银行就应付款,而不管这些单据所代表的货物是真是假,是好是坏,是否确已装船或中途遗失。而且银行对单据本身的真伪也不负责,只要单证表面相符(银行仅限单证的审核,而不审核单证下所代表的货物、服务或其他行为),银行即付款或承兑。开证行承担的付款责任是绝对的。其目的就是避免银行卷入交易双方当事人的业务纠纷,保证银行的付款信用。银行一旦失去信用,国际贸易的结算将无法进行。

"严格相符原则"是信用证机制的另一基本原则。UCP 500第13条第9项规定:"银行必须合理谨慎地审核信用证规定的所有单据,以确定其表面是否和信用证条款相符。"它包括单证相符(即单据与信用证项下的规定一致)、单单相符(即所有单据必须互相一致,不存在互相矛盾)。严格相符原则乃强调受益人向银行提交各种单据请求银行依信用证付款时,其单据从表面上看必须严格符合信用证条款的要求,银行才予以付款。银行有权拒收没有严格符合信用证条款的单据,哪怕只是微小的不符也不例外。

这两项原则为保证信用证业务的正常运行起到重要作用,但另外又表现出极大的弱点,引发利用信用证这两项原则的欺诈行为。

其一,即利用信用证的"独立抽象性原则"而使用伪造的单据(表面与信用证项下的条件相符)结汇。① 其二,即利用信用证的"严格相符原则"在信用证中列入冗繁的条款,或故意设置"陷阱"以达到骗取保证金不付款或撤销合同的目的。由此而衍生各种信用证诈骗行为不仅极大地破坏了信用证的信用关系,危害国际贸易的正常发展,而且其危害结果往往还造成被骗公司和银行重大的经济损失。

(二)信用证诈骗罪行为类型的司法认定

信用证诈骗罪的具体行为手段,根据我国刑法第195条的规定包括以下类型:

1. 使用伪造、变造的信用证或者附随的单据、文件的

伪造信用证在实践中主要是行为人通过编造虚假的根本不存在的银行开

---

① 对此应注意到国际信用证实务中的"欺诈例外"对"独立抽象性原则"的限制。这一例外,首先要求银行必须尽到善良管理人的合理的注意义务,详细审核单证,对有瑕疵的单据,银行享有拒绝付款的义务。如果予以付款,造成损害,应由银行负责。其次,开证申请人在发现受益人有欺诈行为的情况下,可以申请法院发布"禁令"阻止银行对外付款。现在一般认为,银行虽无调查单据真伪的义务,但开证行在受益人提交单据之前,若对开证申请人有关受益人欺诈情况的通知不理,仍坚持付款,为了维护"公允善良"的原则,法院可以发布禁付令,止付信用证项下的款项。当然,这种"欺诈例外"对"独立抽象性原则"的限制应有一定限度,否则也将破坏信用证的正常运行。如《美国统一商法典》对适用"欺诈例外"原则就作了严格的规定。为防止商人滥用禁令把一些货物违约作为诈骗,因此,要求出具"情节严重的诈骗"证据。另外,有关"欺诈例外的例外"的规定也是对这种例外的一种限制。我国最高人民法院也于2005年12月出台一个司法解释(该解释于2006年1月1日起实施)提高适用"信用证欺诈例外"的门槛,以防止司法不当干预阻碍信用证制度在我国的发展。根据该解释,只有存在下述四种情形才可认定存在信用证欺诈。这四种情形是:受益人伪造单据或者提交记载内容虚假的单据;受益人恶意不交付货物或者交付的货物无价值;受益人和开证申请人或者其他第三方串通提交假单据,而没有真实的基础交易;其他进行信用证欺诈情形。

出信用证或者假冒有影响的银行的名义开出假信用证。这种伪造的信用证往往无密押或盗用密押或声称使用第三家银行密押，而所谓第三家银行的确认电文没有加押；信开信用证的签字无从核对等等。变造信用证是指行为人在真实、合法的银行信用证结算凭证的基础上通过剪接、挖补、涂改等手段改变信用证结算凭证的内容和主要条款使其成为虚假的信用证的行为。

使用伪造、变造的信用证，皆属假冒信用证欺诈。使用这种假冒信用证的主要目的有以下几个方面：(1)有关合约列有卖方预付佣金、质押金、履约金等条款，支付时间规定在出口商收到信用证后立即支付，以假冒信用证诈取佣金、质押金、履约金；(2)诈取卖方的货物；(3)内外勾结，诈取出口公司对国内资信不好的供货厂家的预付货款或购货款。

使用伪造的"附随的单据"(包括运输单据、商业发票、保险单据)、"附随的文件"(主要有领事发票、海关发票、出口许可证、产地证明书等)。其中使用伪造的提单[①]最多(因为国际上大宗的买卖多由海运)。伪造提单包括：(1)以根本不存在的所谓某某船公司的名义签发提单；(2)冒充船公司的名义签发空头提单(根本无货)，或签发的提单上所载明的货物与实际不符；(3)与不法船东勾结签发空头提单或与载明货物不符的提单。尤应注意与鬼船之勾结。鬼船即以合法船舶的身份出现，其主人(即船东)将其在一方便旗国家登记注册以后，甚至根本不登记而伪造一系列的船舶证书，而且这些证书表面看起来是合法有效的。鬼船有时用于骗货，以其低廉的运费骗得承运后，低价出手。从此消失或改头换面，重新伪造有关的船舶证书。这种鬼船有时也与不法分子勾结，共谋签发空头提单。

使用伪造的提单，迫使开证行因表面上单证相符而无条件付款，即利用信用证的抽象独立性原则。使用伪造的提单广义上还包括用保函换取清洁提单和倒签提单、预借提单的情况。分述如下：

(1)用保函换取清洁提单

在国际贸易中，银行不能接受不清洁的提单进行结汇。不清洁的提单通常表现为根据大副记载有关货物损坏的批注，无遗漏地转注于提单上。这种载有损坏批注的提单就叫做不清洁的提单，例如"箱子损坏"、"渗漏"、"钩损"、"5 件短缺有争议"等等。这种不清洁的提单都是银行不予以接受和结汇的。

---

① 提单是船方或其代理人在收到其承运的货物时签发的货物收据，也是托运人或收货人凭以提取货物的凭证，具有法律上的物权证书的作用，还是承运人和托运人之间的运输合同的证明，是卖方在跟单信用证结汇方式下凭以结汇、收取货款的主要凭证。

但为了结汇，销售商即托运人往往勾结船东，出具标志货物在"良好状态"下装船的清洁提单，隐瞒装船前的瑕疵。这便构成对买方的欺诈，收货人可向船东索赔。船东通常由销售商出具保函保证抵偿船东的损失，但这种保函是无效的，最终损失的仍为船东。

(2)倒签提单和预借提单(back dated B/L，anti dated B/L)

根据国际贸易法和海商法的有关规定，信用证都规定装船的有效期，销售商超过有效期装船交货，买方即收货方有权拒绝接受货物，并让银行不对卖方结汇。例如信用证规定的装船有效期为 2005 年 7 月 8 日，实际装船日为 2005 年 8 月 2 日。如果提单按 2005 年 8 月 2 日签发则买方就有权利拒绝结汇。卖方为了结汇的方便就让船东或承运人或承运人的代理人把提单日改为 2005 年 7 月 8 日以前，达到结汇的目的，此为倒签提单。

若货物还没有装船甚至没有到装货港，卖方就通过船东或承运人或承运人的代理人拿到相应的符合信用证规定的有效期的提单，就是预借提单。例如，某贸易公司和某外商订立合同，合同和信用证规定的船期为 2005 年 6 月 7 日，在合同执行过程中，某贸易公司在 2005 年 6 月 7 日前还没有组织到货源，为了结汇，卖方就通过关系让长期承运自己进出口货物的某船舶运输公司先行签发合同和信用证所要求的提单。一旦货物跌价，应节货物晚到，买方发现存在倒签和预借提单可以伪造单据为由拒绝收货，通知银行拒付。船东这么做往往得到卖方的许诺保赔，包揽生意，赚取运费。而这种保赔仍为不合法，不受保护。

应该注意的是，上述用保函换取清洁提单、倒签提单和预借提单，虽亦属广义上的"伪造单据"，但不一定导致刑事责任。实践中虽常有这种情况出现，但若卖方确有货物，而买方仍需要这些货物，则交易仍可能进行。但若由于市场波动，导致货物价格下跌，买方可能以提单存在伪造的情况而提起侵权赔偿之诉，但一般也不会导致刑事责任。只有在卖方是以占有为目的，企图通过上述手段骗取买方或银行的款项，才属使用伪造、变造的附随单据的行为，而构成信用证诈骗的一种类型。

2. 使用作废的信用证的

这种行为是指用过期的、无效的信用证[①]或者涂改过的信用证骗取财物的行为。这种情况在当前较难得逞。例如中国银行西北某分行在 1992 年 8

---

① 信用证的有效日期是指受益人提示单据，请求付款、承兑、议付的最后日期。逾期信用证失效，对银行不再具有约束力。如信用证未标明有效期，则该信用证无效。

月收到香港一家银行的来电，询问该行是否于同年4月开出过第Boc88—3560号、金额为169200美元的信用证，该证的开证申请人为西北某进出口公司，受益人为香港东南公司。该行查阅案卷后立即回电通知未出此证，同时向香港某行索取影印件，发现该证为多年前使用的旧格式，开证申请人的名称早已改变。其中一签字与当年8月版印鉴不符。据此，认定系属行为人使用已作废的信用证，未能得逞。

3. 骗取信用证的

所谓骗取信用证，目前主要表现为编造虚假交易骗取信用证，这种行为类型一般要由所谓的买方和卖方共同勾结实施，分别以信用证开证申请人和受益人的名义，编造虚假的交易事实，由所谓的买方申请开立信用证，所谓的卖方向开证行、付款行、承兑行、议付行交单议付或申请贴现，取得信用证项下的款项或贴现款后共同分赃(也可能是一方独占)，之后便逃之夭夭。此时，银行成为信用证欺诈的受害者。本应托付给银行的货物或者根本不存在，或者货物价值低廉。行为人使用这种方式诈骗往往需要使用伪造或变造的附随单据、文件才能向银行提示付款。①

但目前由于理论与实务都强调信用证诈骗罪的构成在主观方面要具有“非法占有的目的”，因此实践中对行为人虽无贸易事实而开立信用证，由另一方使用伪造或变造的附随单据进行议付或贴现，但最终能将所骗取的款项归还银行(赎单)，且其取得的资金也是用于正常的经营活动的，一般不按信用证诈骗罪认定，而仅视为一种“非法融资”行为。行为人的行为可能构成伪造、变造金融票证罪(但这方面的证据收集有时比较困难)。但是，如果行为人实施骗取信用证后，大量套取银行资金，长期占用，案发时也无法还清银行款项，给银行造成严重损失，或将骗得的信用证项下的资金(经过贴现)用于非法经营活动或归个人使用的，则仍应认定为信用证诈骗罪。因为这种长期的骗用，特

① 例如，某成立不久的公司，持有中国某银行通知的三个信用证，急于办理打包放款[打包放款(packing credit)，又称为信用证抵押货款，这是银行对出口商在装船前的融资，指出口商收到国外银行开来的信用证，在出运货物之前，可将正本信用证作为抵押，向当地银行申请一定比例的款项，以作备货之用。货物装运之后，出口商将货运单据等交该银行议付，取得货款归还银行本息。银行放款金额一般不超过信用证金额的80%]，其总金额近700万美元。由于金额较大，又是新公司，中国该银行作了深入的调查，结果表明证内货物、数量、规格等要求难以办到，且信用证规定不许分批装运，无装运期，有效期又很长(推测是想长时间打包放款)，因此断定此案属国外客户和国内公司勾结进行诈骗活动，妄图骗取银行贷款的欺诈行径。由于中国该银行的谨慎，最终使欺诈没能得逞。

别是通过循环开证的方式长期占用银行资金，案发时又无法归还，即使行为人辩称其仅有占用的目的，没有占有的目的，但如果缺乏相应客观的举证证明，仍应认为推定其具有非法占有目的是正确的。[①]

有人认为，在这种情况下，如果银行明知开证人是以融资为目的进行开证，即"明为开证，实为借贷"(此种情况，银行往往要求开证人提供100%的担保，一般开证担保为30%左右)，则银行不存在被骗的问题，这种信用证也被称为"融资信用证"。当然，这是一种违规贷款方式，但不应按信用证诈骗罪认定。法理上的理由是诈骗罪(信用证诈骗罪是其特别表现形式)应存在具体的被害人、被骗人，而在上述情况下，双方都是心知肚明，不存在谁骗谁的问题，充其量只是扰乱了金融管理秩序。是否可对银行按非法发放贷款罪认定，也是一个可以讨论的问题。违法发放贷款罪中的违法应是违反具体的法律规定，而不应包括一般性的行业规章制度，否则将使该罪的构成过于宽泛，导致侵犯客体不明之情状。

应该注意的是，骗取信用证的行为也不排除单方进行的情况，如众所周知的"美籍华人梅直方、李卓明骗取衡水农行100亿美元备用信用证案"，即属此例。1993年3月，美籍华人梅直方、李卓明以"引资"为名，先后向农行河北衡水支行提交虚假的"引资"承诺书，谎称可引进100亿巨额资金，要求衡水农行开具备用信用证[②]作为引资的担保(借款保证)，并声称不承担任何经济和法律责任，致使该行开出200份总金额为100亿美元的备用信用证，并由梅、李寄往国外。案发后，由于有关部门及时采取措施，并在有关国家警方和金融机

---

① 较为著名的如天津开发区南德经济集团以及牟其中、姚红等5人信用证诈骗罪案。该案被告人就是采取循环开证的方式长期占用资金，其目的是与信用证融资功能一致的，只不过利用循环开立信用证融资的时间比较长而已。但是该案一审、二审法院均认定这种行为构成信用证诈骗罪，是一种"为长期非法占有国家资金，骗开信用证，非法获取资金的行为"。有论者认为，这样的判词是自相矛盾的，"既是占有，就应无长期与短期之分"。参见刘卫东:《信用证诈骗罪问题研究》，载陈兴良主编:《刑事法判解》第6卷，法律出版社2003年版，第21～22页。

② 备用信用证(standby L/C)是一种特殊的光票信用证。传统的商业跟单信用证主要用于贸易合同下的货款支付，而备用信用证则有多种用途，最常用的是用于保证方面，例如借款保证、投标保证、履约保证等等。受益人在信用证的有效期和金额内，如开证人违约，得根据信用证规定开具汇票，连同一份声明书说明或证明开证申请人未能履约的情况，提交开证行要求付款，以取得所受损失的补偿；如开证人守信履约，则该证即不需使用，故称"备用"。其性质与银行保函性质相同。

构的配合下，才使这些备用信用证在有效期内没有出现资金支付情况。

4．以其他方法进行信用证诈骗活动的

以其他方法进行信用证诈骗，主要是指开证申请人和开证行利用设置若干软条款的方法进行信用证诈骗活动。通常表现为在开立信用证时，故意设立一些“软条款”，这些条款实际上赋予开证申请人或开证行单方面主动权，从而使该信用证可能随时因开证申请人或开证行单方面的行为而解除，使其成为一种可撤销的“陷阱”信用证，从而使信用证受益人承担极大的风险。所谓软条款一般包括：(1)信用证开出后暂不生效，待进口许可证签发后通知才能生效，或待货样经开证人确认后再通知信用证生效。(2)规定船公司、船名、目的港、验货人、发运港、装船日期须得开证人通知或经其同意，开证行以修改书形式再行通知。(3)规定品质证书须由开证人出具，或须开证行核实或与开证行存档之样相符。总之，这些手段的特点都是利用种种预先设置的“陷阱条款”。这样，买方可以根据市场情况或自己的需要确定是否购买卖方的商品。如果市场状况良好，于己有利，买方就履行合同；如果市场波动，无利可图时，买方就会以上述预先设置的软条款为由进行百般刁难、杀价甚至根本不要，而卖方在货已发出后，却因难以提供符合信用证条款的单据而无法结汇，处于极度被动状态，而可能不得不同意买方的非分的、不公平的要求。在信用证中设置软条款本属买方为在买卖交易关系中取得主动权的一种违反公平交易的奸商手段，[①]其本身并不一定导致实际的诈骗行为，但这种手段一旦被恶为利用，如利用“软条款”信用证诈取履约金、佣金、质量保证金后，不通知装船、不签发检验证书，故意使信用证的付款条件无法实现，则纯属利用信用证诈骗的一种手段。[②] 因此，并非凡在信用证设置“软条款”的，均属利用信用证进行诈骗的行为。尚需调查是否存在真实性的贸易背景，买方是否本有进行交易的诚意和实际交易行为。

---

① 实践中若买方出于某种原因必须开具有软条款的信用证，则应由资信较好的第三家银行加具保函。

② 司法实践还有这样的利用信用证软条款进行诈骗的案例：境外A公司与境内B公司签订买卖合同，A公司为买方，B公司为卖方。A公司又由另一境外C公司作为开证申请人开具信用证(带有软条款)，而B公司没有发觉极隐蔽的软条款，又同意A公司的要求将买卖标的指定给境内的D公司完成，并先支付货款给D公司。而D公司与A公司实为关联公司(不为外人所知)，D公司本属皮包公司，得货款后并不履约，而是将货款与A公司分赃后即作鸟兽散。B公司也无法满足信用证的要求取得信用证项下的款项，却白白损失了支付给D公司的货款。这种情况，属内外勾结的利用信用证软条款的诈骗行为。

另外，有些不法分子利用一些信用证本身的特点进行诈骗活动。如利用远期信用证诈骗。由于采用远期信用证支付时，买方是先取货，后付款，在信用证到期付款前存有一段时间，犯罪分子就利用这段时间，制造付款障碍，以达到骗取货物的目的。有的是取得货物后，将财产转移，宣布企业破产；有的则是与银行勾结，在信用证到期付款前，将银行资金转移，宣布银行破产。甚至有的国外小银行，其本身的资金就少于信用证所开出的金额，仍以开证行名义为买方开具信用证，待买方取得货物后，宣告资不抵债。这些行为也属于“以其他方法进行信用证诈骗活动”的类型。

（三）信用证诈骗罪是否必须具有非法占有目的及司法实践的对策

学术界和最高司法机关都倾向于信用证诈骗犯罪应以非法占有为目的，[①]但有论者认为司法实例有关“天津开发区南德经济集团以及牟其中、姚红等5人信用证诈骗罪案”的判决否定了信用证诈骗罪必须要有非法占有目的观点[②]，实务部门也确实有观点认为信用证诈骗罪不必要求对非法占有目的的认定[③]。这使得对本罪主观方面的认定到底要不要具有非法占有目的在认识上和具体操作上都存在着一定程度的混乱状态。

我们认为，信用证诈骗罪与诈骗罪属于特别法与普通法关系，两者属于包容竞合，作为被包容的信用证诈骗罪应当具有诈骗罪这一整体法的特征，所以应当具有非法占有目的。从文义解释上看，“诈骗”一词本身就包含了非法占有目的的含义。理论上一般认为，与信用证诈骗罪相邻的贷款诈骗罪和集资诈骗罪之所以特别写明非法占有目的，只是为了与高利转贷罪和非法吸收公众存款罪区分，信用证诈骗罪不存在这个问题，所以未写明，但还是有要求

① 学术界主流观点可参见高铭暄、马克昌主编：《刑法学》，北京大学出版社、高等教育出版社2000年版，第432页；赵秉志主编：《金融诈骗罪新论》，人民法院出版社2001年版，第327～349页。最高司法机关的态度可参见最高人民法院下发的《全国法院审理金融犯罪案件工作座谈会纪要》。

② 参见“天津开发区南德经济集团以及牟其中、姚红等5人信用证诈骗罪案”。该案详见金赛波编著：《中国信用证法律和重要案例点评》，对外经贸大学出版社2002年版，第296～305页。我们认为本案的认定并非没有认定非法占有目的，只是审理法院对该目的的认定采取了事实推定的方法，详见后文。

③ 参见尤冰宁：《利用信用证变相借贷构成信用证诈骗罪》，载《人民司法》2000年第10期。

的。[①] 我们认为这样的说明符合立法原意和司法实际情况。尽管不以非法占有为目的的信用证欺诈行为同样具有极大的社会危害性，应该对其进行犯罪化，但是对这种行为的犯罪化不能简单地通过司法扩张解释的方式来实现，而应当通过修订刑法的方式。[②] 在立法未作修改之前，不宜对这种行为以犯罪论。而且从系统解释上看，金融诈骗罪显然是以财物所有权和金融管理秩序为双重侵害客体的。如果仅以金融管理秩序为侵害客体，该类罪完全可以归入"侵犯金融管理秩序罪"一节，没必要独立作为一节加以规定。作为"金融诈骗罪"一节的一个罪名，信用证诈骗罪理所当然地要求入罪行为造成了对财物所有权的侵犯，而没有非法占有目的显然是不可能侵犯所有权的。

主张将非法占有目的排除出信用证诈骗罪构成要件的原因大抵有二：其一，不以非法占有为目的的信用证欺诈行为也有极大的社会危害性，确实应当纳入刑法的规制范围。其二，在刑事诉讼中，非法占有目的的证明和认定难度较大，容易导致无法证明而放纵犯罪。对于第一个问题，我们认为应当通过立法在"破坏金融管理秩序罪"一节中设立虚假陈述罪名，来规制信用证欺诈行为。至于第二个问题，我们认为，非法占有目的虽是一种主观上的心理活动，但它不能脱离客观外在活动而存在，对于非法占有目的的认定，可以采用推定的方法来解决司法实践认定的困难。所谓推定，就是根据对某个事实的证明，可以或者必须认定另外某个事实的存在。推定又可分为法律的推定与事实的推定，"必须"和"可以"是区分法律推定和事实推定的依据。必须认定推定事实存在的类型属于法律推定，可以认定推定事实存在的类型则是事实推定。而事实推定往往是能够证明被告人心理状态的唯一手段。法官可以从被告人已经实施了违禁行为的事实中推定出被告人是自觉犯罪或者具有犯罪意图，如果被告人未作任何辩解，则推定成立。[③] 推定的原理表现在基础事实与推定事实之间的普遍的、常规的共存关系上，即当基础事实存在时，在绝大多数情况下，推定事实也存在。故而在推定事实无法证明或直接证明社会成本过高时，就可以通过证明基础事实的存在而间接证明推定事实的存在。[④] 对于

---

① 参见陈兴良：《论金融诈骗罪主观目的的认定》，载《刑事司法指南》第1辑，法律出版社2000年版，第62页。

② 参见赵秉志主编：《金融诈骗罪新论》，人民法院出版社2001年版，第348页。

③ 参见伯特·克罗斯、菲利浦·A·琼斯著，赵秉志等译：《英国刑法导论》，中国人民大学出版社1991年版，第55～56页。

④ 参见徐新励、沈丙友：《金融诈骗犯罪主观目的的诉讼证明困境与出路论》，载《国家检察官学院学报》2002年第5期。

信用证诈骗罪非法占有目的的证明，存在着上述难以证明的情况，可以尝试引入司法推定的方法解决这一问题。

但是我们不能同意这样的观点，即认为在金融诈骗罪中，如果刑法条文未规定以非法占有为目的的，则其客观行为本身就足以表明这种非法占有目的的存在，因而无须证明。[①] 这种观点还是认为非法占有目的不是金融诈骗罪的主观要件，极易导致客观归罪，其实质就是将非法占有目的作为一种法律推定。法律推定要求有基础事实就必须得出推定事实，因此是不允许反证的。这实际上是一种法律拟制，并非真正意义上的推定。

由于基础事实与推定事实的共存关系只是在绝大多数情况下存在，因此不排除有例外情况，应当允许被告方反证，只有反证不能或者失败才承担被定罪的后果。所以，司法实践中引入的推定只能是事实推定，也就是说不能认为非法占有目的完全无须证明。

司法推定实际上是一个折中的方案，一方面它承认非法占有目的是信用证诈骗罪的构成要件，另一方面又将证明责任转移到被告方，避免了证明和认定上的困难。这样既可以解决诉讼证明和认定的问题，同时也能在遵守罪刑法定原则的前提下，部分地解决将信用证欺诈行为犯罪化的问题。在具体操作上，最高人民法院 2001 年 1 月 21 日下发的《全国法院审理金融犯罪案件工作座谈会纪要》可以作为司法推定的一个指导性依据，其中对于如何认定非法占有目的罗列出了七种具体情形，可作为司法推定的基础事实。[②]

（四）信用证诈骗罪认定应注意的其他问题

1. 要注意区分本罪与刑法第 177 条规定的伪造、变造金融票证罪行为的界限

伪造、变造金融票证罪中的票证，根据该条第 3 项的规定，包括信用证及其附随单据、文件，因而仅仅实施伪造、变造信用证及其附随单据、文件行为的，构成伪造、变造金融票证罪；如果实施了使用伪造、变造的信用证或其附随的单据、文件行为的，则构成信用证诈骗罪。如果行为人先伪造、变造信用证或其附随单据、文件，然后再使用该信用证及附随单据、文件进行信用证诈骗行为的，由于其目的行为与方法行为之间有牵连关系，属刑法上的牵连犯，应从一重罪处罚。伪造、变造金融票证罪与信用证诈骗罪处刑、起点刑都一样，

---

① 参见陈兴良：《论金融诈骗罪主观目的的认定》，载《刑事司法指南》第 1 辑，法律出版社 2000 年版，第 64 页。

② 参见前述贷款诈骗罪中有关主观方面认定的阐述。

只是前者最高刑为无期徒刑，后者最高刑为死刑，故信用证诈骗罪为重罪，应依此罪定罪处刑，至于伪造、变造信用证及其附随单据的行为可作为量刑情节考虑。

2. 要注意区分本罪与贷款诈骗罪行为的界限

一般而言，信用证诈骗罪所指向的信用证项下的货款与贷款诈骗罪所指向的贷款之间性质不同，一般不会混淆；只是利用信用证诈骗银行"打包放款"的行为类型与贷款诈骗罪会出现交叉的情况。在这种情况下，行为人的行为既构成骗取信用证的信用证诈骗罪，又构成贷款诈骗罪。这属法条的交叉竞合，在无法确定何者为特别法的情况下，应适用重法优于轻法的原则，仍应按本罪认定。

3. 要注意境外犯罪分子实施本罪的刑法适用问题

我国《刑法》第 6 条第 3 款规定："犯罪的行为或结果有一项发生在中华人民共和国领域内的，就认为是在中华人民共和国领域内犯罪。"第 8 条规定："外国人在中华人民共和国领域外对中华人民共和国国家或公民犯罪，而按本法规定的最低刑为 3 年以上有期徒刑的，可以适用本法，但是按犯罪地法律不受处罚的除外。"根据这些规定，如果境外不法分子实施的信用证诈骗行为或危害结果，均发生在我国领域内或其中有一项发生在我国领域内，即可适用我国刑法关于信用证诈骗的规定，追究其刑事责任。当然在具体实践中会受到较大限制，因为这将涉及对境外不法分子的引渡问题并涉及与犯罪地国家的刑事管辖权冲突问题，存在许多实际困难。

四、信用卡诈骗罪的司法认定

1. 信用卡诈骗罪的对象问题

以往一般将银行卡称为信用卡。但是 1999 年中国人民银行发布《银行卡业务管理办法》，废止了 1996 年的《信用卡业务管理办法》，银行卡分为信用卡与借记卡两个系列。信用卡按照是否向发卡银行交存备用金分为贷记卡和准贷记卡两种。贷记卡是发卡银行给予持卡人一定的信用额度，持卡人可以在信用额度内先消费后还款的信用卡；准贷记卡是指持卡人必须先向发卡银行交存一定金额的备用金，当备用金账户余额不足以支付时，可在发卡银行规定的信用额度内透支的信用卡。贷记卡和准贷记卡虽然透支条件和透支功能不同，但是都具有透支功能，具备信用卡的本质特征。借记卡又分为转账卡、储蓄卡、专用卡、储值卡。不同的借记卡虽然功能不一，但都不具备透支功能。信用卡与借记卡的根本区别在于是否具有透支功能。由于借记卡不具有透支功能，因此有论者认为应将之归入“其他银行结算凭证”范畴。这样，刑法第196条规定的信用卡诈骗罪的对象是否能包括借记卡遂成问题。认为应包括的理由是：1997年刑法规定的信用卡诈骗罪是以1996年的《信用卡业务管理办法》为背景的，该《办法》所指的信用卡是广义的，实指银行卡，只是用词不当而已。从立法的本意理解，刑法规定的信用卡诈骗罪中的信用卡应当包括借记卡。而且，目前银行发行流通的银行卡大多为须交存备用金的准贷记卡和不具透支功能的借记卡，均非真正意义的信用卡，若将借记卡排除在外，与当前的司法实践不符。认为不应包括的理由是：刑法规范应与其涉及的专业领域规范保持一致。当专业领域规范发生变化时，刑法相关规范的理解应与其同步，以维护法律的统一性。不能以目前银行所发行的银行卡多为借记卡作为应包括的理由，因为随着经济形势的发展，银行发行的具有透支功能的信用卡将会大幅度增长，所以信用卡与借记卡的界限必须划清，否则会导致法律用语的失范，不利于法律的统一性。对借记卡方面的犯罪可以按诈骗罪认定。

我们认为，本来在立法者未说明其立法本意且立法本身未修正之前，最妥当的解释应是文字解释，并应从法律用语的一致性角度进行解释，因此，本应将信用卡诈骗罪的信用卡理解为真正意义上的信用卡，而不能包括借记卡，否则就是不恰当的扩张解释。这里实际上还涉及刑法空白罪状中的空白法规发生变化影响到犯罪构成要件时应如何对待的问题。一般情况下不能因空白法规（即行政规章）内容的变化而扩大刑法处罚范围，除非与此同时通过刑法的修订。但是，如果空白法规的变化缩小了该空白罪状的处罚范围则是可以的。这也是罪刑法定原则的基本要求。1999年的《银行卡业务管理办法》通过对银行卡的界定，使借记卡从信用卡中分离出来，自然是缩小了刑法信用卡诈骗罪的处罚范围，因此，若将信用卡作一致性解释即可解决问题。但是，2004年12月29日第十届全国人民代表大会常务委员会第十三次会议通过的《全国人大常委会关于刑法有关信用卡规定的解释》针对理论上的争议和司法实践中遇到的情况，对信用卡的含义问题作出了立法解释，该解释指出：刑法规定的“信用卡”是指由商业银行或者其他金融机构发行的具有消费支付、信用贷款、转账结算、存取现金等全部功能或者部分功能的电子支付卡。考察这一立法解释，我们不难发现，信用卡诈骗罪中的信用卡已然包括了借记卡在内，因为借记卡虽然不具备信用贷款的功能，但显然具有消费支付、转账结算、存取现金的功能，符合立法解释对信用卡含义的界定。我们认为，这个立法解释是基于以下原因作出的：

一是基于对法的历史解释方法。它认为从刑法的立法原意分析，借记卡本来就在信用卡诈骗罪规制的范围之内。因为刑法是行政法、经济法、民商法的保障法，它在将违反行政法、经济法、民商法的行为规定为犯罪时，必然是以相应的法规为依据的，其使用的概念是来源于其所保障的相应的法规。由于我国信用卡与借记卡分野于1999年的《银行卡业务管理办法》，而1997年修订的刑法中就规定了信用卡诈骗罪，因此，我国现行刑法只能以1996年的《信用卡业务管理办法》为规制对象。在这个旧办法中，只有信用卡的概念，没有银行卡的概念，而且其所指的信用卡相当于今天的银行卡，是包括借记卡在内的。因为当时我国银行发行的全部是借记卡，当时甚至对信用卡真正含义的认识都很模糊。但立法机关的意图是明确的，即只要是针对银行和金融机构发行的具有消费信用、结账结算、存取现金功能的电子支付卡的犯罪，都属于应当受到刑事追究的信用卡犯罪。因此，就立法本意而言，当时刑法规定的信用卡既包括国际通行意义上的信用卡，也包括借记卡。这种解释实际上是一种法的历史解释。①

二是基于司法实际的情况。由于我国个人信用制度的不完善，至今由我国发行的银行卡，大多是兼具透支功能、需要向银行交纳备用金的准贷记卡和不具有透支功能的借记卡，真正的贷记卡业务尚处于初步发展阶段。借记卡在实际数量和使用频率上都要远远高于贷记卡，因而，实践中发生借记卡诈骗的数量可能要比贷记卡诈骗的数量大得多。若将借记卡排除在信用卡的范围之外，将导致司法实践对利用借记卡实施诈骗的行为都只能依照普通诈骗罪论处，这样认定不能反映借记卡诈骗所侵犯的客体的特殊性。立法者认为利用借记卡实施诈骗构成犯罪的以信用卡诈骗罪论处较为妥当。因为借记卡和信用卡同属银行卡，无论是在银行法还是在刑法上其与信用卡的关系都十分紧密，而且，利用借记卡诈骗与利用信用卡诈骗的行为方式也极为类似，现在我国刑法中有关信用卡诈骗罪法定行为方式的规定中，只有恶意透支不能适用于借记卡，其余如使用伪造的信用卡、以虚假的身份证骗领的信用卡、使用作废的信用卡、冒用他人的信用卡等行为类型都能以借记卡为犯罪对象。从实质上看，借记卡诈骗的社会危害性与信用卡诈骗的社会危害性并没有多少区别。如果非要将借记卡从信用卡诈骗罪规制的对象中分离出去，反而可能造成实践中更大的难题。例如，有人拿着一张伪造的贷记卡和一张伪造的借记卡到取款机上取款，由于借记卡不属于信用卡，所以应当认定行为人构成两

① 参见黄太云：《明确刑法中信用卡的含义，准确打击信用卡犯罪，维护金融安全》，载《刑事审判参考》总第41辑，法律出版社2005年版，第118页。

个独立的犯罪,数罪并罚。但是,如果此人拿着两张同样是伪造的贷记卡到取款机上取款且取得的数额与上述情况一致,按照法律规定对该行为人只能以信用卡诈骗罪一罪定罪处罚。这种同行为不同罚的做法,有可能违背刑罚公平原则。

不过,我们认为其实最简捷的办法就是将刑法中的"信用卡"改为"银行卡",这样就把符合国际通行意义上的信用卡和借记卡都包括进去了,而且也使刑法规范用语与行政部门规范用语一致,符合法的统一性。根据参与该立法解释的全国人大常委会法工委刑法室副主任黄太云的说明,之所以不进行这样的修改是担心会产生一系列其他问题:比如这是否意味着现行刑法中"信用卡"的含义不包括借记卡?对已经发生、法院还未判决的伪造借记卡诈骗的犯罪案件,修正案还有无溯及力?对法院已经判决的借记卡犯罪案件是否错判?……因此从有利于保持法律的稳定性和连续性考虑,没有采纳这样的修改建议。[①] 既然立法解释已经对信用卡的含义作出了明确的扩大解释,我们在司法实践中就应该严格遵循,对利用借记卡实施诈骗构成犯罪的也应依照信用卡诈骗罪定罪处罚。

2. 关于"使用伪造的信用卡,或者使用以虚假的身份证明骗领的信用卡的"司法认定

刑法第196条第1款第1项只规定"使用伪造的信用卡的"行为类型,但全国人大常委会2005年2月28日通过的《刑法修正案(五)》第2条在刑法第196条第1款第1项"使用伪造的信用卡的"行为类型中增加规定了"使用以虚假的身份证明骗领的信用卡的"行为类型。因此,我们对之应分别讨论。

(1)关于"使用伪造的信用卡的"行为的认定

使用伪造的信用卡中的伪造可以分为两种形式:一种是模仿信用卡的质地、模式、版块、图样以及磁条密码等制造信用卡;另一种是在真卡的基础上进行伪造,即信用卡本身是合法制造的,但是在未经银行或信用卡发卡机构发行给用户正式使用,即在信用卡面上未加打用户的账号、姓名,在磁条上也未输入一定的密码信息等,将这种空白的信用卡再进行加工,使其貌似已经发行给用户的信用卡。第二种形式的伪造,表面上似乎是一种"变造"行为,但立法者不将之视为变造,伪造信用卡与伪造货币或者一般的金融票证、信用证不同,除了要模仿真信用卡的图案、式样等外观形式外,更具有实质意义的是内容的

① 参见黄太云:《明确刑法中信用卡的含义,准确打击信用卡犯罪,维护金融安全》,载《刑事审判参考》总第41辑,法律出版社2005年版,第120页。

伪造即必须输入有关的信息资料。因为能够按照信用卡功能使用的有效卡，必须具备持卡人的有关信息和资料，具有个人的身份特征，才能为机器所识别和接受，所以，伪造信用卡只有输入相关的资料才有被冒充使用的可能，输入相关的信息资料是伪造信用卡的必备环节。故在信用卡诈骗罪中立法者没有使用“变造”这一概念，乃是考虑到其与货币、金融票证、信用证不同，不可能存在纯“变造”之形式。这种形式的伪造最关键的环节，就是要获取他人的信用卡磁条信息，其手段不一而足，从破获的案件情况看主要包括下列手段：

有些特约商户的收银员事先准备用于窃取卡账号的读卡机，并在客户刷卡位置上方安装了微型摄像机，在客户刷卡时，收银员将之在自己的读卡机上刷卡，获得客户卡中的全部信息，并摄入输入的密码，而后与他人合作制造伪卡；有的犯罪团伙使用望远镜偷窥或在柜员机上安装摄像头偷录客户输入的密码；有的在柜员机上安装吞卡装置并张贴假的客户服务电话，在客户求助时骗取持卡人信息；有的在银行的自助门禁系统中安装假门禁系统，窃取信用卡磁条信息及密码；有的是电脑维护人员利用对银行系统电脑维护、测试之际，私自将信用卡交易数据复制截流，进行解密，破译客户信用卡磁条信息和取款密码；还有的是金融机构内部人员利用职务之便，向他人非法提供持卡人的信用卡信息资料，这主要发生在信用卡业务管理人员能够接触用户的信用卡账户密码等秘密资料的情况中。

使用伪造的信用卡的所谓“使用”，在一般意义上理解，包括持信用卡在特约商户购买商品、接受服务，在银行或柜员机上支取现金以及接受以信用卡进行支付结算的各种服务。如支付交通、住宿、餐饮、娱乐费用等等。对于这一点一般不存在争议。但是，也曾经有学者提出应当将“使用”作广义的理解，即行为人伪造信用卡后出售给他人或者送给他人的行为也认定为“使用”。因为伪造信用卡后，不论是伪造者自己使用，还是出售给他人或送给他人使用，对伪造者而言，都属于“使用”。[①]《刑法修正案（五）》对这一问题作了明确的规定，即出售、购买、为他人提供伪造的信用卡的行为可以构成犯罪，但不是信用卡诈骗罪，而是构成“妨害信用卡管理罪”。这也是《刑法修正案（五）》增设的有关信用卡犯罪的一个新的罪名。因此，信用卡诈骗罪法定行为方式之一的使用伪造的信用卡所指的“使用”，必须是以能够实现法定的信用卡功能、用途的行为。也就是说，只有将信用卡用于进行交付结算的经济行为才属于使用。

(2)关于“使用以虚假的身份证明骗领的信用卡的”行为的认定

① 孙军工著：《金融诈骗罪》，中国人民公安大学出版社 2003 年版，第 154 页。

所谓骗领信用卡，是指行为人采取虚构身份事实，提供虚假的资信证明材料，在信用卡申请表和领用合约等契约性文件上作不实填写和承诺等方法，从发卡银行骗取信用卡的行为。目前实践中发生的骗领信用卡的情况包括：利用盗窃的或者伪造的身份证件、伪造的公司证明，或者通过招工、招生等名义收集他人身份资料或者骗领他人身份证复印件到银行申领信用卡；有的利用虚假的营业执照、公章或者法人代表印章欺骗银行，骗领单位信用卡；有的利用长期不用或者基本无经营活动的法人执照，骗领单位信用卡等等。① 如果行为人以虚假身份证明申领信用卡，则行为人在申领信用卡时就打算不归还用卡后所欠银行透支款项的企图已经彰显。也就是说，申领人从申领卡时就为利用信用卡进行诈骗做了准备。获卡后，便从银行大肆透支取现或者疯狂刷卡消费，直至授信额度用完即逃之夭夭。银行凭持卡人虚假身份证明、住址等资料，根本无法找到持卡人，也无法追回损失。实践中此类案件频频发生，以前理论上有将之归为刑法第 196 条第 2 款规定的“恶意透支”的一种类型，认为采取虚假证明等办法办理信用卡，然后进行大量透支的，其行为本身就足以证明是在进行恶意透支。但也有论者认为，恶意透支的主体应该只限于合法持卡人，且对合法持卡人的理解应该作严格的限定，即必须是使用真实有效的申请材料通过银行审查取得银行信任发给信用卡后，拥有该信用卡使用资格的持卡人。通过骗领而取得信用卡的持卡人，尽管其获得信用卡的形式是合法的，但实质却是非法的，若将其也看作是恶意透支的行为主体，那就意味着对行为人申领信用卡时虚构事实、隐瞒真相行为的合法有效性的认可。因此，行为人骗领信用卡进而实施透支的行为不能适用恶意透支的行为类型。

为了严密法网，使罪刑相适应，《刑法修正案（五）》第 2 条在刑法第 196 条第 1 款第 1 项“使用伪造的信用卡的”行为类型中增加规定了“使用以虚假的身份证明骗领的信用卡的”。立法者认为骗领信用卡后实际使用，进行刷卡消费或者提取现金，行为人在主观上的非法占有目的已经暴露无遗，将其直接规定为信用卡诈骗罪的行为之一，与“使用伪造的信用卡”行为类型并列是妥当的，也是完全必要的。这样规定也使得刑法第 196 条第 2 款有关“恶意透支”行为类型的规定更为精确和规范。特别要注意，如果行为人使用虚假的身份证明骗领信用卡，但还未使用就被发现，也就是说，如果行为人只有骗领行为

---

① 应予注意的是，根据申领信用卡的有关规定，发卡行要求信用卡申领人提供的本人信息很多，如身份证明、住址、职业、工资收入、财产证明、联系方式等等。而《刑法修正案（五）》第 2 条只限于“虚假的身份证明”，主要是考虑到虚假的身份证明危害最大。

而无使用行为，则只能按照《刑法修正案（五）》第1条规定的“妨害信用卡管理罪”认定。

3. 关于“使用作废的信用卡的”司法认定

使用作废的信用卡的行为主体应限于持卡人本人。持卡人是指直接向银行申办并核准领取信用卡的人，也就是享有该信用卡使用资格的人；反之，不是经申办程序从银行获取信用卡的人，如拾得、侵占、盗窃而取得信用卡的均不属于刑法意义上的持卡人。其原因是：使用作废信用卡进行诈骗主要是利用时间差进行的，而这一点只有原持卡人本人最清楚，如果不是持卡人本人，是无法利用时间差进行诈骗的。虽然现实中并不排除非持卡人拿着持卡人已挂失的信用卡进行诈骗的情形，但是因为非持卡人使用作废的信用卡的行为如果不是以共同犯罪的形式进行是不可能得逞的。因此，将其作为本类型行为主体并无司法实践意义。当然，非持卡人可以同持卡人共同实施本类型行为，这种情况可以视为无身份者与有身份者实施的共同犯罪，应按照有身份者的犯罪类型定性。使用作废的信用卡的行为类型，随着信用卡管理的网络化，这种犯罪行为类型将逐渐消失，而失去规范的意义。在当前的司法实践中，这类案件更多的是表现为民事赔偿的纠纷。可能推想的情形就是，持卡人先行恶意挂失，而后自己或与他人同谋授意他人持已经挂失的信用卡取款或突击消费后又以该信用卡已经挂失为由向发卡行索赔，由于这类案件取证的难度很大，证明程度很少能够达到排除合理怀疑的程度，因此，多数案件是通过民事诉讼解决的。

4. 关于“冒用他人的信用卡的”司法认定

冒用他人信用卡一般是指，非持卡人未经持卡人同意或授权，以持卡人的名义使用信用卡的行为。冒用他人的信用卡的行为主体只能由非持卡人构成。对于冒用他人信用卡的“他人的信用卡”的理解，理论上认为，这里的“他人的信用卡”必须是合法产生的有主信用卡。但是我们认为，冒用他人的信用卡，也可能是冒用他人作废的、伪造的信用卡。不可否认，在通常情况下，行为人冒用的是他人合法有效的信用卡。对明知是他人的作废的信用卡仍然使用的也不会发生所谓的“冒用”问题，而应该只有“使用”的问题。但如果把伪卡、废卡排除在外，在行为人不知自己冒用的他人信用卡是伪卡、废卡而骗取他人财物的情况下，由于使用伪造的、作废的信用卡主观上要求行为人必须明知所使用的卡是伪卡、废卡，依照主客观相统一的定罪原则出发，其行为就既不能以使用伪造的、作废的信用卡认定为信用卡诈骗罪，也不能认定为冒用他人的信用卡，这显然是不合理的。基于此种原因，我们认为冒用他人信用卡的“他人的信用卡”不必限于合法产生的有主信用卡，也应包括冒用人所不知道的作废的、伪造的信用卡。

冒用他人信用卡的行为最典型的就是行为人拾得他人的信用卡，继而使用伪造的身份证或模仿他人的签名提取现金的情形。这种情形，由于行为人伪造身份证件或模仿签名的行为明显具有诈骗罪的“虚构事实，隐瞒真相”的特征，因而认定为冒用他人信用卡是没有争议的。但是当前冒用他人信用卡的行为出现了一些特殊情形，导致认定上存在一定的争议，值得讨论。

例如行为人拾得他人信用卡并通过偶然方式(包括同时取得记载密码的卡片或者猜出密码的情形)取得信用卡密码，无须履行其他证明手段即在ATM机取款的，或者行为人在ATM机上看到他人取款后忘记取回信用卡，又继续操作取款的，[①]这类情形应如何认定，不无争议。例如厦门市法院曾受理一起类似案件，案情如下：胡某系某大厦管理处保安员，一日在值班时，一路人将一张在柜员机上拾到的建设银行的信用卡交给胡某，胡某在柜员机上试出该卡的密码后，遂在柜员机上分三次取出人民币3000元，并转款人民币20000元到自己建行的龙卡里。

在办理这个案件的过程中，对胡某“试出密码并冒用他人信用卡”的行为如何定性产生了分歧。第一种观点认为，应根据刑法第196条第1款第4项关于“冒用他人信用卡”的规定，定为“信用卡诈骗罪”。理由是胡某是用他人的信用卡(虽是真的卡和正确的密码)欺骗了银行的柜员机，使银行陷于错误认识而处分财产，符合诈骗罪的特征(信用卡诈骗罪是诈骗罪的特别犯)。第二种观点认为胡某系保安，其获取该卡的行为是合法的，其试出密码行为本身并不具有刑事违法性，而该卡又是他人交给他代管的，其行为系代为保管他人财物非法占为己有，应定为“侵占罪”。持这种观点的还认为，诈骗罪的构成要素中必须有被骗者，且被骗者实施了“自愿交付财物”的行为，该种交付行为与行为人的诈骗行为之间具有直接的因果关系。在同时拾得信用卡和密码的情况下，如果拾得者在自动柜员机上顺利提款，这种行为虽然属于冒用他人信用

---

① 《人民法院报》2005年12月13日登载的《用拾到的信用卡冒领巨款系信用卡诈骗——南宁中院判决廖达生信用卡诈骗案》即属此例：某工行分理处保安廖达生发现失主韩某在柜员机取款后忘记取出牡丹卡，即对该卡密码进行修改取走。尔后，廖达生利用该卡取走韩某账户内的人民币173000元。对该案检察机关以盗窃罪起诉，一审法院也以盗窃罪判处廖某有期徒刑4年，并处罚金4000元。被告人上诉认为其行为只符合侵占罪。二审改判被告人犯信用卡诈骗罪，判处有期徒刑1年，并处罚金20000元。该案案号为(2004)南市刑二终字第30号。可见这类案件在实践中争议颇大。

卡，但并不存在付款人或自动柜员机受骗的问题，因为信用卡和密码是真实的，付款人依据真实的信息付款，此乃正常履行业务职责的行为，无须承担民事赔偿责任。这时候，实际财产的损失者是信用卡的所有人，但他并不存在被诈骗的问题。在这种情况下对信用卡的获得者来说，其获得了信用卡和密码，完全等同于获得了信用卡所含资金的使用权，这与捡到他人的不加密的活期存折而取款的行为性质是相同的。如果拾得者拒不交出所取款项的，只能考虑按侵占罪论处。第三种观点认为，应认定为“盗窃罪”。理由是，银行的柜员机是仅靠卡和密码来识别并进行支取的。本案中，胡某用的是真的卡和密码，柜员机识别了卡和密码就已经完成了“认识”的过程，这一过程并没有发生认识上的错误，如果本案中胡某是在银行柜台上支取现金，银行职员还需检查卡上的签名、身份证等要件是否相符，才能支付现金。正是由于柜员机的特殊性，其只需也只能检查卡和密码，识别行为即为正确，所以银行柜员机的支付行为并非陷于错误而作出的。持卡人更没有自愿处分自己的财产的行为，本案中并没有任何人被欺骗，故不符“诈骗罪”的特征。而且从犯罪对象上看，在本案中，因银行并没有过失而使持卡人遭受损失，持卡人不能向银行要求赔偿，财产的损失均由持卡人一人承担，银行并没有损失，故持卡人才是本案的被害人。胡某的行为均是在持卡人完全不知情的情况下进行的，相对于被害人来说是秘密进行的。从被害人的角度来讲，胡某的行为是秘密窃取了其财物。①

对此，我们认为，第二种观点认为应定为侵占罪的错误是比较明显的，这种观点完全撇开行为人利用该卡取款这一后续行为，而恰恰是取款行为才是本案的关键之处。仅仅占有信用卡及试出密码，若无进一步的取款行为是不会构成犯罪的。而且，持该观点所类比的捡到他人的活期存折而取款的行为，目前在司法实践中也是被认为应按照诈骗罪定罪处罚的。② 至于第三种观点，从表象上看似有一定道理，但只要深入分析，则会发现这种观点并未抓住

① 林章伟、吴旭辉：《胡某盗窃案》，载陈立主编：《刑法疑难案例评析》，厦门大学出版社 2003 年版，第 199 页。

② 参见韩忠义：《从临时占有人处骗取财物的行为如何定性》，载《人民法院报》2005 年 12 月 20 日。文中所引用的案例是：2005 年 4 月 2 日，廖某在工厂集体宿舍内捡到工友李某的一张存款为 3 万元的银行活期存折，第一次到银行取款时，因密码输入错误未果。后来，廖某打听工友李某的出生日期，以其出生年月日期为密码，最后猜配成功，并将存折中的 3 万元全部取出挥霍。作者认为，此案应以诈骗罪认定。我们也是认同的。对这类案件按照诈骗罪定罪处罚也是目前司法实践通行的做法。

问题的本质。本案行为实仍属于诈骗性质,即行为人通过欺骗不完善的机器[①](目前的ATM机尚无法识别非持卡人的冒用,将来若能在卡中存入持卡人的指纹信息则可识别),而达到欺骗使用该不完善的机器——银行处分财产的目的。这相当于欺骗一个有点智障的人处分财产,本质上仍是诈骗。至于被骗者是否一定就是实际财产的受害者即最终责任的承担者,这并不是刑法所要考虑的问题。就刑法而言,只要行为人实施了虚构事实、隐瞒真相的行为,无论被骗者是谁,均可能构成诈骗类的犯罪。而最终的受害者与被骗者的关系应当如何处理,应当由民事法律加以调整。因此,我们赞同第一种观点,认为本案仍应按信用卡诈骗罪认定。我们认为,对于行为人同时获得信用卡和密码并在自动柜员机上取款应以信用卡诈骗罪定罪处罚,还可以进一步补充以下两点理由:

一是拾得信用卡和密码不等于取得了信用卡内所含资金的使用权。所谓权利,应当是合法正当的。而这种所谓的"信用卡内所含资金的使用权"却是非法的。尽管同时拾得信用卡和密码比没有知悉密码的情况下离获取财产距离更进了一大步,但是行为人要想真正占有、支配财产还必须通过冒用的行为。有论者认为,拾得知悉密码的信用卡和拾得他人房间的钥匙具有可比性,由此认为,信用卡作为一种支付工具,相当于金融机构提供给物主开启各自保险箱的钥匙,拾得该卡然后取款,相当于拾得他人的钥匙并入室取走屋内财产,均系秘密窃取他人财物的行为,对行为人应定盗窃罪。[②] 这种观点似有一定的新意。但我们认为,用信用卡和密码在自动柜员机前提款毕竟不同于入室行窃,道理很简单,入室行窃已经进入了私人领域,入室行为本身就存在非法性;而获取信用卡及其密码的行为人在柜员机前的操作地点仍属于公共场所,法律并没有禁止非持卡人在自动柜员机前按键。因此,以拾得钥匙进行类比虽然形象,但并不准确。所以,我们认为还是以行为人冒用他人信用卡的行为追究其刑事责任较为合理。

二是认定为侵占罪会不适当地缩小冒用他人信用卡构成诈骗罪的适用范围。根据刑法有关冒用信用卡的规定,刑法惩罚的是冒用行为,即只要行为人

---

① 通行的观点认为机器不存在被骗的问题,这应是就完善的机器而言的。实践中完全存在利用机器的漏洞实施诈骗的情况。但应认识到其实质是欺骗使用该有漏洞的机器的人,使用机器的人才是真正的被骗人。

② 参见张天勇:《用拾得的储蓄卡在柜员机上取款应定何罪》,载陈立主编:《刑法疑难案例评析》,厦门大学出版社2003年版,第205页。

冒用他人信用卡的就应当认定为信用卡诈骗罪，而不问行为人取得他人信用卡的方式及冒用的具体手段。从客体上而言，侵占罪的客体仅是财物所有权，而信用卡诈骗罪除了侵犯所有权外，还侵犯了信用卡金融管理秩序。即使能够勉强认定这种行为符合侵占罪的构成要件，同时也符合信用卡诈骗罪的构成要件，这也属于一个行为触犯两个罪名的想象竞合犯，按照从一重处罚原则，亦应认定为信用卡诈骗罪。

以上结论可适用于任何与之类似的案件，包括利用 ATM 机本身的故障积极取款的，若是有关信用卡的，都应认定为信用卡诈骗罪；若是有关其他类型卡的，如医保卡，则可按普通诈骗罪认定。例如，杜某捡到一张医保 IC 卡，某日无意路过街边一 ATM 机，便试着将该卡插了进去。不料 ATM 机提示：请输入密码。杜某便胡乱按一串数字。ATM 机又提示：请输入金额。杜某按了 1、0、0 三下键，ATM 机竟吐出一张 100 元的人民币！杜某狂喜不已。随后在不到一个月的时间内便用该卡取款 63 万余元。后案发。经查，杜某捡到的那张“神奇”的 IC 卡，系磁条账户出现识别错误，才使得他误打误撞，连连得手（本案杜某被广西南宁检察机关以盗窃罪起诉）。我们认为应定性为诈骗罪为妥。

不过，应该注意的是，如果是 ATM 机发生意外故障而乱吐款、乱转款，使持卡人或其他任何人没有实施任何积极行为而意外得利的，则应认定为不当得利，不应追究得利人的刑事责任。因为在这种情况下，得利人没有积极的作为，只是消极取得不当利益，只需退回不当利益即可。①

5. 关于“恶意透支”行为的司法认定

恶意透支是我国刑法规定的信用卡诈骗罪的一种行为方式，也是司法实践中较为常见的信用卡诈骗罪的行为方式之一。根据我国刑法第 196 条第 2 款的规定，恶意透支是指持卡人以非法占有为目的，超过规定限额或规定期限透支，并且经发卡银行催收后仍不归还的行为。恶意透支主体必须是信用卡的合法持有人。恶意透支的主观罪过形式只能是故意，包括对规定期限和规

---

① 至于利用自动柜员机的故障存入假币的行为如何认定，也是一个值得讨论的问题，但是已经超出了本论题的讨论范围。例如：邵某发现某银行的自动柜员机存在故障，能够存进假币，于是以朋友梁某、马某等人的名义办理了三张太平洋借记卡，然后到该银行的两个分理处，采取存假币取真币的手段，先后从自动柜员机内获取人民币共 4000 元。关于本案的认定有三种观点：一是认为应定为盗窃罪，二是认为应定为使用假币罪，三是认为应定为诈骗罪。我们同意第三种观点。

定限额的明知并且具备非法占有的目的。是否具有非法占有目的是恶意透支和善意透支的本质区别。理论上，将合乎信用卡章程规定的透支行为以及虽已超过了规定的限额或期限但透支人打算归还的透支行为称之为善意透支。实践中不乏持卡人因不可抗力或资金暂时周转不灵而致透支后无法按时归还的情况。如果不考虑行为人是否具有非法占有的目的，一律将超期或超额透支的行为认定为恶意透支，必然大大扩大了刑法的打击面，有违刑法的谦抑性原则，而且将导致民事上的透支纠纷问题消失，无异于刑法僭越民法的规范范围。实践中，认定透支人是否具备非法占有的目的，可以从这几个方面加以把握：一是分析透支款项的用途。善意透支人往往将透支款用于正当消费，而恶意透支人则往往挥霍一空。二是分析行为人的偿还能力。善意透支人往往具有偿还能力，而恶意透支人透支的金额却远远超出其偿还能力。三是分析行为人透支后的态度。善意透支人若因偿还能力弱而不能及时还款，一般也能主动向银行说明并积极筹款尽力清偿，而恶意透支人因具有非法占有的目的，根本没有偿还的打算，往往一走了之，拒不归还。

认定恶意透支还必须以“催收不还”为要件。我国刑法明确规定，只有经过银行催收不还的，才构成恶意透支。有的学者认为这个限制可操作性难，认为实践中由于人口流动很大，银行催收比较困难，而且持卡人往往以各种理由否认银行的催收，导致是否经过银行的催收难以认定。而且在某些时候行为人的非法目的已经昭然若揭，若因为银行未曾催告，司法机关便无法对其采取行动，则行为人可能早已利用催收期间的空隙逃之夭夭。还有的学者提出，持卡人在申办信用卡的时候就已经了解发卡行对透支的规定，对明知故犯的行为人再附加条件等于是对已有规定的否定。①

但是，我们认为，催收不还应当是恶意透支构成信用卡诈骗罪的必备要件。首先，既然刑法条文中已有明文规定，按照罪刑法定的原则，在认定恶意透支形式的信用卡诈骗罪时，必须以“经催收后仍不归还”为构成恶意透支的必要条件。其次，刑法作这样的规定显然有其用意。非法占有目的作为恶意透支行为的主观要件属于主观的范畴，其认定不能脱离具体的客观事实。行为人连续突击异地消费取现，并将其挥霍殆尽，并不能必然得出行为人主观上具有非法占有的目的。经银行催收不还就为认定行为人具有非法占有目的提

---

① 参见赵秉志主编：《金融诈骗罪新论》，人民法院出版社 2001 年版，第 473 页。另外还可参见熊选国：《信用卡恶意透支的认定与预防》，载陈光中主编：《金融欺诈的预防和控制》，中国民主法制出版社 1999 年版，第 497 页。

供确定无疑的证明，便于操作。至于上述论者提出的可能放纵一些明显的恶意透支诈骗犯罪，我们认为司法机关对此也并不是束手无策的。对犯罪嫌疑特别大的，可以由公安机关以信用卡诈骗罪立案侦查，对嫌疑人在银行催收期间可以采取取保候审或监视居住的强制措施。如果在银行催收期满后仍不能偿还透支款的，即可立即予以逮捕。另外，对“经银行催收不还”这一要件也要准确理解，对行为人恶意透支后携款潜逃等致银行催收令无法送达的，应当视为“经银行催收不还”。

应该注意的是，恶意透支包括超过限额或者规定期限透支。超过规定的限额，是指超过信用卡章程和申领信用卡协议明确规定的透支限额。根据刑法的规定，恶意透支必须达到“数额较大”才构成犯罪。对恶意透支的数额计算标准，目前是按照 1996 年 12 月 16 日最高人民法院《关于审理诈骗案件具体应用法律若干问题的解释》来处理的，即以恶意透支 5000 元以上为数额较大，恶意透支 5 万元以上为数额巨大，恶意透支 20 万元以上为数额特别巨大。超过规定的期限，是指超过信用卡章程和申领信用卡协议明确规定的允许透支的期限。刑法条文是用“或者”将“超过规定限额”和“规定期限”连接起来的，因此，这里所指的超过规定的期限应当是以持卡人在限额以内透支为前提的。在规定的限额外透支，透支行为一旦实施就是非法的，银行也往往会立即发出催收通知单，因此，对于行为人超过规定的限额透支是不存在所谓的规定期限的问题的。

1995 年 4 月 20 日，最高人民法院、最高人民检察院《关于办理信用卡诈骗案件具体适用法律若干问题的解释》规定：“行为人恶意透支构成犯罪的，经人民检察院起诉前已归还全部透支款息的，可以从轻、减轻处罚或者免予追究刑事责任。”这里透支款的还款主体似乎限于持卡人本人。但是我们认为，如果持卡人的担保人为其偿还了全部透支本息的，也可适用上述司法解释。由于目前信用卡的申领一般需要提供担保，其目的就是在持卡人不能偿还透支款的情况下，担保人可以为其偿还从而保障银行免受损失。既然担保人已经履行了担保责任，偿还了持卡人透支款的本息，那么持卡人与银行之间的债权债务关系便归于消灭，银行的财产没有受到损失，恶意透支的危害性也因此得以消除。至于持卡人与担保人之间的关系，属于民法上的债权债务关系，不应由刑法来调整，所以不能以偿还透支款的人不是持卡人本人而追究持卡人的刑事责任。

五、保险诈骗罪的司法认定

（一）保险诈骗罪基本构成的司法认定

保险诈骗罪在客观方面表现为进行保险诈骗活动，数额较大的行为。“保险诈骗活动”，是指在从事保险[①]活动中，采取虚构事实或者隐瞒真相的方法骗取财物的行为。根据我国刑法第 198 条的规定，其行为的具体方式有以下几种类型：

（1）投保人故意虚构保险标的，骗取保险金的。“保险标的”，是指作为保险对象的物质财富及其有关利益、人的生命或者身体。“虚构保险标的”，就是投保人为了骗取保险金，凭空捏造了一个根本不存在的保险对象与保险人订立保险合同的行为。例如用已报废的汽车执照、档案等有关文件与保险公司签订汽车保险合同，后谎称汽车被抢劫，骗取保险金的，就是典型的虚构保险标的的保险诈骗行为。实践中所发生的虚构保险标的还包括以下几种形式：

其一，冒名顶替、移花接木，此种情形属违反保险标的的特定性。如某行为人拥有两辆相同型号和品牌的小轿车，在颜色、外观等方面也都一样。他不是为两辆车分别进行投保，而只是投保其中的一辆，交纳一份保险费。当其中任何一辆车发生保险事故后，他只要调换车牌即可获取保险赔偿金。实际上是一份汽车保险合同保了两辆车的险，违反保险合同中保险标的的特定性。若没有投保的车发生事故，而行为人却以该车作为保险标的进行骗赔，实乃虚构保险标的的诈骗行为。此种情形在人身险方面尤多。其手法是将伤、亡、病、残的治疗费用，统统记在参加保险者的名下，然后持保单和医疗费用收据到中国人民财产保险股份有限公司报案申请验付，即一人投保，多人受益。其二，出险在先，投保在后，即所谓事后投保。此种情形大多发生在货运险、车辆险、意外伤害险业务中。骗赔者平时未参加保险或保险期满后未再续保，一旦出险后，就先到保险公司投保，然后再报案。这类骗赔案往往投保金额大，且该保的险种都保全保足。其三，申报不实，瑕疵投保。如简易人身险条款规

---

① “保险”是投保人根据合同约定，向保险人支付保险费，保险人对于合同约定的可能发生的事故，因其发生所造成的财产损失承担赔偿保险责任，或者当被保险人死亡、伤残、疾病或者达到合同约定的年龄、期限时承担给付保险责任的商业保险行为。《中华人民共和国保险法》及有关保险法规规定，保险活动必须遵循诚实信用原则，不得采用不诚实、不信用的做法。因此，保险诈骗活动破坏了国家对保险正常的管理秩序，同时侵犯了国家和他人的财产权利。

定，身患癌症、癫痫、脑震荡、严重心脏病和心血管硬化等症的人不能投保。但若投保人隐瞒真相，不如实申报，瑕疵投保而后骗赔的亦属虚构保险标的骗取保险金的行为类型。

(2)投保人、被保险人或者受益人对发生的保险事故编造虚假的原因或者夸大损失的程度，骗取保险金的。所谓"对发生的保险事故编造虚假的原因"主要是指投保人、被投保人或者受益人，为了骗取保险金，在发生保险事故后，对造成保险事故的原因作虚假的陈述或者隐瞒真实情况的行为。从一般保险合同中关于保险事故发生后的赔偿约定都是有条件的，也是有一定原因的，保险人不是对任何原因引起的保险事故都负赔偿责任。在我国有关保险方面的法律、法规一般都明确规定了某种保险赔偿的责任范围以及除外条款，以明确保险人在什么情况下才负有保险赔偿的责任，什么情况下则不予赔偿。根据我国保险法第 18 条规定，保险合同应当包括保险责任和责任的免除。如中国人民财产保险股份有限公司《汽车保险条款》在第 2 条除外责任中规定："下列原因所造成的损失、费用及经济赔偿责任，本公司概不负责：①驾驶人、被保险人或者其家属和雇用人员的故意违法行为；②无中国公安部门颁发的驾驶执照的人或在酒醉、药剂麻醉状态中的人驾驶；③竞赛、测验速度、教练或拖曳其他车辆；④战争和军事行动。""本公司对下列损失也不负责：①汽车的自然磨损和腐蚀；②由于被保险汽车损毁所产生的间接损失；③汽车受损未经必要修理即行使用致使汽车损失扩大或者造成进一步的损失。"由此可见，特定的原因是保险事故发生后保险人理赔的重要依据，行为人若对出险原因加以编造而骗赔的，则构成本项规定的行为。例如，张某酒后驾车，致使自己投保的货车撞到一水泥墩上，导致货车变形断裂，却谎称被撞致损即属本项所规定的骗赔行为。又如财产保险中的火灾险，如果火灾原因是由于投保人、被保险人或者受益人的有过错行为引致，按照财产保险条款的除外责任规定，保险公司就不负赔偿责任，若行为人将自己过失引致的火灾谎称为雷电所致则亦属本项所规定的骗赔行为。

所谓"夸大损失的程度"，是指投保人、被保险人或者受益人对发生的保险事故，故意夸大由于保险事故造成保险标的的损失程度，从而更多地取得保险赔偿金的行为。实践中，投保人、被保险人或者受益人故意夸大损失的程度的手段和方法也是多种多样的。如有的通过涂改发票，将发票上的金额进行涂改提高投保标的的价值，或加大修复损失的费用，以获取超过其实际损失价值的赔偿。

(3)投保人、被保险人或者受益人编造未曾发生的保险事故，骗取保险金的。所谓保险事故，是指保险合同约定的保险责任范围内的事故，本项行为特征即在未发生保险事故的情况下，虚构事实，谎称发生保险事故，以骗取保险金。如谎称汽车被盗或家庭财产丢失出险，实则转移财产，以此骗赔。

(4)投保人、被保险人故意造成损失的保险事故，骗取保险金的。即在保险合同的有效期内，故意人为地制造保险标的出险的保险事故，造成财产损失，从而骗取保险金。根据保险法的规定，对投保人、被保险人或者受益人故意制造保险事故的，保险人有权解除合同，不承担赔偿或者给付保险金的责任(参见保险法第 27 条第 2 款)。即所谓“道德风险”无法承保。

在有些情况下，投保人、被保险人或者受益人出于各种原因，在没有发生保险事故的情况下，故意制造财产损失的保险事故。如保险标的因保险责任以外的原因减值，为得到补偿，人为制造保险事故。如某车主因行车严重违章，造成车辆损坏，因为造成事故的原因是自己违章，无法向保险公司索赔。为了得到赔偿，便纵火烧毁汽车，并谎称失火，骗取保险金。类似这样的方法，就成了一些不法的投保人、被保险人或者受益人骗取保险金的一种手段。有些企业连年亏损，濒临破产，便灾上加“灾”，以达到骗赔的目的，如某企业投保 1400 万元，亏损后，该厂长亲自纵火焚烧工厂，造成直接损失 130 万元，其目的亦在骗赔。

(5)投保人、受益人故意造成被保险人死亡、伤残或者疾病，骗取保险金的。这种情况发生于人身保险。因为人身保险是以人的生命以及健康为保险内容的保险。这类保险除生存保险和生死两全保险具有储蓄性质的险种外，一般都是以被害人的死亡、伤害或者发生疾病为赔偿条件的。① 在这种情况下，有些投保人、受益人为了取得保险金，就会千方百计地促成赔偿条件的实现。这里所说的“故意造成被保险人死亡、伤残或者疾病，骗取保险金的”是指投保人、受益人采取杀害、伤害、虐待、遗弃、投毒、传播传染病以及利用其他方法故意造成人身事故，致使被保险人死亡、伤残或者生病，以取得保险金的行为。行为人实施这类行为不仅使其丧失取得保险金的受益权，而且也构成保险诈骗罪和故意杀人罪或故意伤害罪。实践中也不排除会发生被保险人为使受益人取得保险金而自杀、自残的情况。这类情况按我国保险法的规定，除有

---

① 人身保险包括死亡伤残保险、生存保险和生死两全保险三种。死亡伤残保险是以被保险人在保险期间内的死亡或伤残为保险事故的保险，生存保险是以被保险人在保险期间内的生存为保险事故的保险，生死两全保险是以被保险人在保险期间内的生存和死亡或伤残作为保险事故的保险。

约定的以外，[①]保险人不承担给付保险金的责任，但对投保人已支付的保险费，保险人应按照保险单退还其现金价值。

本罪的行为主体是特殊主体，即必须是投保人、被保险人或者受益人，包括个人和单位。投保人、被保险人和受益人可能是同一人，也可能是不同的两个人或三个人，皆属对保险标的物具有保险利益的人。应当注意到刑法关于保险诈骗罪的五种表现形式，不同犯罪行为主体并不相同。第一种行为仅为虚构保险标的，故只有投保人可为之。第二种行为以发生了保险事故为前提，行为人仅对保险事故的发生编造虚构原因或者夸大损失程度，故投保人、被保险人、受益人均可构成。第三种行为是虚构保险事故，财产险与人身险中均可发生，故犯罪主体与第二种行为相同。第四种行为仅限于财产保险，因财产保险中被保险人就是受益人，这是财产所有权固有特性所决定的，故这类行为的主体不再有受益人。第五种行为发生于人身保险之中，虽然也有被保险人为使受益人得到保险金而自杀的情况，如自杀发生则依保险法规定保险人不予赔偿，对于自杀者即被保险人的自杀行为，刑法也并未规定为犯罪，且已自杀，主体亦不复存在；如自杀并未发生，仅有自杀行为，于法亦无实际意义。故这类行为的主体，仅限于投保人、受益人。

（二）认定保险诈骗罪应注意的问题

1. 对保险诈骗未遂情节严重的，也应当定罪处罚

刑法第 198 条第 1 款列举的五种骗取保险金数额较大的情况，均为既遂行为，构成保险诈骗罪。但对保险诈骗未得逞即未遂是否需要定罪处罚，刑法的规定并不明确。理论上有两种分歧意见：一种意见认为保险诈骗犯罪是结果犯，行为人必须实际骗取了保险金，如果行为人实施的保险诈骗行为及时被揭穿，没有实际取得保险金，其行为性质只是属于保险违法行为，只有对那些实际取得了保险公司赔付的保险金的行为，才能追究刑事责任，故认为保险诈骗未遂，不构成保险诈骗罪。主张这种观点的学者还强调，由于我国的保险业发展迅猛，投保人、保险的种类和项目日渐增多，保险人不可能就每一项投保标的在投保时就进行查对验证。对一些普通的险种、标的不大的投保申请，一般不进行严格的审查，或者只根据投保人申报的标的，简单地进行书面审查。

---

① 自杀亦属道德风险，本不在保险范围，但自杀毕竟属于被保险人死亡的一种，应可约定为保险事故，即可在人身保险合同中约定自杀条款，由保险人承担给付保险金的责任。保费自然会提高。而且根据我国保险法的规定，自杀条款须在保险合同成立后，经过两年，方为有效。

只有在发生保险事故，投保人、被保险人或者受益人在申请赔偿后，保险公司才会对申请的标的的真实状况、实际价值、发生事故的原因和性质、实际造成的损失的情况等作全面的了解。因此，保险诈骗往往是在保险公司进行理赔过程中，甚至理赔后才被发现。在这之前，是很难察觉投保人的诈骗意图的，也很难认定为犯罪。

另一种意见认为以骗取数额巨大的保险费为目的，虽因意志以外原因未得逞，也可以构成保险诈骗罪而予以定罪处罚。我们认为这个意见是恰当的。首先，保险诈骗罪确是结果犯，但所谓结果犯仅是就犯罪既遂标准而言的。已经着手实施保险诈骗，但因意志以外的原因未得逞的，系保险诈骗未遂。对于未遂犯，根据刑法第 23 条的规定，可以比照既遂犯从轻或减轻处罚。我国刑法对未遂犯的处罚规定是概括性的，即一般均需处罚，只不过可以比照既遂犯相应从轻或减轻处罚而已。其次，根据 1996 年 12 月 16 日最高人民法院《关于审理诈骗案件具体应用法律若干问题的解释》第 1 条第 6 款规定，“已经着手实行诈骗行为，只是由于行为人意志以外的原因未获取财物的是诈骗未遂，诈骗未遂情节严重的，也应当定罪并依法处罚”。该《解释》的精神实质在于说明，诈骗未遂情节严重的，如以数额巨大的财物为诈骗目标等，应当定罪处罚，至于诈骗目标数额较小等情节并不严重的诈骗未遂情形，可不予再追究刑事责任。保险诈骗罪在刑法修订前也是诈骗罪之一种，两者是特殊与一般的关系。参照上述《解释》的规定，如果行为人实施保险诈骗，虽然未遂，但情节严重，理应予以定罪处罚。当然，对这种保险诈骗未遂的认定与处罚必须建立在有充分证据证明行为人存在已经着手实施保险诈骗，而且情节严重的事实基础之上。

2. 认定保险诈骗罪的行为要注意行为人可能构成数罪的问题

根据刑法第 198 条第 2 款的规定，投保人、被保险人故意造成财产损失的保险事故，投保人、受益人故意造成被保险人死亡、伤残或者疾病，骗取保险金，同时构成其他犯罪的，依照数罪并罚的规定处罚。例如，投保人或被保险人放火烧毁已经投保的房屋，危害公共安全，并以此为根据骗取保险金的，应以放火罪和保险诈骗罪实行并罚。再如，投保人或受益人故意杀害被保险人，然后骗取保险金的，应以故意杀人罪和保险诈骗罪实行并罚。上述行为属于牵连犯，即为了骗取保险金，而犯罪的手段又触犯了其他罪名。刑法之所以规定实行数罪并罚，是因为制造保险事故的行为本身已经构成了独立的犯罪，而骗取保险金便是利用制造的保险事故实施的另一犯罪行为，理当以数罪论处。

3. 认定单位实施保险诈骗罪行为应注意的问题

刑法第 198 条第 3 款规定，单位可以犯第 1 款罪，而第 1 款罪的第 4 项、第 5 项行为同时构成其他犯罪的，应实行数罪并罚。这便产生了如下问题：在以放火、杀人、伤害等手段制造保险事故骗取保险金的情况下，是否对单位以保险诈骗罪与放火、故意杀人、故意伤害等罪实行并罚？我们对此持否定态度。首先，认为单位可以成为放火、故意杀人、故意伤害等罪的主体，显然与单位犯罪的性质相矛盾。其次，刑法第 198 条第 2 款作了数罪并罚的规定，而第 3 款规定的是“单位犯第一款罪”，这旨在排除对单位的行为认定为放火、故意杀人、故意伤害等罪。因此，在为了单位的利益，集体研究以放火等犯罪手段制造保险事故骗取保险金的情况下，对单位只能认定为保险诈骗罪，而对其直接负责的主管人员与其他责任人员，则应以保险诈骗罪与放火等罪数罪并罚。

4. 认定保险诈骗罪共犯行为应注意的问题

在实践中，保险诈骗犯罪分子为了诱骗保险公司上当，除了亲自伪造与索赔有关的证明和材料之外，而且会采取串通、行贿、说情等方法，使得参与保险事故调查的鉴定人、证明人、财产评估人，提供虚假的证明和材料。由于这些专业或中介人员所出具的证明材料，直接影响到保险事故调查结果的真伪，并最终影响到保险公司是否作出赔偿的决定以及支付赔偿金的多少，法律就应对他们提出严格的要求。因此，《刑法》第 198 条第 4 款规定：“保险事故的鉴定人、证明人、财产评估人故意提供虚假的证明文件，为他人诈骗提供条件的，以保险诈骗的共犯论处。”保险诈骗罪中，投保人、被保险人、受益人是一种法定身份，保险事故的鉴定人、证明人、财产评估人为无特定身份者，实施帮助行为按照保险诈骗罪论处。

对于具有保险诈骗罪主体身份的人（例如投保人）与保险公司的工作人员相勾结共同作案如何认定的问题，这种情况既可能存在以投保人骗保为主的共同行为方式，也可能存在以保险公司工作人员侵占保险公司财产为主的共同行为方式。对此情形张明楷教授根据“部分犯罪共同说”的理论认为共同犯罪行为人分别构成保险诈骗罪的共犯和贪污罪或职务侵占罪的共犯，应比较法定刑的轻重，择重而处。[①] 我们认为，这种情形可以直接解释为属于共同犯罪中的一个共同犯罪行为而触犯数罪名的情况，按照想象竞合犯原理，从一重处罚即可。

还可能存在一种情况，即不具有保险诈骗罪主体身份的人与保险公司工作人员共同骗保如何认定的问题。例如车险承保。甲借乙车，开车出去后撞

① 参见张明楷著：《刑法学》，法律出版社 2003 年版，第 354 页。

车损坏,损失数万元,发现乙并未投保,便通过丙(保险公司工作人员)合谋开一个保单,实现赔付。丙为稳定客户,与甲倒签保险合同,实现赔付。此案按照保险诈骗罪还是普通诈骗罪论处,存在争议。分析保险诈骗罪的构成,行为人并没有实施五种法定行为方式之一(故意虚构保险标的,对发生的保险事故编造虚假的原因或者夸大损失的程度,编造未曾发生的保险事故,故意造成财产损失的保险事故,故意造成被保险人死亡、伤残或者疾病的保险事故),按照保险诈骗罪论处在客观行为方式上也有问题。对这种情况的处理,著名刑法学者黄京平教授认为,从行为的主要性质来看,虽然就保险工作人员而言,有职务侵占的性质,但基本性质为普通诈骗,对具有特定身份的保险公司工作人员应当根据无特定身份者构成的犯罪即以普通诈骗罪论处。黄京平教授更进一步指出,共同犯罪中身份并没有位阶之分,并不等于说无特定身份者一定要按特定身份者构成的犯罪论处,也不等于说特定身份者要按更为特定身份者构成的犯罪论处。定罪的标准是行为的性质,犯罪主体的身份会影响定罪,但在共同犯罪中更要倾注心力地判断行为性质。[①] 我们认为,这个观点是值得重视的。

还应特别注意的是,不具有保险诈骗罪主体身份的人也可以和具有保险诈骗罪主体身份的人构成共同犯罪。司法实践对此问题的认识有些混乱。例如福建省南平市法院审理的"曾劲青、黄剑新保险诈骗、故意伤害案"[②]即反映对此问题的不同认识。

2003 年 4 月间,被告人曾劲青因无力偿还炒股时向被告人黄剑新所借的 10 万元债务,遂产生保险诈骗的念头。被告人曾劲青于 2003 年 4 月 18 日在中国太平洋人寿保险股份有限公司南平中心支公司(以下简称太平洋保险南平支公司)以自己为被保险人和受益人,投保了两份太平如意卡 B 款意外伤害保险,保额为 16.4 万元;于 2003 年 4 月 21 日在中国人寿保险公司南平分公司(以下简称人寿保险南平分公司)投保了三份人身意外伤害综合保险(中国人寿卡),保额为 18.9 万元;于 2003 年 4 月 22 日在其单位中国平安人寿保险股份有限公司南平中心支公司(以下简称平安保险南平支公司)投保了 6.5 万元的人身意外伤害保险。被告人曾劲青为了达到诈骗上述保险金及其单位

---

① 参见黄京平、蒋煦辉:《共同犯罪与身份犯的竞合问题》,载《人民法院报》2004 年 4 月 26 日。

② 李友寿、郑世文:《曾劲青、黄剑新保险诈骗、故意伤害案》,载《刑事审判参考》总第 38 辑,法律出版社 2004 年版,第 88 页。

平安保险南平支公司为在职普通员工承保的30万元人身意外伤害团体保险金的目的，找到被告人黄剑新，劝说黄剑新砍掉他的双脚，用以向上述保险公司诈骗，并承诺将所得高额保险金中的16万元用于偿还所欠黄剑新10万元债务本金及红利。被告人黄剑新在曾劲青的多次劝说下答应与曾劲青一起实施保险诈骗。之后，由被告人曾劲青确定砍脚的具体部位，由黄剑新准备砍刀、塑料袋等作案工具，在南平市辖区内寻找地点，伺机实施。2003年6月17日晚9时许，被告人曾劲青按事先与被告人黄剑新之约骑上摩托车到南平市滨江路盐政大厦对面，载上携带砍刀等作案工具的被告人黄剑新到南平市环城路闽江局仓库后山小路，被告人黄剑新用随身携带的砍刀将曾劲青双下肢膝盖以下脚踝以上的部位砍断，之后，被告人黄剑新将砍下的双脚装入事先准备好的塑料袋内，携带砍刀骑着曾劲青的摩托车逃离现场，在逃跑途中分别将两只断脚、砍刀及摩托车丢弃。被告人曾劲青在黄剑新离开后呼救，被周围群众发现后报警，后被接警而至的110民警送医院抢救。案发后，被告人曾劲青向公安机关、平安保险南平支公司报案谎称自己是被三名陌生男子抢劫时砍去双脚，以期获得保险赔偿。2003年8月11日，被告人曾劲青的妻子廖秋英经曾劲青同意向平安保险南平支公司提出30万元团体人身险理赔申请，后因公安机关侦破此案而未能得逞。经法医鉴定与伤残评定，被告人曾劲青的伤情属重伤，伤残评定为三级。被告人曾劲青于2003年6月17日—7月10日在中国人民解放军第九十二医院住院治疗23天，共花去医疗费10055.05元。

本案在审理过程中，对被告人黄剑新帮助被告人曾劲青制造保险事故的行为是否构成保险诈骗罪，就有两种不同的意见：第一种意见认为，被告人黄剑新虽不具有投保人、被保险人或者受益人的主体资格，但其明知被告人曾劲青意图实施保险诈骗，仍帮助其制造保险事故的行为，可构成保险诈骗罪的共犯。另一种意见认为，保险诈骗罪的犯罪主体属特殊主体。就其单独犯罪形态而言，只有投保人、被保险人或者受益人才能构成保险诈骗罪；就其共同犯罪形态而言，只有保险事故的鉴定人、证明人、财产评估人故意为保险诈骗行为人提供虚假的证明文件，为其进行保险诈骗提供条件的，才能以保险诈骗罪的共犯论处。上述是刑法对保险诈骗罪的主体及共犯构成要件的严格界定，而本案被告人黄剑新既不是投保人、被保险人或者受益人，也不是保险事故的鉴定人、证明人、财产评估人，不具有保险诈骗犯罪的主体资格和构成共犯的主体资格，故不构成保险诈骗罪。本案一、二审法院均主张第二种意见。

我们认为，这一意见值得商榷。理论上虽然认为保险诈骗罪的犯罪主体是特殊主体，即只有投保人、被保险人或者受益人(这里的“人”包括自然人和单位)才可能构成本罪,但这是从单独犯罪的角度而言的。如果从共同犯罪角度看,则无上述特殊身份的人也可能成为有此身份的人的共犯。换言之,任何人明知被保险人意欲自伤后骗取保险金而仍为其提供帮助行为的,包括帮助其故意制造保险事故(本案表现为自残)的,尽管该帮助人未参与帮助其进行索赔等事项的,根据共同犯罪的一般原理,仍可成立保险诈骗罪的共犯。就本案而言,被告人黄剑新虽不具备保险诈骗罪主体的特殊身份,但其明知曾劲青意欲实施保险诈骗仍答应并帮助其故意制造保险事故(帮助自残),共同为曾劲青着手实施保险诈骗制造条件,可成立保险诈骗罪(预备)的帮助犯。尽管除此之外,黄剑新未再实施其他任何帮助行为。刑法第 198 条第 4 款规定,保险事故的鉴定人、证明人、财产评估人故意为保险诈骗行为人提供虚假的证明文件,为其进行保险诈骗提供条件的,以保险诈骗罪的共犯论处。该条实质是一项提示性规定,即提示司法者,对上述主体的上述行为,应当以保险诈骗罪的共犯论处,而不能以其他罪如提供虚假证明文件罪等论处。[①] 该条规定并不意味着,只有上述主体的上述行为才能构成保险诈骗罪的共犯,除此之外,其他人为保险诈骗行为人进行保险诈骗提供条件或帮助的行为,就无成立保险诈骗罪共犯的余地。事实上,根据刑法总则规定的共同犯罪的一般原理,我们不仅自然能够得出“保险事故的鉴定人、证明人、财产评估人故意为保险诈骗行为人提供虚假的证明文件,为其进行保险诈骗提供条件的,应构成保险诈骗罪的共犯”的结论,而且当然也能得出:除此之外,其他明知保险诈骗行为人意欲进行保险诈骗而为其提供其他条件或帮助的人,同样也能够成立保险诈骗罪的帮助犯。

① 参见张明楷著:《刑法学》,法律出版社 2003 年版,第 638 页。

第6章 危害税收征管罪的司法认定

一、偷税罪行为类型的认定

本罪在客观方面表现为行为人实施了达到法定量化标准的偷税行为。刑法第201条对偷税罪的客观方面既有定性规定，又有量化标准。

关于定性规定是指构成偷税罪必须具有刑法所规定的下列行为：(1)伪造、变造、隐匿、擅自销毁账簿、记账凭证；(2)在账簿上多列支出或者不列、少列收入；(3)经过税收机关通知申报而拒不申报或者进行虚假的纳税申报；(4)缴纳税款后，以假报出口或者其他欺骗手段，骗取所缴纳的税款。凡是行为人出于不缴或者少缴税款的目的而实施上述行为之一的，就满足本罪成立的客观条件。

以下对上述偷税行为进一步阐述：

(1)伪造、变造、隐匿、销毁账簿和记账凭证。① 所谓伪造账簿、记账凭证，是指行为人不按照税收征管法的规定设置账簿、记账凭证，为应付税务检查而编造假的账簿、记账凭证，欺骗税务机关。所谓变造账簿和记账凭证，是指对

---

① 记账凭证是会计凭证的一部分。会计凭证分为原始凭证和记账凭证两大类。原始凭证是指发生经济活动时，由具体当事人取得或填制的，能够证明经济活动内容和当事人责任的书面证明。由本单位有关机构或者人员填制的原始凭证，称为自制原始凭证；从其他单位或者个人取得的原始凭证称为外来原始凭证。记账凭证是指财会人员根据各种原始凭证，按照会计科目填制的，能够记录经济活动，明确经济责任的书面证明。记账凭证应当根据经过审核的原始凭证及有关资料编制，记账凭证是会计记账的法定依据和唯一依据。除了调账等个别情况以外，绝大多数情况下，记账凭证是以原始凭证为基础产生的，没有原始凭证就没有记账凭证。记账凭证是和原始凭证一起使用的，没有原始凭证，记账凭证也就成为无效凭证。记账凭证和原始凭证共同构成会计凭证，原始凭证和记账凭证相辅相成，缺一不可。

已有的真实账簿、记账凭证进行篡改，根据需要或者将其删除或者将其合并，使税务机关对其经营状况、数额和应税项目等产生误解。所谓隐匿账簿和记账凭证，是指将真实的账簿和凭证隐藏起来，不使税务人员发现。所谓擅自销毁账簿和记账凭证，是指未经税务机关同意并批准，将账簿和记账凭证毁掉，使税务机关及人员无法查清其应税项目、应纳税款等。其实，从司法实践看，作为偷税手段，伪造、变造、隐匿、擅自销毁记账凭证的少，伪造、变造、隐匿、擅自销毁原始凭证的多。如果发生伪造、变造记账凭证的行为，绝大多数是出纳人员用以侵吞公款的犯罪手段，而不是偷税的手段。即使伪造、变造记账凭证偷税犯罪的，也是以伪造、变造原始凭证为前提条件的。至于隐匿、擅自销毁记账凭证问题，一般情况下都不能只隐匿、销毁记账凭证，而不隐匿、销毁原始凭证。因为记账凭证是和原始凭证装订在一起、保管在一起的，单独挑选后隐匿、销毁记账凭证的做法是没有意义的，如果不隐匿、销毁原始凭证，只隐匿、擅自销毁记账凭证也是没有意义的。因此，刑法中规定偷税手段只提及记账凭证、不提及原始凭证、不使用会计凭证的统一提法是不准确的。鉴于这种偷税的实际情况，最高人民法院《关于审理偷税抗税刑事案件具体应用法律若干问题的解释》(下称《解释》)才特意规定“纳税人伪造、变造、隐匿、擅自销毁用于记账的发票等原始凭证的行为，应当认定为刑法第二百零一条第一款规定的伪造、变造、隐匿、擅自销毁记账凭证的行为”。

(2)在账簿上多列支出或者不列、少列收入。其具体手段多种多样：多列支出包括将专用基金支出挤入成本(如将固定资产购置运费作外购材料运费挤入成本，将福利金支出列入费用)；多提固定资产折旧(如采用提高折旧率、改变折旧方法、提前计提固定资产折旧、变卖固定资产或固定资产报废或到期后仍提取折旧等方法)；虚列预提费用[①]；违规摊销(如缩短待摊费用摊销期限，将固定资产大修理费用挤入待摊费用，或将在建工程支出挤入待摊费用)；扩大产品材料成本，扩大产品工资成本(如扩大工资总额，多提福利费用，虚报职工人数)等等。不列、少列收入包括：隐瞒或少记销售收入，减少营业外收

① 预提费用是指预先分月计入成本、费用，在以后的月份才支付的费用。由于预提费用是预先从各有关费用账户中提取，但尚未支付的费用，提取时可直接加大“制造费用”、“管理费用”、“财务费用”等，却不算以正式支付凭证为依据入账，待实际支出费用后再从预提费用中列支。一些企业正是看中这一点，为了减少本期应纳的所得税，在使用预提费用账户时，人为地扩大预提费用的计提范围，提高计提标准，甚至巧立名目，虚列预提费用，实际上提而不用长期挂账，或用于其他不合理的开支。以此截留利润，减少应纳所得税。

入，隐瞒投资收入（如隐瞒联营投资利润，长期债券投资截留利息收入，出售股票收益，不作投资收益处理）；隐瞒其他业务收入（如固定资产变价收入存入小金库，固定资产出租收入挂其他应付账户，转让无形资产，隐瞒收入价款）等等。

（3）经税务机关通知申报而拒不申报或者进行虚假的纳税申报。纳税申报是依法纳税的前提。根据税收征管法的规定，纳税人必须在法定期限内或者税务机关依照法律、行政法规规定的申报期限内办理纳税申报，报送纳税申报表、财务会计报表以及税务机关根据实际需要要求纳税人报送的其他纳税资料。行为人若在税务机关已经通知其进行纳税申报的情况下，仍不向税务机关办理纳税申报手续或者向税务机关送交与其应纳税款、扣缴税款的实际情况不相符合的申报材料，如虚报生产状况、生产规模、盈亏状况、收入负债状况、应税项目等等，即属本项行为。无论行为人拒绝提供或者虚报的是一项还是数项内容，均不影响认定。但是，应该注意，不能仅仅因为拒不申报行为就认定为偷税罪的行为，还必须以其实际偷税数额和次数结合认定。如果简单把“税务机关通知申报而拒不申报”作为偷税手段，就混淆了纳税义务和纳税申报义务的界限。纳税义务产生的前提是应税事实的发生，而纳税申报则是政府税收征管的一种制度。“税务机关通知申报而拒不申报”并不一定都存在偷税行为。根据 2001 年 4 月修改发布的《税收征管法》第 35 条的规定，“发生纳税义务，未按照规定的期限办理纳税申报，经税务机关责令限期申报，逾期仍不申报的”，“税务机关有权核定其应纳税额”，限期缴纳，到期不缴纳的，可以依法采取税收保全措施或税收强制执行措施，还可以依法进行偷税数额 5 倍的严厉行政处罚，对涉嫌构成偷税犯罪，才将案件移送公安机关追究其刑事责任。可见经“税务机关通知申报而拒不申报”的行为必须同时被查出存在偷税的事实，才能被认定为偷税罪。

（4）第四种行为是根据刑法第 204 条第 2 款，有关纳税人缴纳税款后，采取假报出口或者其他欺骗手段，骗取所缴纳的税款的，依照偷税罪的规定定罪处罚的规定得出的。

构成偷税罪客观方面的量化标准包含两种情况：

其一，是偷税数额占应纳税额的 10%以上不满 30%，并且偷税数额在 1 万元以上不满 10 万元的情况。具体而言，第一个标准要求偷税必须同时达到两个额度标准，即既要求偷税数额占应纳税额的 10%以上不满 30%，又要求偷税数额必须达到 1 万元以上不满 10 万元，即通常所说的“数额加比例”，只要有一项未达到法定标准的，就不构成犯罪。例如，偷税数额已达 1 万元以上，但该数额未达到占应纳税额的10%，则不能认为构成犯罪，反之亦然。

由于纳税人生产、经营等收入悬殊，需纳税额有的高达数十亿元，有的只有几千元、几万元。因此，刑法规定构成偷税罪的数额以绝对数额和比例数额同时具备才按犯罪处理。刑法虽然对定罪量刑的数额及百分比作出了规定，但未明确数额及百分比的具体认定，司法实践中对此多有分歧。其中，最关键的问题是如何确定偷税税种的计算范围和期间。

一种意见认为，应当将纳税主体某一税种的偷税额确定为偷税数额，并将该种税的应纳税额确定为应纳税额，计算偷税的百分比。几个税种同时存在偷税行为的，应当分别计算，构成犯罪的，追究刑事责任；不构成犯罪的，则给予行政处罚。这是所谓"分税种"的计算方法。理由是：司法实践中，税务机关稽查工作绝大多数是"分税种"稽查，税务机关发现偷税行为后移送公安机关侦查的，也都是"分税种"移送的方法。另一种意见认为，应当根据纳税主体应缴纳的所有税种确定应纳税额，将纳税主体不缴或少缴各税种税款的总额确定为偷税数额，并求得百分比。这是所谓"合税种"的计算方法。理由是：我国是实行复合税制的国家，绝大多数纳税主体都承担多种税赋，将纳税人应缴纳的所有税种税额确定为应纳税额，并将所有偷税额确定为偷税数额，更符合刑法第201条的立法本意。① 我们认为，运用刑罚维护税收秩序，一方面要惩处涉税犯罪活动，另一方面则要维护税收秩序的稳定。从实践的情况看，由于各种因素的影响，纳税人在生产、经营过程中出现这样那样的违反税收征管的行为并不鲜见。甚至有的纳税人在某一税种上故意偷税，但是在纳税期间结束时，完成全部税赋义务的情况又良好。可见，对这种行为更重要的是加强管理和行政查处，发现偷税行为及时查办并给予补缴税款、罚款等处罚，而不在于动辄适用刑罚处罚。按照分税种的计算方法，可以体现从严治税的精神，但是可能会造成刑罚适用面过宽等负面影响，而且不利于税源的稳定。

关于纳税额期间如何界定问题。一般情况下，以一个纳税年度作为计算偷税数额及应纳税额的期间，在司法实践中比较好操作，税务机关稽查工作通常是一个纳税年度满了，才对该纳税年度纳税情况进行稽查。但是在一些特定情况下，例如，对于不按纳税年度确定纳税期的人，或者纳税义务存续期间

---

① 不同的计算方法会造成定罪量刑的区别。如某纳税人在某年度应纳增值税为10万元，其偷该税1万元，占该税应纳税额的比例为10%，构成犯罪。但若该纳税人同期还缴纳消费税7万元，城建税3万元，则按合税种计算方法，其偷增值税1万元仅占同期应纳税额的5%，不构成犯罪。

不足一个纳税年度的(如破产、倒闭等等),则要作相应变通。基于此,最高人民法院《解释》第3条第1款规定,偷税数额,是指在确定的纳税期间,不缴或者少缴各税种税款的总额。该条第2款区分三种情况认定偷税的百分比:一般情况下,偷税数额占应纳税额的百分比,是指一个纳税年度中的各税种偷税总额与该纳税年度应纳税总额的比例。① 不按纳税年度确定纳税期的其他纳税人,偷税数额占应纳税额的百分比,按照行为人最后一次偷税行为发生之日前一年中各税种偷税总额与该年纳税总额的比例确定。纳税义务存续期间不足一个纳税年度的,偷税数额占应纳税额的百分比,按照各税种偷税总额与实际发生纳税义务期间应当缴纳税款总额的比例确定。

对于偷税行为跨越若干个纳税年度、偷税数额及比例认定问题,《解释》第3条第3款规定,只要其中一个纳税年度的偷税数额及百分比达到刑法第201条第1款规定的标准,即构成偷税罪。各纳税年度的偷税数额应当累计计算,偷税百分比应当按照最高的百分比确定。②

其二,因偷税被税务机关给予两次行政处罚又偷税的也是本罪的构成标准。

根据刑法第201条第1款的规定,对于因偷税被税务机关给予两次行政处罚又偷税的,应当以偷税罪定罪处罚。比较而言,此条规定的定罪条件比偷税数额兼比例的规定严格,能够较好地发挥严惩主观恶性较深的偷税行为的作用。但不容忽视的是,由于这一构成条件不存在偷税数额和比例的限制,从理论上讲,偷税1元钱也应定罪处罚,显然与刑法的立法本意不完全一致。对

---

① 如某纳税人某年度应纳增值税、消费税、城建税分别为21万元、10万元、10万元,三种税偷税额依次为6万元、2万元、2万元,所偷税比例分别为29%、20%、20%,但若按各税种偷税总额与该纳税年度应纳税总额的比例计算,则该纳税人的偷税数额为10万元,占应纳税额的比例为24%,仍只应适用刑法第201条第一档次的法定刑。

② 《解释》第3条规定:"偷税数额是指在确定的纳税期间,不缴或者少缴各税种税款的总额。偷税数额占应纳税额的百分比,是指一个纳税年度中的各税种偷税总额与该纳税年度应纳税总额的比例。"实践中这种规定被认为难以操作。因为目前我国实行国、地税分设的税收管理模式,如果国税机关发现偷税行为,还必须调查该纳税人在地税机关管理征收的各税种的偷税情况与应纳税总额,仅所得税一项就是按照纳税年度预缴清算的,所以工作量很大,需要较长时间。地税局有了结果以后,国税局一起汇总计算偷税的绝对数额和偷税的相对数额(由于增值税实行进项抵扣计税办法,在一个纳税年度内应纳税额为负数,也是可能的),最后再对照刑法的有关规定,认定是否涉嫌犯罪。这一过程增加了税务机关执法的风险,拖延了查处偷税案件的时间。

这一构成条件加以必要的限定，以准确地反映这种偷税行为的社会危害性是十分必要的。因此，《解释》第 4 条规定，两年内因偷税受过两次行政处罚，又偷税且数额在 1 万元以上的，应当以偷税罪定罪处罚。该司法解释实际作了两方面限制：一是对两次行政处罚的间隔时间作了限制，即两年内因偷税受过两次行政处罚。二是又偷税且数额在 1 万元以上，但不考虑偷税的比例。第二个标准是针对小额偷税不断，屡罚屡偷，但每次均达不到法定标准，以逃避刑事制裁，钻法律漏洞的行为人设定的。

对于上述法定量化标准，在适用时应注意，两个法定量化标准乃选择关系，只要符合其中任何一个标准，都符合本罪的客观方面。如果两个标准都符合，则似宜以前一标准（即“数额加比例”）认定，而受过行政处罚的可作为量刑情节考虑。另外，还要注意第二个标准只适用于纳税人，而不适用于扣缴义务人。现实中若有扣缴义务人因偷税受过两次行政处罚又偷税的情况，只能根据税法的规定，予以经济上的、行政上的严厉处罚。

二、偷税罪认定应注意的问题

1. 偷税与漏税的界限

习惯上人们往往把偷税、漏税相提并论，其实这是两种性质不同的行为，必须加以区别。偷税的主要特征之一是直接故意，即纳税单位和个人，为了达到损公肥私的目的，有意识地逃避纳税。而漏税则是指纳税单位或个人无意识而发生的漏缴或少缴税款的行为。如纳税人不熟悉税收法规和财务制度，或因疏忽大意而错用税率，漏报应税项目，少计应税数量、销售金额和经营利润等原因而漏缴税款。由于两者性质不同，在处理上也有很大区别。对漏税者主要是由税务机关按税法限期补缴税款。因此，不能把漏税当作偷税处理。漏税由税务机关责令其限期补缴税款，逾期未缴的，按照规定加收滞纳金。

在司法实践中较难辨别的是“明漏暗偷”的情况，即纳税人采取手段，不缴或少缴税款，一旦在税务检查中被查出，则以业务不熟、工作上的过失或财务制度不健全为由加以搪塞。对这类案件，关键是把握行为人主观上是否有偷税的故意。在被告人如实坦白交代罪行的情况下，司法机关往往通过被告人口供认定其偷税的主观故意。但是当被告人为推卸责任，矢口否认其罪行时，就很难从口供中获取其偷税故意的直接证据，给定罪处罚造成一定难度。解决这个问题唯一现实的途径是通过被告人偷税的具体行为，揭示其故意犯罪的主观心理状态。

如前所述，偷税是纳税人在主观意志支配下实施的一种积极的违法行为。

这种"积极的违法行为"有各种形式，在上述客观方面已有较详细的介绍。只要查明行为人实施了上述"积极的违法行为"，则无论行为人作何种辩解，均应认定其具有偷税的主观故意。当然，对查无实据或者证据不足的，不以偷税论处，而以漏税或欠税行为处理。

漏税行为与偷税行为在一定时期内一定条件下会发生转变。一方面，漏税行为发生后，漏税者发觉或由他人发觉予以告知，但漏税者不予自动更正，采取隐瞒欺骗的手段不向税务机关申报所漏税款的，漏税行为就过渡为偷税行为，情节严重的，构成偷税罪。而另一方面，偷税行为发生后，偷税者主动更正向税务机关申报其未缴或少缴税款，偷税行为也可以过渡为漏税行为。后一种转变符合政策上所鼓励的自查自报，并被历次税收大检查予以肯定。

2.偷税与避税的界限

关于避税的定义及其范围在理论上存在不同的观点。我们倾向于采用比较狭义的避税概念，即避税是指纳税人、扣缴义务人利用税法上的某些漏洞缺陷，规避法律，以期达到纳税义务最小化的经济行为。

广义的避税概念是将"节税"亦包含在内的。所谓"节税"是指在税法规定的范围内，当存在着多种纳税方案的选择时，纳税人以税收负担最低的方式来处理财务、经营、组织、交易事项。① 其特点一是不违反政策法规，二是符合政府政策导向。

不同国度，不同行业，节税的形式和做法也不尽相同。第一，经营单位的组建形式。经营者在新建企业时，可以有多种组建形式，选择适当的形式对经营者有潜在的利益，如跨国公司在境外是设立分公司还是子公司就有文章可做。因为分公司不是一个独立法人，它实现的盈亏要同母公司合并计算交税，而子公司是一个独立法人，母子公司应分别交税。这样跨国公司的境外机构经营初期如果预计会发生亏损，那么还是以办分公司更有利。这样分公司的亏损可以在总公司合并计算时得到弥补（冲抵），不仅可以减轻分公司初办时期的压力，还可以使总公司减少税收负担。相反，如果预期境外机构经营初期便可赢利，它就可能采取组建子公司的形式。因为许多国家规定，子公司税后利润如果不汇回，母公司则不必合计交税，这可以得到递延纳税的好处。有的跨国公司出于税收目的，不设分公司，也不设子公司，而是设立"常设机构"。类似这种避税行为虽对税收有一定影响，但它是在税法（立法本意上）允许的范围内选择税负最优化的取向。第二，企业会计财务筹划。如企业生产所需

① 有称之为"顺法意识"的避税。

的原材料通常是分批进货的，由于市场价格的变动，同一种原材料前后进货的价格往往不同，因此会计人员可能选择“先进先出法”或者“后进先出法”来换算材料成本，使年度账面上的所得符合公司的节税要求。第三，税收优惠的利用和比较选择。如我国税法规定，外商投资企业的税率为30%，而沿海经济开发区的生产性企业的税率为24%，设在经济特区的更减为15%，外商如选择税负较轻的地区进行投资，则完全符合政策导向和立法意图，这不仅不应反对，还要加以鼓励。

狭义的避税，即税收规避。这种避税行为在一种税收管辖权范围内(即国内税收范围内)往往是由于税法结构或法规上存在漏洞、缺陷；而在国际范围内，还与各国实施税收管辖权原则的不一致、各国税法上的差别，以及避税地的存在等因素有关，使纳税人能够利用税法不完善之处作出有利于税负最优化的安排。例如跨国纳税人在关联企业之间提供商品、贷款、劳务的过程中，利用转让定价降低或提高商品价格、贷款利率、劳务费用，把高税国的利润转移到低税国，以减少公司的整体税负。[①] 或如国内纳税人在国内关联公司之间进行商品交易时，通过“高进低出”或“低进高出”的转让定价，将利润从高税负企业向低税负企业转移(或从高税区向低税区转移)。这种避税行为，从法律角度看，在税法没有作出确定关联企业转让定价的标准以前，公司按照自己的意图自行定价，不能认定它是违法的或不合法的。这种避税行为是非违法的，但它会使国家蒙受损失，但因于法无据，税务当局不可能像对待偷税一样给予法律制裁，反避税就是在这种行为与事实存在后，法律所要采取的亡羊补

① 例如英属维尔京群岛就是经济学上被称为“避税港”的地区。目前世界上有30多个被称为避税天堂的国家和地区。这些国家和地区政府对在该地注册的企业仅征收本地经营的税收。同时确定一定的范围，允许外国人在此投资和从事各种经济贸易活动，取得收入或拥有可以不必纳税或只需支付很少税款，以此来吸引大公司或基金在本地注册。国内的一些公司往往通过各种手段先在避税地注册一家公司，然后再以外资名义向国内投资，以享受外资优惠政策。这种“投资”公司一般在国内注册多家子公司，子公司通过高价购入母公司产品、低价售出子公司产品等关联交易手段进行商业、财务运作，将利润转移到避税地的母公司，造成海外公司赢利、国内公司亏损的现象，靠避税地的免税或低税收减少税负，以躲避国内的税收。截至2004年8月，我国已批准成立了49万多家外企，相当数量的外企通过避税手段转移利润，造成从账面上看外企一半以上都是亏损状态，而按照税法的规定，以后的赢利可以弥补前年度的亏损。据国家税务总局保守估计，每年单转让定价避税的税款损失有300亿元。国税总局反避税专家苏晓鲁介绍，这300亿元还是前两年推算出来的，现在肯定超过这个数字。见张晓敏:《反避税——一个国际性难题》，载《人民法院报》2006年2月7日“正义周刊”版。

牢的措施，或是防范同类避税行为的再度发生，或是对已发生的事实进行财政上的补救。实践中，由税务部门与大型外资企业商定关联交易的合理价格，亦是这方面反避税的一种补救方式。

实践中的避税方式和手段有各种各样，除上述利用转让定价之外，还包括利用税收优惠区避税、固定资产购销和租赁避税、信托方式避税、费用分配避税、调整组织结构避税。[①] 避税行为主要是企业行为，个人虽也有避税行为，但比起企业的避税乃是小巫见大巫。个人避税主要是利用收入在时间、数量以及支付方式上的变化进行避税。

通过上述对避税的分析，我们可以看出偷税与避税最大的区别是行为方式的法律性质不同。偷税是采用伪造、变造账册或凭证，隐瞒收入，涂改发票等违法手段违反税法的行为；而避税则是利用税法的漏洞，精心安排、精心策划，通过转移资财等手段来躲避税收，其手段是非违法的，且是公开进行的，最终不能以法律处罚，甚至也不能进行行政处罚。虽然避税行为被认为是不道德的，但所用方式却不违法，打的是税法的擦边球，钻的是法律空子。但必须看到避税实质上危害了国家利益，只有通过强化税制，完善税法，堵塞漏洞，制定限制措施(如制定主体转移的条件、调整转让定价)，加强反避税征管等等，才能遏制避税行为的发生。[②]

3.偷税罪与抗税罪的界限

抗税罪是指以暴力、威胁方法拒不缴纳税款的行为。偷税罪与抗税罪都侵犯了国家的税收征管制度，而且行为人在主观方面均出于故意。两者的主要区别是：(1)犯罪主体不同。偷税罪可以由自然人和单位构成；而抗税罪的

---

① 如有些老企业将赢利较高的车间新组建成具有法人资格的企业或嫁接成“三资”企业，利用国家对新企业和“三资”企业的税收优惠，实行避税。有的企业通过兼并、合并亏损企业，减少税基，扩大企业自有财产。更有甚者，有些“三来一补”企业采用频频更换厂名、搬迁厂址、更换外商老板，而一直享受“新办企业”三年免税优惠。

② 目前税务机关主要是对四类企业进行重点监控：一是通过计算机分析统计出来的亏损企业；二是与避税地往来较多的企业；三是有点“神经质”的企业，表现为收入老在增长，然而利润却是时亏时盈；四是平稳增长的企业，收入逐年增长，而利润总是处于微利水平的企业。解决跨国企业避税难度较大，因为解决这一问题的关键是信息，而跨国企业内部的信息较难取得。对在避税港避税等方面的税收限制还是一片空白。我们认为，合理地确定税率亦是减少避税行为的一个方面。税率太高，将使经营者更多地将其聪明才智用在避税方面，从而导致整体社会税收的损失。税率与税收的关系在合理的限度内与税收率成正比，超过合理的限度则成反比。

主体只能由自然人构成，单位不能构成抗税罪的主体。(2)客观方面的行为表现不同。偷税罪是利用隐瞒和欺骗的手段，是在税务机关未发现纳税人不缴或少缴税款的情况下实施的；抗税罪则是采取公开的抗拒手段如暴力、威胁方法，且是在税务机关已发现纳税人不缴或少缴税款的情况下实施的。(3)犯罪成立的法定量化标准不同。偷税罪成立的定量标准是偷税数额达到一定的要求或者行为人因偷税被税务机关给予两次行政处罚又偷税的；而抗税罪则是行为人只要实施了以暴力、威胁方法拒不缴纳税款的行为，就可构成犯罪。

应注意的是，在同一案件的行为人既有偷税行为又有抗税行为，若是针对同一税款进行的，应按一罪从重处罚；若偷税和抗税行为是针对不同税款进行的，则应分别定偷税罪和抗税罪，实行数罪并罚。

4.正确处理违法经济活动中偷税犯罪的问题

在查处偷税犯罪案件的实际工作当中，常常遇到这样一种情况：一些不法企业或个人为牟取非法利益，从事假冒商标、出售伪劣产品等违法犯罪经济活动；在从事这些非法经济活动的同时，又采取各种隐瞒、欺骗手段逃避其纳税义务，进行偷税违法犯罪活动。在这种情况下，由于偷税行为与其他违法经济活动交织在一起，因此在处理此类案件时就难免会在以下方面出现分歧意见，甚至造成执法部门之间的冲突：

(1)税务机关能否针对违法经济行为征税？如果征了税是否等于承认其行为的合法性？在司法实践中，当司法机关针对某个假冒商标犯罪行为进行查处时，往往发现税务机关已就该假冒商标行为之违法所得征收了税款，或者在司法机关追缴违法所得之后，税务机关往往又对司法机关已追缴的违法所得坚持主张征税的权利。双方各执一词，造成执法工作的冲突。主张税务机关不能对违法经济行为征税的观点认为，税务机关只能针对合法的经济行为征收税款；如果对违法经济行为征税，就等于承认该违法经济行为的“合法性”，显然是不适当的。反对上述观点的则认为，税务机关只针对应税经济行为进行征税，只要当事人发生应税经济行为，税务机关就有权征收税款。

对上述分歧，应当在正确把握税法原则的基础上，实事求是地加以解决。按照税法原则，只要当事人实施了某项应税经济行为，并从中取得应税收入，也就同时产生了纳税义务。在一般情况下，税务机关征税的对象应该是合法的经济行为，但是就税务机关的职能性质而言，在它对某项应税经济行为征税时，并不要求其必须对该经济行为的合法性进行甄别；[①]而甄别该经济行为的合法性正是司法机关的任务。因此，当司法机关查明税务机关已经针对某项违法经济行为征收税款时，不等于税务机关承认该违法经济行为的“合法性”，更不应影响司法机关对该经济犯罪行为继续追究刑事责任。据此，当司法机关发现税务机关已将某项违法经济行为之违法所得之一部分或全部按税款征收入库，即不必再向税务机关追缴；同时，税务机关也不必对司法机关已追缴的违法所得坚持主张征税的权利。

(2)在实施假冒商标、生产和销售伪劣产品或非法经营行为等经济犯罪的同时又实施偷税犯罪行为的，如何定罪处罚？对这一问题，应当针对具体情况进行具体分析：

第一种情况，是行为人在实施假冒商标等经济犯罪的同一事实过程中，同时又实施偷税犯罪。如某企业故意经销假冒“红塔山”卷烟1000件，同时采取销售收入不入账的手段，隐瞒了这部分销售收入400余万元，偷逃了应缴纳的增值税68万余元。在前述同一个犯罪过程中，行为人实施了两个犯罪行为，并分别触犯了两个罪名。但行为人的犯罪目的却只有一个，即将其经销假冒卷烟的违法所得据为己有。因此，其经销假烟行为与偷税行为之间形成了吸收关系，应当根据案件具体情况，按其中之一较重的或主要的犯罪行为处罚，不能适用数罪并罚。

第二种情况，是行为人在实施假冒商标等经济犯罪行为的同时，在其他经济行为中又实施了偷税犯罪行为。如某自行车厂在本厂自创品牌自行车销路不好的情况下，擅自生产假冒“凤凰牌”商标自行车，并采取隐瞒、欺骗手段偷税150余万元。其中销售自创品牌自行车偷税100余万元，销售假冒“凤凰牌”自行车偷税50余万元。可以看出，在这个犯罪过程中，行为人既实施了假冒商标行为，又实施了偷税行为。尤其是其销售自创品牌自行车偷税100余万元的行为，完全独立于假冒商标行为之外而存在，两者自然不存在吸收关系。因此，对该企业应当分别按偷税罪和假冒商标罪定罪，实行数罪并罚。当然，如果该企业假冒商标行为不构成犯罪，就应将其两项偷税数额累计，按偷税一罪定罪处罚。

---

① 但是如果税务机关发现某项经济行为涉嫌违法也应上报，不能为征税而有意放任明知的违法行为乃至犯罪行为。果真如此，则该征税行为就难免有帮助漂白违法所得之嫌。

三、虚开增值税专用发票，用于骗取出口退税、抵扣税款发票罪的认定

（一）虚开增值税专用发票，用于骗取出口退税、抵扣税款发票罪基本构成的认定

虚开增值税专用发票，用于骗取出口退税、抵扣税款发票罪，是指单位和个人违反国家税收征管制度和发票管理制度，虚开增值税专用发票或者虚开用以骗取出口退税、抵扣税款的其他发票的行为。本罪的客体是国家税收管理制度和专用发票管理制度。因为本罪所侵犯的对象是与税收有关的发票，所以客体应为复杂客体。根据刑法第三章第六节的规定，国家税收管理制度应当属于主要客体。因此，如果虚开行为仅仅破坏了专用发票管理秩序，但未实际危及国家正常的税收活动，只能属于一般的行政违法行为。根据刑法规定，本罪对象限于两种：一是增值税专用发票；二是用于骗取出口退税、抵扣税款的其他发票。除此之外的发票不能成为本罪的对象。也就是说，虚开上述范围以外的发票不构成本罪。

增值税专用发票，是指国家税务部门根据增值税征收管理需要，兼记货物或劳务所负担的增值税税额而设定的一种专用发票。它不仅具有其他发票所具有的记载商品或者劳务的销售额以作为财产收支记账凭证的功能，而且是兼记销货方纳税义务和购货方进项税额的主要依据，是购货方据以抵扣税款的凭证。我国自 1994 年 1 月 1 日起实行新税制改革，就是要建立起以增值税为主体的流转税制度。而增值税，就是以商品生产、流通和劳务服务各个环节的增值额为征税对象的一种流转税。从理论上讲，增值额相当于商品价值 W $(c+v+m)$ 中扣除生产过程所消耗的生产资料价值 c 之后的余额，即由企业劳动者在生产过程中所创造的新价值 $v+m$。在我国基本上相当于净产值，主要包括工资、利息、租金、利润和其他属于增值性的费用。可以这样来理解：

（1）就一个生产、经营单位来看，增值额是这个单位的商品销售收入额扣除为生产和经营这种商品而外购的那部分商品金额后的余额。

（2）就一项商品生产销售的全过程来看，一个商品生产和流通各环节的增值额之和，相当于该商品实现消费时的最后销售总额。

增值税的特点，即以增值额为征税对象，只对增值额征税。就是只对销售额中本企业所创造的尚未征过税的那部分增值额征税，对销售额中由其他单位所创造的并已征过税的那部分价值，就不再征税。这样可以有效排除重叠征税和税负不公的现象，且不受产品生产、流转环节变化的影响，不论由一个

单位生产，或若干个单位协作生产，也不论生产经营经过多少环节，其税负始终一致。

其计算方法则采用“购进扣税法”（各国皆然）：

应纳税额＝应税产品销售收入额×产品适用税率－外购扣除项目金额×扣除适用税率

即：当期销项税额－当期进项税额

这样本企业在本期生产、经营中应该缴纳的税金，就可对在前一道生产、销售环节上已经缴纳过的税款进行抵扣，抵扣凭证就是国家所制的增值税专用发票。购货方可凭发票抵扣联向当地税务机关申请抵扣税金（即减去其进项税额）。[①] 增值税是由销售方来缴纳的，因而进项税额是由购货方支付给销售方的。这样若能把“前道工序缴纳的税款”虚开得越大，就能把本企业本应依法缴纳的税款减得越小（进项税额是增值税专用发票上注明的）。这样增值税发票就变成犯罪对象，各种有关利用增值税发票的犯罪便应运而生。

除增值税专用发票外，目前在我国征税实践中，还有一些普通发票具有同增值税专用发票相同的功能，可用于申请出口退税、抵扣税款。例如，征收消费税的产品出口时开具的发票可作为出口退税凭证；农林牧水产品收购发票、废旧物品收购发票、运输发票等也具有抵扣税款的功能。今后还可能出现一些具有退税或者抵扣税款功能的专用发票。因此，刑法在此规定的“其他发票”，就是特指除增值税专用发票外的普通发票中，具有同增值税专用发票相同功能的专用发票。

应注意的是，根据刑法第 208 条第 2 款的规定，非法购买增值税专用发票或者购买伪造的增值税专用发票又虚开的，应依照虚开增值税专用发票罪定罪处罚。因此，本罪对象之一的增值税专用发票，既包括合法持有的、真的增值税专用发票，也包括非法持有的、假的增值税专用发票。

本罪的客观方面表现为行为人实施了虚开增值税专用发票或者虚开用于

---

① 例如，甲企业出售一批材料给乙企业，收货款 117 万元，其中 100 万元为不含税的销售额，17 万元为根据国家规定按销售额的 17%计征的增值税税额，应上缴给国家税务部门。该材料经乙企业加工后，又以产品形式出售给丙企业，收货款 234 万元，其中 200 万元为不含税的销售额，34 万元为 17%的增值税税额。乙企业本应将 34 万元增值税税款上缴国家税务部门，但因其在上一个环节中已在购买这批材料时付出 17 万元作为上一个环节增值税税款，因此，乙企业可以凭在上一环节中购进该批材料所得的增值税专用发票对本期应缴纳的增值税税额进行抵扣，即从本期应缴纳增值税的税额中抵扣 17 万元，本期只需再缴纳 17 万元税款即可。

骗取出口退税、抵扣税款的其他发票的行为。所谓"虚开"包括两种情况:一是无中生有,即在没有任何实际商品交易的情况下,凭空填开货名、数量、价款和销项税额等商品交易的内容;二是以少报多,即在有一定商品交易的情况下,填开发票时随意改变货名,虚增数量、价款和销项税额。这种在部分具有真实商品交易基础上的"虚开"也就是通常所说的"大头小尾"虚开发票中的一种最为常见的形式。目前,增值税专用发票一般分为四联次:第一联是存根联,由售货方留存备查;第二联是发票联,归购货方记账时使用;第三联为抵扣联,由购货方交税务机关作为抵扣税款的凭证;第四联为记账联,由售货方记账时使用。采用"大头小尾"的方法虚开发票,即在同一份发票的不同联次上填写不同的内容。将抵扣联和发票联的税额开大,而将存根联和收款方记账联的税款开小,将抵扣联由购货方交税务机关抵扣税款或用于骗取出口退税。

具体的虚开行为包括四种,即为他人虚开、为自己虚开、让他人为自己虚开、介绍他人虚开。[①] 具备上述行为之一的,即为虚开增值税专用发票或者用于骗取出口退税、抵扣税款的其他发票的行为。至于是否使用以及是否造成骗取出口退税款或者抵扣税款的结果,不影响既遂的成立。同时具有两种或两种以上虚开行为的,不实行并罚,应作为量刑情节考虑。

时下有许多教科书是这样界定虚开行为的,即认为虚开行为是合法持票人为他人、为自己、让他人(合法持票人)为自己虚开。我们认为,该种认识不够准确。因为刑法第208条第2款明确规定,购买伪造的增值税专用发票又虚开的,应构成虚开增值税专用发票罪。在该种情况下,连发票都是假的,哪里谈得上持票人是合法持票人。实践中也存在通过其他违法手段如非法购买获得增值税专用发票而虚开的情况,因此,将持票人限定为合法持票人,是与立法精神不相符的。当然从实践中说,持票人多为合法持票人,但法律上并无此限制。

任何单位和个人都可构成本罪。由于本罪有单位犯罪和自然人犯罪之分,犯罪的表现形式也不同,因此不同形式的犯罪行为对犯罪主体的要求有所不同。在单位犯罪中,犯罪主体通常是经税务机关依法审核取得一般纳税人

---

① 就是在需要虚开发票者与持票者之间进行牵线搭桥的行为。例如介绍开票人与受票人双方直接见面,自己从中获利,或者指使开票人将发票开给其指定的受票人,自己从中获利。中间介绍人通常是一些专门从事虚开发票犯罪活动的犯罪分子。

资格的单位。[①] 在自然人犯罪中，犯罪主体通常是不具有一般纳税人资格的个人。应当注意，有的企业虽有一般纳税人资格，但实际上是通过欺骗、隐瞒、贿赂等非法手段取得的，对其实施虚开发票行为的，不能按照单位犯罪处理。

本罪的主观方面只能是故意。一般具有获取非法利益的目的。但是否必须以此作为犯罪主观方面的要件，目前学界和司法实践都存在一定的争议。传统观点认为，只要主观上明知是虚开增值税专用发票或者可用于骗取出口退税、抵扣税款的其他发票而故意虚开的，即符合本罪的主观要件，至于行为人有无偷逃税款的目的，以及行为人有无实际骗取、抵扣税款，并不影响犯罪的认定，即认为该罪属于行为犯而不属于目的犯。但是，近年来已经有学者指出本罪为目的犯，即只有行为人是为了获利目的而实施本罪行为才构成本罪，实践中此种观点也存在与之相同的司法判例。例如，"董博等提供虚假财会报告案"[②]。该案审理法院认为，指控被告人董博虚开增值税专用发票罪不能成立，被告人虽然存在虚开增值税专用发票的行为，但不具备虚开增值税专用发票罪的成立要件，虚开的动机和目的是提供虚假财会报告，且所虚开的增值税专用发票没有流向社会，没有骗取税款，只是提供虚假财务会计报告的手段，对虚开增值税专用发票的行为应当作为提供虚假财会报告罪的犯罪情节予以考虑。又如，福建省高级人民法院刑事判决书(2001)闽刑终字第 391 号的二审判决书亦持此观点。该判决指出，关于上诉单位泉州市松苑锦涤实业有限公司、上诉人陈松柏及其辩护人辩称，松苑公司没有虚开增值税专用发票的故意，需购买的伪造的增值税专用发票是为了提高公司固定资产，不是为了抵扣税款，该发票也不能用于抵扣税款，没有给国家税款造成损失，要定也只能是购买伪造的增值税专用发票，且情节较轻，应予从轻处罚。上诉人施维昌诉称没有共同犯罪故意，本人不构成犯罪。经查，泉州市松苑锦涤实业有限公司及上诉人陈松柏、施维昌虽是为公司利益购买了伪造的增值税专用发票 326 份，虚开面额 3708 万余元，但松苑公司及陈松柏、施维昌购买伪造的增值税专用发票的目的不是抵扣税款，而是为提高公司的购进设备价值，显示公司实力。根据国家税法的规定，固定资产不能抵扣税款，且陈松柏也没有要抵扣联，国

---

① 根据《增值税暂行条例》规定，只有一般纳税人才能购买和开具增值税专用发票，小规模纳税人不得使用增值税专用发票；企业必须符合法定条件并经税务机关办理认定手续的，才能取得一般纳税人资格和领购使用增值税专用发票。

② 见刘一守：《董博等提供虚假财务报告罪》，载《刑事审判参考》总第 37 辑，法律出版社 2004 年版，第 7 页。

家税款不会因其行为而受到损失，其行为不具有社会危害性。其诉辩称不构成虚开增值税专用发票罪一节有理，予以采纳。因此，法院认为，上诉单位泉州市松苑锦涤实业有限公司和上诉人陈松柏、施维昌向他人购买伪造的增值税专用发票的行为，不是以抵扣税款为目的，而是为了提高公司的购进设备价值，显示公司实力，以达到在与他人合作谈判中处于有利地位的目的，根据国家税法规定，固定资产不能抵扣税款，且陈松柏也没有要抵扣联，国家税款不会因其行为而受损失，泉州市松苑锦涤实业有限公司、陈松柏、施维昌的行为不具有社会危害性，因此不构成犯罪。原审以虚开增值税专用发票定罪处刑不当，应予撤销。

我们的初步看法是应从立法目的进行分析，即应分析刑法设置本罪的目的是什么，要保护什么样的利益。我们认为，应当排除单纯为惩罚而惩罚的思想，要考虑适用刑法的公益性、社会目的性，如果实施本罪的行为人不具有非法获利的目的，其行为就不会侵犯到法定客体(即税收征管制度)。而且还应当考虑的是，不具有非法获利的本罪行为是否存在实质的社会危害性。我们不能仅从形式上看待犯罪构成(纯法条主义)，还应分析行为的本质特征，这也是刑法第13条但书在司法实践中作为宏观指导的一个出罪原则。关键要看是否有利于社会生产力的发展，有利于最广大人民群众的利益。我们认为，不具有非法获利的本罪行为并无刑法意义上的社会危害性，也非属未遂的情况。从司法实践看，为他人虚开增值税专用发票的行为人，多为收取高额手续费；为自己虚开、让他人为自己虚开的，则是为骗取出口退税、抵扣税款；介绍他人虚开的，虽不排除出于帮忙的目的，但一般也是为了获利，如收取中介费。因此，我们倾向于认为，本罪属于不成文的目的犯，即司法认定时，应以行为人具有非法占有目的为本罪主观要件的必要条件。尽管刑法第205条并未将其规定为目的犯，但刑法将其规定为危害税收征管罪，具有偷骗税款的目的应当是该罪的应有之义。正如有的金融诈骗犯罪，刑法并未明确规定行为人必须具有非法占有目的，但并不妨碍对其进行目的犯的认定一样。质言之，虚开增值税等专用发票的客体问题与性质问题属于一个问题的两个方面，侵犯国家税收征管制度的客体要求，客观上决定了该罪具有目的犯的性质。据此，最高人民法院于2004年11月24日—27日在苏州市召开的全国部分法院经济犯罪案件审判工作座谈会，大多数参与讨论的论者认为，对于实践中下列几种虚开行为，一般不宜认定为虚开增值税等专用发票犯罪：(1)为虚增营业额、扩大销售收入或者制造虚假繁荣，相互对开或环开增值税专用发票的行为；(2)在货物销售过程中，一般纳税人为夸大销售业绩，虚增货物的销售环节，虚开进项增值税专用发票和销项增值税专用发票，但依法缴纳增值税并未造成国家税收流失的行为；(3)为夸大企业经济实力，通过虚开进项增值税专用发票虚增企业的固定资产，但并未利用增值税专用发票抵扣税款，国家税款亦未受到损失的行为。[①]

(二)本罪认定应注意的其他问题

1.对实施虚开专用发票行为又实施骗取国家税款行为的认定

一般认为，只要行为人实施虚开增值税专用发票或者虚开用于骗取出口退税、抵扣税款发票的行为(但应证明行为人具有骗取或抵扣税款的目的)就构成本罪。若行为人再用所虚开的发票骗取国家税款，则属于牵连犯(牵连骗取国家出口退税款罪和偷税罪)，应从一重罪处罚。刑法之所以在第205条第2款明确规定，在实施虚开行为之后又骗取国家税款，数额特别巨大、情节特别严重，给国家利益造成特别重大损失的法定刑，可视为立法者明示这种情况的牵连犯，应适用本罪条第2款的加重法定刑。

应注意的是，若行为人仅从第三者手中非法购买虚开的专用发票，用作骗取出口退税或抵扣税款的，则应按骗取国家出口退税款罪或偷税罪认定。因为在这种情况下，行为人并没有实施虚开行为，亦不符合让他人为自己虚开的条件。

2.对共同犯虚开增值税专用发票或者虚开用于骗取出口退税、抵扣税款发票罪的认定

本罪的虚开行为，除为自己虚开的行为人是本人之外，其他的虚开行为还涉及其他共同犯罪人的问题。例如“为他人虚开”与“让他人为自己虚开”纯属对偶犯，为必要共犯的一种，而介绍他人虚开与开票人和受票人都可能形成共犯关系。对此，是否能以共犯认定？我们认为，既然刑法已将本属共犯关系的行为分别规定，则理应分别认定，无须特别考虑以共犯来认定这样做也是符合罪刑法定原则的。有论者提出“让他人为自己虚开”与“为他人虚开”两者一般不能并存，认为在同一笔交易中只能处罚起主导作用、主动的一方，另一方除非构成共犯外一般不能认定。我们认为这种观点是不能成立的。根据立法本意，只要行为人主观上明知是在实施虚开行为，并实际实施了相应的虚开行为，就符合本罪构成。至于行为人是积极主动还是消极被动，只要不是完全被强制或被骗，并不影响各该虚开行为的构成。

---

① 参见茅仲华、叶巍：《经济犯罪案件中的法律适用问题》，载《刑事审判参考》总第41辑，法律出版社2005年版，第158页。

3.正确认定本罪与非罪的界限

根据刑法第205条的规定，行为人只要实施了虚开增值税专用发票或用于骗税的其他发票的行为，就构成犯罪。刑法对这种行为构成犯罪没有设置数额或情节上的要求，但这并不意味着凡是虚开增值税专用发票的行为，不论数额大小、情节轻重，一律定罪处罚。该条规定仍然应当受刑法第13条“但书”的制约。对于虚开增值税专用发票情节显著轻微、危害不大的行为，不应以犯罪论处。参照最高人民法院《关于适用〈全国人民代表大会常务委员会关于惩治虚开、伪造和非法出售增值税专用发票犯罪的决定〉的若干问题的解释》的规定，虚开税款数额在1万元以上或者虚开增值税专用发票致使国家税款被骗取5000元以上的，应当定罪处罚。这一规定仍然可以作为认定虚开增值税、骗税专用发票罪与非罪的基本依据。

4.关于本罪数额的理解

刑法第205条关于数额的规定有两种情况：一是发票上虚开的数额，这是纸面上的数额；二是骗取国家税款的数额，这是非法获利的实际数额。在认定犯罪时应当区别两种不同的数额。在司法实践中，这两个数额存在一致的情况，也存在不一致的情况。因而，在查证时首先应考虑行为人是否以虚开发票骗取税款，如果仅虚开而未骗取，或者骗取的数额达不到“数额特别巨大”标准的，应以其虚开数额认定，若有骗取的数额，应作为量刑的情节。如果查证骗取的数额已达到“特别巨大”的标准，则虚开的数额应考虑为量刑情节。因此，应在定罪时区别两种不同数额的作用。

（三）虚开增值税专用发票，用于骗取出口退税、抵扣税款发票罪的处罚与数额计算问题

根据刑法第205条和第212条规定，犯本罪的，处3年以下有期徒刑或者拘役，并处2万元以上20万元以下罚金；虚开的税款数额较大或者有其他严重情节的，处3年以上10年以下有期徒刑，并处5万元以上50万元以下罚金；虚开的税款数额巨大或者有其他特别严重情节的，处10年以上有期徒刑或者无期徒刑，并处5万元以上50万元以下罚金或者没收财产；实施本罪行为骗取国家税款，数额特别巨大，情节特别严重，给国家利益造成特别重大损失的，处无期徒刑或者死刑，并处没收财产。单位犯本罪的，对单位判处罚金，并对其直接负责的主管人员和其他直接责任人员，处3年以下有期徒刑或者拘役；虚开的税款数额较大或者有其他严重情节的，处3年以上10年以下有期徒刑；虚开的税款数额巨大或者有其他特别严重情节的，处10年以上有期徒刑或者无期徒刑。根据上述《解释》，虚开税款数额在10万元以上的，属于

“虚开的税款数额较大”。具有下列情形之一的，属于“有其他严重情节”：(1)因虚开专用发票致使国家税款被骗取5万元以上的；(2)曾因虚开专用发票受过刑罚处罚的；(3)具有其他严重情节的。虚开税款数额50万元以上的，属于“虚开的税款数额巨大”。具有下列情形之一的，属于“有其他特别严重情节”：(1)因虚开专用发票致使国家税款被骗取30万元以上的；(2)虚开的税款数额接近巨大并有其他严重情节的；(3)具有其他特别严重情节的。利用虚开的专用发票实际抵扣税款或者骗取出口退税100万元以上的，属于“骗取国家税款，数额特别巨大”；造成国家税款损失50万元以上并且在侦查终结前仍无法追回的，属于“给国家利益造成特别重大损失”。利用虚开的专用发票骗取国家税款数额特别巨大、给国家利益造成特别重大损失，为“情节特别严重”的基本内容。在执行罚金、没收财产前，应当先由税务机关追缴税款。

本罪的损失数额主要与量刑有关，由于本罪的最高刑为无期徒刑、死刑，因此，如何确定损失数额的截止时间，事关重大。我们认为，确定量刑数额的截止时间可以比确定定罪数额[①]的截止时间相对宽松一些。因此，我们主张，法院判决之前追回的被骗税款，可以从损失数额中扣除。一审判决以后，二审乃至复核生效裁判作出之前追回的被骗税款，也应可以从一审认定的损失数额中扣除，并以扣除后的损失数额作为最终量刑的依据。当然，这样计算损失数额会使得在终审判决之前，损失数额的认定一直处于变动状态，将会导致这类案件的改判率上升，一定程度上也会影响法院判决的严肃性。但是，我们认为，法律规定的任何设置都是一种价值选择，得到一些价值的同时就会失去另一些价值，问题在于我们要如何选择。我们认为，从慎刑恤刑的现代刑罚观出发宁可选择前者而牺牲后者。这也是追求具体公正可能付出的代价。至于有人提出，这种计算损失数额的方法会使得侦查机关追赃不力，因为追回的税款越多，对被告人的处罚越轻。[②] 提出这种看法的人，是过于贬低了社会主义国家侦查机关工作人员的法理观念，将侦查机关的工作人员定位为片面的追诉狂。我们认为，这种情形即使存在，也只是个别的现象，不具有普遍性，不足以动摇我们提出的损失数额计算方法。

---

① 例如根据司法解释，挪用公款数额巨大不退还，是以一审宣判前作为时间计算标准的。

② 参见茅仲华、叶巍：《经济犯罪案件中的法律适用问题》，载《刑事审判参考》总第41辑，法律出版社2005年版，第159页。

第7章□□□

侵犯知识产权罪的司法认定

一、假冒注册商标罪的认定

(一)假冒注册商标罪的客体与对象的认定

假冒注册商标罪,是指未经注册商标所有人的许可,在同一种商品上使用与其注册商标相同的商标,情节严重的行为。本罪的客体是注册商标的专用权。所谓商标是指由文字、图形或者其组合等构成,使用于商品上用以区别不同商品生产者或经营者所生产或者经营的同一和类似商品的显著标记。所谓注册商标,根据我国商标法第3条规定,是指经商标局核准注册的商标。非注册商标不受法律保护。所谓注册商标的专用权是指注册商标权人对其注册商标所享有的专用权,其核心是商标权人对其注册商标享有排他性的支配权,可以独占使用;禁止他人擅自使用;也可转让,或者许可他人使用等等。注册商标的专用权是商标权的基本核心的权利。非法使用他人注册商标的行为,其实质是侵犯商标权人的注册商标专用权。

有论者认为本罪是复杂客体,即除了侵害他人注册商标专用权外,还侵害了国家的商标管理制度。我们认为国家商标管理制度与他人注册商标专用权是包容关系而不是并列关系。当商标专用权被假冒行为侵害成为既成事实后,也无疑侵害了商标专用权反映的国家商标法规所调整的国家商标管理制度。这正如我们说贪污罪侵犯的客体是公共财物所有权,而在公共财物所有权背后尚有公共财物管理制度,但这个制度并不是贪污罪的直接客体。同理,假冒注册商标罪的客体是商标专用权,而不是商标专用权所反映的国家的商标管理制度。

本罪所侵犯的对象是他人已注册的商品商标。我国除对香烟、药品等商品实行强制注册外,其他多数商品均采取自愿注册原则。只有经过注册并且是注册有效期内[1]的商标才享有专用权。未经注册的商标，不受法律保护，不能取得商标专用权，也就不能成为本罪的对象。值得研究的是，恶意抢注的商标可否成为本罪的对象？当前的司法实践一般认为，恶意抢注的行为本身是一种不公正、不正当的行为，国家工商局对于这种行为，不论权利人是否起诉，都可以依法予以撤销，由此观之，恶意抢注的商标似不宜作为本罪的对象。

构成本罪对象的注册商标还必须是他人的。这里的“他人”乃指向我国商标局申请注册并依法取得商标专用权的企业、事业单位及个体工商业者，包括外国企业和外国人。根据我国商标法第 9 条规定，外国人或外国企业按其所属国和中华人民共和国签订的协议或者共同参加的国际条约，或者按对等原则在中国申请商标注册，经中国商标局核准注册的，也可以成为商标权的主体(1984 年 11 月 14 日六届人大八次常委会决定我国加入《保护工业产权巴黎公约》，1985 年 3 月 19 日我国正式成为巴黎公约成员国)。应注意在外国注册(未在我国注册)的商标不受我国法律保护，因此，在外国注册的商标，不属于本罪对象的范围。

---

① 根据我国商标法的规定，注册商标的有效期为 10 年，自核准注册之日起计算。商标权可以续展，在期满前 6 个月内申请续展注册，即可继续使用原注册商标。每次续展的有效期为 10 年，续展的次数不受限制。如果在续展期间，未能及时提出申请，我国商标法还规定一个宽展期，即在注册商标期满后 6 个月内还可以办理续展手续(但要按规定缴纳迟延费)。经过 6 个月的宽展期，仍然未提出申请的，则注销其注册商标。

商标除了商品商标外，还有服务商标。[①] 从功能上分类还有保证商标、联合商标、防御商标等。我国刑法把“在同一种商品上使用与其注册商标相同的商标”作为本罪的构成要件，显然是排除了服务商标作为本罪的对象。虽然我国商标法第 4 条第 2 款规定“企业、事业单位和个体工商业者，对其提供的服务项目，需要取得商标专用权的，应当向商标局申请服务商标注册”，第 3 款规定“本法有关商品商标的规定，适用于服务商标”，即承认了服务商标也享有商标专用权，也受商标法保护，但刑法却未将之明确规定为本罪对象，根据罪刑法定原则，目前对侵犯服务商标专用权的行为只能按商标侵权行为认定，而不能构成假冒注册商标罪。

但随着市场经济的发展，刑法作为保护商标专用权的最后一块盾牌，应当预测到商标制度发展的趋势，提高经济领域内某些现象的理论预测能力。既然服务同样也可以申请商标注册，取得服务商标专用权，那么刑法理所当然也应保护服务商标专用权。所以建议在完善刑事立法时，把服务商标也纳入刑法规范的范围。

(二)假冒注册商标罪客观方面的认定

本罪的客观方面表现为未经注册商标所有人许可，在同一种商品上使用与他人注册商标相同的商标。

所谓“使用”是指将注册商标或者假冒的注册商标用于商品、商品包装或者容器以及产品说明书、商品交易文书，或者将注册商标或者假冒的注册商标

---

① 服务商标是指金融、运输、广播、建筑、旅馆等服务性行业为把自己的服务业务与他人的服务业务区别开来而使用的商标，即提供服务的人在其向社会公众提供的服务项目上所使用的标志。对于服务商标，从 TRIPS 协议的有关规定来看，其法律地位与商品商标是一样的，如 TRIPS 协议第 15 条第 1 项规定，“任何能够将一企业的商品或服务与其他企业的商品或服务区分开的标记或标记组合，均应能够构成商标”；第 16 条规定，“注册商标所有人应享有专用权，防止任何第三方未经许可而在贸易活动中使用与注册商标相同或近似的标记去标示相同或类似的商品或服务，以造成混淆的可能”。该协议第 61 条对于两者也要求各成员国给予相同的保护。那么，是否可以根据商标法第 4 条第 3 款规定的“本法有关商品商标的规定，适用于服务商标”，而推出商标法第 59 条的关于假冒注册商标刑事罚则的规定(该规定表述为“未经注册商标注册人许可，在同一种商品上使用与其注册商标相同的商标”)同样适用于服务商标呢？我们认为这样的推论是不允许的。商标法第 59 条的规定只是一个提示性规定，并没有设置假冒注册商标的犯罪构成，也没有明确怎样的假冒注册商标的行为构成犯罪。在同一种商品(或服务)上使用同一种商标的行为是否构成犯罪，其依据必须是刑法的相关规定，而不可能是商标法的规定。何况我国的刑事司法审判也不能直接援引行政法中的罚则作为刑事判决的依据。

用于广告宣传、展览以及其他商业活动等行为。

但何谓“相同的商标”，目前存在认识上的分歧。一种观点认为，“相同的商标”是指这种商标在文字、图形或者其组合以及色彩等各个方面，均与他人注册的商标完全相同。[①] 另一种观点认为，对于假冒他人注册商标罪中所指的相同的商标，应作广义的理解，即指内容完全相同或者基本相同的商标。这是因为，不完全相同但基本相同的商标较难分辨，往往只有将其放在一起进行对比观察时才能区分，有时甚至只有内行人才能分出其中的差别。例如，“凤凰”牌自行车商标中凤凰图案尾巴上的羽毛应为12根，而有的假冒商标尾巴上的羽毛则为11根或13根等等；有的假冒商标与注册商标仅在图案的大小、颜色的深浅、笔画的粗细、某一笔画的部位等方面存在细微的差别，足以使人误认。显然，这种基本相同的商标在对注册商标专用权的侵犯和对消费者利益的损害上，与完全相同的商标并无明显的区别。因此，如将“相同的商标”仅理解为“完全相同的商标”，注册商标专用权和消费者利益就得不到有效保护。[②] 我们认为，后一种观点较为可取。从实际情况来看，许多假冒商标与他人的注册商标总会在某些方面存在细微差别。由于商标具有区别不同生产者或者经营者生产或者经营的同种商品的功能，起到宣传商品的作用，而消费者在购买商品时，不可能随身携带真正的注册商标去与所购买商品上的商标进行比较，只能是根据自己的记忆或者印象选购商品。如果要求假冒的商标与注册商标没有任何差异，才能认定为假冒他人注册商标，会过于缩小假冒注册商标犯罪的范围。因此，认定假冒商标与他人注册商标是否“相同”，必须考虑消费者的通常识别能力。前一种观点显然忽略了这一点，并不利于对假冒注册商标犯罪的有效打击。因此，我们认为，所谓“相同的商标”，是指因文字、图形或者文字与图形的组合相同或者在视觉上无差别而与注册商标相比难以区别的商标。国家工商行政管理局经过对商标管理实践经验的总结，在《关于商标行政执法中若干问题的意见》中对此观点予以肯定。最高人民法院和最高人民检察院于2004年12月8日颁布的《关于办理侵犯知识产权刑事案件具体应用法律若干问题的解释》(下称《解释》)第8条也明确地规定了，所谓“相同的商标”，是指与被假冒的注册商标完全相同，或者与被假冒的注册商标在

---

① 参见聂洪勇著:《知识产权的刑法保护》，中国方正出版社2000年版，第258页。

② 参见高晓莹著:《侵犯知识产权罪的认定与处理》，中国检察出版社1998年版，第49页。

视觉上基本无差别，足以对公众产生误导的商标。[①]

商标的文字、图形或者文字与图形的组合完全相同，无疑是“相同的商标”，但何谓“在视觉上基本无差别”的商标，也就是说，什么情况属于“基本相同”的商标，则存在认定上的难度。如果无限制地将其范围扩大，就有可能与“近似商标”发生混淆。对此，有的学者提出，应以是否“足以造成误认”为标准。虽有所区分但足以造成误认的，为基本相同；不足以造成误认的，则不能认定为“基本相同”。[②] 这种观点有一定的合理性，但是在目前的立法框架内仍然会产生争议。所谓“足以造成误认”，一般是指会造成对商品来源产生误认，或者产生当事人与商标注册人之间存在某种特殊联系的错误认识。[③] 而“近似商标”也具有“足以造成误认”的性质，因此，该观点并没有划清“相同商标”和“近似商标”的界限，客观上将“近似商标”也包括在“相同商标”范围之内了，这是有违立法本意的。“相同商标”和“近似商标”是商标法中两个完全不同的概念。认定假冒注册商标罪时，不能将“基本相同”等同于“近似商标”，否则就会扩大本罪的内涵。

关于“近似商标”，国家工商行政管理局《关于商标行政执法中若干问题的意见》也作出了界定。它是指在文字的字形、读音、含义或者图形的构图及颜色或者文字与图形的整体结构上，与注册商标相比较，易使消费者对商品的来源产生误认的商标。判断商标相同或者近似，一般均需要把握好两个标准：其一，以核准注册的商标为准，而不以商标注册人实际使用的商标为准。这是因为注册商标所有人实际使用的商标有时可能与核准注册的商标并不完全一致。其二，以普通消费者的一般注意力作为评判的主观标准，采取整体比较与商标显著部分比较相结合的方法，进行综合判断。主要是从商标的音、形、义三方面，结合构图、颜色及整体结构等进行比较。在具体判定中，以是否使消费者对商品的来源产生误认的可能性为基本条件，但不以造成实际误认为必要条件。在此基础上，再根据“相同商标”和“近似商标”的定义准确作出认定。一般而言，“相同商标”所具有的“在视觉上无差异”的特征主要是指与注册商

---

① 应当指出的是，商标相同仅是指同经商标局核准注册的商标相比较其结果相同，商品的外包装、装潢图案有差异的，不影响对相同商标的认定。

② 参见高晓莹著：《侵犯知识产权罪的认定与处理》，中国检察出版社 1998 年版，第 50 页。

③ 参见国家工商行政管理局《关于执行〈商标法〉及其〈实施细则〉若干问题的通知》（1994 年 11 月 22 日）第 7 条。

标相比，在商标整体、细节上，单从视觉上看均不易分别出差异，如上述在凤凰图案尾巴上的羽毛数量差别很小的“凤凰”牌自行车商标。而“近似商标”只是在文字的字形、读音、含义或者图形的构图及颜色或者文字与图形的整体结构上，与注册商标相比，易使消费者对商品的来源产生误认，实际上商标本身仍存在着较大程度的差异。近似商标又称影射商标，其例颇多：如 Sislu 影射 Sislan 夏露，“白鼠”牌奶糖影射“白兔”牌奶糖（图形设计逼近），“飞利浦”牌剃须刀影射“菲利浦”牌剃须刀，“金凤”牌自行车影射“凤凰”牌自行车（图形设计逼近），“长盛”牌风雨衣影射“长城”牌风雨衣（拼音字母一样，且字形写成花体，亦接近），“宏光”牌服装影射“红光”牌服装。又如“大大”与“太太”、“莲花”与“莲苑”、“千山”与“干山”等等，不一而足，都属于这种情况。[①] 商标影射行为虽不构成犯罪，但也是违法的。使用近似（影射）商标也具有欺骗性，很容易使消费者误认，它也是一种商标侵权行为，并且扰乱市场经济秩序，商标管理部门也要对之采取行政管理手段加以制止，给予必要的行政处罚。被侵害人也可以提起侵权之诉，要求赔偿损失。当然，应当看到的是，在目前的商标管理实践中，如何区分“相同商标”和“近似商标”仍然是一个比较困难和专业的问题，许多情况下还容易发生混淆，尚有待学界和专业部门作深层次的研究，为正确认定假冒注册商标犯罪提供支持。

所谓“同一种商品”，是指按照商品分类表的规定，属于同一商品类别和同一商品名称的商品。我国工商管理部门从 1988 年 11 月 1 日起开始采用《商标注册用商品和服务国际分类尼斯协定》及商品和服务分类表，这是识别是否同一种商品的依据。假冒的注册商标必须使用在同一种商品上才会构成假冒注册商标罪行为，这是商标的特性所决定的，因为在不同种类的商品或不相类似的商品上使用两个完全相同的商标，是不会造成真假混淆，使消费者错认误购的。例如，甲厂生产的缝纫机已注册“牡丹”商标使用在先，而乙厂生产的电视机用“牡丹”商标使用在后，两个商标的名称和图形虽然完全相同，但不是同一种商品，这是准许的，不能说是假冒注册商标。

至于在类似商品上使用与他人注册商标相同的商标，以及在类似商品上使用与他人注册商标类似的商标等行为，也不属于假冒注册商标罪的假冒行

---

① 最高人民法院《关于审理商标民事纠纷案件适用法律若干问题的解释》第 10 条规定，人民法院认定商标相同应按照以下原则进行：(1)以相关公众的一般注意力为标准；(2)对商标的整体比对，比对应当在比对对象隔离的状态下分别进行。我们认为，该解释对在刑法上认定相同商标也具有一定的参考意义。

为，但根据商标法第38条的规定，仍是一种商标侵权行为，被侵权人可以提起侵权赔偿之诉。

还应强调的是，行为人必须是未经注册商标所有人的许可而使用[①]与其注册商标相同的商标才满足本罪的客观要件。这是其行为侵犯他人注册商标专用权的实质所在，也是本罪违法性的具体体现。因为如果经注册商标所有人的许可而使用其注册商标，就不存在侵犯其注册商标专用权的问题。我国现行《商标法》第26条明文规定："商标注册人可以通过签订商标使用许可合同，许可他人使用其注册商标。"这就意味着经商标注册人许可使用其注册商标是法律所允许的。只不过《商标法》同时规定："被许可人应当保证使用该注册商标的商品质量。""经许可使用他人注册商标的，必须在使用该注册商标的商品上标明被许可人的名称和商品产地。"如果被许可人没有保证使用该注册商标的商品质量，或者没有在使用该注册商标的商品上标明被许可人的名称和商品产地，这固然是违反商标法，并侵犯消费者合法权益的行为，但由于使用注册商标本身是经注册商标人许可的，不存在侵犯其注册商标专用权的问题，也不具有假冒注册商标的违法性，因而不构成本罪。

"未经注册商标所有人许可"擅自使用他人注册商标是本罪的本质特征和违法性的具体体现。根据《商标法》第40条的规定："商标注册人可以通过签订商标使用许可合同，许可他人使用其注册商标。……商标使用许可合同应当报商标局备案。"这就意味着法律允许其他人经注册商标人许可而使用其注册商标。《商标法》还规定，未经商标注册人的许可，在同一种商品上使用与其注册商标相同的商标的，属于侵犯注册商标专用权，构成犯罪的，除赔偿被侵权人的损失外，依法追究刑事责任。在认定本罪时，应当结合有关法律规定，对行为人是否经注册商标所有人许可予以查证核实。

目前，理论界在判断是否经注册商标所有人许可的标准问题上，存在两种不同的观点。一种观点认为，判断行为人是否取得注册商标所有人许可的唯一标准是行为人是否同注册商标所有人签订了商标使用许可合同。如果行为人同注册商标所有人签订了商标使用许可合同，就是取得了其许可；如果行为人未同注册商标所有人签订商标使用许可合同而使用其商标的，就是未经他

① 根据上述最高人民法院和最高人民检察院2004年12月8日的司法解释，这里的"使用"，是指将注册商标或者假冒的注册商标用于商品、商品包装或者容器以及产品说明书、商品交易文书，或者将注册商标或者假冒的注册商标用于广告宣传、展览以及其他商业活动等行为。

人许可，就是假冒他人注册商标的行为。[1] 另一种观点则认为，商标的转让和许可使用以注册商标所有人的同意为前提。[2] 根据这种观点，经注册商标所有人的同意，而受让人未按法定程序办理有关手续即使用其注册商标的，只是一般形式上的违法问题，与未经注册商标所有人的同意而使用其注册商标有本质的不同。前者的法律后果是由商标局责令限期改正或者撤销其注册商标；后者则构成对注册商标专用权的侵犯，如果达到一定程度，就构成假冒注册商标罪。

我们赞同第二种观点。虽然《商标法实施细则》第 35 条第 1 款规定"商标注册人许可他人使用其注册商标，必须签订商标使用许可合同。许可人和被许可人应当在许可合同签订之日起三个月内，将许可合同副本交送其所在地县级工商行政管理机关存查，由许可人报送商标局备案，并由商标局予以公告"，但从实践来看，的确存在一些注册商标所有人已经同意他人使用其注册商标，而被许可人也已开始使用其注册商标但尚未签订商标使用许可合同的情况。从严格意义上讲，这种情况并没有侵犯许可人的注册商标专用权，只不过在履行法定手续上有所欠缺，对国家有关商标管理秩序造成了一定的损害。正是出于这种原因，《商标法实施细则》第 35 条第 2 款才专门规定："违反前款规定的，由许可人或者被许可人所在地工商行政管理机关责令限期改正；拒不改正的，处以一万元以下的罚款，直到报请商标局撤销该注册商标。"因此，以是否同注册商标所有人签订了商标使用许可合同作为判断行为人是否取得注册商标所有人许可的唯一标准，并不符合本罪的本质特征和许可他人使用注册商标的客观实际。尤其是在目前我国公民法律意识普遍较弱的情况下，以如此严厉的标准来判断，就有可能把许多本属一般违法的行为作为犯罪处理。当然，这并不意味着认可了没有签订商标许可使用合同的合法性，对此应当通过加强对当事人的法制教育、给予必要的行政处罚等措施，促使其认真履行商标义务，不能动辄施以刑罚手段进行调整。在谈到这一问题时，有的学者根据商标法第 40 条第 1 款关于"商标注册人可以通过签订商标使用许可合同，许可他人使用其注册商标"的规定得出结论："其中，'可以'一词表明了给许可人和被许可人一定的选择余地，据此，并不排除前述被许可人已经注册商标所有

---

① 参见高晓莹著：《侵犯知识产权罪的认定与处理》，中国检察出版社 1998 年版，第 50 页。

② 赵秉志主编：《侵犯知识产权犯罪研究》，中国方正出版社 1999 年版，第 93 页。

人的同意,但尚未签订商标使用许可合同,即使用其注册商标的情况的存在。"[①]我们认为,从该条规定的本意来看,"可以"实际上针对的是"许可他人使用其注册商标",也就是说,法律允许商标注册人许可他人使用其注册商标,而许可的形式要件则是"通过签订商标使用许可合同",并不表明在许可他人使用其注册商标时可以不签订商标使用许可合同,这是对商标许可使用行为进行规范,维护正常经济秩序的客观需要,也是当事人的商标义务。违反这一义务的,要承担相应的法律责任。因此,《商标法实施细则》第 35 条第 2 款才明确规定,商标注册人许可他人使用其注册商标,必须签订商标使用许可合同,并对违反这一规定的行为,设定了必要的处罚措施。

(三)假冒注册商标罪认定应注意的问题

1.要注意把假冒注册商标行为与其他侵犯注册商标专用权的行为区别开来

根据商标法第 52 条第 1 款的规定,侵犯注册商标专用权的行为包括了以下四种:(1)在同一种商品上使用与他人注册商标相同的商标。(2)在同一种商品上使用与他人注册商标近似的商标。(3)在类似商品上使用与他人注册商标相同的商标。(4)在类似商品上使用与他人注册商标近似的商标。对于以上四种行为均可以作为侵犯他人注册商标专用权的行为而予以相应的民事或行政制裁。而刑法只将情节严重的"在同一种商品上使用与他人注册商标相同的商标"的行为认定为犯罪,其他三种同属于侵犯他人商标专用权的行为无论销售数额多大,情节多严重,一律不能作为犯罪来处理。只有未经注册商标所有人的许可,在同一种商品上使用与他人注册商标相同的商标,才是刑法上的假冒他人注册商标的行为。如果未经商标所有人的许可,在同一种商品上使用与他人注册商标近似的商标,或者在类似商品上使用与他人注册商标相同或近似的商标,则不是刑法上的假冒他人注册商标的行为,只是商标法上侵犯他人注册商标专用权的一般侵权行为。

另外,根据《商标法实施细则》第 41 条的规定,"在同一种或者类似商品上,将与他人注册商标相同或者近似的文字、图形作为商品名称或者商品装潢使用,并足以造成误认的",也是侵犯注册商标专用权的行为,但不是假冒他人

---

① 参见赵秉志主编:《侵犯知识产权罪疑难问题司法对策》,吉林人民出版社 2000 年版,第 153 页。

注册商标的行为，同样不能以本罪论处。[①]

2.要注意把假冒注册商标行为与相关的不正当竞争行为区别开来

我国《反不正当竞争法》第5条在假冒他人注册商标之外，还列举了以下三种不正当竞争行为："擅自使用知名商品特有的名称、包装、装潢，或者使用与知名商品近似的名称、包装、装潢，造成和他人的知名商品相混淆，使购买者误认为是该知名商品"；"擅自使用他人的企业名称或者姓名，引人误认为是他人的商品"；"在商品上伪造或者冒用认证标志、名优标志等质量标志，伪造产地，对商品质量作引人误解的虚假表示"。这三种行为虽然都是不正当竞争行为，但不属于假冒注册商标行为，不能构成假冒注册商标罪。这里要特别注意商标与商号、商品装潢的区别。

商号是工商业者和企业的字号或名称。例如，"全聚德"、"同仁堂"等。一些企业往往把自己企业名称的特定文字图形既作为商号标记，又作为商品或服务商标。如"白云山"既是白云山制药厂的名称或商号，又是该厂生产的药

---

① 不过也有学者认为，一般的违法与犯罪之间并无绝对的界限，既然第一种假冒注册商标侵权行为在情节严重的情况下可以上升为犯罪，其他三种假冒注册商标侵权行为在其社会危害性达到一定程度的时候，从应然的角度分析，也应该可以作为犯罪来处理，这样才有利于对商标专用权的全面保护。而且对后三种行为方式予以刑事打击也是TRIPS协议对各成员方的最低要求。TRIPS协议作为WTO的三大支柱之一，对知识产权保护的效力、范围、标准、基本原则和保护方式等提出了新的要求，并首次要求各成员方对知识产权保护提供刑事程序和刑事惩罚。TRIPS协议第61条规定："全体成员均应提供刑事程序及刑事惩罚，至少对于有意以商业规模假冒商标或对版权盗版的情况是如此"，即各成员方应至少对行为人故意以买卖方式使附着假冒商标的商品流通达到一定数量及范围的假冒商标行为予以刑事制裁。我国刑法虽然对达到一定"商业规模"(主要标准是销售金额的大小)的"在同一种商品上使用与其注册商标相同的商标"的行为予以刑事惩罚，但却将其他三种达到一定"商业规模"的同样有"造成混淆的可能"的假冒注册商标的行为绝对地排除在刑事惩罚的范围之外，这显然不利于我国全面履行TRIPS协议和融入全球经济一体化的进程之中。从当今国际知识产权保护的发展趋势来看，一个显著的特点是越来越注重用刑法予以保护。世界上已有许多国家和地区，尤其是知识产权保护制度起步较早的国家，包括英国、美国、日本、泰国、法国、德国、我国的台湾和香港地区等都将上述行为规定为犯罪。随着我国对外经济往来的增多，扩大刑法对假冒注册商标行为的打击范围将有利于中国与其他国家之间的贸易往来和中国的国际声誉。从法经济学的角度上看，将上述行为犯罪化必将加大此类行为的法律成本，这对于遏制此类有理性的市场主体经过利弊权衡的违法行为具有显著的效果。我们认为，这个观点是值得引起立法者重视的。参见李正锋、许其勇：《假冒注册商标罪的立法完善》，载《中华商标》2004年第1期。

品的商标。但也有许多企业和工商业者的商号与其商品或服务商标并不一致。只有商号被作为商标注册以后,才受商标法的保护,假冒这种商号即为假冒注册商标,情节严重的,构成假冒注册商标罪。假冒他人没有作为商标注册的商号或企业名称,引人误认为是他人的商品的,则是反不正当竞争法所禁止的不正当竞争行为。

装潢是商品包装上的装饰,装潢的目的是美化商品,吸引消费者购买,而商标的目的主要在于区别不同生产者与经营者;装潢着力于渲染、美化商品,商标着力于显著性,即区别于其他生产者与经营者的商品的特征;装潢往往与商品内容一致,而商标绝对不能与商品内容相同;装潢不是专用的,可以随时变动和改进,而商标是专用的,一般很少改变。当然,商标一般附着于装潢上,但只要商标不同,即使擅自使用他人商品的特有装潢,也不构成假冒注册商标罪。但是,也有些名牌商品的装潢多年不变,已为广大消费者所熟识,同商标联系在一起,成为消费者选购商品的标志。有的企业也把实际起着商标作用的装潢作为商标注册。如国家工商管理局应企业的要求,将13种名酒瓶贴中起到商标作用的部分也作为商标予以注册,使之享有专用权。那么,假冒这些瓶贴就可能构成假冒注册商标罪。这时的瓶贴不再仅是一种装潢,而是已成为注册商标的有机组成部分。

3.要注意把一般的假冒注册商标行为与情节严重的假冒注册商标行为区别开来

只有情节严重的假冒注册商标行为才构成犯罪。情节轻微,则属一般违法行为。根据前述《解释》,未经注册商标所有人许可,在同一种商品上使用与其注册商标相同的商标,涉嫌下列情形之一的,应予追诉:(1)个人假冒他人注册商标,非法经营数额在10万元以上的;(2)单位假冒他人注册商标,非法经营数额在50万元以上的;(3)假冒他人驰名商标或者药品商标的;(4)虽未达到上述数额标准,但因假冒他人注册商标,受过行政处罚两次以上,又假冒他人注册商标的;(5)造成恶劣影响的。

另外,对非法经营数额的计算,可参考1994年11月22日国家工商行政管理局《关于执行〈商标法〉及其〈实施细则〉若干问题的通知》第10条的规定:在商标侵权案件中,侵权人所经营的全部侵权商品(已销售的及库存的)均应计算非法经营额。对于生产、加工商标侵权商品的,其非法经营额为其侵权商品的销售收入与库存侵权商品的实际成本之和。对于侵权人的原因导致实际成本难以确认的,视其库存商品的数量与该商品的销售单价之乘积为实际成本;没有销售单价的,视其库存商品的数量与被侵权人的同种商品的销售单价的乘积为库存商品的实际成本。对于经销商标侵权商品的，其非法经营额为其所经销的侵权商品的销售收入与库存侵权商品的购买金额之和；购买金额难以确认的，以其库存商品的数量与被侵权人的同种商品的销售单价的乘积为库存商品的购买金额。对于侵权商品的成本或购买金额高于销售收入的，其非法经营额则为该商品的成本或购买金额。

二、侵犯商业秘密罪的认定

（一）侵犯商业秘密罪的客体与对象的认定

侵犯商业秘密罪是指以盗窃、利诱、胁迫或其他不正当手段获取权利人的商业秘密，或者披露、使用或允许他人使用以不正当手段获取的权利人的商业秘密，或者违反约定或违反权利人有关保守商业秘密的要求，披露、使用或允许他人使用其所掌握的商业秘密，给商业秘密的权利人造成重大损失的行为。本罪的客体是他人的商业秘密权，即他人对商业秘密的专有权。商业秘密一经使用即可取得财产利益，因而商业秘密权是一种财产权。商业秘密是否属于知识产权，在理论上是有争议的。因为商业秘密缺少知识产权所具有的专业性、地域性和时间性等特征。商业秘密的合法持有人无权排斥他人以合法手段获取商业秘密，商业秘密主要是依靠保密维持其价值，且不受地域和时间的限制，这些都使之与知识产权差别甚大。但在 1993 年 12 月正式签署的多边自由贸易协定上，虽然避开了商业秘密是否属于知识产权的争论，但仍将商业秘密置于知识产权协议第七节中予以保护。我国修改后的刑法也将侵犯商业秘密罪纳入“侵犯知识产权罪”中，显然是将商业秘密权视为知识产权的一种。

本罪侵犯的对象是商业秘密。我国刑法关于商业秘密的定义沿用了反不正当竞争法第 10 条中关于商业秘密的定义。《刑法》第 129 条规定：“本条所称商业秘密，是指不为公众所知悉，能为权利人带来经济利益，具有实用性并经权利人采取保密措施的技术信息和经营信息。”根据这个定义，商业秘密必须具备以下条件才能构成：

（1）不为公众所知悉，即具有秘密性。（2）能为权利人带来经济利益，即具有经济价值性。（3）具有实用性，即指该信息具有确定的可应用性。（4）权利人采取了保密措施，即具有保密性。

除了上述几个构成条件之外，商业秘密还必须具有合法性，即商业秘密的取得无论是自行开发、自行研制，还是受让、继承等，都必须符合法律的规定，缺乏合法性的商业秘密不受法律保护。如某一信息虽符合商业秘密的前述几个构成条件，但若其使用会损害国家利益和社会公共利益，则不仅不会成为法律保护的商业秘密，反而会成为法律打击的对象，如有较大公害的技术、制假的方法、危害国家或社会利益的经营策略或经营手段等。[①]

商业秘密包括的范围很广，概括地说是一种技术和经营方面的信息。它包括设计、程序、产品配方、制作工艺、制作方法、管理诀窍、客户名单、货源情报、产销策略、招投标中的标底及标书内容等信息。商业秘密通常以有形的物质载体加以体现或记载，如图纸、软盘等。当然，它作为一种信息，也可以直接存储于人的大脑之中。由于各国法律对商业秘密皆属广泛性、原则性的界定，而至于哪些项目被列为保护对象，各国都根据实际情况来判定，并无明确统一的规定。然而从各国的司法实践来看，其保护范围大致分为两大类：

其一是技术信息，即指在产品的生产和制造过程中的技术诀窍或秘密技术、非专利技术成果、专有技术，有人称之为工业秘密。凡属于工、农、牧生产领域里的技术都应包括在内。再具体一点，凡是符合商业秘密构成条件、具有一定价值、不为公众所知的设计、程序、产品配方、制作工艺、制作方法及其他能在生产经营中所使用的技巧、知识都是商业秘密。

其二是经营信息，其界限较模糊，弹性也较大。说明如下：

(1)管理诀窍。指组织生产和经营管理的秘密，特别是合理、有效地管理各部门、各行业之间的相互合作与协作，使生产与经营有机运转的秘密。如管理的模式、方法、经验及管理公关。在国际贸易中，管理秘密越来越被商界所重视，并已成为贸易和投资的重要对象。例如著名的希尔顿饭店集团，就曾把饭店的一整套管理技术向外有偿转让。

(2)客户名单。在国外的司法实践中，客户名单经常成为商业秘密保护的争诉标的，但具体是否能成为商业秘密的保护范围，还应考虑以下几个因素：一是产业的性质，二是编者所投入的努力与成本，三是涵盖的信息内容，四是竞争对手对名录内容的知悉程度。一般情况下，对于一个客户名单，其内容除了姓名、住址外，若还包括接触每一位客户的特殊方法、过去交易的细节情况、交易数量、货柜规模、支付单位以及采购的频率等等资料，则更应考虑受到商业秘密的保护。

(3)其他经营信息。如货源情报、产销策略、招投标中的标底及标书内容等信息。

此外，我们认为，科技攻关、调研所取得的负面资料也应纳入商业秘密的

---

① 参见陈立:《商业秘密的法律保护》，载《中国商业法制》1995年第2期。

范围。因为对于经济价值的认定，也可以从负面角度来看，例如经由长时间的研究显示不能运用的某项过程或策略，而此项发现对于竞争者而言，可能就具有相当程度的价值。因此负面资料也应纳入商业秘密的保护范围。

(二)侵犯商业秘密罪客观方面的认定

本罪在客观方面表现为行为人实施了侵犯商业秘密的行为，并且给权利人造成了重大损失。根据我国刑法第 219 条的规定，侵犯商业秘密的行为有以下几种具体表现形式：

1. 以盗窃、利诱、胁迫或者其他不正当手段获取权利人的商业秘密(即非法获取商业秘密的行为)。盗窃，一般是指通过窃取商业秘密的载体而获取商业秘密。行为人所窃取的可以是反映商业秘密的材料原件，也可以是对原材料的复制品。利诱，是指以金钱、物品或者其他利益为诱饵，使掌握商业秘密的人提供商业秘密。实践中以高薪为诱饵通过挖走知情雇员而获得商业秘密的情形较为多见。胁迫，是指对知悉商业秘密的人进行恐吓、威胁，迫使其提供商业秘密。其他不正当手段，是指盗窃、利诱、胁迫以外的其他非法手段。例如，用诈骗的方法，隐瞒自己的真实身份，使对方上当受骗而泄密。再如用抢劫的方法，劫取权利人的商业秘密。当然，行为人同时也可能由此构成其他犯罪。随着现代科技的高速发展，利用各种技术手段窃取他人商业秘密已成为一种越来越普遍的现象。例如计算机窃密、电磁波窃密、照相机窃密、电话窃听器、高空摄影、远距离激光器扫描等等。

本行为特征强调的是以不正当手段非法获取商业秘密的行为，因此，如果是采用正当合法的手段获取商业秘密，则不构成对商业秘密的侵害。如他人通过自己的劳动独立开发获得此秘密，通过反向工程获得此秘密，通过产品的公开展出从该产品项目中推断出，从公开的文件资料中查出，通过权利人的许可得知以及善意取得等等。

2. 披露、使用或者允许他人使用以上述手段获取的权利人的商业秘密(即非法处分商业秘密的行为)。披露，是指行为人将其以前项手段非法获取的权利人的商业秘密向他人公开。这种行为包括三种情况：一是向特定的人公开，即使特定的人答应为行为人告知的商业秘密保密，行为人的行为也同样属于向他人披露商业秘密的犯罪行为。二是向少部分人公开，例如行为人在某种私下场合谈论其用不正当手段获取的商业秘密，这时听众虽然仅是少部分，但行为人的行为造成商业秘密被公知，构成披露他人商业秘密的犯罪行为。三是向社会公开，即通过各种信息传媒，如报纸、杂志、广播、电视等手段向社会传播。这种公开的目的在于彻底破坏商业秘密的新颖性，使其进入公知领域，以达到预期的目的，如损害商业秘密权利人的经济利益，使其失去竞争优势等。披露方式多种多样，可以采用口头或书面方式，利用广播、电视、报刊、广告等新闻媒体的方式，将包含商业秘密的样品、产品、模型等予以展示等，披露的方式如何不影响其犯罪行为的成立。① 使用，是指行为人将自己非法获取的商业秘密在各种有用的场合加以运用。可能用于生产，也可能用于经营或者销售或者其他方面。不管用于什么场合，都不影响犯罪行为的成立。允许他人使用，是指行为人允许将其以不正当的手段获取的商业秘密供给他人使用。这种允许使用可以是有偿的，如行为人冒充商业秘密的权利人与他人签订技术实施许可合同或软件使用许可合同，从中收取使用费；也可以是无偿的，例如基于朋友、亲戚、商务关系或其他利害关系，将商业秘密无偿送给他人使用。

3. 违反约定或者违反权利人有关保守商业秘密的要求，披露、使用或者允许他人使用其所掌握的商业秘密（即合法知悉商业秘密的人的非法处分行为）。实施这类行为的行为人，其获取商业秘密的手段是正当的。一般是与商业秘密的权利人订立许可使用合同的一方当事人、权利人单位知悉商业秘密的工作人员或从该单位调出、离退休并与单位订有保密协议的有关人员以及一些为权利人提供中介服务的外部人员，如律师、注册会计师、审计师等等。这些人员实施上述行为之所以构成对商业秘密的侵犯，是因为存在保密约定（包括明示或默示），使他们对权利人承担了保密义务。所谓明示的保密约定是指这些人与权利人订有保密合同，或者权利人提出过保密要求；所谓默示的保密约定是指根据具体情况可以推知，如果他人不默示其承担保密义务，权利人就不可能告知商业秘密。行为人违反保密义务，而披露、使用或允许他人使用权利人的商业秘密，自然构成侵犯他人商业秘密的行为。

4. 明知或者应知前三种行为事实而获取、使用或者披露他人商业秘密的行为（即间接侵犯商业秘密的行为）。本项行为的行为人是第三人（第一人是商业秘密权利人，第二人是指前述三种侵犯商业秘密的行为人）。行为人明知或应知第二人的违法行为事实而仍然获取、使用或者披露他人的商业秘密，即进一步实施侵犯商业秘密的行为，与第二人的行为一样，同样也侵犯了第一人，即商业秘密权利人的合法权益，其危害本质并无差异。

---

① 应该指出的是，企业职工的披露若有正当的理由，则不构成侵犯商业秘密罪。例如，企业职工为揭发本企业的公害行为或本企业所生产的伪劣产品而披露企业秘密的生产方法，则是完全正当和正义的，应予支持和保护。

最后，行为人实施上述行为必须在给商业秘密的权利人造成重大损失的情况下，才可构成犯罪，如果行为人虽有上述行为，但没有给权利人造成重大损失，不能以犯罪论处，只能按一般侵权行为处理。这里的损失既可以是由行为人泄露、公开商业秘密造成的，也可以是行为人使用或者允许他人使用造成的。损失既可以是直接损失，又可以是间接损失，既可以是有形的损失，也可以是无形的损失。这里的重大损失，是指经济上的重大损失，包括在竞争中处于不利地位、产品大量积压、营利性服务严重受挫、减少赢利、增加亏损、引起破产等等。我国《反不正当竞争法》第 20 条的规定，侵害商业秘密给权利人造成损害的，应当承担损害赔偿责任，被侵害的权利人的损失难以计算的，其赔偿额为侵权人在侵权期间因侵权所获得的利润。可见，这里规定的赔偿额有两种计算方法，即权利人的所失或侵权人的所得(利润)。据此，我们在衡量行为人侵犯他人商业秘密的犯罪行为是否给权利人造成重大损失时也可以从权利人的所失和犯罪人的所得两个方面加以考虑。但首先考虑的应是权利人的所失，在权利人的损失难以计算时，才考虑犯罪人的所得。[①] 根据最高人民检察院、公安部《关于经济犯罪案件追诉标准的规定》，侵犯商业秘密，涉嫌下列情形之一的，应予追诉：一是给商业秘密权利人造成直接经济损失数额在 50 万元以上的，二是致使权利人破产或者造成其他严重后果的。

本罪的行为主体是一般主体，自然人和单位均可构成本罪。实践中可包括三种人：一是合同约定负有保密义务的当事人；二是本公司、企业知悉或掌握商业秘密的人(包括离职、退休人员)；三是实施侵权行为的第三人。

行为人实施上述第 1 项至第 3 项行为的，明显只能是故意。行为人实施上述第 4 项行为时，如果行为人是在“明知”的情况下实施的，也属故意无疑。问题是如果行为人是在“应知”的情况下实施的，是否也属故意，则有疑问。有论者认为，在这种情况下应认为是一种过失犯罪。[②] 我们认为，这里的“应知”实属一种法律上的推定，即推定行为人是知道的。但行为人若可以证明其并不知道，则不能认定。这属于推定的故意，应将这种推定的故意归入故意犯罪的范畴，而不宜视为过失犯罪。

---

① 有关商业秘密的侵权诉讼，权利人为获得赔偿对其损失的直接证明较为困难，但在认定构成犯罪时，一般可以采用估算、匡算，不必苛求精确。甚至可以包括非物质性的损失，如权利人名誉、荣誉的损失亦可包括在内。

② 参见张明楷著：《刑法学》，法律出版社 2003 年版，第 659 页。

（三）本罪与故意泄露国家秘密罪的界限

本罪中的披露商业秘密行为与故意泄露国家秘密罪有相似之处。区别的关键首先在于商业秘密与国家秘密的界定。商业秘密属于财产权范畴，是一种私权，体现权利人的经济利益、个别意志；国家秘密属于政治权力范畴，是一种公权，体现的是国家意志，关系到国家的安全和利益，即使国家秘密涉及经济方面，也属于国家整体经济利益而非个别利益。商业秘密的权利人为自然人、法人；国家秘密的主体为国家。商业秘密的确定为企业行为（当然也要符合关于商业秘密的要求），国家秘密则由国家保密工作部门依照法定程序确定。商业秘密可以进入市场自由转让；国家秘密则具有排他性、不可转让性。应注意的是，大型国有企业、公司的商业秘密若对国民经济和国家科技具有重大影响，符合整体利益特征，应依法确定为国家秘密。其次，侵犯商业秘密罪的主体是一般主体，而故意泄露国家秘密罪的主体则是特殊主体，只有国家机关工作人员才能构成该罪。[①] 如果国家机关工作人员披露属于国家秘密的商业秘密，则属于法规竞合，应从一重罪论处。侵犯商业秘密罪与故意泄露国家秘密罪的主刑一样，前者尚有附加刑罚金的规定，但从构成条件而论，前者为结果犯，必须给商业秘密的权利人造成重大损失的才构成，而后者则只要情节严重即可构成。故还属后者罪重，应按故意泄露国家秘密罪认定。

① 但须注意，根据刑法第 398 条的规定，非国家机关工作人员犯该罪的，依照该罪的规定酌情处罚。

第8章

扰乱市场秩序罪的司法认定

一、虚假广告罪的司法认定

（一）虚假广告罪基本构成的认定

虚假广告罪是指广告主、广告经营者、广告发布者违反国家规定，利用广告对商品或者服务作虚假宣传，情节严重的行为。本罪的客体是复杂客体，包括国家对广告的管理制度、市场竞争秩序和消费者的合法权益。本罪的对象是广告。广义的广告包括商业广告、社会广告、公益广告、悬赏广告。以广告涉及内容的性质又可分为营利性广告和非营利性广告。作为本罪对象的广告应是指我国广告法和反不正当竞争法所规范的广告，即为商业广告。商业广告属营利性广告，其广告的目的在于推销商品或者提供服务以谋取经济利益。利用商业广告对商品或者服务进行宣传，既是经营者促销商品和招揽生意的重要手段，又是消费者了解、选择商品或者服务的重要信息根据。如果利用商业广告对商品或者服务作虚假宣传，则不仅直接破坏了国家对广告的管理制度，扰乱市场竞争秩序，而且也会误导消费者选购商品或者选择服务，损害消费者的合法权益。

本罪的客观方面表现为违反国家规定，利用广告对商品或者服务作虚假宣传，情节严重的行为。首先，违反国家规定主要是指违反《中华人民共和国广告法》、《中华人民共和国反不正当竞争法》及其他有关广告法规规定的，“广告主、广告经营者、广告发布者从事广告活动，应当遵守法律、行政法规，遵守公平诚实信用的原则”；“广告不得含有虚假的内容，不得欺骗和误导消费者”；“经营者不得利用广告或者其他方法，对商品的质量、制作成分、性能、用途、生产者、有效期限、产地等作引人误解的虚假宣传”[①]等等。

---

① 广告法第4条、第5条，反不正当竞争法第9条。

其次，利用广告对商品或者服务作虚假宣传，这里的“虚假宣传”，广而言之，凡广告内容与其商品（或服务）实际上不相符合均属此范畴。但是，如果法律对广告要求内容与事实必须完全一致，将使广告不足以吸引消费者的注意，丧失广告应有的艺术性、娱乐性功能等，因此，法律规范的“虚假宣传”应重在其“有引人误解的可能”，由此排除内容虽然虚假，但并不引人误解的“虚假宣传”为规范之列。这主要有两种情况：其一是采取过分夸张手法进行宣传，使宣传对象不以为然，也就是说，由于牛皮吹得太大了，谁也不会相信是真的，从而根本不会引人误解。例如房地产广告中的“东方巴黎”、“欧风名宅”；价格广告中的“大酬宾”、“倾情回报”、“今夜跳楼价”等等。其二是采用含糊、意义不明且无法具体验证的抽象夸张手法进行宣传，如“格力电器，创造良机”、“今年二十，明年十八”等等。值得注意的是，这类虚假宣传，若分寸掌握不好，也可能引起误解，引发讼争。

这样，属于法律规范的“有引人误解可能”的“虚假宣传”主要有两类：

一是广告内容虚假，且引人误解。所谓内容虚假，具体包括：(1)信息虚假，即广告中所宣传的商品或者服务的信息纯系虚构；①(2)商品虚假，即广告中所宣传的商品的质量、制作成分、性能、用途、生产者、有效期限、产地等不符合实际情况；(3)服务虚假，即广告中所宣传的服务的内容、形式、允诺等不真实；(4)价格虚假，即消费者选购商品或者服务所支付的货币与广告中所宣传的商品或者服务的价格明显不一致；②(5)证明文件虚假，即广告中使用的数据、资料、调查结果、引用语等不真实。至于何为引人误解，则是一个判断标准问题。具体判断只能由司法人员根据具体情况作出，并且只能根据一般人（一般的宣传对象）对于宣传施以普通注意力时是否会发生误解的标准进行判断，此时如认为对宣传发生误解，就可以断定该宣传是引人误解的宣传。而且，普通人的范围因消费对象的不同而不同，即一般商品或服务根据一般消费者的普通注意力进行判断，专业性商品根据专业人士的普通注意力进行判断。司法实践也可通过社会调查的方法确定是否引人误解，但调查方法仅仅是辅助

---

① 通常表现为诱饵广告，亦称“钓客广告”，即以不能成交或已售尽的商品为广告，引诱消费者光顾其店，再鼓动消费者购买其他非广告的商品。如房地产广告中经常有“每平方米多少元起”，实乃最差一套之价格且已售出，推销员对前来的购房者便巧舌如簧，推销其余高价房屋，使购房者终有受骗之感。

② 包括采用不实的“出厂价”、“批发价”、“成本价”以及“原价”与“现价”的比较；或者假以“换季销售”、“清仓销售”、“结业销售”、“庆典销售”、“折扣销售”为名的虚假价格广告。

其判断的一种方法，不是必用方法。

二是广告内容表面真实，但引人误解。广告主对有利于己的内容，无不使出浑身解数，大肆宣扬。如果那些内容确属客观真实，自然无可非议。但是，如果只一味宣传有利部分，不利部分却略而不提，甚至隐瞒重要事实，则此类广告为隐匿性广告。尽管从文字上看表面真实，但仍会引人误解。例如减肥药物、器械广告，有关的减肥药物、器械虽确有减肥功效，但对其所可能导致的严重副作用却隐而不提；又如房地产广告中的“距火车站仅 500 米”，实乃指空间直线距离，对因受制于路面沿线房屋及栅栏阻隔，绕道结果实际距离为 2 公里则不加说明等等。这类隐匿性广告，往往玩弄文字游戏，利用词语的多义性、模糊性做文章。例如某房产开发公司发布广告称“从即日起买房送家具”，而实际乃指“如买房可以帮助消费者运送家具”。又如，某演唱会广告声称某大牌歌星将出场演出，但实际上出场的乃是当地一个碰巧与某大牌歌星同名尚在练唱的人登台亮相。[①] 这类广告，虽字面本身也许是真实的，或大部分是真实的，但由于措辞的技巧却传递了超出字面含义的信息而引人误解，给消费者提供错误的联想空间，实质上便具有虚假性和欺骗性。

最后，虚假广告行为要达到情节严重的程度。本罪虽为行为犯，但要求达到情节严重。如何确认虚假广告行为的情节严重，一般情况下是从虚假广告的内容、手段、方法、地点以及后果等因素上分析。具有下列情节之一的行为，可以认为情节严重：(1)多次进行虚假广告宣传的；(2)由于虚假广告宣传使用户和消费者蒙受重大损失的；(3)广告经营者和广告主牟取特别巨大的非法利益的；(4)同类生产经营者遭受重大损失的；(5)广告经营者和广告主虽未获得巨大非法利益，但严重干扰了商品市场交易秩序和正当的竞争活动；(6)引起严重社会后果的；(7)引起对外贸易重大损失的；(8)严重影响到国家声誉等等。当然，刑法第 222 条规定的虚假广告罪之“情节严重”，需要司法解释加以明确。

---

① 此类情况在域外亦不乏其例。如美国派克公司曾做广告称其派克钢笔“Guaranteed for life(终身保用)”，一般消费者误认是购买者有生之年都受担保条款的保障，不料派克公司却诠释为“保用期间为钢笔的使用年限”，即将“life”限定为钢笔的“life”，使得该保证形同虚设。又如台湾亦曾有“西安秦始皇兵马俑世界巡回展”这一广告用语的讼争。一般消费者认为是“西安秦始皇兵马俑”的“世界巡回展”；而主办单位所展乃兵马俑之缩小仿制品，并非真品，且声称其义指“兵马俑世界”的“巡回展”。此皆属利用文字、词语的多义性、模糊性以达到引人误解的目的。

本罪的主体是特殊主体，即只能是广告主、广告经营者和广告发布者。[①]“广告主”，是指为推销商品或者提供服务，自行或者委托他人设计、制作、发布广告的法人、其他经济组织或者个人。“广告经营者”，是指受委托提供广告设计、制作、代理服务的法人、其他经济组织或者个人。“广告发布者”，是指为广告主或者广告主委托的广告经营者发布广告的法人或者其他经济组织。需要指出的是，广告主、广告经营者、广告发布者三者可能会重合。如广告主自行设计、制作并自行发布广告的，则三者合一；如广告主自行设计、制作广告而后委托他人发布广告的，则前两者合一；如广告主委托广告经营者设计、制作广告而后自行发布广告，则前后合一；如广告主委托广告发布者设计、制作并发布其广告，则后两者合一。广告主和广告经营者可以是单位也可以是个人，而广告发布者只能是单位。至于个人受某一企业委托，为该企业推销商品或服务，自行或委托他人设计制作广告后，以传单、名片方式自行分发或递交广告(即所谓门缝广告或路边广告的分发者)，则只能视为广告主本身的行为，而不是法律意义的广告发布者。

本罪主观方面为故意。在实践中，广告主作为本罪主体时，其主观方面表现为直接故意最为明显。而广告经营者和广告发布者在主观罪过上则可能包括四种情况：其一，与广告主串通，设计、制作、发布虚假广告，此为直接故意，符合本罪主观要件的要求。其二，明知广告内容虚假而为之设计、制作、发布的，则为间接故意，亦符合本罪主观要件的要求。其三，应知广告内容虚假仍为之设计、制作、发布的，则为推定故意，若行为人不能提出反证，则也可认为符合本罪主观要件。其四，确实不知广告内容虚假，而为之设计、制作、发布广告的，则不符合本罪主观要件的要求。但行为人若存在过失，且使消费者的合法权益受到损害的，仍应依法承担民事赔偿责任。对于广告经营者、广告发布者主观心态的判断要点，在于其是否按规定查验有关证明材料、核实广告内容。

---

① 《广告法》第38条第3款的规定：社会团体或者其他组织，在虚假广告中向消费者推荐商品或服务，使消费者的合法权益受到损害的，应当依法承担连带责任(即可为民事侵权责任的主体)。这类团体包括医院、体育团体、妇联组织等。我们认为这种连带责任应扩大到公众人物，即所谓名人。即名人以个人名义在虚假广告中向消费者推荐商品或者服务，使消费者的合法权益受到损害的，亦应当承担连带赔偿责任。我国对名人荐证广告尚缺乏相应的法律规范。多数国家都规定名人必须是荐证该商品或服务的真正消费者，且在广告期间仍维持使用状态，而商品或服务与所荐证的具有同一性等等。

(二)虚假广告罪认定应注意的问题

(1)虚假广告罪与利用广告进行诈骗行为的区别。利用广告进行诈骗是指以非法占有为目的,刊登虚假信息的广告(即广告的商品或服务根本不存在),诈骗公私财物的行为。其典型表现形式即利用虚假的邮购广告骗取邮购者的钱财,而并不给付广告上的商品。利用广告进行诈骗,其虚假广告只是达到诈骗目的的手段,因此应按诈骗罪认定。而虚假广告罪仅限于在广告有关内容上作假,以非法手段吸引顾客,并无直接占有公私财物的目的。

(2)虚假广告罪与损害商业信誉、商品声誉罪的区别。两者都破坏了竞争秩序,主观上都有故意,但区别是明显的:前者是特殊主体,后者是一般主体;前者之不同身份的主体,其主观故意形式亦有不同,后者只能是直接故意;前者的犯罪对象是广告,后者的犯罪对象是商誉。在实践中,可能会遇到以虚假广告的方式损害他人商誉的情况,如果该虚假广告的内容主要是损害他人商誉,按损害商业信誉、商品声誉罪处罚;如果该广告的内容主要是弄虚作假、欺骗用户或消费者的,按虚假广告罪论处;如果广告所含的内容损害商誉和虚假欺骗大体相当,应依虚假广告罪从重处罚。

(3)虚假广告罪与生产、销售伪劣商品犯罪的区别。从刑法规定与刑法理论上考虑,这两种犯罪的区别是相当明显的,如客体要件不同、行为方式不同、主观故意内容不同等等。但行为人可能利用广告对自己生产、销售的伪劣商品作虚假宣传,或者说利用广告生产、销售伪劣商品。在这种情况下,可以认为是行为的手段触犯了其他罪名,只以一个重罪论处,即仅认定为生产、销售伪劣商品犯罪。

二、合同诈骗罪的司法认定

(一)合同诈骗罪中的合同范围和形式

合同诈骗罪是以行为人利用合同这一形式骗取他人财物为其主要特征的,因此,准确界定合同诈骗罪中的合同,是认定该罪的关键。合同的范围如何,对合同诈骗罪的认定至关重要,为了准确体现合同诈骗罪的本质特征,在确定合同的范围时应以本罪的犯罪客体为依托。本罪是复杂客体,其中国家对市场经济中的合同管理制度是主要客体,而且从编排体例上看,刑法将本罪放置于第三章“破坏社会主义经济秩序罪”的第八节“扰乱市场秩序罪”中,因此,该犯罪行为必定发生在市场经济领域内,并危及市场秩序。因此,我们认为,合同诈骗罪的合同必须存在于市场经济活动中,它的签订与履行都必须受市场秩序的制约。根据这一结论,国家合同被绝对排除在外,因为它不会存在于市场活动中。行政合同也因其调整的是行政管理关系，而不可能被用以扰乱市场经济秩序，因此也不能列入合同诈骗罪中合同的范围。此外，赠与合同以及调整身份关系的民事合同，因为不属于市场经济活动中的合同也应排除在外。应当强调的是，劳务合同体现着劳动力买卖关系，而市场经济以市场作为资源配置的基础手段，其所配置的不仅仅是生产资料，也包括其他生产要素，尤其是劳动力要素，利用劳务合同骗取他人财物的行为也会破坏市场经济秩序。因此，劳务合同应属于合同诈骗罪的合同的范畴。

至于可以构成合同诈骗罪的合同的形式问题，主要是涉及利用口头合同进行诈骗，是否可以按照合同诈骗罪处罚的问题。根据我国民法通则和合同法的规定，当事人订立合同有书面形式、口头形式和其他形式。我国劳动法规定，签订劳动合同应当采取书面形式。那么合同诈骗罪中的合同可以包括哪些形式，是否应有所限制，刑法理论与实务界对此都有不同的看法。认为合同诈骗罪的合同只能采用书面形式的较有说服力的观点可归纳如下：(1)从证据的客观可见性要求来说，口头合同不能成为本罪合同，否则将出现举证难的问题。(2)刑法第224条中规定的是“在签订、履行合同的过程中”，说明立法本意是要求本罪的合同采用书面形式，因为口头合同不存在“签订”问题。(3)如果本罪中的合同可以采用口头或其他形式，将使普通诈骗罪与合同诈骗罪难以区分，并出现“特殊法条”架空“普通法条”的局面，最终导致普通诈骗罪名存实亡。①

对此，我们认为，一般而言，合同诈骗罪的合同可以包括口头合同，不必有形式上的限制。但是应结合具体情况，考察其行为是否符合“扰乱市场秩序”的特征，从侵犯的客体着手，分析其行为的性质。即便是口头合同，只要是发生在生产经济领域，侵犯了市场秩序的，同样应以合同诈骗罪认定。而对于在日常生活中利用口头合同进行诈骗，只要不符合“扰乱市场秩序”特征的，则应按照普通诈骗罪认定。不能因为证明口头合同和其他形式合同内容的证据难以搜集而将它们排除在合同诈骗罪的合同范围之外。口头合同的内容虽不像书面合同那样记载明确，但只要犯罪是客观存在的，就可以通过各种手段如当事人陈述、证人作证等方法加以证明。况且大多数利用口头合同诈骗的案件都是案情简单、事实清楚的。同时也不能因为刑法条文中用了“签订”一词就认准合同只能采取合同书的形式，1999年合同法中关于书面合同的表现形式

---

① 茅仲华、叶巍：《全国部分法院经济犯罪案件审判工作座谈会研讨综述》，载《刑事审判参考》总第41辑，法律出版社2005年版，第166～167页。

不仅包括合同书，也包括信件、数据电文等，目前对该类合同仍不能进行传统意义上的“签字”，因此刑法作为其他部门法的保障法应该跟上社会的发展和合同制度的变化，对条文的理解和解释必须合乎立法的目的，不妨将刑法第224条中的“签订”广义理解为“订立”。

还值得指出的是，如果将合同诈骗罪的合同形式限定为书面形式，将导致单位利用口头形式实施诈骗的行为无法由刑法来调整。因为普通诈骗罪的主体不包括单位，而实践中单位利用口头合同实现商品交换的现象大量存在，部分单位借此实施诈骗的情况时有发生。

（二）合同诈骗罪客观方面的认定

根据刑法第224条的规定，合同诈骗罪的客观方面表现为行为人在签订、履行合同的过程中，采用欺骗的方法，非法占有他人财物，数额较大的行为。刑法第224条列举了几种常见的虚构事实、隐瞒真相的合同诈骗行为方式：

1. 以虚构的单位或者冒用他人名义签订合同。即行为人捏造根本不存在的单位或者擅自以其他单位、他人名义签订合同，实践中多表现为行为人持虚假的单位介绍信、空白合同书或利用已撤销单位、租赁和承包企业的公章、合同书等与他人签订合同，骗取财物。

2. 以伪造、变造、作废的票据或者其他虚假的产权证明作担保。即行为人以上述虚假财产凭证作担保，骗取对方的信任，诱骗对方当事人与其签订合同，从而骗取财物的。

3. 没有实际履行能力，以先履行小额合同或者部分履行合同的方法，诱骗对方当事人继续签订和履行合同的。这种行为方式，在司法实践中被称作“钓鱼术”。它分两种情况：一是行为人没有履行大额合同的能力，但为了诈骗得手，就先与对方签订小额合同并实际履行，骗取对方的信任，继而与对方签订自己根本无力履行的大额合同，骗取对方的财物。二是行为人没有履行合同全部义务的能力，在签订合同后，为骗取对方信任，先积极履行部分合同义务，使对方相信其会履行全部合同义务，于是对方履行了自己的义务，行为人就骗取了财物。第二种情况的诈骗方法实际上就是发生在合同签订之后的合同履行过程中的。

4. 收受对方当事人给付的货物、货款、预付款或者担保财产后逃匿的。关于这一项规定的行为类型，在司法实践中存在一定的争议。单纯从表述上看，该行为似乎未能体现欺诈性，即没有使用虚构事实、隐瞒真相的手段，而理论上通常认为，构成合同诈骗罪的行为在客观方面必须表现为采取了欺骗手段。我们认为，刑法真正要在此处表达的行为模式是，行为人在合同签订之后的履行过程中的欺骗行为，而且这种欺骗行为是通过行为人携款、携物逃匿加以推定的。这里确实存在一定程度的将客观要件的行为类型与对非法占有目的的主观要件的推定混合在一起的情况。本来刑法第224条是在确定行为人主观上具有非法占有目的，并且实施了其所列举的五种客观行为方式之一的情况下才予以定罪处罚的；而不是由其所列举的五种客观表现形式之一推定行为人有非法占有的目的，进而予以定罪量刑。但是，我们应当认识到经济犯罪的复杂性，其主观要件与客观要件的认定存在交叉性，在许多情形下，主观要件与客观要件的认定是一并进行的，无法将其截然分开。也就是说，第224条所列举的行为人的客观表现可以从某一方面推定行为人的主观心态（反过来，用于推定主观要件的客观要素本身也同时可以作为客观要件，例如，携款、携物逃匿的行为既可以用于推定行为人具有非法占有的目的，同时又可以作为行为人实施诈骗行为的客观要件加以认定）。当然，是否具有非法占有目的有时还要通过对行为人多方面的客观表现进行综合判断，才能得出相对科学和准确的结论，否则会罪及无辜。不履行合同义务并不必然等于有非法占有的意图。单从行为人收受对方财物后逃匿也不能直接判定其具有非法占有目的。但是，行为人在占有对方财物后逃匿的行为，至少已经反映了行为人不想履行合同的意图，从而可以推断这是行为人在合同履行的过程中实施的一种"隐瞒真相"的不作为诈骗方法。我们认为，行为人在合同履行的过程中如果不想履行合同义务，应有责任告知对方，特别是在占有对方款物之后；如果行为人不告知且携款、携物逃匿，明显属于隐瞒其不履行合同义务的不作为诈骗。我们认为这一项规定在当前合同诈骗犯罪日益复杂化的情况下是有必要的，立法技术上也是可行的。有论者认为，本项的规定"仅限于行为人在收受对方当事人给付的货物、货款、预付款或者担保财产之前便存在非法占有目的，而且对方之所以给付货物、货款、预付款或者担保财产，是由于行为人的诈骗行为所致。行为人收受对方当事人给付的货物、货款、预付款或者担保财产之后，才产生非法占有目的，但仅仅是逃匿，而没有采取虚构事实、隐瞒真相的手段使对方免除债务的，难以认定为合同诈骗罪"。该论者同时认为，"当行为人与对方签订合同时没有非法占有目的，即使在收受对方当事人给付的货物、货款、预付款或者担保财产后逃匿的，也不能认定为骗取对方当事人财物"。①我们认为，这种观点是不妥当的。一是它将实施诈骗手段与非法占有目的的

① 张明楷：《金融诈骗罪的非法占有目的及其认定》，载《刑事司法指南》总第23辑，法律出版社2005年版，第21页。

认定完全隔离、绝对分开，作为互不关联的两个要件，流于理论形式而脱离实践（前面我们已经阐述过这两者之间是存在交叉的）；二是它将诈骗手段的实施仅限于合同的签订阶段而忽视在合同的履行阶段实施的诈骗手段（包括作为和不作为），这也是不符合刑法第 224 条关于合同诈骗行为可以发生在合同的签订和履行的全过程的立法本意。

5. 以其他方法骗取对方当事人财物的。这是一个堵截性条款，“其他方法”是指除前述四种诈骗行为外，其他利用合同，采取虚构事实或隐瞒真相手段骗取对方当事人财物的行为。例如，虚构不存在的合同标的，签订空头合同，骗取他人财物的；利用虚假广告和信息，诱人签约，骗取中介费、培训费等。这一规定是立法者考虑到合同诈骗具体形式千差万别，很难以列举方式穷尽各种可能而设置的开放性规定。[①] 由于其不属于纯正意义上的罪刑法定，用之不当会罪及无辜，因此，司法实践中适用该条款时应抱着审慎的态度，无论行为人采取何种手段，是否具有非法占有的目的都应当是区分罪与非罪的关键。

根据刑法第 224 条的规定，行为人骗取的财物达到数额较大，是构成合同诈骗罪的必要条件。因此，本罪中对数额的定位关系重大。在合同诈骗中，涉及的数额种类很多，如合同标的额、犯罪所得额、受骗损失额（包括直接损失、间接损失）等。合同标的额是合同上记载的数额，它并不都是诈骗分子想要骗取的数额。司法实践中，相当部分的诈骗分子明知合同标的额是骗不来的，其主观上真正想骗到手的是合同的定金、预付款，而实际上往往也只骗到定金、预付款，若以合同标的额作为定罪数额则会造成轻罪重罚的后果。而受骗损失额中的间接损失额显然不能作为定罪数额。再看受骗直接损失额，在现实生活中，被害人因受骗而遭受的直接损失往往不只交给诈骗分子的那部分财产，也包括因履行合同而支出的交通费、招待费等。这些损失尽管都是因受骗而遭受的直接损失，但只有一部分才是犯罪分子欲通过诈骗而非法占有的，因此也不宜将受骗直接损失额作为定罪数额。最后来看犯罪所得额，它是诈骗分子利用合同进行诈骗实际上得到的财物数额，我们认为，以此标准作为定罪数额也有不妥，因为在某些情况下，被骗人实际交出的财物在到达诈骗分子手中以前，可能因途中管理不善或因第三人插手而减少，如果这部分损失是属于应归责于诈骗行为人的，那么以犯罪分子实际骗取的财产数作为定罪数额就

---

① 黄华平、邓子滨：《论合同诈骗罪的几个问题》，载胡驰、于志刚主编：《刑法问题与争鸣》第 4 辑，中国方正出版社 2001 年版，第 349 页。

会轻纵犯罪分子。综上，我们认为，应以被害人交付的财物数额作为定罪的数额为妥。通常，被害人交付的财物数就是诈骗分子实际骗取的财物数额，如果出现因中途管理不善或第三人插手而使骗取所得额减少时，应参照合同法的有关原理认定。通常标的物的所有权自标的物交付时转移，标的物毁损、灭失的风险随所有权转移，即交付之后，因第三人原因造成的损失，应计入诈骗数额之中；交付之前，因第三人原因造成的损失不应计入诈骗数额之中。不过，由于被害人的损失额充分体现了犯罪行为的社会危害程度，因此应当作为一个重要的量刑情节考虑。

此外，在合同诈骗中，还有一种情形被称为“拆骗”的，即行为人为掩盖其诈骗行为，连续作案，将后骗取的财物用于偿还先前骗取的财物，边骗边还的行为。这种作案方式，行为人并不是想把所有到手的财物全部占为己有，但也无意彻底清偿骗款，而是通过“拆东墙补西墙”的方法，确保自己手中总占有一笔被骗的财物。根据此种行为的特殊性，确定其犯罪数额时应考虑欺骗的一面，还要考虑其还的一面，因此以行为人最后一次骗取的财物数额，加上前几次行骗后尚未还清的财物数额作为定罪数额，较能客观地反映“拆骗”行为的社会危害程度。当然，“拆骗”的次数和总额也应作为重要量型情节予以考虑。

（三）合同诈骗罪主观方面的认定

1. 合同诈骗罪的主观方面只能表现为直接故意

合同诈骗罪的主观方面只能是故意，理论界对于本罪具有直接故意的主观心理毫无疑问，但对于间接故意是否包含在该罪的故意形式中存在两种完全对立的观点。一种是否定说，认为合同诈骗罪的主观方面只可能是直接故意，不包括间接故意。另一种是肯定说，认为合同诈骗罪主观方面也可以由间接故意构成。其主要理由是，司法实践中存在这样一种情况，即行为人与他人签订合同时，内心还处于一种不确定的状态，对自己是否有履行合同的能力尚无把握，对是履行合同义务或是非法占有他人财物，内心还没有确定的意念，在签订合同后对履行合同抱着漠不关心、听之任之的态度，到时能履行就经营获利，没有办法履行就不履行，而将对方交付的定金、预付款等据为己有。行为人的这种主观心理态度属于间接故意。

我们认为合同诈骗罪的主观方面只能表现为直接故意，合同诈骗罪属于目的犯，“非法占有目的”是该罪的基本构成要件。而犯罪目的是行为人希望和追求犯罪结果发生的心理态度，它只能存在于直接故意犯罪中，在间接故意犯罪中不可能存在犯罪目的。刑法关于合同诈骗罪的规定排除了该罪属于间接故意犯罪的可能。至于肯定说所列举的所谓行为人对合同履行与否抱着能履行就履行，不能履行就诈骗的情形实际上不是什么放任问题，而是罪与非罪的问题。首先，如果合同签订后，行为人履行合同合法获利，则双方的合同关系受法律保护，当然也就不存在间接故意的合同诈骗问题。其次，如果合同不能履行而行为人又愿意承担违约责任并赔偿损失的，则只能追究其违约责任，属于民法调整的范畴，而非合同诈骗罪。最后，如果合同不能履行，而行为人决意实施诈骗，摆脱合同义务，进而无偿完全占有对方当事人的财物，则这时候行为人的主观故意是从签约时的不确定状态转化为明确的非法占有对方当事人财物的直接故意。此种直接故意的诈骗犯罪的特殊之处在于从产生犯罪到行为实施终了期间，犯罪行为存在一个延展的阶段，但最终行为人还是确定地实施了诈骗犯罪行为。

2. 非法占有目的产生的时间

关于合同诈骗罪非法占有目的产生的时间，学界有不同的意见。有观点认为，非法占有目的产生的时间存在三种不同情况：第一种是非法占有目的产生于签订合同之前或签订合同之时，即行为人一开始就无履行合同的诚意，而只是想通过签订合同骗取他人财物；第二种是在签订合同时，行为人内心是不确定的，是否履行合同义务对行为人来说尚处于朦胧不清的状态，如果后来行为人通过合同约定取得了对方财物，但是没有机会履行合同规定的义务，也没有履行合同的积极行为，这时可以认定行为人有非法占有他人财物的目的；第三种是行为人与他人签订合同时没有非法骗取他人财物的目的，双方签订合同时希望通过履行合同实现利益的意图是确定的，但在履行合同的过程中，主客观条件发生变化，促成了行为人主观意图的转变，行为人不再履行合同，只希望无偿占有对方财物。① 另有观点认为，合同诈骗罪中行为人非法占有他人财物的目的只能产生于签订合同之前或之时，而不能产生于合同履行过程中，其主要理由是认为合同诈骗罪是目的型犯罪，根据目的型犯罪的一般原理，行为人总是先有非法占有的犯罪目的，然后才能在此目的的支配下选择合同这一形式达到诈骗目的，如果合同先有效成立，行为人后产生"非法占有目的"则只能构成侵占罪，而非合同诈骗罪。② 我们认为，合同诈骗罪的非法占有目的可以产生于合同签订之前、合同签订之时，也可以产生于合同履行的过程中。比如，行为人在签订合同之时，并无骗取对方当事人钱财的故意，或者

---

① 参见孙国祥、魏昌东著：《经济犯罪研究》，法律出版社 2005 年版，第 565～566 页。

② 梁华仁、张先中：《略论合同诈骗罪的几个问题》，载《政法论坛》（中国政法大学学报）1999 年第 1 期。

说并不确定内心的想法，但是在履行的过程中由于种种原因(包括主观上的想法或客观方面如货源、销路等情况的变化)，致使合同难以履行，或者行为人在获得对方交付的定金、预付款后不愿意履行合同义务，产生了非法占有的故意，并基于这种目的采取了虚构事实(如以不可抗力等虚假理由为借口)或隐瞒真相(如逃匿)的手段侵吞对方财物，那么其履行合同过程中的这一欺骗行为，就是主观目的支配下的客观行为，可以认定为合同诈骗罪。这与刑法规定合同诈骗罪的实行行为延展于“在签订、履行合同过程中”也是相一致的，符合主客观相统一原则。

3. 非法占有目的的认定

关于如何判断行为人主观上是否具有非法占有目的，我们认定可以从以下几个方面来综合把握：

(1)行为人是否有履约能力。履约能力是指合同当事人有按合同的约定履行合同义务的能力。一般来说，行为人对自己的履约能力是明知的。如果行为人在签订合同时明知自己没有履行合同的能力而仍与人签约，或只有部分履行能力，而与他人签订大大超过自己能力的合同，则行为人很可能以签订合同的手段骗取财物。判断行为人有无履行能力，可以看行为人的主体资格以及订立合同时是否具有与合同规定相当的商品交换能力或是否有第三人帮助等。当然，由于履约能力具有可变性，有的人在签订合同时不具备履行合同的条件，但签约后经过努力争取到了条件，使合同全部或基本得到履行，就不能认定其有非法占有目的。而相反，有些行为人自始至终有履约能力，但根本无履行合同的诚意，则可以认定其具有非法占有目的。

(2)行为人是否采取了欺骗手段。具有非法占有目的的行为人在合同的签订、履行过程中往往会采取虚构、假冒主体身份，或是伪造产权凭证、提供虚假担保，以及制造履约假象等，而合同纠纷中的当事人一般不会有欺骗行为，或者即使有某些虚假的成分如夸大履行能力、吹嘘自己的信誉和商品质量等，也是为了促成签约，意在谋利；而且就欺诈手段在整个案件中的作用来分析，前者采用欺骗手段通常是要掩盖其根本无法履行合同的事实，而合同纠纷或民事欺诈行为当事人虽然也会“造假”，但它是局部的、某一方面的，而不是本质上的虚假。

(3)行为人有无履行合同的实际行为。合同诈骗罪通常表现为合同的不履行，因此，有无履行合同的行为是认定合同诈骗罪的重要客观依据。一般而言，凡有履约诚意的当事人在签约后都会积极履行合同规定的义务或是努力创造条件去履行合同，即使最后无法履行，也会承担违约责任。而诈骗分子通常签约后不会去履行合同，只是想方设法将对方财物弄到手。即使他们有部分履约行为，也只是象征性的，目的是掩人耳目；或是先履行小额合同或部分履行，目的是骗取对方当事人信任，以无偿占有对方更多的财产。

(4)行为人对取得的对方财物的处置情况。一般来说，合同当事人(即使是民事欺诈行为人)在取得对方交付的标的物或货款后，都会投入正常的生产经营活动，即使无法履约，通常也不会非法使用和处分；而如果行为人取得对方财物后不是用于合同约定的生产、经营活动，而是用于诸如赌博、还债、挥霍等，则行为人很可能就具有非法占有的目的。

(5)行为人不履约的原因。并非未履约就一定构成合同诈骗罪，还要分析未履约的原因。如果是客观上的原因如政策、市场因素、第三方的原因以及意外事件等导致合同不能履行，则只能按合同纠纷处理，不能认定有非法占有目的；如果是由于行为人主观上不愿意履行合同的义务或者不积极创造条件履约，说明其主观上可能根本无履行合同的诚意，甚至具有非法占有的目的。

(6)行为人违约后是否愿意承担违约责任。无履行合同诚意并不一定就是企图非法占有对方财物，比如效率违约的情况，因此还要看行为人违约后的态度及表现。一般来说，合同纠纷当事人在出现违约情况时即使会找出种种理由辩解，但一般会采取补救措施以减少对方的损失，当违约事实无可辩驳时，也会承认自己的过错并承担违约责任。而行为人违约后百般抵赖、避而不见，或携款潜逃，致使对方告状无门的，则说明其主观上很可能有非法占有的目的。

当然，司法机关在实际办案时要全面掌握行为人的外部表现情况几乎是不可能的，为了提高司法效率，也为了最大限度地保证判决的正确性，引入事实推定的方法是必要的，即法院依据某一已知事实，凭经验法则，推定与之相关的另一事实的存在，但允许被告人提出反证，并以反证的成立与否确认推定的成立与否，避免绝对化，防止罪及无辜。

(四)合同诈骗罪与合同民事欺诈行为的界限

签订、履行合同过程中的民事欺诈行为是指合同一方当事人故意作出虚假意思表示，使对方当事人陷于错误而作出不真实的意思表示并与之签订合同，从而给对方当事人造成经济损失的行为。从广义上讲，合同诈骗罪行为也在欺诈行为的范围之内，正因为如此，有观点认为合同诈骗犯罪只是一种情节严重的合同欺诈行为，两者的区别仅在于民事行为能力和刑事责任能力构成条件上的不同。然而，合同诈骗罪和合同欺诈在观念上和法律上都不存在包容或交叉关系，上述观点混淆了两者的本质特征。实际上，两者的区别也是十分显著的。

(1)主观目的不同。合同诈骗罪的行为人主观上是以签订合同为幌子,通过采取欺诈手段,非法占有合同项下的全部或部分他人财产,其主观心理只能是直接故意;民事欺诈行为的行为人主观上虽有诈欺故意,但不是为了非法占有他人财物,其签订合同的着眼点在于通过履行违反公平交易原则的合同获取经济利益,其主观心理既可以是直接故意,也可以是间接故意。

(2)客观方面不同。具体表现为:一是欺诈手段不同。合同诈骗犯罪行为人由于主观上企图非法占有他人财物,根本无履约的诚意,因而其通常采取虚构、假冒订立合同必需的身份,虚构合同标的和法律事实等手段,千方百计掩盖自己无履约能力的真相,无履行合同的实际行动,却要达到骗取钱财的目的;合同欺诈行为则有民事内容的存在,行为人通过商品交换,提供劳务等经济活动取得一定的利益,即行为人有履行合同的能力和实际活动,因此,行为人一般无须以虚假的身份出现,但多采取以次充好、以假乱真、掩盖瑕疵、夸大履约能力、隐瞒履约能力缺陷等欺诈手段。二是欺诈程度不同。合同欺诈行为的欺诈程度仍在一定的限度内,即仍应由民事法律、政策来调整;而合同诈骗罪中的虚构事实、隐瞒真相的程度已超出了一定的限度,发生了质的变化,应由刑法来调整。

(3)侵犯的权利的属性不同。合同诈骗罪侵犯的客体之一是公私财物所有权;其中作为犯罪对象的公私财物,并未充当合同设定的权利义务的体现者,体现的是物权。而合同欺诈行为侵犯的是债权;其中被侵犯的公私财物是已进入合同设定的生产、流通领域的权利、义务的体现者。

(4)行为构成的数额要求不同。合同诈骗罪的成立,在法律上有数额的要求,即必须是所骗取的数额达到“数额较大”的标准,否则不构成本罪。而合同欺诈行为的成立在法律上无数额的要求。

(5)法律后果不同。民事欺诈行为只要得到对方当事人的认可,双方达成的协议仍然有效,可形成民事法律关系,如果产生争议,则由民事欺诈行为人承担民事责任;合同诈骗罪是一种犯罪行为,要承担刑事责任,同时负有返还被害人财产和赔偿损失的民事责任。

最后,应当强调,在合同诈骗罪与合同民事欺诈行为乃至合同纠纷的种种区别中,行为人是否具有非法占有他人财物的目的,是划清它们之间界限的关键所在。因此,在认定行为人的主观意图时,应对行为人有否履约能力、履约诚意,有否实际的履约行为,未能履约的原因以及违约后的态度等各个方面进行综合分析,以作出正确的判断。下面以一则案例作进一步的说明。检察院指控被告人林某于2004年1月间，以办理住房装修贷款为名，从其前夫黄某取得某市某住宅的购房合同复印件后，又对被害人叶某隐瞒其与黄某离婚的事实，并虚构该房是其与黄某夫妻双方共同所有。2004年1月15日，被告人林某与被害人叶某签订房产交易协议书，将已属其前夫黄某和其女儿黄晨名下的上述房屋出售给被害人叶某，并先后于2004年1月15日和17日两次共收取叶某的购房预付款36万元。林某将所得款项大部分用于赌博，致使上述钱款无法返还被害人。检察院认为，林某无处分权，隐瞒事实真相，用其无处分权的房屋进行交易，骗得相对人的预付款，而且将款项用于赌博，输掉之后逃匿（林某称是去想办法筹款还钱），构成合同诈骗罪。

被告人林某则辩称：她并没有欺骗叶某，说她应有该房屋的相应权利。理由是，她与前夫的离婚本来是假离婚，目的是规避因其赌博所欠下的债务，为了保护家庭，为了女儿，不得已作假离婚（离婚协议书上载明，女儿归男方黄某抚养，一切费用由男方承担，现有财产均归男方所有。女方自动放弃所有财产）。她认为，实际上她和黄某仍是夫妻，而且黄某在离婚后，还常和她同居（对此，黄某也承认），周围的人还都认为他们是夫妻关系，两人也没有向外说明已经离婚的事实，她所卖的该处房子，黄某也让她居住使用，她多次要求黄某将房子过户给她（据了解，黄某也同意，但认为时机未到。黄某同意让她居住，等其赌博恶习改掉，无债主后，可以考虑过户。黄某也觉得林某孤身一人，应有安身之地）。林某认为卖房时并无欺骗的故意，她认为，经过自己的努力，黄某会同意的。而且，她在卖房后，也曾和黄某说明（虽然黄某不同意，将门锁换了，后来又将该房出租，才导致案发）。林某还认为，她之所以卖房有一部分原因是要报复黄某。因为黄某在离婚后，很快又和一女子结婚，本来是假离婚，却弄假成真。她认为如果是真离婚，那样的财产分配是不合理的，所卖的房子本应属于她和黄某的共有财产。黄某在厦门有多处房产，当时她没有要，是为了女儿，想给女儿多留点财产。不料，黄某如此快就有了“外遇”并结婚，干脆将其甩掉。她本来以为等避过讨债风头，随时可以回家的，现在却落得孤身一人。林某认为黄某这样对待她是不公平的，在这种情况下，那份表面虽然是自愿的离婚协议书下的财产分配就是不合理、不公平的。她认为，黄某即使不给她房子，也应帮她退还预付款。总之，林某认为在卖房时并未欺诈叶某，她以为可以通过其努力成交，即使不成交，也可以退款。只是在她正在努力的过程中，对方就已报案，使其失去机会。实际上，黄某在朋友的说服下，也同意帮林某还款，但条件是不起诉林某。但公安机关称，先还钱，是否移送起诉不由当事人。黄某担心钱垫上，人尚押的情况，故未替林某还款。但是黄某保证，如果不对林某追究刑事责任，就可以替林某归还欠款。其实，被害人叶某也对此表示同意，三方还拟定了一个还款协议书，要求公安机关不要移送审查起诉，但未得到公安机关允许。

我们认为本案的关键问题就是主观要件的认定问题。如果被告人林某明知其无权处置该房产，也不存在处置该房产的相应理由、根据和可能性，而对该房产进行了处置，则被告人的行为满足合同诈骗罪的主观要件，具有非法占有的目的；反之，如果被告人林某认为其存在处置该房产的相应理由、根据和可能性，只要这种理由、根据和可能性存在，而且是合情合理的，就应该认为被告人具有履行合同的相应能力和可能性（必须注意，合同的履约能力并不要求签订合同当时就必须完全具备，它当然也包括在合同期限内存在的履约可能性），就不能认为被告人林某具有不支付对价的无偿占有对方财物的主观目的，被告人的行为就不能满足合同诈骗罪的主观要件，因此我们也就不能对被告人的行为认定为合同诈骗罪。

从上述案情可见，本案被告人一直认为她具有对其所卖房产的相应理由、根据和可能性。她认为，她的前夫应该将该房屋过户给她。实际上，被告人的这种认识也是有法律依据的，根据我国婚姻法第 42 条的规定，“离婚时，如一方生活困难，另一方应从其住房等个人财产中给予适当帮助”，而根据最高人民法院《关于适用〈中华人民共和国婚姻法〉若干问题的司法解释（一）》第 27 条的规定，“一方离婚后没有住处的，属于生活困难”。被告人在与其丈夫离婚时，就是属于没有住处的情况，所以她的前夫才私下（在离婚协议之外）提供给被告人该处住房，也表示过要在适当的时候将该房产过户给她。总之，本案的被告人一直认为，在一定时间内，她是可以要求、说服其前夫同意该项房屋买卖的。即使其前夫不同意买卖的价格，本案被告人也完全有理由认为，其前夫是可以也应当为其退还对方购房的预付款的。事实上，其前夫在案发后也表示愿意为其退款。如果我们硬要认为林某没有处置该房屋的相应理由和根据，那就是说，林某是在盗卖他人的房产。这样一来，黄某也就成了本案的被害人，难道说天底下还有这种愿意帮助盗卖其房屋的人退款的被害人吗？还有这种四处奔波为证明侵害其财产利益的人无罪的被害人吗？这些情况都说明，本案被告人的行为实际上并没有侵犯黄某的财产利益，她所处分的是本应属于她的房产，只不过在法律的形式上存在一定的瑕疵（房屋还没有过户而已）。因此，本案完全不属于明知其不具有履约能力而隐瞒其具有履约能力，欺骗对方当事人与其签订合同的情况，被告人林某不具有无偿占有对方财物的目的，不符合合同诈骗罪的主观要件。

而且，本案被告人在签订合同时和签订合同后都一直在努力争取履约，即使其前夫觉得价格太低，不同意买卖，但其前夫本来也是同意退款的，只因为进入司法程序后，才使得有关合同的履约或解约无法进行。我们不能将合同由于某种原因无法履行（或无法正常解约）的一般合同履行不能或解约不能，简单归为合同诈骗，不能客观归罪。特别要注意履约不能（包括解约不能）的原因是否是行为人有意造成的，是否是行为人一开始就明知的。认定犯罪必须主客观相统一。合同诈骗罪的构成，必须是行为人既无履约的诚意又无履约的能力，才能满足其构成条件。而本案被告人在签订合同时，认为其具有履约的可能性（有一定的履约能力）；在签订合同后，本案被告人也一直在朝履约的方向努力（有履约的诚意）。事实上被告人在成交后，也将房屋的钥匙交给对方，并把自己的东西都搬出来了，如果被告人真心想欺骗对方钱款，为什么还要这样做？而且要如此及时地告诉黄某，并一再要求黄某同意该项房屋买卖？由此可见，被告人确实在签约后，为履约作出积极努力的工作。即便由于某种原因，实在不能履约，被告人也存在解约的能力，即通过各种渠道退还预付款的能力。通过被告人的努力，其前夫也同意退还对方的购房预付款，而且事实上也达成过退款协议。根据以往的司法实践，在合同履行不能的情况下，是否愿意或是否能够承担合同违约责任，本来也是合同诈骗区别于合同违约纠纷的一个重要界限。而本案的被告人林某通过其前夫是能够承担违约责任的。

总之，本案被告人不存在合同诈骗罪的故意，不具有非法无偿占有对方钱款的主观目的，不符合合同诈骗罪构成的主观要件，因此就不能以合同诈骗罪来追究本案被告人的刑事责任。我们认为，本案充其量属于合同履行不能，至多是合同违约。本案作为一般的合同纠纷，通过民事方式解决，更有利于本案所涉及的各方当事人的利益的真正落实，也更有利于化解社会矛盾。

第9章 □□□ 抢劫罪的司法认定

一、作为抢劫罪对象的财物的认定

抢劫罪是指以非法占有为目的，当场使用暴力、胁迫或者其他方法，当场劫取公私财物的行为。本罪的客体是双重客体，即不仅侵犯了公私财产的权益，同时由于使用了暴力、胁迫或者其他方法，也侵犯了被害人的人身权利。抢劫罪的双重客体决定了其犯罪对象也是双重的。被害人人身是抢劫罪的手段行为指向的对象，被害人的范围可以包括财物的所有人、保管人及当时在场的其他有关人，其中也包括实施其他违法犯罪活动而非法占有财物的违法犯罪分子；公私财物是抢劫罪的目的行为借助其手段行为指向的对象。在这里我们重点讨论作为抢劫罪对象之一的财物形态的几个问题。

1. 不动产能否作为抢劫罪的对象的问题

由于抢劫罪属于财产犯罪的夺取罪范畴，因此，作为抢劫罪对象的“财物”形态应限于动产，即可以当场非法占有、便于携带移离的财物。如果是把不动产分离而使用暴力或暴力威胁抢走，则被分离和被抢走的部分就改变了其不动产的属性而成为动产。例如，强行拆下他人房屋的部分木料，并施以暴力或胁迫强行拉走木料，当然应定为抢劫罪。值得注意的是，在审判实践中，也遇有以暴力手段赶走房主强行霸占房屋(不动产)的情况。对此有人认为亦应按抢劫罪论处(有些国家和地区设有抢占不动产罪)，这就把作为抢劫罪对象之一的“财物”从动产扩大到不动产。尽管这类案件的发生率很低，但似也值得探讨。我们认为，不动产不能成为抢劫罪的行为对象，这是由抢劫罪的犯罪特征和不动产本身的不可移动性所决定的。所谓不动产，是指依一般观念认为在空间上不能移动否则会损害其经济价值的物。而我国刑法规定的抢劫罪的基本特征是当场使用暴力和当场取得财物。这里对取得财物有两点要求：一是财物能当场被行为人占有、携带、移离，二是客观上这种可能性能当场实现。

而当场可以取得的财物只能是动产，因为只有动产才可以携带、移离，并通过实际控制而达到据为己有的目的。肯定说认为不动产因具有占有权能而可能被非法占有，并进而认为不动产可以成为抢劫罪的对象。但是我们认为，动产的交付和公示方法是占有，适用善意取得制度和取得时效；而不动产的交付和公示原则采用的是登记方法，未经有效登记，不发生所有权的移转，不适用善意取得制度，因此对于行为人强行侵占的不动产，被害人可以较容易地通过政府机关收回，恢复自己的财产权利，行为人并不能当场对不动产完全控制和随意处置，无法实现所有权中的处分权能。因此，侵占不动产的行为与抢劫动产的社会危害性悬殊。同时，把不动产排除在抢劫罪对象之外也不会轻纵犯罪。对于使用暴力或胁迫行为，强行入住霸占他人房屋的，可以以非法侵入他人住宅罪论处；行为人有伤害、杀人等行为的，可以定故意伤害罪、故意杀人罪等；为霸占房屋土地而毁坏财产的，可以定故意毁坏财物罪。对确实不构成其他犯罪的强行侵占他人不动产的行为，则应按行政法规或作为民事纠纷处理，这也是符合罪刑法定原则的。

2. 财产性利益能否成为抢劫罪的对象问题

在现实生活中，财物除了动产及不动产外，还包括财产性利益。取得财产性利益的方法主要有三种类型：一是使自己免除债务，二是使对方负担债务，三是接受别人提供的劳务。随着我国市场经济的发展，实践中出现了大量以暴力、胁迫等手段侵占财产性利益的行为。例如有的债务人对债权人实施暴力、胁迫等方法，逼使债权人当场交出其手中的欠条加以销毁，或者当场写出收条，说明债已还清；有的行为人用暴力、胁迫等方法，使不欠自己债的人当场写下欠条；有的行为人以暴力、胁迫等手段拒付自己应付的报酬等等。我国刑法理论界传统的观点认为抢劫罪中的财物仅指动产而不包括财产性利益，因而认为上述行为均不成立抢劫罪。我们认为，不加分析地把财产性利益一概排除在抢劫罪的对象之外是不妥当的。

实践中曾有这样的案例：被告人戚某因建筑安装工程收取了被害人倪某等人的工程保证金 10 万元。后因工程未能按期施工，倪某多次向戚某索回保证金均未果。被告人戚某便与王某等人合谋以还款为由，将倪某骗出并以强制手段向倪某索要欠款凭证，以达到消灭债务的目的。次日，倪某被戚某骗出后，即被王某等人强制隔离。王某等人将倪某带到戚某的办公室，令倪某交出欠款凭证，倪某不从。王某等人用玻璃杯敲击倪某的脸部，致倪某面部两处皮肤裂伤。倪某被迫将欠款凭证交出并在由戚某起草的收到 10 万元欠款的收条上签字。嗣后，王某等人用车将倪某送到野外。[①]

本案中，戚某等人抢得的仅仅是一张欠款凭证，其行为从表面上看侵犯的是被害人的债权性证明文书，而非实实在在的财物。行为人并未当场占有他人财物，似乎不能定抢劫罪。但进一步分析，刑法规定的抢劫罪所侵犯的不仅仅是有形的财物，而且更主要的是侵犯了公私财产的合法所有权。被告人戚某等人为消灭债务采取暴力、胁迫手段强行劫取欠款凭证的行为，侵犯了被害人倪某的财产权和人身权利，符合抢劫罪的犯罪构成。首先，被告人戚某的行为侵犯了倪某合法的财产权利。欠款凭证本身虽不是财产，但却是财产权利的主要证明凭证，丧失这种凭证，债权人就难以甚至根本无法向债务人主张自己的财产权利，甚至最终会丧失财产所有权。可以说，在特定情况下欠款凭证往往就等于同值的财产。本案中，被告人戚某本应归还所欠债务，而故意采用暴力手段消灭欠款凭证以达到其不归还所欠债务的目的，已构成了对他人财产权利的侵犯。其次，被告人戚某所实施的行为，最终目的就是非法占有本不属于自己所有的 10 万元人民币。本案被告人戚某为免除其所欠的 10 万元债务，起意以抢劫方式夺回欠款凭证，其所非法占有的尽管不是 10 万元人民币，但其抢劫行为的目的和结果是可能使其免除所欠 10 万元债务这一财产性利益。也就是说，行为人虽然没通过当场占有他人财物而使自己的财产数量增加，但是其应当偿付欠款而不偿付时，实际上是以另一种方式增加了财产，其结果与当场抢到财物没有实质的区别，应认定为抢劫罪。对此应该加以说明的是，本来欠款凭证只是一种债权证书，它并不是什么有价证券或权利凭证，充其量是一种书证。书证被抢，并不必然导致该书证所证明的债权的灭失，灭失的只是一项证据，债权关系仍然存在，因此，从民法角度上看，抢劫欠款凭证并没有侵犯所有权(包括债权)。但是，从刑法角度上看，如果这种抢劫欠款凭证的行为足以威胁到相对人财产利益的实现，就可能被认为侵犯了财产犯罪所要保护的法益。可以说民法比较注重法律形式关系，而刑法则更注重行为的实质效果。因此，从民法上分析可能不侵犯所有权的行为，在刑法上却可能被认为实质上侵犯了所有权。

应该注意的是，这种通过抢劫债权证书达到免除债务目的的行为，必须是被害人没有其他证据主张其债权，如果被害人还有其他证据能够在民事诉讼中主张其债权，则行为人的抢劫债权证书的行为，只能按照未遂犯认定。至于

① 参见王海波:《戚道云等抢劫案》，载《刑事审判参考》总第 14 辑，法律出版社 2001 年版，第 30 页。

被害人在案发后恢复其债权，当然不影响行为人构成本罪的既遂。

而用暴力、胁迫等方法，使不欠自己债的人当场写下欠条的情形与上述案件有所不同。在此种情况下，行为人虽然也取得欠条，但是，从法律层面来说，仅凭该欠条并不一定能主张到财产权利。从被害人角度而言，也还可能存在多种手段（比如通过出示其他证据证明）保护自己的合法权利。在这种情况下，行为人并未当场取得任何有经济价值的财物，他得到的只是通过该欠条并通过其他手段在日后获得财物的可能性。这种行为可以考虑以敲诈勒索罪认定。①

至于行为人以暴力、胁迫等手段强制对方当事人为自己提供某种服务或拒付自己应付给对方报酬的行为，我们认为，如果服务内容本身存在正常的市场价格，行为人的这种行为与当场取得财物没有本质的区别，可认定为抢劫罪。例如行为人乘坐出租车到达目的地后，以暴力、胁迫等手段相威胁不付车费的，这种情形与上述采用暴力免除债务的行为性质实际上是一样的。但是如果服务内容具有违法性，如行为人接受非法性服务后拒不付账的（例如在色情娱乐场所实施该种行为），②则不宜按抢劫罪认定。也就是说，采用暴力、胁迫等手段强制对方提供具有正常市场价格的服务，或拒付该种服务的费用，可以构成抢劫罪。

3. 非法财物能否成为抢劫罪的对象问题

在刑法上，非法财物可以分为三种：第一种是该财物本身性质不合法，是法律禁止流通的物品，即违禁品如毒品、淫秽物品等；第二种是该财物原本性质合法，但基于行为人的一定行为而使之变得不合法，如用于赌博的个人合法收入等；第三种是该财物的性质合法，但占有人对该财物的占有没有合法的依据，如赃物等。实践中经常发生“黑吃黑”的抢劫毒贩毒品，或者冒充警察抓赌，对赌徒施以暴力抢走赌资，以及抢劫盗窃犯所控制的赃物的案件。这些案件与普通的抢劫案件相比，其特殊之处就在于抢劫的对象是非法财物。对于此类案件能否认定为抢劫罪，理论界主要存在两种观点：一种观点认为，在抢

---

① 在这种情况下，如果行为人日后果真凭此欠条起诉讨债，而被害人又失去其他举证手段，导致法院判令被害人还债，使被害人蒙受确实损失的话，该行为人就又构成诉讼诈骗。至于诉讼诈骗的定性，目前刑法界存在较大的争议，有论者认为此时的行为人等于利用了不知情的法院的强制力，实现自己非法占有他人财物的目的，属于敲诈勒索罪的间接正犯，仍应按敲诈勒索罪认定。详见后述“诈骗罪司法认定问题研究”。

② 至于用强制方法逼令对方为自己提供性服务则可能构成强制猥亵罪甚至强奸罪，已经超出此处讨论的范围。

劫非法财物的案件中，由于被害人对非法财物的持有本身即是非法的，持有人对非法财物并不享有所有权，而“作为财产罪保护对象的财物，理应是足以体现一定所有权关系的财物，违禁品既然是法律禁止持有的物品，不能体现所有权，合理的结论应该是不能成为财产罪的侵害对象”。[①] 另一种观点则认为，财产罪侵犯的客体是所有权以及其他需要通过法律程序恢复应有状态的占有，非法财物的没收也需要通过法律程序，因此对非法财物的占有也是刑法所保护的客体，非法财物能成为刑法上的财物。[②]

我们认为，非法财物可以成为抢劫罪的侵害对象，即对于非法财物，如果行为人主观上以非法占有为目的，客观上对被抢者使用了暴力、胁迫或者其他方法，符合抢劫罪构成特征的，应以抢劫罪论处。在抢劫非法财物的案件中，虽然被害人对非法财物不享有所有权，但并不意味着非法财物不能体现所有权或者说非法财物是无主之物。按照我国有关法律规定，非法财物有的应当由国家没收（如毒品、淫秽物品、赌资等），有的则应由国家职能部门依法剥夺后归还合法所有人，无合法所有人的，则应上缴国库。对应没收或应上缴国库的非法财物，其所有权归国家行使；应归还合法所有人的，所有权仍属于该财物的合法所有人。因此，非法财物并非不能体现所有权关系，只因其合法所有人暂时失去了对该财物的占有而处于一种相对不稳定的状态，其虽然没有为合法所有人占有，但基于所有权的追及效力，当该财物受到非法侵害时，无论落入何人之手，原所有人都可以追及其所有权。因此，抢劫非法财物，其本质上仍是对国家所有权或原合法所有人所有权的侵犯。目前司法实践中对“黑吃黑”的案件，例如，抢劫走私货物、假币、毒品、赌资等行为都认为可以构成抢劫罪，这在第三人为黑方的情况下，其认定并不存在争议。

但是，值得注意的是，在相对人为财产原所有人而采用武力夺回自己参与非法行为而失去的财产，是否可以构成抢劫罪则颇有争议。《刑事审判参考》第38辑所载“赖忠等人抢回赌资致人轻伤案”也反映了对这个问题的争议。该案检察院认为抢回赌资构成抢劫罪，但法院认为被告人主观上不具有非法占有的目的，仅是抢回自己输掉的赌资不构成抢劫罪。理由是，被告人主观上

---

① 刘明祥：《财产罪比较研究》，中国政法大学出版社2001年版，第32页。

② 参见张明楷：《刑法学》，法律出版社2003年版，第749页。

认为，被害人采用作弊的手段进行赌博(是否真的作弊并无说明[①])，故其赢得的赌资的所有权不属于被害人，又由于赌资事实上尚未被公安机关扣押，被告人不可能认为赌资应为国家所有，[②]因此，被告人赖忠不属于明知赌资为他人所有而进行抢劫。法院仅按其暴力行为造成的结果认定为伤害罪。[③] 类似案例还可参见“陈雪等非法拘禁案”，[④]涉案人陈雪等亦是在参赌过程中，认为对方作弊而拘禁对方并强行要回所输赌资，一审法院定性为抢劫罪，二审改判为非法拘禁罪。判解意见认为，仅以所输赌资或所赢赌债为抢劫对象的行为，一般不以抢劫罪定罪处罚，构成其他犯罪的，依照刑法的相关规定处理。理由是，赌博过程中使用暴力、胁迫等手段抢回所输赌资或所赢赌债，属于“事出有因”，行为人的主观目的是将赌资、赌债索回，与一般抢劫罪非法占有公私财产的意图不同。实际上 2005 年 6 月 8 日最高人民法院《关于审理抢劫、抢夺刑事案件适用法律若干问题的意见》第 7 条也已经明确规定：“抢劫赌资、犯罪所得赃款赃物的，以抢劫罪定罪，但行为人仅以其所输赌资或所赢赌债为抢劫对象，一般不以抢劫罪定罪处罚。”

我们分析，将抢劫所输赌资或所赢赌债不按抢劫罪认定的最根本理由，是认为行为人主观上不具有占有他人财物的目的，注重主观恶性。当然也可以说是刑事政策的一种体现。判解和上述《意见》并没有从财产犯罪侵犯客体的角度来考虑问题，如果从财产犯罪侵犯的客体进行分析，将抢劫所输赌资和所赢赌债的行为一并认为不构成犯罪，无论是采取所有权说还是采取占有说，都难以自圆其说。如果说“所输赌资”可以视为他人非法占有的自己的所有物，

---

① 如果对方确有作弊行为，这时对方实施的就不是通过赌博这种射幸的或然性来赢得钱款，而属于圈套诈骗的一种，属于单方非法占有他人财物的行为，相对人发现后，采用强力方式夺回赌资可能符合正当防卫或自救行为，可以阻却其违法性。在这种情况下，虽然相对人本也有从事赌博行为，参赌行为可能丧失其对于赌资的财产所有权，但事实上他又是被骗人，已经失去了作为真正参赌人的资格，故其财产所有权并没丧失。

② 我们认为进行赌博的各方的资金一旦进入台面，即属于非法财产，丧失所有权，观念上应认为该非法财产归属国家所有。但在国家尚未对之实施没收之前，国家实际上还不享有对该非法财产的所有权，这时，该非法财产某种意义上属于暂时脱离所有权的状态，但却存在事实上的占有，即谁控制，谁占有。如果将财产犯罪的侵犯客体以占有说进行解释，则应对抢劫赌资的人按抢劫罪认定。

③ 参见李平：《赖忠等人抢回赌资致人轻伤案》，载《刑事审判参考》总第 38 辑，法律出版社 2004 年版。

④ 汪波：《抢劫本人新输赌资或所赢赌债不以抢劫论》，载《人民法院报》2005 年 8 月 15 日。

行为人对之仍可以主张所有权，那么“所赢赌债”则属于自己通过非法行为所取得的“恶债”，根据非法债权不受法律保护的基本原理，行为人对之并不能主张所有权。[①] 因此，所有权说不能解释抢劫“所赢赌债”不构成犯罪的理由。而“所输赌资”和“所赢赌债”都不在行为人的占有之中，前者处于他人非法占有状态，后者处于他人合法占有状态，行为人对之实施抢劫无疑都侵犯了他人占有之物，若按照财产犯罪侵犯客体的占有说，本应都构成财产犯罪。其实，在上述《意见》颁布之后，司法实践也仍有将抢劫所输赌资按抢劫罪认定的案例。[②]

4. 被扣押物能否成为抢劫罪的对象问题

抢劫被扣押物品的案件与抢劫非法财物案件的不同之处在于，抢劫非法财物案件中被害人对非法财物的占有是非法的，而抢劫被扣押物品案件中被害人对被扣押物品的占有是合法的。如果第三人对被扣押物实施抢劫行为均构成对国家所有权或原所有人所有权的侵犯，因此均可构成抢劫罪。但是，如果是原物所有人抢回自己被他人扣押的财物，是否可以构成抢劫罪则有争议。有论者认为可以构成，因为抢劫被扣押物品案件中被害人对被扣押物品是合法占有，其虽然对被扣押物品没有所有权，但却拥有法律上的支配权或监督权，并对被扣押物品承担法律上的义务，被扣押物一旦被他人非法占有，被害人负有赔偿责任。因此，即便是原物所有人抢回自己被扣押的物品，其实质亦是对所有权的一种侵害，可以构成抢劫罪。[③] 但是，对于这个问题司法实践的认识并不一致。我们以下面一个案例来阐述本问题的复杂性。

某省诏安县下割镇农民张某某（在逃）与被告人江某某等人合伙购买YJ14型卷烟机和YJ23型接咀机各一台，用于制售假烟。张某某得知诏安县打假队要前往制假区域打假后，告知被告人江某某等人，并组织被告人黄某栈和江传阳（在逃）等人将上述两台制假机器藏放在两辆农用车上，转移到诏安县岭下溪二级水电站内停放。云南省公安厅、诏安县政法委、县人民检察院、县工商局、县技术监督局、县烟草专卖局等派员组成打假车队，在诏安县岭下

---

① 不过最高人民法院的刑事审判机关对此问题所持的观点与民法原理有所背离，这反映在对为索取赌债、高利贷而绑架他人仍按非法拘禁罪认定的司法解释中。

② 例如河南省焦作市解放区人民法院对被告人阎某因打麻将输钱而抢劫赢家手机的行为按抢劫罪判处有期徒刑4年，并处罚金1000元。见《人民法院报》2006年2月6日第4版。

③ 参见陈立主编：《中国刑法分论》，厦门大学出版社2000年版，第326～327页。

溪二级水电站查获并扣押总价值 429000 元的两台制假烟机及另一台 YJ23 型接咀机和三辆农用车。张某某与被告人江某某得知后，即以每人 50 元报酬煽动、聚集数百名不明真相的群众，在诏安县霞葛镇庄溪桥头拦截、围攻打假车队，将查扣的载有制假烟机器的三辆农用车上的执法人员董金坤等人拉出驾驶室殴打，被告人黄某栈与江传阳趁机强行开走该农用车。随后，张某某、江某某又聚集鼓动被告人黄某兵等一群人，四处寻找打假队的摄像、照相资料，欲毁灭证据，后在诏安县烟草局闽 E40957 的庆铃牌工具车内发现 TRV—240 摄像机、奥林巴斯照相机时，张某某带头用石头砸破车门玻璃，抢走并砸坏摄像机和照相机，执法人员进行制止时，遭到被告人黄某兵等人殴打，当县公安干警赶到现场时，他们才逃离现场。被截走的三辆装有制假烟机器的农用车后被追回。经法医鉴定，执法人员董金坤等人伤情评定为轻微伤。

公诉机关以抢劫罪对本案相关被告人起诉。一审法院认为：被告人江某某、黄某栈、黄某兵在张某某的组织指挥下聚集参与拦截打假车队，打伤执法人员，哄抢被依法查扣的制假烟机器及损毁打假证据资料、器材，数额特别巨大，情节恶劣，其行为已构成聚众哄抢。在共同犯罪中，被告人江某某既是机主，又在哄抢中起煽动、指挥作用，系首要分子，应对全案负责，依法应从重处罚。被告人黄某栈虽被纠集，但在哄抢转移机器时积极主动，起骨干带头作用，是主犯，但其地位作用稍次于江某某；被告人黄某兵被纠集后参与哄抢损毁摄像照相资料、器材及小货车，殴打执法人员，同属主犯，但其作用及地位稍次于被告人黄某栈。依照刑法第 268 条判决：被告人江某某犯聚众哄抢罪，判处有期徒刑 10 年，并处罚金人民币 1 万元；被告人黄某栈犯聚众哄抢罪，判处有期徒刑 9 年，并处罚金人民币 5000 元；被告人黄某兵犯聚众哄抢罪判处有期徒刑 8 年，并处罚金人民币 5000 元。

一审宣判后，被告人江某某、黄某栈、黄某兵均以原判定性错误为由提出上诉。

福建省高级人民法院认为，江某某、黄某栈、黄某兵明知打假队系国家机关工作人员正在执行公务，而聚众拦截、打伤打假队员，强行开走被查扣装载用于制造假烟机器设备的车辆，打破车窗玻璃，抢走拍摄的录像带和照相机，其行为均已构成妨害公务罪，且情节严重。上诉人江某某积极参与煽动不明真相的群众，围攻打假车队，打伤打假队员，抢走录像带和照相机，在犯罪中起主要作用，系主犯。上诉人黄某栈被纠集参与犯罪，开走装载制假机器的农用车，行为积极，亦系犯罪中之主犯。上诉人黄某兵积极参与犯罪活动，参与围攻殴打打假队员行为，但系从犯。原判对各上诉人定聚众哄抢罪与我国刑法规定的犯罪构成要件不符，量刑有误，应予纠正。撤销漳州市中级人民法院对被告人江某某、黄某栈、黄某兵的一审刑事判决，改判如下：上诉人江某某犯妨害公务罪，判处有期徒刑3年；上诉人黄某栈犯妨害公务罪，判处有期徒刑2年；上诉人黄某兵犯妨害公务罪，判处有期徒刑2年。

本案中，公诉机关之所以以抢劫罪起诉，一审法院之所以以聚众哄抢罪定罪量刑，其主要理由有三：一是联合打假队依法查扣了被告人的制假设备后在返回途中，此时职务行为已经执行完毕，因此妨害公务行为无从谈起；二是联合打假队已经依法查扣了被告人的制假设备，根据刑法第91条第2款"在国家机关，国有公司、企业，集体企业和人民团体管理、使用或者运输中的私人财产，以公共财产论"的规定，该制假设备应当以公共财产论，被告人聚众以暴力方法公然夺回上述应以公共财产论的制假设备，是不法占有公共财产；三是本案以妨害公务罪定罪量刑较之以抢劫罪或者聚众哄抢罪定罪量刑，有轻纵被告人之嫌，难以做到罪刑相适应。而二审法院则认为上述理由是不妥当的，并提出以下判决理由：其一，判断职务行为是否执行完毕，应根据职务行为的具体执行状况和内容从整体上把握，而不宜将具有一体性和连续性的公务执行活动分割开来判断。本案中，联合打假队从查扣被告人制假设备到案发时止，公务活动仍在继续中。被告人从得知制假设备被查扣到聚众中途拦截执行公务车辆夺回制假设备，其目的直接指向是对抗打假执法的公务活动。其二，联合打假队依法查扣被告人的制假设备，是一种执法强制措施，被告人的行为是对抗执法强制措施，而不是为了"不法占有公私财产"。其三，被告人欲强行夺回的制假设备是犯罪工具，虽属不法财产，但毕竟为被告人自有。抢回自有物品与强占他人所有或公有财物显然不同，被告人不具有非法占有目的。

对本案的定性出现如此大的分歧意见，我们认为最主要的问题在于刑法理论与实践对取得型财产犯罪侵犯客体认识的差异所致。我国刑法理论在取得型财产犯罪的客体问题上采取的通说是所有权说，即认为该类型犯罪侵犯了法律所保护的公私财产所有权。虽然这种观点在多数案件中都适用(当所有人与占有人一致时)，但在有些情况下也存在难以圆通之处(当所有人与占有人分离时)。例如，债权人采用暴力或胁迫的手段夺取债务人到期不返还的相当数额财物的行为，是否可以"行使权利"作为抗辩理由而不构成抢劫罪？按照所有权说，债权人采用违法手段"行使权利"，恢复债权，由于不存在私法上实质的权利侵害，即便其手段和抢劫罪手段相当，也不构成抢劫罪。但一律将这类行为除罪化将不利于保护现代社会的财产流转关系，不利于实现财产效益的最大化，不利于维护稳定、现实的占有关系。特别是，如果国家对公民这种采取私力救济方法恢复其被侵犯的权利不加限制，则国家的法律将被架空，国家公力救济的价值与意义也会丧失，我们的社会又回到人人自卫又人人自危的“无法”时代。实际上，若债权人委托讨债人帮其讨债，讨债人采用暴力手段强取债务人财物的，则讨债人难免被认定为抢劫罪。委托人在明知被委托人可能采用上述手段进行讨债而放任的，可能构成共犯。这说明实践中有时也倾向于占有说。但是刑法有关非法拘禁罪的规定和相关司法解释又似乎采用所有权说。因为根据刑法第238条第3款的规定，为索取债务非法扣押、拘禁他人的，仍只定非法拘禁罪，言外之意就是这种行为并不侵犯财物的所有权。这是所有权说最明显的反映。又如，行为人能否为了保护自己非法占有的财物而实行正当防卫？如果回答是否定的，就意味着承认侵害行为的合法性，但这显然不妥。如果回答是肯定的，那么行为人究竟是在保卫谁的财产？

针对我国所有权说遇到的理论困境，有学者提出了财产犯罪客体的新观点：财产犯的法益首先是财产所有权及其他本权，其次是需要通过法定程序恢复应有状态的占有。但在相对于本权者的情况下，如果占有者没有与本权者相对抗的合理理由，对于本权者恢复权利的行为而言，这种占有则不是财产犯的法益。①

这种观点其实是一种折中，反映了所有权说一定程度的让步，但这种仍然笼统地认为本权者恢复权利的行为可以作为财产犯罪的抗辩事由的观点，还是会误导公民盲目行使私力救济权的。我们认为，本权者自己恢复权利的行为只有在满足正当防卫或者自救行为的构成条件时才能阻却违法，否则仍难免予构成相应的侵财型犯罪。唯有如此，才能更好地维护社会秩序。在经济关系日益复杂的现代社会，必须加强对现存的财产占有即财产秩序的保护，这种占有不仅基于权利本原的占有，也包括非基于权利本原的占有，也就是通常所说的事实上的占有。据此，只要财物被他人占有，不论该占有本身是合法还是违法，财物的所有者除采用合法手段恢复其权原外，绝不允许侵害占有人对其财物的占有，否则就可能构成相关的财产犯罪。有人认为这种观点与现代民法有关不保护非法占有的学说存在矛盾之处，其实并不矛盾。民法上认为，占有若是非法的，是不被保护的。例如，基于不法原因的财物是丧失返还请求权的。但我们认为，民法不保护非法占有的意思在于，占有原本属于所有权的权能，只有所有人才享有；只有在具有法律根据或者符合所有人的意志的前提下，占有才可以从所有权中分离出去；而如果没有法律根据也不符合所有人的

---

① 张明楷著：《刑法学》，法律出版社2003年版，第745页。

意志，便将占有从所有权中分离出去，则是对所有人权利的侵犯。但在民法层面上没有进一步说明，当行为人对财物进行非法占有后，是否不允许他人侵害。总之，民法理论只是说明当占有是非法从所有权中分离出去以后，应当通过法律程序恢复应有状态，而不是说因为行为人非法占有他人财物，所以该占有本身就不受法律保护。刑法为维护社会秩序，需要保护这种占有，意在强调他人不得随意侵害该占有。刑法具有补充性的功能，它不仅仅是民法的保障法，而是包括民法在内许多其他法律的保障法，严重违反其他法律的行为，也可以成为刑法规制的对象。

回到本案，我们认为二审法院之所以不认为被告人等构成抢劫罪或聚众哄抢罪，就是站在本权说的立场上，认为制假烟机属于被告人所有，被告人抢回本属于自己所有的财物不具有占有他人财物的目的，不能构成财产犯罪，并认为被告人的行为目的只是针对打假执法的公务活动，只构成妨害公务罪。实际上，本案仅仅从刑法第 91 条第 2 款的特别规定，即"在国家机关，国有公司、企业，集体企业和人民团体管理、使用或者运输中的私人财产，以公共财产论"也完全可以认定行为人构成财产犯罪。扣押行为一旦实施，应视为占有转移，而不必以移离现场为占有转移的条件。而如果站在占有说的立场上，则被告人的行为无疑是对占有的一种侵犯，其手段完全符合聚众哄抢的行为类型(实际上，被告人的行为与抢劫罪的行为类型也是符合的，一审法院之所以不适用抢劫罪的条款，是因为考虑到在行为过程中介入了一些不明真相的群众，为了缩小打击面，才改定为聚众哄抢罪的，一审法院的认定既合法又合乎情理)，应认定为聚众哄抢罪。当然，我们也应注意，被告人在实施聚众哄抢行为时也妨害了公务的执行，属于想象竞合犯，应从一重处罚，仍应定聚众哄抢罪为妥。由此可见，采取不同的立场将导致整个案件定性的不同，问题就落实到应采取什么样的学说，才更有利于维护社会秩序，保护合法权益。

对此，国外的刑法理论为我们提供了可鉴之资。譬如，日本刑法理论围绕该问题主要有本权说与占有说之争。本权说认为财产犯的法益(即我国刑法理论中的犯罪客体)是所有权及其他本权，占有说认为财产犯的法益是对财物的事实上的占有。20 世纪 50 年代中期以前，本权说在日本一直占据通说地位，后由于财产关系的复杂化，对占有关系的保护受到强调，占有说成为通说。在英美法上，也存在类似于日本的本权说与占有说的不同判例与学说，如英国以 1968 年的盗窃罪法为标志构建起全新的财产罪法体系，并实现了财产罪客体由本权说向占有说的转变。在美国，许多州的最高法院和制定法也正在逐步限制甚至废除以权利主张作为财产犯罪的抗辩事由。我们认为，以占有说作为财产犯罪的侵犯客体可能会越来越具有说服力。这也许是今后有关财产犯罪研究理论发展的一种趋势。

二、抢劫罪客观要件的认定

本罪的客观要件表现为，对财物的所有人、保管人或者其他在场人当场实施暴力或者以当场实施暴力相胁迫或者采用其他侵害人身的方法，迫使被害人当场交出财物或者当场夺走财物的行为。其中，侵害人身的行为是抢劫罪的手段行为。从司法实践看，抢劫罪的目的行为较易掌握，一般不会产生问题，故不必专门探讨；而抢劫罪的手段行为则较为复杂，容易产生问题，因而正确理解抢劫罪的手段行为，对于抢劫罪的准确认定具有重要的意义，需要加以专门探讨。根据我国刑法的规定，抢劫罪的手段行为包括暴力行为、胁迫行为和其他侵害人身的行为三种，下面分别分析。

1. 暴力行为

暴力，通常是指为达到某种目的而采取的具有攻击性的强烈行动，包括对人身的暴力和对财物的暴力。就抢劫罪而言，暴力方法，主要是指对人身实施强烈的打击或强制，包括殴打、捆绑、伤害等。作为抢劫方法的暴力，是行为人为了排除或者压制被害人的抗拒，以便当场占有财物而采取的，即必须存在着主观与客观的联系。因此，假如出于其他目的对被害人实施暴力之后临时起意当场占有被害人财物，即使该暴力行为在客观上为当场占有财物提供了方便条件，对后一行为也不应定抢劫罪。例如，甲为了强奸将妇女乙打昏，在强奸之后，见乙带有高档手表，遂起意将表摘下据为己有。甲打乙的目的是强奸乙，与占有乙的手表没有主观联系，故对甲应分别定强奸罪和盗窃罪，不能定抢劫罪。

暴力存在程度的不同，可能造成的人身损害程度往往有很大差别，轻者只有皮肉之苦，重者可致人伤亡。暴力达到何种程度才能定抢劫罪，各国刑法规定不一。俄罗斯、朝鲜等国家规定限于“足以危害他人健康、生命的暴力”，日本刑法虽无明文规定，但其判例表明，这种暴力必须达到压制任何相对人抵抗的程度。我国台湾地区的刑法规定为“足以使被害人不能抗拒的程度”。我们认为，只要行为人有抢劫的意图，并且为了占有财物而对被害人施加暴力，一般就应以抢劫罪论处。但在司法实践中，也要具体案件具体分析，综合全案情节作适当处理。例如，以轻微的暴力强索小量财物，往往不应以抢劫罪论处。

抢劫罪的暴力方法是否包括故意杀人？换言之，为占有他人财物而当场故意杀死被害人，是否应以抢劫罪论处？这涉及对刑法第 263 条作为抢劫罪的严重情节的抢劫"致人死亡"的理解。理论上存在较大争议:有观点认为,"抢劫致人死亡"是指因抢劫而过失致人死亡,不包括故意杀人。如果为占有他人财物,而当场故意致人死亡,应以故意杀人罪和抢劫罪实行并罚。有观点认为,"抢劫致人死亡"可以包括过失或间接故意致人死亡,不包括直接故意致人死亡。如果是为占有他人财物而直接致人死亡,应分别定抢劫罪和故意杀人罪,实行并罚。有观点认为,"抢劫致人死亡"包括因过失和故意致人死亡。因此,为了占有他人财物而当场杀死他人的,应定抢劫罪一罪。最高人民法院2001年5月22日《关于抢劫过程中故意杀人案件如何定罪问题的批复》解释:"行为人为劫取财物而预谋故意杀人,或者在劫取财物过程中,为制服被害人反抗而故意杀人的,以抢劫罪定罪处罚。行为人实施抢劫后,为灭口而故意杀人的,以抢劫罪和故意杀人罪定罪,实行数罪并罚。"这为司法实践统一了认识。

2. 胁迫行为

胁迫行为也是抢劫罪常见的行为方式。所谓胁迫,是指对被害人以当场实施暴力相威胁,来迫使被害人当场交出财物或者当场夺走其财物的行为。抢劫罪的胁迫行为具有以下三个特征:第一,胁迫内容的暴力性。应该注意的是,抢劫罪胁迫行为的暴力内容与抢劫罪的暴力行为的内涵与外延不尽一致。首先,胁迫行为的暴力内容可以包括以故意杀人进行威胁这种胁迫行为的形式。其次,胁迫行为的暴力内容是有其下限的。这种下限就是使他人明显难以抗拒。胁迫是一种精神强制,它是通过将要实施某种暴力行为的展示,引起被害人的心理感应而实现的,因此可以说是一种间接强制。若暴力威吓行为程度轻微,根本不可能在对方身上引起预期的心理效应,这样的暴力胁迫,不能认为是抢劫犯罪中的胁迫。第二,胁迫是面对被害人直接发出的。只有面对被害人当场实施胁迫,这种胁迫行为才可能成为抢劫罪中当场非法占有财物的手段行为。如果胁迫不是当场对被害人实施的,而是借助给被害人写信、让第三人向被害人转达等方式间接实施的,则属于敲诈勒索罪的手段,而不能构成抢劫罪。第三,胁迫内容付诸实施的当场性。对此,不应理解为行为人在客观上能够当场实施胁迫所包含的暴力内容,也不应理解为行为人预定如果靠胁迫不能取得财物就一定要实施胁迫所说的暴力。而是说,行为人以如不答应其非法占有财物的要求就要当场实施某种暴力相威胁,至于行为人是以真刀真枪,还是以虚假动作相威胁,如用假枪、用手在衣袋比枪状等等,即不问其胁迫有无直接实施的可能,对抢劫罪胁迫的成立均无影响。

胁迫的形式:语言、举动均可。一般都是两者并举或交叉进行。经常见到的形式是行为人以暴力相威胁,发出赤裸裸的财物要求。比如,一面持枪或挥刀,一面声言,不从就要暴力加身。这当然是最明显的胁迫。但有的语言或举动的威胁形式不明显。比如,女青年李某深夜下班回家,路过一僻静处,甲利用这样的环境条件,只大喝一声:"站住！带钱吗?"一面模拟从口袋取枪的假动作。李某一时害怕得说不出话来,乖乖地让甲搜走了人民币500元、手表一块。有人认为,此案甲没有使用明显的威胁语言或举动,应定抢夺罪。我们认为,甲利用深夜四周无人求援的环境及被害人因是女性而胆小的条件,这种大声语言的本身就是恫吓行为,客观上足以使对方不敢反抗,任其搜走财物,应同样视为胁迫,以抢劫罪定性。总之,应当抓住抢劫罪胁迫行为的特征分析认定案件,而不能把抢劫罪的胁迫行为形式仅仅理解为发出赤裸裸的如不答应财物要求就要当场实施暴力行为的这种明显的威胁形式。即使胁迫的形式不十分明显,只要符合胁迫的特征,仍应视为胁迫,以抢劫罪定性。

3. 其他方法行为

所谓其他方法行为,是指除使用暴力或胁迫以外的其他人身强制手段实施抢劫行为的概括规定。抢劫罪的这种手段行为具有以下几个要点:第一,这种行为是侵害人身权利的行为,这是抢劫罪所有手段行为的共性。第二,这种行为是犯罪人对财物的所有人或者保管人本人的人身施加暴力和胁迫以外的某种影响,使其失去反抗知觉或者反抗能力。第三,这种行为与其后的非法取得被害人财物的行为有着手段与目的联系,实施这种行为就是为了排除被害人的反抗而非法占有其财物;非法占有财物的行为的实施和完成,正是要借助先行的手段行为所造成的被害人不知反抗或无力反抗的有利条件。从司法实践看,抢劫罪中其他方法的种类,一般是指行为人使用某种物质刺激被害人,使其昏迷丧失知觉而处在不知抗拒的状态,从而将财物抢走。所谓"物质刺激",包括用药物麻醉、用酒灌醉、用催眠术、用毒药毒昏毒死等方法。需要指出的是,致他人昏迷丧失知觉,必须是行为人自己的行为所促使。如果不是行为人以某种行为致被害人处于昏迷丧失知觉状态,而是行为人利用被害人自己熟睡、昏迷等状态乘机秘密拿走其财物的,因为行为人并未实施侵害人身权利的手段行为,所以不属于以"其他方法"实施的抢劫罪,而只能构成盗窃罪。

此外,在认定抢劫罪的客观要件方面尚应注意以下几个问题:

其一,手段行为与目的行为之间具有关联性。虽客观上实施了暴力行为和取财行为,但若两者之间是分别起意实施的,即不具关联性,也不构成抢劫罪的客观要件。例如,行为人以伤害的故意将对方打昏,后又萌生取财故意,便乘对方昏迷之机,又将对方的手表、钱包窃取,则应分别定为伤害罪和盗窃罪，予以数罪并罚。因此，行为人先行实施了某种包含暴力或暴力威胁行为的侵害人身的犯罪，如故意杀人罪、故意伤害罪、强奸妇女罪等，而后又临时起意，非法占有他人财物的，若其后行的取财行为是在被害人已失去知觉时或乘其不知时实施的，对后行的取财行为应定盗窃罪，与前罪并罚。若行为人先行侵害人身的犯罪既遂或者未遂后，又出于非法强行占有财物目的实施暴力、胁迫等侵害人身行为获取财物的，对其后行行为就应认定构成抢劫罪，与先行的侵害人身犯罪合并论处。

手段行为与目的行为是否具有关联性在司法实践中有时存在一定的模糊性。例如下述案例的认定就存在争议。某晚9时许，李某尾随女教师张某至僻静处，持刀威胁张某交出钱财。张某奋力挣脱逃跑，李某追赶。在追赶过程中，张某因惊恐而掉落钱包(内有5000余元)，李某捡到钱包，即不再追赶。后张某报案，李某被抓获。认为李某行为构成抢劫未遂的理由有二：其一，李某在实施抢劫犯罪的过程中，由于本人意志以外的原因未能"当场劫得"被害人财物；其二，钱包是在追赶过程中被害人"无意中"失落，而后被李某捡走的，并非张某基于李某实施的暴力或者追赶而产生恐惧，从而被迫交付自己的财物这一事实，即李某的手段行为与目的行为不存在关联性。因财物并非对方被迫交付，仍属于未完成抢劫犯罪，应构成抢劫未遂。[①] 我们认为，如果仔细分析本案整个犯罪过程，就会发现始终包含着李某对张某的暴力威胁。张某失落钱包与李某暴力威胁直接相关，而李某能够捡到钱包也与其暴力威胁的行为直接相关。

又如两行为人发现被害人腰间钥匙后，即对其进行跟踪、认门。在用暴力抢走被害人的钥匙后，两行为人随即入室取得财物。该案对两行为人究竟应按抢劫预备和盗窃罪定性还是应按抢劫罪既遂定性也有争议。我们认为本案同样应认为抢劫行为和暴力行为与取财行为之间具有关联性，应按抢劫罪既遂定性。

其二，手段行为的现实性。例如行为人事先作了盗窃(或抢夺、诈骗)和抢劫两种准备甚至准备了实施抢劫所用的工具，但在作案时没有被人发觉(如被害人不在场，被害人正在熟睡，被害人没有注意等)，没有遇到反抗阻拦，或者行为人认为不需要实施侵害人身的行为，或者行为人临时由于惧怕后果严重等原因而决定不实施侵害人身的行为，仅实施了秘密窃取、公然夺取、骗取公

---

① 参见2004年12月27日《人民法院报》第3版陈增宝同志介绍的案例，陈增宝同志认为本案李某的行为构成抢劫罪未遂和侵占罪。

私财物的行为，而未实施暴力、胁迫等侵害人身行为来强行占有财物的，应当如何定罪？我们认为，一般应按行为人实际实施的行为性质认定，即实行行为吸收预备行为。但如果行为人实际实施的是抢夺行为，而行为人当时又携带了凶器，则应认定为抢劫罪。这是因为，根据刑法第 267 条的规定，携带凶器抢夺的，依照抢劫罪的规定处罚。

共三，关于手段行为实施的对象。根据刑法第 263 条规定的抢劫罪的特征，可见抢劫罪手段行为指向的对象，一般是财物的持有人（包括财物的所有人、保管人、经手人）。但是，在某些情况下，手段行为也可能施加于在场的与财物持有人有某种密切关系的人。例如，某甲带幼子行于路上，某乙、某丙探知某甲携有大量现金，遂与某甲同行，伺机抢劫。行于偏僻无人处，某乙突然将在某甲身后行走的幼童踢翻在地、拳脚相加，某丙则喝令某甲交出现金并挡住某甲使其不能援救幼子，某甲唯恐幼子遭毒手，又感到自己一人难以抵挡乙、丙两人，就掏出一包现金，被某丙一把夺走，某乙这才停止对幼童的殴打，乙、丙两人携现金逃走。在该案中，乙、丙就是对在场的与财物持有人有密切关系的幼童当场施加暴力来胁迫财物持有人某甲交出财物的，自应认定抢劫罪。从理论上分析，某乙、某丙的暴力行为对某甲来说只是一种胁迫，即通过对幼童暴力行为的展示，达到对某甲的精神强制，而暴力的承受者是幼童。如幼童因而致伤、致死，则某乙、某丙就又触犯了另一罪名——故意伤害或故意杀人罪。但因其对幼童施用暴力的目的是夺取某甲的财物，一个目的，一个行为，触犯两个罪名，属于想象竞合犯，可以一重罪处罚。除了对在场的与财物持有人有密切关系的人施加暴力行为可构成抢劫罪的手段行为外，仅对与财物持有人有密切关系的人进行威胁亦可构成抢劫罪的手段行为。如甲男、乙女夜间外出散步，行为人用刀威逼乙女，令甲男交出钱包之行为，即属之。此种情况，行为人对乙女进行胁迫，又通过这种胁迫对甲男产生另一种胁迫，使之交出财物。由于我国刑法不设单独的恐吓罪，故对乙女的胁迫行为不能单独成罪，而是抢劫罪的一种附随行为。但应注意的是，若施手段行为于在场的第三者，其与财物持有人无任何关联时，则不能成为抢劫罪的手段行为。因为行为人对财物持有人以外的第三人施加暴力或胁迫行为，其意不外乎是进而胁迫财物持有人交出财物。行为人能否达到目的行为取得财物，关键是能否由此使财物持有人感受到精神上的压力，使其难以抗拒或不能抗拒。如果行为人所实施展示的某种行为没有达到或不能达到使财物持有人难以抗拒或不能抗拒的程度，对其就不能视为抢劫罪的手段行为。很明显，若行为人仅对与财物持有人无关的第三人施加暴力或胁迫行为是无法达到有效地胁迫财物持有人的目的的，故对在场的第三人实施手段行为必须是与财物持有人有密切关系的，才足以达到胁迫所要求的程度，才能适合抢劫罪的手段行为而认定为抢劫罪。当然，行为人若对与财物持有人无任何关系的人施加暴力行为造成伤害、死亡的，可单独成罪。例如甲、乙两人互不相识，但恰好同行至小巷深处，歹徒丙突然跃出，将甲击昏成伤，而后再抢夺乙手中的手提包，因对乙没有使用暴力，仍应定抢夺罪。对击伤甲的行为，只能另外追究其伤害罪的刑事责任。

但对下列案例，则有不同意见。甲到乙家盗窃，见乙的邻居丙在院内晾衣，不能顺利得手，遂起意加害。甲将丙砍伤，进乙家挟彩电而逃。这种为盗窃而先加害在场的户主邻居的行为可能有两种情况：一是罪犯因户主邻居主动出来制止其盗窃而实施暴力；一是户主邻居没有主动出来制止其盗窃，只是罪犯认为他的在场有碍其进行犯罪而加以暴行。有论者认为就第一种情况而言，户主邻居主动出来制止罪犯盗窃，已经形成了无因管理，其与户主之间产生了类似于委托合同产生的法律后果，因此，这时的户主邻居就是户主财物的管理人，故对其施加暴力、胁迫或其他行为等于是对原财物持有人施加的，应以抢劫罪认定。而对第二类情况，则论证为，只要罪犯认为户主邻居可能是或可能成为财物管理人而加以暴力、胁迫或其他行为，户主邻居就足以成为抢劫犯罪中所说的财物管理人，因此，同样可构成抢劫罪。若以此论，则此时手段行为的实施已不是针对财物持有人不在场的第三人，而是财物持有人本身了。对此似可进一步研究，以上仅供参考。

总之，一般而言，刑法第 263 条抢劫罪手段行为实施的对象是财物的持有人。特殊情况下，也可包括在场的与财物持有人有密切关系的人。附带指出，此处的财物持有人应是有意识、有意志的人，即能够理解手段行为的性质。因此，若对无意识、无意志之人，或不能理解行为性质的人实施暴力、胁迫或其他方法而后取财，则难以定为第 263 条的抢劫罪。如对重度精神病人、婴儿实施暴力、胁迫而后取财的，实属乘财物持有人无知觉情况下的盗窃行为（若暴力行为本身构成伤害或死亡的，则可另定伤害罪或杀人罪，数罪并罚），不能认定为抢劫罪。例如，某行为人入室行窃，屋内除一三岁幼童别无他人。行为人即将三岁幼童关在一间小屋，任其啼哭，而翻箱倒柜，窃走金器、现金。其对三岁幼童的强制行为，实为被害人所不能理解，故不属其取财行为的手段行为，一般不应认定为抢劫罪，而应定为盗窃罪。

三、抢劫罪认定应注意的问题

1. 正确理解抢劫案件中的财物数额与认定抢劫罪的关系问题

在明确抢劫罪构成要件和特征的基础上，为了正确地认定抢劫罪，还需要正确理解与把握抢劫案件的财物数额与认定抢劫罪的关系问题。刑法对盗窃、诈骗、抢夺等几种侵犯财产罪作了“数额较大”才构成犯罪的规定。但在抢劫罪条文中却没有构成犯罪的财物数额规定。这是因为抢劫罪是采用侵害他人人身的手段来非法强行占有公私财物的，其犯罪客体包含公民人身权利和公私财产权利双重客体，也就是说抢劫罪除与其他财产罪一样具有非法侵害他人财产权利的一面外，其手段行为还往往造成被害人的伤害甚至死亡，即又侵害了他人的人身权利，后者是其他财产犯罪如盗窃、诈骗、抢夺所没有的。由于抢劫罪上述犯罪构成的特点，尤其是其中侵害人身权利的内容，使得其侵犯财物的数额对抢劫案件的危害程度的影响相对地不像其他单纯侵犯财产的犯罪那样重要。因此，即使侵犯财物的数额不够大，甚至因抢劫犯意志以外的原因而分文未得，只要综合全案情节不属于“情节显著轻微、危害不大的”，也应当认定构成抢劫罪。

但这并不是说，认定抢劫罪可以根本不考虑侵犯的财物数额，既然立法将抢劫罪置于“侵犯财产罪”一章，而且抢劫犯的犯罪目的主要也是为非法强行占有公私财物，因此，财物数额在一定程度上还是应当予以考虑的。如有的行为人只使用轻微的暴力（如打一巴掌、推几下）或胁迫方法，抢走他人少量钱财如几元钱，甚至几角钱，或一包烟、一顶帽子，对被害人一般未造成任何伤害或伤害很轻。对此类案件，尽管也使用了暴力，符合抢劫罪的特征，但因其财物数额极小，属于“情节显著轻微、危害不大”，一般就不宜认定为抢劫罪。总之，应当围绕社会危害性程度来理解财物数额与抢劫罪定罪的关系，既不能过分夸大其作用，也不能完全不考虑这一因素应有的影响。

2. 抢劫罪与抢夺罪的区别

抢夺罪与抢劫罪都是带有“抢”字的侵犯财产罪，其目的都具有非法占有公私财物的一面，一般主体亦可能相同，但侵害客体与客观方面则不同。抢劫罪侵害的是复杂客体，即公私财物所有权和公民的人身权利；抢夺罪侵害的是单一客体，即财产所有权。抢劫罪在客观方面是使用暴力、胁迫或其他方法；抢夺罪则不是采取这些方法，而是采取公然夺取的方法。从实践中来考察，准确区分抢夺罪与抢劫罪的关键在于把握行为人取财时是否实施了侵害他人人身的行为，考察行为人是否凭借这种侵害人身行为而非法获取财物。不可否认，行为人实施抢夺行为也要使用一定的强力，然而这种抢夺中的“强力”与抢劫中的“暴力”有着本质的区别。

从客观方面来说，主要区别有以下三点：(1)两者的作用对象不同。抢夺行为中的强力行为通常只作用于被抢物本身，而不作用于被害人本身；而抢劫罪中的暴力行为是指向被害人的人身。(2)两者的强度不同。抢夺罪中使用的强力，行为人通常有节制，将力的大小及造成的结果控制在一定的范围内，而且通常赤手空拳进行抢夺；而抢劫罪中的暴力，行为人通常使用的强度比较大，往往还使用凶器进行抢劫。(3)造成的后果不同。抢夺罪使用的强力通常不造成被害人的人身伤亡，而抢劫罪的暴力往往导致被害人重伤或死亡。

就主观方面来说，主要区别有以下两点：(1)行为人主观方面的具体内容不同。抢夺行为人使用强力的目的只在于迅速夺得财物，没有致伤、致残被害人的追求；而抢劫行为人使用暴力，往往有意致伤、致残被害人，从而使被害人失去反抗能力，以便占有被害人的财物。(2)被害人的心理状态不同。抢夺行为人在实施强力之前，被害人处于不备状态，没有恐惧心理；而抢劫行为人实施暴力之前，被害人往往已经意识到自己面临暴力的威胁，以致心理呈现惊恐状态。

3.抢劫罪与敲诈勒索罪的区别

根据刑法第274条规定，敲诈勒索罪是以非法占有为目的，对被害人使用威胁或者要挟的方法，强索公私财物的行为。敲诈勒索罪与胁迫式的抢劫罪行为都具有以暴力威胁、要挟、恫吓等手段，存在一些相同或相似的方面，容易产生混淆。但是两者仍存在诸多不同的地方。

第一，胁迫式抢劫罪与敲诈勒索罪对被害人使用以暴力相威胁的时间和要求交出财物的时间不同。胁迫式抢劫，行为人对被害人实施暴力的时间和要求交出财物的时间，均为当场。被害人如不当场交出财物，就会立即受到暴力的侵害。但敲诈勒索罪的行为人，声称实施以暴力相威胁的时间和要求交出财物的时间，都不是当场，或者至少其中之一不在当场。敲诈勒索的威胁通常有三种情况：(1)如不答应立即交付财物，将来就会受到侵害；(2)如不答应将来交付财物，就会立即受到侵害；(3)如不答应将来交付财物，将来就会受到侵害。

第二，两者威胁的方式不同。胁迫式抢劫的行为人威胁的对象是当时在场的人，一般是当被害人的面进行的，多用语言或动作来表现。而敲诈勒索罪的行为人进行威胁的对象不限于在场者，也可以是不在场的人。因而实施暴力威胁的方式，亦不限于当场对被害人直接实施，也可以通过第三者转述或用书面、录音带等形式提出要求。

第三，两者所威胁的内容不同。胁迫式抢劫的威胁内容限于暴力胁迫即肉体强制，其内容一般为杀害、伤害或殴打等。而敲诈勒索罪的威胁内容不限于暴力威胁，还包括其他具有精神强制性质的威胁。从实践上看，敲诈勒索罪的威胁手段除以暴力相威胁之外，主要还有：(1)利用被害人的困境相威胁。不交出一定数额的财物，就拒绝帮助其解脱困境。比如，甲的家属病危求治于医生乙，乙乘机敲诈，示意甲先交出巨额酬金，否则拒不救治。甲为救治病人，被迫交付。(2)利用被害人的弱点相威胁。所谓弱点是指被害人的历史污点、犯罪行为、生理缺陷等等而言。例如，会计甲有贪污行为，知情人乙以揭发相威胁，要甲交付赃款半数才允予保持缄默。(3)以揭露被害人的隐私、毁坏其名誉相威胁。比如，甲探知乙女与人通奸，就以告知乙的丈夫相威胁，迫使乙女交付钱财。(4)以毁坏财产相威胁。例如，向被害人声称如不交付一定数额的钱财，就将烧掉其房屋。(5)利用被害人的急切要求相威胁。比如，甲、乙双方急切要求对调工作，双方已谈妥，要求劳动行政部门办理对调手续时，人事干部利用这种急切要求，故意拖着不办，声称需交付一定钱财才予处理。由上可见，敲诈勒索罪所实施的威胁的内容要比胁迫式抢劫的威胁内容来得广泛，涉及的范围也大得多。

第四，两者取得的非法利益性质不同。胁迫式抢劫，行为人所取得的仅仅是财物，一般限于动产。而敲诈勒索罪取得的非法利益除了动产之外，还可以包括不动产以及其他财产性利益，如财产上权利的取得或财产上义务的免除或减轻等等，即包括物权、债权等利益。

第五，两者取得财物的时间亦有不同。胁迫式抢劫均为当场劫取财物。敲诈勒索罪的行为人，有时当场取得财物，也有的是事后一定时期内取得财物或财产性质的利益。

第六，两者威胁的程度不同。胁迫式抢劫威胁的程度必须达到使被害人不能抗拒、丧失选择余地、交出财物是唯一的选择的程度，即使被害人失去自由意志。而敲证勒索罪的威胁并不一定使被害人达到不能抗拒的程度。被害人考虑是否按行为人要求交付财物，尚有一定的意志自由。被害人还可以在交不交出财物两者之间进行权衡利弊，进行趋利避害的选择。此以“隐私”性质的威胁最为明显。被害人完全可以听任行为人揭破、张扬而不交出财物。若其认为张扬代价太大，则可选择交出财物以避之。台湾地区刑法实务亦持此观点，“以威吓之方法使人交付财物之强盗罪与恐吓罪之区别，系以对被害人施用威吓程度为准。如其程度足以抑压被害人之意思自由，致使不能抗拒而为财物之交付者，即属强盗罪。否则，被害人之交付财物与否，尚有自由斟酌之余地者，即应成立恐吓罪”。[①]

4. 抢劫罪与绑架罪的界限

这两个罪名都是既侵害人身权利又侵害财产权利的严重犯罪，都有对被害人的人身施加暴力、胁迫等强制手段的行为，这些手段都是为了非法获取财物。在刑法尚未规定绑架罪时，司法实务中对于绑架行为也以抢劫罪论处，[②]可见两者极易混淆。抢劫罪与绑架罪主要的区别在于两罪的客观方面。从抢劫罪的角度说，本罪强调的是手段行为即暴力、胁迫或其他人身强制行为与目的行为即非法获取财物的行为，两者必须是当场同时进行并完成的，具有连续性。这是认定抢劫罪的一个根本依据。而绑架罪则必须是先对被害人施加人身强制的手段行为，再利用这种手段造成的状态非法获取财物。手段行为和目的行为的实施不具有当场同时性，而是有一定的时空间隔。从绑架罪的角度看，本罪最大的特征即在于利用第三人对被害人的担心忧虑来勒索钱财。因此，绑架罪的行为人必然要自己或者强迫被害人或者通过其他途径向被勒索钱财的第三人告知被害人遭到人身强制的信息，这样才可能引起该第三人的担忧，也才有所谓利用第三人的担忧索财。所以，在绑架罪中，手段行为(即人身强制行为)施加的对象与目的行为(索取财物行为)施加的对象并非同一，前者针对被害人，后者针对被害人以外的第三人。而对于抢劫罪来说，手段行为与目的行为施加的对象则是同一的，不存在第三人的担忧这一因素的介入。

5. 转化型抢劫罪的认定

刑法第 269 条规定“犯盗窃、诈骗、抢夺罪，为窝藏赃物、抗拒抓捕或者毁灭罪证而当场使用暴力或者以暴力相威胁的，依照本法第 263 条抢劫罪处罚”。这是针对盗窃、诈骗、抢夺等前行为又当场实施暴力、胁迫等后行为而规定的。抢劫罪，是先使用暴力胁迫手段后劫取财物，这里是先实施窃取、诈骗、抢夺等手段，非法占有他人财物，而后又当场使用暴力或以暴力相威胁。因为两个行为紧密相连，实际上其性质已转化为抢劫罪，但其后使用暴力、胁迫手段则是为窝藏赃物、抗拒逮捕、毁灭罪证，而不是直接用以强取财物，所以，在犯罪内容和行为形式上，与第 263 条的抢劫罪又有差异，故特设本条。适用刑

① 参见陈立著:《海峡两岸法律制度比较·刑法》，厦门大学出版社 1993 年版，第 310 页。

② 参见最高人民检察院 1990 年 4 月 27 日作出的《关于以人质勒索他人财物案件如何定罪问题的批复》。

法第269条的规定，应具备三个条件：

(1)行为人必须先“犯盗窃、诈骗、抢夺罪”。这是适用该条的前提条件。从刑法第269条的犯罪性质和危害程度出发，从该条的立法原意及与抢劫罪的协调出发，再考虑到执法协调统一和标准明确一致的需要，适用第269条定罪时，不必对先行的盗窃、诈骗、抢夺行为的数额作限制，它不要求必须达到“数额较大”的标准。即使盗窃、诈骗、抢夺未达到“数额较大”的标准，只要符合特定条件，即可认定为犯罪。刑法理论和实务界对此已经达成共识。这些特定条件如：①盗窃、诈骗、抢夺接近“数额较大”的标准；②使用暴力致人轻微伤以上后果的；③使用凶器或以凶器相威胁等等。

(2)行为人必须是“当场使用暴力或者以暴力相威胁”。这是适用该条的客观条件。所谓当场是指犯罪分子实施盗窃、诈骗、抢夺罪的现场。犯罪分子刚一离开现场就被及时发觉而立即追捕的过程，应视为现场的延伸。理由是，该条既然是由盗窃等向抢劫的转化，其暴力或暴力威胁行为的实施就要与前行为的时空紧密相连，完全脱离盗窃等先行行为的时间和地点不是本罪要求的“当场”；同时，也要允许由先行行为向后行行为转化的时空限度，完全不允许有时空的延展，就往往不可能有后行行为实施的余地。因此，“当场”除了主要指作案的现场以外，也应当包括在作案现场被发现而立即跟踪追捕所到的场所，后者是现场的一个组成部分，属于前者的延伸，无论在时间上还是空间上都有连续性，是前罪向后罪转化的必要的时间和空间因素。就是说，本罪的暴力或暴力威胁行为与先行行为在时空上必须具有连续性和关联性。时间上前后连续而未间断，空间上可以是同一场所，也可以是前行为场所的延展。以现场为坐标中心，纵轴表示时间，横轴表示空间，则第269条所指的“当场”在坐标轴上显现为一连续的线，若时间上或空间上出现间断，则在坐标系中显示的将是间断的线形，不具有连续性。因此，如果行为人在实施盗窃、诈骗、抢夺等行为的现场或刚一离开现场就立即被追捕过程中为窝赃、拒捕、毁证而实施暴力或暴力威胁行为的，应当认定为转化的抢劫罪；但是如果当时追捕已中断或结束，或者犯罪人在作案时未被发现和追捕，而是在其他的时间、地点被发现、被追捕的，这时盗窃犯等为窝赃、拒捕、毁证实施暴力或暴力威胁的，不能认为符合本罪的“当场”条件，而应对其前后行为分别依有关法条定罪处罚。另须注意，实施暴力或暴力威胁的客体应该是人身权，因此，应以人身权是否受到暴力侵害或威胁作为是否转化为抢劫的依据。之所以强调这一点，是因为实务部门曾有论者认为对行为人盗窃后逃跑过程中踢死追赶的狼狗应认定为转化型的抢劫罪的观点。[①]

(3)行为人实施暴力或者以暴力相威胁的目的，必须是“窝藏赃物、抗拒抓捕或者毁灭罪证”。这是适用该条的主观条件。这里所谓的“窝藏赃物”，是指行为人盗窃、诈骗、抢夺行为业已完成，将他人财物置于自己的控制之下，被发现后，为了防护自己到手的赃物不被追回，当场施以暴力或以暴力相威胁而防护赃物的行为。这里所谓的“抗拒抓捕”，是指行为人在实施盗窃、诈骗、抢夺行为的过程中或行为实施以后，当场被事主或其他人员发觉，在将其扭送或抓捕时，使用暴力或以暴力相威胁，企图逃脱抓捕的行为。这里所谓的“毁灭罪证”，是指行为人为销毁和消灭其遗留在盗窃、诈骗、抢夺作案现场的有关痕迹、物品等证据，而对他人施以暴力或以暴力相威胁的行为。如果不是出于以上目的实施暴力或威胁，不能按该条处理。如果行为人在着手盗窃、诈骗、抢夺过程中，尚未取得财物即被发觉，而改用暴力、威胁方法强行取财的，则应直接适用刑法第 263 条。如果盗窃、诈骗、抢夺后又出于报复、灭口等动机伤害、杀害被害人的，应对伤害、杀人行为单独定罪判刑，然后实行并罚。

同时具备以上三个条件后，即可以适用刑法第 269 条，按抢劫罪定罪量刑。但是，如果行为人实施盗窃、诈骗、抢夺行为，未达到“数额较大”的标准，为窝藏赃物、抗拒抓捕、毁灭罪证当场使用暴力或者以暴力相威胁，情节轻微、危害不大的，一般不以犯罪论处。

6.“携带凶器抢夺型”准抢劫罪的认定

《刑法》第 267 条第 2 款规定：“携带凶器抢夺的，依照本法第 263 条的规定定罪处罚。”构成“携带凶器抢夺型”准抢劫罪，其唯一的法定条件是“携带凶器”实施抢夺行为。因此，正确理解“携带凶器”的法律含义，是准确适用本款规定的关键所在。

(1)关于“凶器”的含义及认定

“凶器”的内涵与外延如何界定，是正确认定“携带凶器抢夺型”准抢劫罪的关键。最高人民法院 2001 年 11 月 22 日颁布的《关于审理抢劫案件具体应用法律若干问题的解释》(下称《解释》)第 6 条规定：携带凶器抢夺，是指行为人随身携带枪支、爆炸物、管制刀具等国家禁止个人携带的器械进行抢夺或者为了实施犯罪而携带其他器械进行抢夺的行为。从《解释》这一规定可以看出，构成“携带凶器抢夺型”准抢劫罪的“凶器”的范围包括两部分：一是国家禁止携带的器械如枪支、爆炸物、管制刀具。这些器械只要行为人一经携带即属

---

① 参见王文元：《人身权怎能替代给狼狗》，载《人民法院报》2005 年 10 月 26 日。

“凶器”。二是行为人为了实施犯罪而携带的其他器械。在实践中，对第一种类型的“凶器”较好把握和认定，对第二种类型的“凶器”的理解和把握上仍存在着不同的看法。我们认为，在认定第二种类型的“凶器”时，应注意以下两个问题：

第一，《解释》将第二种类型的凶器规定为“为了实施犯罪而携带的其他器械”，那么，此处的“犯罪”一词应作何理解？有人认为，此处的“犯罪”仅指抢夺罪；有人认为，这里的“犯罪”应指暴力性的犯罪；还有人认为，此处“犯罪”泛指一切犯罪，包括暴力性和非暴力性犯罪。[①] 我们认为，这里的“犯罪”应是指包括抢夺罪在内的一切暴力性犯罪，因为“凶器”的本质属性是能够用于或者可能用于杀伤他人的器械。《解释》之所以将“凶器”分作两类，是因为枪支、爆炸物、管制刀具等器械本来就是国家禁止个人携带的器械，携带这类器械本身就是一种违法行为，在一定程度上也可以反映出行为人的犯罪倾向。所以这类器械一经行为人非法携带就具有“凶器”的属性，而不再需要对行为人携带此类器械的主观目的进行规定，可直接确定为“凶器”。而除此以外的其他器械，如菜刀、斧头，本来就具有两种属性，既可以用于人身伤害，也可以作为生产、生活的工具之用，国家也不禁止公民随身携带，要确定其“凶器”的性质，就必须给携带者携带这些器具的主观目的划定一个范围。基于对《解释》精神的上述理解，我们认为，将这里的“主观目的”限定在暴力性犯罪范围内是恰当的，因为只有携带者主观目的具有暴力性，才能当然地赋予所携带器械以“凶器”属性。比如，行为人为了伤害某人而携带了一把菜刀，途中见一人携带了大量财物而临时起意对其实施抢夺。此处的菜刀是因为行为人基于伤害他人的目的而携带，则属“凶器”无疑。行为人既然有用之伤害其欲伤害的对象的主观故意，则完全可能用来伤害抢夺的对象。反之，如果行为人携带这些器械是作为非暴力性犯罪的工具，即使这种器械能对人身造成严重的伤害和精神强制，也可能不构成此处的“凶器”。比如，行为人预谋盗窃某人家里的粮食，带了一根扁担打算用来挑粮食，在路上碰到一人提着一个包而临时起意，实施了抢夺行为。在此扁担尽管被行为人携带，也不能构成转化型抢劫行为中的“凶器”，行为人的行为只能构成抢夺罪而不是抢劫罪。

第二，实践中考察某一器械是否属于“为了实施犯罪而携带的其他器械”，除了考察行为人携带这一器械的主观目的外，还应考虑这一器械本身固有的

---

① 参见游伟：《刑法理论与司法问题研究》，华东政法学院出版社 2002 年版，第 476 页。

属性能否给人造成某种程度的精神强制，即器械本身的“杀伤力”。即使行为人是为了实施暴力性犯罪而携带了某种物件，这里的“凶器”的范围仍不是没有限制的，只有那些直接杀伤力较大、能对人身构成较严重的暴力性伤害，在一般意义上足以对人的精神具有较明显和强烈的强制和威慑力的器械才能构成“凶器”，否则，即使行为人预谋用之实施暴力性犯罪，也不能构成此处的“凶器”。比如，行为人预谋抢劫杀人，计划用自己戴的领带将被害人勒死，后见被害人正提着密码箱在行走，遂从后面抢了就跑。此案中，尽管行为人预谋用领带作犯罪的工具，但行为人的行为亦只构成抢夺罪而不构成“携带凶器抢夺型”准抢劫罪。否则，将使“凶器”的范围具有极大的随意性，造成认定上的无限扩大。

(2)“携带”的含义和认定

明确了凶器的范围后，那么，刑法第 267 条第 2 款规定中的“携带”一词又应作何理解呢？《现代汉语词典》将“携带”解释为“随身带着”。那么，是否随身带着凶器实施抢夺行为，都应当适用刑法第 267 条第 2 款规定以抢劫罪论处呢？理论界对此认识不一。第一种观点认为，只要行为人抢夺时随身带着凶器，不问其是否使用或者出示，不论这种“携带”是否为被害人所感知，都可构成“携带凶器抢夺”。[①] 第二种观点认为，行为人虽然携带凶器，但是在抢夺时没有使用、显露、暗示自己携带凶器，也没有对被害人产生精神强制，就不能转化为抢劫。[②] 第三种观点则认为，携带凶器应具有随时可能使用或当场能够及时使用的特点，即具有随时使用的可能性，但是不要求行为人以明示或暗示方式使被害人感知其携带着凶器。[③]

我们认为，如果严格执行上述司法解释，则对于枪支、爆炸物、管制刀具的国家管制器械的携带的理解应适用第一种观点，而对于非国家管制器械的携带的理解应适用第三种观点。换言之，对携带国家管制的器械采用严格责任，而对非国家管制器械的携带，则应结合行为人的主观目的进行认定。最高人民法院 2005 年 6 月 8 日印发的《关于审理抢劫、抢夺刑事案件适用法律若干问题的意见》(下称《意见》)也明确指出，“行为人随身携带国家禁止个人携带的器械以外的其他器械抢夺，但有证据证明该器械确实不是为了实施犯罪准备的，不以抢劫罪定罪”。总之，对非国家管制器械的携带的理解应作限缩性

---

① 参见何秉松:《刑法教科书》(下卷)，中国法制出版社 2000 年版，第 916 页。

② 参见高铭暄主编:《刑法专论》(下编)，高等教育出版社 2001 年版，第 733 页。

③ 参见张明楷:《刑法学》，法律出版社 2003 年版，第 761 页。

解释。刑法之所以将携带凶器抢夺行为规定为依抢劫罪定罪处罚，是考虑到这种行为不仅侵犯公私财产所有权，而且还可能对公民的人身安全构成威胁，其社会危害性与抢劫罪的社会危害性相类似。抢夺行为的实施过程实际上是一个行为人与被害人密切互动的过程，双方对情势的控制处于此消彼长的状态之中。“携带非国家管制器械的凶器进行抢夺”的含义应当是指行为人主观上具有利用凶器作案的动机或以凶器作为抢夺的后盾而随身带有某种器具实施抢夺行为，但没有实际使用所携带的凶器的一种行为状态。这一含义表明：其一，此处的携带凶器是一种行为状态，是行为人随身带有凶器但没有实际使用凶器。如果使用了所携带的凶器，应直接适用刑法第 263 条的规定以抢劫罪论处。其二，行为人主观上具有利用凶器作案的动机，或者以凶器作为抢夺的后盾。其三，没有明显的语言及行为威胁或暴力行为。即行为人的携带凶器抢夺行为仅停留在持有凶器这种状态上，而没有进一步积极的、直接的语言及行为威胁或暴力行为，如果行为人将携带凶器这一客观事实以明示或暗示的方式告知被害人，试图利用这一客观事实给对方造成精神压力，使犯罪易于得逞，便符合一般抢劫罪的暴力胁迫方式，无须适用本条。①

实践中还存在行为人既携带凶器抢夺，后又为抗拒抓捕、窝藏赃物或毁灭罪证而当场使用暴力或以暴力相威胁的行为，这时就发生了刑法第 269 条和第 267 条第 2 款规定的两种准抢劫罪的竞合问题。这种情况下如何定罪处罚，也是一个需要探讨的问题。有学者提出：抢劫罪的转化竞合不同于我国刑法中典型的法条竞合与想象竞合犯。因为此种竞合实质上是一个基础行为、两种转化条件的竞合。这时由于两个转化条件都指向一个罪名——抢劫罪，因此以抢劫罪定罪是确定无疑的。但就依何种转化条件进行转化这一问题，此观点认为，可以参照想象竞合犯“从一重处断”的处罚原则，以重转化条件吸收轻转化条件，采用两个转化条件中相对情节较重的条件进行转化，将另一转化条件作为量刑情节，在将较重转化条件与基础行为综合评价的基础上，确定其应处的量刑幅度，并在此量刑幅度内予以从重处罚。② 我们不同意这一观点。抢劫罪中的转化竞合不同于法条竞合与想象竞合犯。因为法条竞合是指

---

① 最高人民法院于 2005 年 6 月 8 日印发的《关于审理抢劫、抢夺刑事案件适用法律若干问题的意见》也明确指出，行为人将随身携带的凶器有意加以显示、能为被害人察觉到的，直接适用刑法第 263 条的规定定罪处罚。

② 参见龚培华著：《刑法理论与司法实务》，上海社会科学出版社 2002 年版，第220～222 页。

一个犯罪行为同时触犯数个具有包容关系的刑法规范，只适用其中一个刑法规范的情况；而想象竞合犯是指一行为触犯数罪名的犯罪形态。法条竞合是一行为、一罪过和一个构成结果；想象竞合犯是一行为、数罪过和数个结果，触犯数罪名。而就抢夺转化为抢劫的两种转化犯的竞合详细考察，其既包括基础的抢夺行为，又有后续的实施暴力或以暴力相威胁的行为，而且刑法第 267 条和第 269 条也不具有包容或交叉关系，因此其不是法条竞合。同时这里的竞合触犯的是同种罪名抢劫罪，因此也不同于想象竞合犯，而是一种新型的竞合。那么此种情况究竟应如何适用法律呢？我们认为，不可简单适用“从一重处罚”原则，因为就我国刑法规定的两种准抢劫罪而言，本身并无轻重之分，在具体案件中，更是难以区分两种行为孰轻孰重。而此种竞合虽是两个转化条件，但应当看到，两种条件的满足是有时间先后顺序的，即携带凶器行为在先，使用暴力或以暴力相威胁行为在后，当行为人携带凶器抢夺的行为已满足刑法第 267 条第 2 款规定的转化条件时，行为人的行为性质已经转化为抢劫罪，其后的行为只能是作为其抢劫行为的情节加以考虑。因此，应适用先行为的法条规定，①而后行为可作为量刑情节加以考虑。只有在先行为不符合转化条件时，才可适用后行为的法条规定加以转化。

7. 抢劫罪加重处罚情形的认定

刑法第 263 条关于抢劫罪的规定，明确将入户抢劫等 8 种严重情形作为抢劫罪判处 10 年以上有期徒刑、无期徒刑或者死刑，并处罚金或者没收财产的法定条件。加重处罚情形的细化，有利于在司法实践中对抢劫罪准确量刑，切实贯彻罪刑法定、罪刑相适应的刑法原则。但是，由于这一规定的某些用词和表述缺乏足够的明确性，以致在理论上和实践中围绕规定产生了不少认识分歧。为此，《解释》第 1 条至第 5 条对抢劫罪的加重情形作了进一步的明确规定。以下，我们就实践中争议较多的“入户抢劫”以及“在公共交通工具上抢劫”这两种情节的认定问题作些探讨。

(1)“入户抢劫”的认定

①对“户”的理解问题

对于“户”的理解，理论界和司法界曾有以下四种不同的观点：第一，“户”

---

① 最高人民法院 2005 年 6 月 8 日印发的《关于审理抢劫、抢夺刑事案件适用法律若干问题的意见》也明确指出，行为人携带凶器抢夺后，在逃跑过程中为窝藏赃物、抗拒抓捕或者毁灭罪证而当场使用暴力或者以暴力相威胁的，适用刑法第 267 条第 2 款的规定定罪处罚。

指公民私人住宅，不包括其他场所。[①] 第二，"户"指固定住所，即以此为家的场所，如私宅及学生宿舍等，但不包括宾馆房间及值班宿舍等临时住宅场所。[②] 第三，"户"指人长期或固定生活、起居或者栖息的场所，包括私人住宅以及宾馆房间、固定值班人员的宿舍等场所。[③] 第四，"户"指私人住宅，以及其他供人们生活、学习的建筑物，例如国家机关、企事业单位、人民团体、社会团体的办公场所，公众生产、生活的封闭性场所。[④] 由于对"户"的理解存在如此不同的差异，为统一执法，《解释》第 1 条规定：刑法第 263 条第 1 项规定实施的"入户抢劫"，是指为实施抢劫行为而进入他人生活的与外界相对隔离的住所，包括封闭的院落、牧民的帐篷、渔民作为家庭生活场所的渔船、为生活租用的房间等进行抢劫的行为。最高人民法院于 2005 年 6 月 8 日印发《关于审理抢劫、抢夺刑事案件适用法律若干问题的意见》(下称《意见》)进一步明确此处的"户"是指供他人家庭生活和与外界相对隔离的住所，前者为功能特征，后者为场所特征。一般情况下，集体宿舍、旅店宾馆、临时搭建的工棚等不应认定为"户"，但在特定情况下，如果确实具有上述两个特征的，也可以认定为"户"。[⑤] 据此，这里所谓的户一是强调其私密性，即该住所足以提供权利保障和秩序的安全感，公民在该处享有生活上的安宁以及私生活的自由，可以免受他人干扰和窥探。二是强调其封闭性，即该住所具有相对的封闭性，在安全防范上具有一定的措施和保障，公民对该封闭区域享有使用、支配和自由进出的权利，未经允许，他人不得随意进入。

对于生产经营和居住场所不分，例如"前店后房"、"下店上房"的情况，如有的公民在其开办的修理店、手工作坊中起居生活，白天是经营场所，夜晚是住宿休息的场所，这些场所能否认定为"户"呢？我们认为，不可一概而论，而

---

① 参见周道鸾、张军：《刑法罪名精释》，人民法院出版社 1998 年版，第 547 页。

② 参见熊洪文：《再谈对抢劫罪之加重情形的认定》，载《人民检察》1999 年第 7 期。

③ 参见周振想、林维：《抢劫罪特别类型研究》，载《人民检察》1999 年第 1 期。

④ 参见肖中华：《论抢劫罪适用中的几个问题》，载《法律科学》1998 年第 5 期。

⑤ 例如为看护公私财产而临时搭建的建筑物如值班室等因不具有私人专属性而不能认定为户，瓜棚、渔棚等也因为不具有日常生活性而不能看作为户，在上述建筑物内抢劫不能认定为入户抢劫。当然，如果上述建筑物已经事实上成为他人日常生活的场所，如建筑工地因工程建设中工人相对固定的生活起居需要而搭建的临时简易房，由于其主要功能已不是看护公私财物，而是用于公民的日常生活起居，那么其性质也就转变为户，进入其中抢劫的，可认定为入"户"抢劫。如果临时工棚居住较多人员，类似集体宿舍的，由于他人可以自由出入，其私密性和排他性很差，则不能视为户。

应以该场所是否具有家的属性来具体分析。如果是前店经营后院居住,生活和经营的地域已分开,行为人侵入后院,即侵入了被害人私人的生活空间,显然属入户抢劫。如果生产经营和生活居住场所没有明显地分开,应当根据其经营时间区别不同情况加以认定。如在正常的生产经营时间由于该场所处在经营状态,他人可自由出入,属于开放的公共场所,此时入内抢劫,不能认定为入“户”抢劫。如在非生产经营时间,该场所已同外界隔离,上述场所的用途由营业场所转为公民住宿休息场所,具备“户”的特征,此时行为人入内抢劫,当然可认定为入户抢劫。但是,如果所掌握的证据确实无法确定当时状态的,或者行为人主观上认识为经营场所或经营时间的,则从有利被告人的原则出发,不应认定为“户”。

对于进入院子抢劫的,则应视院子的不同而区别对待,不能一概而论。就现实情况看,院子一般可分为如下两种:一种是独家居民的私人宅院,即属于一户人家的院子。这种院子的特点是,院子与住宅紧密相连,实为住宅一部分,外人不得擅自进入。另一种是各家居民共有的院子,也就是城市中一般所说的大杂院。这种院子往往与各家的住宅联系不紧,或者说院子不是各家住宅的一部分,实际上是数家公用的一个场所,外人可以进入。由此可见,第一种院子相对封闭,在院子内遭遇侵害时不易得到援助,符合“户”的特征;而第二种院子则不太封闭,不具备“户”的私密性和封闭性特征,在院内遇侵害时也容易得到援助。因此,进入第一种院子抢劫的,可视为入户抢劫;进入第二种院子抢劫的,不能视为入户抢劫。

同样,对于进入楼道抢劫的,也应区别情况加以认定。对于进入独家楼房楼道抢劫的,由于这类楼房归一家所有,其整幢楼房包括楼道都属于私人住宅的一部分,在这种私家楼房的楼道内抢劫的,自然应视为入户抢劫。而对于进入几家甚至十几家合住的楼房的楼道抢劫的,由于其楼道实际上是公用的,属于公共场所,具有一定开放性,因此,在这类楼道内抢劫的,不宜认定为入“户”抢劫。

②对“入户”的理解问题

怎样进入他人住所才是入户抢劫的“入户”?或者说,对于“入户抢劫”的认定是否限定为行为人入户之前即必须有抢劫的故意?对此,也有不同的看法。第一种观点持肯定意见,认为只有为了实施抢劫行为而入户的,才构成入户抢劫,否则,只能按普通抢劫罪处理,即使行为人存在实施其他犯罪目的而入户，临时起意抢劫的，也不构成入户抢劫。[①] 如果是合法性入户，临时起意抢劫则属“在户抢劫”而非“入户抢劫”。[②] 第二种观点认为，不论入户前有无抢劫故意，只要入户后抢劫的，就是入户抢劫。因为入户后临时起意抢劫，同样严重破坏被害人对家的安全感，其危害性并不比持抢劫故意入户的小。[③] 第三种观点则认为，关键要看行为人是违法入户还是合法入户以及入户的动机。认为只要入户前形成犯罪故意，并具有入户的非法侵入性，之后实施的抢劫行为都可以认定为入户抢劫，而不论其入户前是否已经形成抢劫的故意。[④] 对此，《解释》规定“入户抢劫”是指“为实施抢劫行为而进入他人生活的与外界相对隔离的住所”，“对于入户盗窃，因被发现而当场使用暴力或以暴力相威胁的行为，应当认定为入户抢劫”。不难看出，《解释》着重强调了入户与抢劫之间的关联性，对“入户抢劫”的理解是“先有抢劫之故意，后有进入户内抢劫之行为，或者在户内实行了转化型的抢劫行为”，而将合法入户后临时起意实施的抢劫行为及以其他非法目的入户而后实施抢劫行为排除在“入户抢劫”之外。上述《意见》也强调“入户”的目的非法性，即进入他人住所须以实施抢劫等犯罪为目的。抢劫行为虽然发生在户内，但行为人不以实施抢劫等犯罪为目的进入他人住所，而是在户内临时起意实施抢劫的，不属于“入户抢劫”。

我们认为，对于出于其他非法目的的侵入他人住宅，例如为报复泄愤，毁坏他人财物，或者寻衅滋事而入户，在进行非法活动过程中或之后临时起意进行抢劫的，也应视为入户抢劫。理由是：行为人敢于闯入私宅为非作歹，并且在住宅中进行抢劫，从主观与客观相结合上看，其行为已构成了对他人住宅和被害人财产权利、人身权利的严重危害，其社会危害程度与先有抢劫故意而入户抢劫的情形并没有什么区别。而且《解释》和《意见》既然肯定了入户盗窃因被发现而“在户内”当场使用暴力或以暴力相威胁的行为可认定为入户抢劫，那么，对于出于抢劫、盗窃之外的其他非法目的入户而后以暴力、胁迫或其他方法实施的抢劫行为自然也应认定为入户抢劫。而且上述《意见》所表述的“须以实施抢劫等犯罪为目的”中的“等”字，从文字解释上也完全可以包括除抢劫

---

① 游伟：《刑法理论与司法问题研究》，华东政法学院出版社2002年版，第465页。

② 参见周振想、林维：《抢劫罪特别类型研究》，载《人民检察》1999年第1期。

③ 参见王作富：《认定抢劫罪的若干问题》，载《刑事司法指南》2001年第1期；熊洪文：《再谈对抢劫罪加重情形的认定》，载《人民检察》1999年第7期。

④ 参见李肯：《准确认定入户抢劫应注意的几个问题》，载《法制日报》1998年7月11日。

外的其他犯罪行为。

总之，我们认为，“入户抢劫”既包括“预谋抢劫的入户”，也应包括了“基于其他非法目的入户”而后实施的抢劫行为，如此理解，才能真正实现我国刑法对“户”这一特定场所加强保护的立法意图。当然，我们也认为，还是有必要区分“入户抢劫”与“在户抢劫”的不同。并非所有在户内发生的抢劫都可认定为入户抢劫。对于非基于非法目的的入户，而后临时起意在户内抢劫的自然不能认定为入户抢劫。

“入户抢劫”内在地涵括了一个临时性进入他人住宅的行为，因此，对于共同生活居住在户内的人员（包括合法的同居者，也包括非法的同居者如重婚者）实施的抢劫当然不属于入户抢劫。对行为人平常虽不与户内人员共同生活居住在一起但与之具有亲属关系的，行为人对户内人员实施的抢劫行为也不宜认定为入户抢劫。实践中曾有这样的案例：被告人明某与其继父李某关系不睦。明某欲去河北打工，向李某要钱，李某未给，明某十分恼怒。于凌晨1时许，明某手持铁棍，翻窗进入李某经营的粮油门市部二楼李某的卧室，再次向李某要钱，遭到李某拒绝，即用铁棍向李某头部猛击三下。因李某欲呼喊，明某又用手掐李某的颈部，致李某昏迷。明某找到保险柜钥匙，取走现金6.3万元逃走。① 本案中，被告人明某深夜进入李某的卧室进行抢劫，在形式上符合“入户抢劫”的构成特征，但是明某与李某系共同生活的家庭成员，无论其进入继父李某的居室是否得到李某的同意，都不属于非法侵入；因此，对本案明某的抢劫行为，不能认定为“入户抢劫”。

（2）“在公共交通工具上抢劫”的认定

对于“公共交通工具”范围的理解，理论界和司法界存在较大的争议。虽然各种观点都认同公共交通工具是指供公众使用的火车、汽车、电车、船只、航空器等正在运营中的交通工具这一概念，但对于其中“公众”一词，却存在不同的理解。一种观点认为，所谓公众是指不特定的多数人，这样就将特定的多数人和不特定的少数人排除在“公众”之外，也就把小型出租车和供单位内部使用的交通工具如工厂、学校班车等排除在公共交通工具之外。② 另一种观点则认为，所谓“公众”，是指不特定人或者多数人。因此，不特定人或多数人使用的交通工具都应当属于公共交通工具，如校车、厂车、小型出租轿车都应当

① 参见田立文：《明安华抢劫案》，载《刑事审判参考》总第21辑，法律出版社2001年版，第22页。

② 参见肖中华：《论抢劫罪适用中的几个问题》，载《法律科学》1998年第5期。

被认为是公共交通工具。[①]

我们认为，所谓“公共交通工具”是指从事于旅客运输的各种火车、汽车、轮船、航空器等正在运营中的交通工具。在此认定公共交通工具应当把握如下两个基本特征：①公共性，这里的公共性只强调该交通工具是面向多数人（不必强调不特定人）提供服务的即可，因此，公共交通工具完全可以也应当包括单位班车、校车等虽面向特定人但仍具有公共性的交通工具。当然，若是仅供单位领导个人使用的交通工具如小型轿车，因其不具有公共性，故不能认为是“公共交通工具”。②营运性，即公共交通工具必须是投入运营并且正在运营中。如果公共交通工具尚未投入营运或虽已投入营运但因维修或下班而停止营运的也不能认为属于本情节所规定的公共交通工具。当然，公共交通工具在正常营运中的暂时停顿不影响对其营运性的判断。

上述《解释》第2条规定：“在公共交通工具上抢劫”，既包括在从事旅客运输的各种公共汽车，大、中型出租车，火车，船只，飞机等正在运营中的机动公共交通工具上对旅客、司售、乘务人员实施的抢劫，也包括对运行途中的机动公共交通工具加以拦截后对公共交通工具上的人员实施的抢劫。依照《解释》第2条的规定，在公共交通工具上抢劫实际上包含两种情形：一是在从事旅客运输的各种公共汽车，大、中型出租车，火车，船只，飞机等正在运营中的机动公共交通工具上对旅客、司售、乘务人员实施的抢劫，这是典型的在公共交通工具上抢劫。二是对运行途中的机动公共交通工具加以拦截后，对公共交通工具上的人员实施的抢劫。《解释》将第二种情形也规定为“在公共交通工具上抢劫”，实际上是对这一加重情形所作的扩大解释，这样解释既符合司法实践的客观需要，也符合立法原意。因为刑法将“公共交通工具上抢劫”规定为抢劫罪的一种严重情节，主要目的是打击车匪路霸欺压旅客、抢劫财物、扰乱运输秩序的犯罪活动，以保护旅客在旅途中的财产和人身安全。从车匪路霸实施犯罪活动的行为方式上看，既表现为在车上抢劫，也有拦截车辆以暴力威胁使乘客将财物扔到车下，或者是威逼乘客下车，在车下实施抢劫等等，而这种种表现只是抢劫方式、方法的不同，其社会危害性并无本质区别，所以都应属于“在公共交通工具上抢劫”。特别应该注意的是，《解释》所规定的在公共交通工具上抢劫的第二种情形的对象是“机动公共交通工具”，并没有强调该“机动交通工具”必须“是在从事旅客运输”。因此，对拦截正在运行中的单位班车、郊游的校车进而抢劫的，也应视为“在公共交通工具上抢劫”。那种将单

---

① 参见周振想、林维：《抢劫罪特别类型研究》，载《人民检察》1999年第1期。

位班车和校车排除在公共交通工具之外的观点，既不符立法原意，也不符《解释》的精神，落实到实践中也是极为荒唐可笑的。试想，如果行为人提出其以为所抢劫的是单位班车因而不能认定为在公共交通工具上抢劫，这岂不滑天下之大稽？

有论者认为，对于“在公共交通工具上抢劫”的认定，除了应当具备上述特点以外，还应同时具备公然性特征，即公然藐视众多人的存在，对不特定多数人的人身财产安全构成现实或潜在的威胁。因此，对于在火车等公共交通工具上采用对人体并无实际危害的轻微麻醉方法，致使被害人一时性地产生意识障碍，陷入难以事实上支配自己财物的状态，乘机取走其少量财物的抢劫行为，尽管地点发生在公共交通工具上，但其行为不符合公然性特征，社会危害性也不大，不宜认定为“在公共交通工具上抢劫”。① 我们赞同这样的观点，实际上法官在量刑时不必拘泥于法条的字面含义，可以根据罪刑相适应的原则，对刑法的规定适当作出合目的性的限制解释。否则，这种情况如果按照情节加重犯处理就会出现明显的罪刑失当现象，偏离司法公正的轨道。

那么，司法解释将小型出租汽车排除在“公共交通工具”之外是否合理呢？从字义上讲，小型出租汽车不同于私人用车或单位的用车，它是一种面向广大公众的交通工具，在营运期间任何人都有可能乘坐，具有明显的公共特性，与公共汽车、火车、轮船一样同属于公共交通工具的范围。但是，小型出租车又是一种特殊的交通工具，虽然就其整个营运活动而言，它的确是面向公众的，但具体到每一次载客，它的服务对象却总是特定的一人或数人，而且这数人也大多是亲友关系，应作为一个整体来看待。所以小型出租汽车不同于面向多数人的公共汽车、火车、轮船等，只能算一种狭义的公共交通工具。刑法将“在公共交通工具上抢劫”确定为一种情节严重的犯罪予以重罚，其立法原意就在于这类犯罪的受害人往往为多数人，即使侵害对象为特定个人，也会直接威胁到一同乘坐交通工具的其他人，因此在公共交通工具上抢劫不仅危害了公民的人身、财产权利，还严重扰乱了公共秩序，影响了人民群众的安全感；同时由于在公共交通工具上受害人的避让、求救及防卫行为均受到一定客观条件的限制，精神恐惧更大，犯罪分子往往更容易得逞，因此这类犯罪的社会危害性远远超过一般抢劫。而在小型出租车上抢劫与这一规定的立法精神不尽符合，因为这时的侵害对象只是特定的个人或数人，不直接危及其他人及公共安

---

① 茅仲华、叶巍：《全国部分法院经济犯罪案件审判工作座谈会研讨综述》，载《刑事审判参考》总第41辑，法律出版社2005年版，第148页。

全，无论从对象、手段还是后果等方面都与其他场所针对特定个人的一般抢劫没有实质性的区别，所以其社会危害性相对较小。从实践中发生的案件来看，有不少案件是在被告人采取言语威胁或轻微暴力的情况下受害人即被迫交出钱财，金额大多在几十元到三四百元，对这些犯罪分子如果一律处以 10 年以上重刑，就会明显导致罪刑不均衡。当然，对那些实施暴力造成司机伤残、死亡等严重后果或者抢劫小型出租车数额巨大的，则完全可以适用该条第 5 项“抢劫致人重伤死亡的”或第 4 项“多次抢劫或者抢劫数额巨大”的规定，在 10 年有期徒刑以上量刑，同样达到罪刑相当。因此，《解释》从行为是否直接破坏公共秩序、是否直接危害多数人的生命财产安全这两个关键出发，将小型出租车排除在“公共交通工具”之外，是符合立法精神和司法实际的，与罪刑法定原则的精神也是相一致的。

认定“在公共交通工具上抢劫”，有 种情形值得探讨，即未经合法程序审批而实际从事公共旅客交通运营的机动车，能否视为“公共交通工具”？在其上抢劫的，能否认定为“在公共交通工具上抢劫”？这种情况在司法实践中是确实存在的，在交通欠发达的内地和边远地区尤为常见。我们认为，从立法本意出发，应将其认定为“在公共交通工具上抢劫”。因为刑法对“在公共交通工具上抢劫”的考察，落脚点并不在交通工具的合法运营与否，而在于其公共性，即为多数人搭乘和正在运营。行为人在这类车上抢劫，完全符合“在公共交通工具上抢劫”的要件。况且，从乘客的角度看，要求他们在搭乘交通工具时清楚地辨别哪些是合法交通工具，哪些是不合法的交通工具，显然也不现实。因此，刑法应同等地打击针对不特定多名乘客及司售人员的抢劫犯罪，平等地保护这些交通工具上的乘客及司售人员的人身、财产权利，而不应以交通工具的合法登记与否作为区分一般抢劫和“在公共交通工具上抢劫”的界限。

还有一个问题值得在此提出来讨论，即行为人“在公共交通工具上”（包括前述的“入户”）实施盗窃、诈骗、抢夺行为尚未构成犯罪，为窝藏赃物、抗拒抓捕或者毁灭罪证当场使用暴力或者以暴力相威胁的，是否可以直接转化为“在公共交通工具上抢劫”或者“入户抢劫”？在司法实践中，有不少类似案件就是这样认定的。但是我们认为，这是不妥当的。首先，也是最主要的理由就是这样做违反了“禁止双重评价”原则。行为人的前期行为本来尚未构成犯罪，只因加上后期行为而转化为抢劫罪，如果再将后期行为实施的地点又认定为情节加重犯，实际上就是将行为人的后期行为既进行犯罪评价，又进行加重构成情节评价。即一个情节同时充当定罪情节和加重构成情节，不适当地增加了行为人的刑罚负担。其次，这样做也不符合情节加重犯的理论构成。情节加重犯一般是指某罪的罪行达到情节严重或在基准程度罪的基础上具备某些严重情节,从而使造成的客观损失和表现出来的恶性超出基准程度罪,并因此依法适用加重程度罪刑单位的犯罪形态。据此,某具体危害事实如果只具备情节严重或是严重情节的特殊规定,而不具备该罪的规定性,该具体危害事实就不能成立情节加重犯。跨越基准罪而直接适用该基准罪的加重情节违背了情节加重犯适用的基本条件。

8. 抢劫罪既遂和未遂的区分标准

抢劫罪的既遂、未遂区分标准问题,是刑法学界一个悬而未决的问题。有人认为应以是否抢到财物作为区分既遂与未遂的标准,也有人认为应以是否造成人身伤害作为区分既遂与未遂的标准,目前我国刑法理论界比较普遍的观点则认为区分抢劫罪既遂与未遂的标准应分为两种情形予以不同的解决:对抢劫罪的一般构成,应以取得财物为既遂的确定标准;而对于加重构成的抢劫罪,则只有构成与否的问题,不存在既遂与未遂问题。[①] 我们同意最后一种观点中关于抢劫罪的一般构成应以是否取得财物为既遂与未遂的区分标准以及抢劫罪结果加重犯不存在既遂与未遂问题的分析,但对于抢劫罪的情节加重犯是否存在既遂与未遂问题则有不同的看法,以下予以简要阐述。

(1)抢劫罪一般构成应以是否取得财物作为既遂与未遂的区分标准

根据我国刑法的规定,行为人着手实行犯罪,由于其意志以外的原因而未得逞的,是犯罪未遂。因此对于既遂与未遂的区分标准来说,如何把握犯罪“未得逞”是关键。一般认为,犯罪是否得逞“是指犯罪行为是否全部具备了具体犯罪构成的全部要件”。对于抢劫罪而言,犯罪“未得逞”应当是指行为人没有非法占有他人财物。这是因为:从抢劫罪侵犯的客体来说,抢劫罪虽然既侵犯了公民的人身权利,又侵犯财产权利,但是其中财产权利是主要客体;从抢劫手段行为和目的行为的关系来说,目的行为是根本的,起支配作用。所以一般构成抢劫罪既遂与未遂的区分自然应当以行为人是否非法占有财物或者说目的行为是否完成作为标准,只有实际占有了公私财物,才能视为抢劫罪既遂;虽然实施了抢劫行为,但未能占有公私财物的,只能构成抢劫未遂。

(2)抢劫罪的结果加重犯不存在既遂与未遂问题

抢劫致人重伤、死亡是抢劫罪八种加重构成中唯一的结果加重犯。我们说区分抢劫罪既遂与未遂的标准是行为人是否非法占有财物,这是就一般情况而言的。但如果抢劫出现了致人重伤、死亡的后果,则不管行为人是否非法

---

① 参见赵秉志主编:《侵犯财产罪研究》,中国法制出版社 1998 年版,第 84～88 页。

占有财物，都应当构成抢劫罪的既遂。也就是说，抢劫罪的结果加重犯只有构成与否的问题，不存在未遂问题。如前述，在通常情况下抢劫罪的手段行为受目的行为的支配和制约。但犯罪的本质属性是严重的社会危害性，如果手段行为已经充分体现了严重的社会危害性，并造成了严重后果，如抢劫罪中的“致人重伤、死亡”，这时手段行为便在整个犯罪构成中因为其所造成后果的严重性而由被支配地位转为支配地位，目的行为的性质反而相对不重要了。同时，出现此种加重结果的抢劫罪的主要客体也与基本犯罪有了质的不同，在一般情况下，抢劫罪侵犯的主要客体是财产权利，但在抢劫致人重伤、死亡的情况下，这种客体的主次关系同样发生了转化，即人身权利转为主要客体，而财产权利转为次要客体。因为财产是有价的，而人的生命和重大健康利益是无价的，所以，只要行为人的抢劫行为造成了重伤、死亡的后果，也就意味着犯罪的既遂。至于行为人是否非法取得财物，已不再是刑法所关心的主要问题。

(3)抢劫罪的情节加重犯也以行为人是否非法取得财物作为既遂与未遂的标准

我们认为，抢劫罪的情节加重犯存在未遂形态。抢劫罪的结果加重犯之所以不存在未遂形态，是因为抢劫罪加重结果(致人重伤、死亡)的出现影响了作为犯罪基本构成要件之一的犯罪客体的性质，使此种情形抢劫罪的主要客体从财产权利转化为人身权利，从而使加重结果本身就成为抢劫罪犯罪形态的一个评判因素。而抢劫罪中的情节加重犯则不同，刑法第 263 条所规定的抢劫罪的七种加重情节，或是关于抢劫地点的特别规定，或是关于抢劫对象的特别规定，或是关于抢劫手段的特别规定，这些加重情节对抢劫罪犯罪构成要件的齐备或其性质并无影响，只不过是在一般抢劫罪的基础之上附加了特定条件，这些特定条件本身既不能减弱基本构成要件的犯罪形态的决定功能，也不是在基本构成要件之外添加了其他决定犯罪成立的要素。如上述，犯罪的既遂与未遂以犯罪行为是否具备犯罪构成的全部要件为标准，在抢劫罪的情节加重犯中，既然行为人的行为并未对抢劫罪的基本构成要件造成实质性的影响，那么抢劫罪的情节加重犯同一般抢劫罪一样，同样存在着未遂问题，也同样应以行为人是否非法取得财物作为区分既遂与未遂的标准。

同时，否定抢劫罪情节加重犯存在未遂，也有违罪刑相适应原则，容易导致刑法裁量上的不公。例如：某甲闯入某乙家中进行抢劫，某甲胁迫某乙交出财物，否则便要伤害他，这时某乙的朋友数人刚好来到某乙家，某甲见状夺门而逃。在此案例中，某甲的行为构成了入户抢劫。如果否认抢劫罪的情节加重犯存在未遂，则对某甲的行为应处以 10 年以上有期徒刑、无期徒刑或者死刑。而本案中，某甲虽已着手实施抢劫行为，但由于意志以外的原因既未劫得财物，也未对他人人身造成现实侵害，其行为性质与非法侵入住宅罪的行为性质类似，但非法侵入住宅罪的量刑幅度仅为3年以下有期徒刑或者拘役，远低于抢劫罪的加重量刑幅度。显然，如果对本案中某甲的行为以抢劫罪未遂论处，在"十年以上有期徒刑、无期徒刑或者死刑"的法定刑基础上予以从轻或减轻处罚，能更好地体现罪刑相适应原则。再者，如果否认抢劫罪的情节加重犯存在未遂，与犯罪未遂处于同一层次的犯罪中止便也失去了存在的依据。如此对抢劫罪而言，导致的后果就是，没有造成实害结果的抢劫罪与造成实害结果的抢劫罪的处罚并无区别，这无异于鼓励犯罪分子继续完成犯罪，而放弃对合法权益的保护。例如，某甲持枪抢劫某乙，经某乙的苦苦哀求，某甲在本来能完成犯罪的情况下放弃对某乙的侵害。如果此时即认为某甲的行为已构成抢劫罪既遂，显然与社会的价值评判标准相背离，也让一般社会公众在感情上难以接受。我们认为这时就应该成立抢劫犯罪中止，否则便必然会导致轻罪重罚，这对于引导犯罪分子放弃犯罪以保护合法权益显然不利，也不符合立法原意。

第10章□□□ 盗窃罪的司法认定

一、盗窃罪基本构成的认定

(一)盗窃罪犯罪对象的认定

盗窃罪,是指以非法占有为目的,秘密窃取数额较大的公私财物或者多次秘密窃取公私财物的行为。本罪侵犯的客体是公私财物的所有权,侵犯的对象是财物。但什么是财物,它的内容和范围是什么,刑法并没有规定,因此在解释论上可以没有限制,只要具有财物的本质特征即可包括在内,既可包括动产,又可包括不动产。自罗马法以来的传统观念,均以为盗窃罪(作为盗取罪的一种)的对象只限于动产。许多国家的刑法亦是如此规定的。如德国刑法第242条、瑞士刑法第137条和第138条、西班牙刑法第514条和第500条、奥地利刑法第171条等。还有些国家或地区则是对窃取动产和窃占不动产的行为分别设立条文,如日本刑法、台湾刑法。应该说,实践中发生的盗窃犯罪多是以动产为对象的,而且,按通常的观点,窃取意味着使财物转移,即从所有者、保管者控制之下,转移到盗窃犯控制之下,而不动产则不能如动产那样进行转移。但不动产也可能用另一种方法秘密窃占。在我国刑法尚无窃占不动产罪的专条规定前,对这种行为按盗窃罪论处是恰当的。当然,这种窃占不动产的犯罪在我国的司法实践中是比较少见的,但也不能完全排除。

从物质形态上看,财物既可包括有体物,即具有体积、占有空间、具有外部客观存在的物质,包括固体、液体、气体,也包括无体物,即不具有体积、不占空间、不具客观外形的物质,如电力、水力、压力、热能、磁能、核能等无形能源(牛马的牵行力太零碎细小,一般不计,人的劳动力是作为财产性利益来把握,不属财物范畴)。[1] 但大陆法系传统刑法理论均认为,物乃指有体物,故认为盗窃罪的对象限于具有体积、占有空间的有体物。因此,当电气发明后,大陆法系诸国为免在刑法无明文规定时,将电气解释为物,无异类推适用,有违罪刑法定原则,故都先后特定条文规定电气以财物论(如日本刑法第 245 条、瑞士刑法第 245 条),或特定窃电条款(如德国刑法第 248 条、奥地利刑法第 132 条)。

根据我国刑法第 196 条、第 210 条和第 265 条的规定,盗窃信用卡并使用的,盗窃增值税专用发票或者可以用于骗取出口退税、抵扣税款的其他发票的,以谋利为目的,盗接他人通信线路、复制他人电信号码或者明知是盗接、复制的电信设备、设施而使用的,均应以盗窃罪论处。

从本质特征上看,作为盗窃罪的对象不论其如何扩大解释,都应该具备下述条件:

(1)必须具有一定的经济价值。盗窃罪是贪利性犯罪,行为人的目的是通过盗窃行为非法占有他人财物,以满足其不劳而获的需求,这就决定了本罪对象必须具有能满足人们物质文化生活需要而有经济价值的特点。更何况我国刑法规定的盗窃罪构成有"数额"要求,无法计以数额便难以定罪。如盗窃某人珍藏的情书、日记本之类是无法认定为盗窃罪的。

(2)必须具有为人们所能控制和管理的特点。盗窃罪是通过侵害对物的占有状态而侵害所有权的,所以盗窃对象必须为人们所能控制和管理。若不能为人们控制和管理,如海水、砂石、野生植物、鸟兽鱼贝(除非列入国家自然资源保护范围可能构成特别犯罪外)及日光、清风、明月等不能专有之物便不能成为盗窃罪的对象。

(3)必须是依法属于他人所有,即非自己所有。此处之"他人"仍指除本人以外的自然人、法人或国家而言,故刑法称"公私财物"。本人的财物不成为盗窃罪的对象,但本人若窃取自己的交付他人作为担保、质权、抵押,或已委托他人保管、运输的物品,秘而不宣,妄图让对方赔偿,则可构成盗窃罪。这实际上盗窃的已非本人的物品,而是对方相应的赔偿物,乃属"他人所有"。他人所有亦包括他人所有的违禁物(如毒品、伪造的货币)或犯罪所得的赃物。这是因为这类违禁物或赃物的终极所有权乃属国家或原权利人,只能由国家或有关机关依法没收或返还失主,不准他人任意侵犯。盗窃违禁物或赃物的行为,归

[1] 根据最高人民法院 1998 年《关于审理盗窃案件具体应用法律的若干问题的解释》第 1 条第 3 项的规定,盗窃的公私财物,包括电力、煤气、天然气等。

根结底是对国家、集体或他人财产权利的侵害。

应该说明的是，财产性权利或利益本身不能成为盗窃罪的对象。[①] 如债权、抵押权、股权本身不能成为盗窃罪的对象(但可能成为其他财产犯罪如诈骗罪的对象)。这是由盗窃罪的本质特征所决定的，[②]但如果这种财产性权利或利益记载于文书(例如银行存折、股票、票据、有价证券等等)之中，成为权利性的给付凭证，则可成为盗窃罪侵害的对象。[③]

值得讨论的是，信息或数据本身能否成为盗窃罪的对象？陈兴良教授曾撰文将"信息窃取型"作为盗窃罪的一种形式，肯定了信息或数据可以成为盗窃罪的对象。[④] 这个问题涉及一些新型财产犯罪的定性，事关重大。我们试举最近一起盗买盗卖股票案加以分析：

2004 年 10 月中旬，张某在互联网上租用了空间，并且仿冒一个知名证券网站制作了一个网站，这个仿冒网站与知名网站只少了一个英文字母，一些股民很难辨清真伪。张某叫来自己的高中同学王某、邹某。张某说如果在该网站上放置木马程序，可截取股民的股票账号和密码等信息，即可操纵这些股票账户，高价购入自己手中的股票从中获利。听到张某如是说，王某、邹某当即表示赞同。三人商定，由张某负责木马程序的制作与传播，并进行股票的操盘，王某则负责用假身份证开立股票、银行账户及办理联通上网卡，邹某则负责在电子邮箱中收取和整理木马程序获取的股民股票账号和密码。2004 年 10 月 18 日，张某等三人来到长沙市，经过事先的筹借，三人出资 5 万元作为初期的投资。之后，三人出钱制作了一张名为鄢智勇的假身份证，在国泰君安证券长沙五一东路营业部开设股票账号。10 月 20 日，三人用鄢智勇的股票账号以 12.30 元的均价购入成交量小的股票"金宇车城"4000 股。次日，三人使用盗来的股票账号和密码将股民吴某、周某股票账号内的股票全部以低价抛出，获取资金后，大量购进了 22 万股"金宇车城"的股票，将这支冷门的股票

① 对此，理论上有不同看法，根据张明楷教授的观点，将盗窃罪、诈骗罪对象的"财物"解释为包含财产性利益，与刑法的相关规定是协调的，不会产生任何矛盾。参见张明楷：《如何区分类推解释与扩大解释》，载《人民法院报》2005 年 12 月 21 日"理论与实践周刊"版。

② 由于盗窃罪属于财产犯罪的夺取罪类型，因此，其夺取的财产必须是能够被当即转移占有的物品。

③ 参见陈立：《海峡两岸盗窃犯罪比较》，载《法学杂志》1993 年第 6 期。

④ 参见陈兴良：《盗窃罪研究》，载陈兴良主编：《刑事法判解》第 1 卷，法律出版社 1999 年版，第 30～31 页。

价格抬高后，张某又将两股民股票账户内剩余的资金，以13.44元涨停板的价格购入自己的4000股“金宇车城”股票，从中获差价利润4000余元。10月22日，三人又出资15万元，以苟晓书的假身份证在同一营业部开设股票账号。四天后，三人通过对股市几天的观察，以12.27元的价格购入股票“金宇车城”12010股，于次日以相同方法操纵林某、李某的股票账户，将股票账户的股票全部低价抛出，之后高价购进自己手中所持的“金宇车城”股票。据调查，三人利用苟晓书的股票账号分别作案七次，通过低价抛出、高价买进股票的交易方式获利79025元。2004年10月28日，三人流窜到了南昌。在南昌一网吧内，用假身份证开设账号，用上述方法操纵股民曹某、张某的股票账户，低价抛出股民账户上的股票，高价购进自己手中所购买的股票。11月5日—11月9日，三人用名为张宝珠的假身份证流窜深圳，非法操纵股民林某、陆某、高某、徐某等人的股票账户，疯狂进行盗卖、盗买股票的活动。三人用张宝珠的股票作案共获利近13万元。11月11日—24日，三人又辗转广州，用名为顾海国的假身份证在广州开设股票账号，非法操纵股民吴某、金某、申某、翁某等人的股票账号。三人用顾海国的股票账号作案获利17万余元。三人通过上述行为共获利38万余元。后案发。

主张本案应以盗窃罪定性的观点认为，本案的作案手段确实是特殊表现形式，但不能否定盗窃犯罪的构成。本案侵犯的主要客体是他人财产的所有权。财产包括个人收入、债券、股票。从犯罪构成来看：主观上，三被告人非法占有他人财物的故意程度十分明显。客观表现方面，被告人的行为是一种特殊的表现，其获取密码的过程是一个手段，实质上是为实现利润的最大化而占有他人财产。被告人窃取的虽是差价，但不能因此就否认行为的盗窃性，只不过其盗窃对象表现形式不同而已。被告人通过计算机和网络系统秘密窃取他人股票交易的信息，通过这些信息将他人的股票交易账户完全加以控制，在他人未察觉的情况下，任意进行交易，低价卖出，高价买进；而自己则同时低价买进，高价卖出，从而达到秘密窃取他人财物的目的，与盗窃罪并无本质区别。本案一审法院也是以盗窃罪对上述被告人定罪处罚的。

但是，我们认为，被告人并不能构成盗窃罪。本案所涉对象是通过股市操作所形成的差价，但法律并未将其规定为盗窃对象。被告人实施窃取他人股票交易账户和密码的行为，目的不是直接窃取他人财物，只是用来操作他人股票交易以赚取差价。客观方面，盗窃罪的既遂，要求给被害人造成损失且数额确定，而本案被告人并没有直接秘密窃取他人的股票。其获取股民账号、密码的方式，也系以木马程序方式获取。至于账户内的股票，任何人既不能直接提取,也不能实际占有,只能通过固定程序进行交易。被告人本身没有占有他人股票,只不过是将股票换成了资金;对于资金,被告人也没有直接窃取。同时,股票密码是交易密码,而非资金密码(本案行为人并没有获得提取资金的密码),因此,被告人不可能直接窃取资金。所以,被告人赚取差价的方式,并非非法占有股民财产。从盗窃罪侵害的对象来看,盗窃罪的对象是"财物",即使将刑法有关财产犯罪的"财物"作扩大解释,使之包括财产性利益,也无法包括股票交易密码。换言之,股票交易密码既不属财物,也不属财产性利益。本案行为从形式上看似乎符合窃取行为,但却不符合盗窃罪构成要件的对象,不能认定为盗窃罪。我们认为,本案行为的犯罪性主要不在于前期的窃取股票交易账户和密码的行为(此行为充其量是一种预备犯罪的行为),而应在于后期的非法盗卖他人股票的行为。至于这种盗卖股票的行为应如何定性,我们认为,从目前中国刑法分则所规定的犯罪类型上看确实无法找到与之完全符合的类型。但是,鉴于行为人确实通过上述行为取得了不法的利益,也给相对人造成了财产损失,所以,这种行为就不能评价为仅仅是破坏了证券交易市场的秩序和网络安全,它还侵犯了财产法益,应该在财产犯罪中得到评价。在目前刑法规定不完善的情况下,我们倾向于将这种行为评价为诈骗。我们基本赞同屈学武教授对此类案件的定性分析,[①]即行为人是利用所盗取的账号和密码,冒用股票所有人的名义出售股票并卖给自己,实际上是一种诈骗券商的行为。也就是说,本案行为人的获利是通过诈骗券商的所得,而非"盗得"。盗取股票交易账户和密码只不过是诈骗罪的预备行为。由于该预备行为不符合构成要件而不能独立成罪,因而本案也不属于牵连犯情况,直接认定为诈骗罪即可。

通过这个案例我们试图要表明这样的观点,即一般而言,信息和数据本身不能够成为盗窃罪的对象,因为信息和数据本身既非财物也不是财产性利益,充其量它可能是获取财物(例如存折密码)或实现财产性利益的一种途径或手段(例如本案中的股票交易账户和密码)。但是,在特殊情况下,当信息和数据本身记载的就是财产或直接代表财产时,它就可能成为盗窃罪的对象。例如行为人利用计算机侵入银行金融系统将电子货币(通过电磁信息反映出来的数据)盗划到自己设置的账户的行为,我们认为应当认定为盗窃罪。这种直接记载财产或代表财产的信息或数据,是作为盗窃罪对象的无体物的一种表现

① 屈学武著:《金融刑法学研究》,中国检察出版社2004年版,第368～369页。屈学武教授在该书分析了一起与本案基本相同的盗买盗卖股票案。

形式。随着科技的发展，这种类型的盗窃将日渐增多。[①]

（二）盗窃罪客观方面与主观方面的认定

本罪的客观方面表现为秘密窃取数额较大的公私财物或者多次秘密窃取公私财物的行为。所谓秘密窃取的含义是：(1)秘密是针对物主而言。只要是背着物主进行盗窃，即使不避他人耳目，仍属秘密窃取。例如，在公共场所威逼他人不准声张而秘密取走物主的财物仍属盗窃。(2)所谓秘密，乃指行为人主观上的自我感觉，即指行为人采取自认为不使物主发觉的方法，暗中窃取财物。纵然物主实际上有所察觉，没有公开阻挠，任其行窃，也无碍于本罪的成立。例如，行为人深夜潜入居家行窃，物主虽有所察觉，但因胆小怕遭窃贼行凶，仍蒙被假寐，任其窃走财物。或如行为人进入超级市场，伪装购物而行窃，在其将货物藏入衣内之时，已为售货员所发现，但等行为人正欲走出店门时始予举发，人赃俱获等类皆属盗窃行为。(3)秘密窃取行为必须贯彻始终。如果先是秘密行窃，一旦暴露就公然夺取或使用暴力、胁迫手段强取，其行为就转变为抢夺或抢劫性质。

盗窃的行为有多种多样，有溜门撬锁、掏兜割包、破窗入室、翻墙窜屋、破顶挖洞等手段。在盗窃罪所采取的行为手段中，有时会产生与其他犯罪行为竞合的情形。如掏兜行为与非法搜查罪的行为，入室行窃与非法侵入他人住宅罪的行为，割包、破窗、破顶挖洞的盗窃与毁坏公私财物罪的行为等等都存在竞合关系。对此，一般按吸收犯原则处理，不另外追究因盗窃行为所产生的附随行为。

盗窃公私财物数额较大或者多次实施盗窃，是构成本罪的必备客观要件。所谓数额较大，根据司法解释，以 500～2000 元为起点。[②] 所谓多次盗窃，根据最高人民法院 1998 年《关于审理盗窃案件具体应用法律的若干问题的解释》(下称《解释》)第 4 条的规定，乃指一年内入户盗窃或者在公共场所扒窃三次以上的情况。对于多次盗窃，即使行为人窃取的公私财物数额尚未达到较

---

① 见“镇江市郝氏兄弟侵入计算机非法取款案”，详见最高人民法院刑事审判第一庭、第二庭主编：《刑事审判案例》，法律出版社 2002 年版，第 445 页。

② 参见最高人民法院、最高人民检察院、公安部《关于盗窃罪数额认定标准问题的规定》(1998 年 3 月 26 日公布)。根据该规定，各省、自治区、直辖市高级人民法院、人民检察院、公安厅(局)，可以根据本地区经济发展状况，并考虑社会治安状况，在上述数额幅度内，共同研究确定本地区执行的盗窃罪“数额较大”的具体标准(厦门地区以 2000 元为起点)。对于盗窃公私财物没有达到数额较大也不属于多次盗窃的，一般不应认定为盗窃罪，可以根据《治安管理处罚法》的相关规定予以处罚。

大，也应认定为盗窃罪。这是在刑法取消惯窃罪名之后，对盗窃罪的客观方面构成要件所作的必要补充。因此，在司法实践中，认定某一案件的盗窃行为是否构成犯罪时，不能仅注意查明盗窃公私财物的数额是否达到较大，还应注意查实行为人盗窃行为的实际次数。《解释》第 6 条规定，对盗窃公私财物接近“数额较大”的起点，具有下列情形之一的，可以追究刑事责任：(1)以破坏性手段盗窃造成公私财产损失的；(2)盗窃残疾人、孤寡老人或者丧失劳动能力人的财物的；(3)造成严重后果或者具有其他恶劣情节的。反之，盗窃公私财物虽已达到“数额较大”的起点，但情节轻微，并具有下列情形之一的，也可不作为犯罪处理：(1)已满 16 周岁不满 18 周岁的未成年人作案的；(2)全部退赃、退赔的；(3)主动投案的；(4)被胁迫参加盗窃活动，没有分赃或者获赃较少的；(5)其他情节轻微、危害不大的。另根据《解释》第 1 条第 4 项的规定，对偷窃自己家里或近亲属财物的，一般不按盗窃罪处理，对确有追究刑事责任必要的，处罚时也应与在社会上作案的有所区别。所谓“近亲属”是指夫、妻、父、母、子、同胞兄弟姐妹。偷窃近亲属的财物，应包括偷窃已分居生活的近亲属的财物；偷窃自己家里的财物，既包括偷窃共同生活的近亲属的财物，也包括偷窃共同生活的其他非近亲属的财物。由于这种行为只发生于亲友之间，不仅社会危害性较小，而且被害人也往往不要求追究行为人的刑事责任。因此，对这类偷窃案件，一般只有在被害人坚持控告的情况下，才予以处理，并应在量刑上考虑从宽处罚。

盗窃罪的主观方面除了必须具有盗窃故意外，尚需具有非法占有的目的。首先，盗窃的故意，是指明知是他人所有或持有的财物，而有意窃为己有。行为人只要明确认识到所盗取的财物非己所有，而以普通常识能推定为他人所有或持有之财物为已足够，至于所有或持有者是何人，是合法所有还是非法持有，则在所不问。反之，如果是出自过失，或者误认他人已承诺或默许赠己之物而擅自取走，因无窃取的故意，不能以盗窃定罪。其次，盗窃的故意，以具有概括的故意即可，不必局限于盗窃某一对象。在盗窃过程中，临时起意缩小或扩大原来的故意范围，皆可包括在内。比如，甲意图入乙室盗窃金饰，因未寻获，便窃走乙的手表或其他财物，仍视为具有本罪的故意。

所谓非法占有的目的，是指排除所有人，将他人之物当成自己的所有物那样按照其可能的用途进行利用或处分的意思。对此，首先应该注意，不能将占有的目的仅仅理解为占为个人所有，也包括占为第三人或单位所有。其实质是企图以窃取的方法非法改变公私财物的所有关系。因此，即使盗窃目的并非为己占有而是为他人或单位所有，丝毫无助于财物被非法占有实质的改变，不能成为推卸罪责的理由。其次,占有必须具有取得的意图,如果只为一时的利用而盗窃(使用盗窃),由于欠缺非法占有的目的,不能成立盗窃罪。比如,因急事擅自开走他人的汽车,用后放回原处,这种擅自取走的行为虽有窃取的形式,但无取得意图,不应以盗窃罪定性。物主因此而受到损失,只作民事赔偿处理。要判明行为人是否只有"使用意图",必须查明行为人有无"交还意图"。如果行为人使用他人财物后迅速放回原处,自可认定具有交还意图,或者使用后放置于公安机关门口或其他公共场所,以让有关部门及失主迅速寻回,也可推定具有交还意图。但若使用后丢弃于荒山旷野等偏僻场所,使失主无法寻获,或在使用后,又起意将之出售于人或予以毁损,都不属具有交还意图,而是对财物的一种处分行为,自应认定为盗窃罪。[①] 如果使用时间并不是短暂的,即长期排除了原所有人的使用权,或使用后价值明显降低,那就不能认为是单纯的使用。因此,如果有消费价值意思的话,也可认为具有取得的意图,应认定为盗窃罪。再次,所谓按照财物可能的用途进行利用或处分的意思,例如,行为人非法取得他人的一件具有很高经济价值的古董,放置于家中或将其变卖,均体现了其对该古董的价值的利用或处分,均属于按照财物可能的用途进行利用或处分。但是,按照财物可能的用途进行利用或处分,不一定要求按照财物本来的用途进行合理的利用,只要对这些财物有作为所有者进行利用的意思就足够。例如,盗窃他人住宅门窗和家具用以烧火取暖或作其他燃料亦可认为属于对财物进行利用或处分的一种方式,仍应认定为盗窃罪,而不能认定为毁坏公私财物罪。但行为人若无任何利用的意思,而纯具破坏的意思,故意砸烂、毁坏公私财物的,则应认定为毁坏公私财物罪。构成毁坏财物罪的行为人虽然也实际控制了他人财物,也排除了权利人合法占有财物的可能性,但其控制该财物的目的并不是依照其本来可能的用途利用或处分,而是变更财物性质和价值或使其灭失,使人在事实上不能按照该物的可能用途进行使用或处分。对此,实例存在一定争议。例如被告人孙某出于为公司经理创造经营业绩的动机,盗取其所在公司钙铁锌奶 340260 份,价值人民币

---

① 上述《解释》规定:"为盗窃其他财物,盗窃机动车辆当犯罪工具使用的,被盗机动车辆的价值计入盗窃数额;为实施其他犯罪盗窃机动车辆的,以盗窃罪和所实施的其他犯罪实行数罪并罚。为实施其他犯罪,偷开机动车辆当犯罪工具使用后,将偷开的机动车辆送回原处或者停放到原处附近,车辆未丢失的,按照其所实施的犯罪从重处罚。为练习开车、游乐等目的,多次偷开机动车辆,并将机动车辆丢失的,以盗窃罪定罪处罚。"这可视为有关使用意图的特别规定。也就是说,司法解释认为,在某种情况下,即使行为人对所占有的物品仅有使用意图也无碍于盗窃罪的构成。

323247元，并将所盗奶让其母亲随意处置（倒掉或喂猪），审理法院认为行为人属于没有按照牛奶的经济用途加以利用或处分的意图，其行为完全符合故意毁坏财物罪的构成要件。但是公诉机关认为，行为人将牛奶取出并拿回自己家中，实际上已经完成了非法占有的行为，至于行为人将所占有的牛奶如何处置问题，不影响其非法占有的性质。[①] 我们认为，本案中的行为人将所占有的牛奶喂猪这一部分，难谓没有按照财物可能用途进行利用或处分的意思，故本案审理法院的判解旨趣不无探讨余地。

二、盗窃罪其他疑难问题的认定

1. 秘密窃取手段不明显的盗窃罪行为的认定

在司法实践中存在一些秘密窃取手段不明显的占有他人财物的行为，对其认定往往引起很大争议。例如，行为人黄某打扮时髦，选择一家小店，装出一副大买主的样子：一口气要了阿诗玛、万宝路等中高档烟70条。店主被她的气势迷惑，赶忙热情接待，称提货店很近，可以马上去提货。10分钟后，店主满怀欣喜拉来了香烟，按市场价共计5000多元。黄某没有讨价还价，当即从小挎包内掏出一叠100元和50元面额的现款，数了数后交给店主。店主数了一遍称少了100元。她一副不信任的神态拿过去重数："没错啊！"又递给店主。店主再点一遍还是少了100元。如此这般几个来回，黄某在第三次点数钱款时，以极其快捷的动作，把部分钱款抽出放入自己袋中，然后将剩余部分对折起来，交给店主，说："确实少了100元。"随即从袋内掏出100元一并递给店主。付完钱，黄某谎称自己还有急事，请求店主帮忙搬香烟、拦的士。店主接过钱，往口袋一塞，也没再重点。热情帮大买主搬香烟、拦的士。当目送黄某远去后，店主盘算利润时，才发觉少了2000元，才醒悟，刚才的大买主最后给的钱大大少了，赶忙去追，为时已晚。黄某以此手段两年内作案21起，骗取各类小店烟酒、电器货款10万余元。对此案，审理法院定性为诈骗，我们则认为应属于盗窃。黄某实际上是利用被害人注意力松懈之际，趁被害人不备，秘密抽出应付款的，被害人并无"自愿"交付被占有的钱款。被害人表面上似乎是上当受骗，实际上是被秘密窃取，只是这种当着被害人的面进行的秘密窃取的手段与典型的背着被害人进行的秘密窃取手段有所不同而已。

又如被告人张某以每吨1700元价格购买某工程处的废旧脚手架。之后，

① 参见：《孙静故意毁坏公私财物案》，载《刑事审判参考》总第39辑，法律出版社2005年版，第39～43页。

张某指使其雇用的两部农用车司机到工程处运载所购脚手架时各装 2 吨左右的沙子，在驾车通过工程处地磅处进行空车自重检测，测得两车含沙重分别为 5.18 吨和 6 吨。而后被告人指使两司机趁工程处员工不备，将沙子倾倒在工地里。然后，两车分别四次装上脚手架过磅运出工地。案发后，两车经检测自重 3.12 吨和 3.5 吨。被告人因此多载走 18.24 吨脚手架，非法得利 31008 元。对本案的定性，有人认为被告人通过装沙加重空车自重过磅，取得虚假空车自重后，再将沙子卸掉运载脚手架过磅，使员工陷于错误认识，认为车辆运出的货物是实际重量，仿佛"自愿"将与所装沙子等重的货物交与张某，其行为符合骗取的特征而非秘密窃取。虽然车子秘密装沙和秘密卸沙行为均背着被害单位进行，但是这些行为只是为了编造虚假情况（取得虚假空车自重）制造条件，并非取得财物的直接行为，其取财行为是在被害单位人员在场的情况下，在交易过程中"公开"取得的，非属于秘密窃取，因此，应认定为诈骗罪。我们认为，秘密窃取也可以当着被害人的面进行（诚如上例），关键在于被害人对所交付的财物是否认识及认识的程度。我们认为，本案被害人对所交付的财物是认识的，只是认识程度不深。构成诈骗罪中的交付行为，交付人对其交付的财物的数量与质量应该是明确的，如果由于行为人事先做手脚，导致被害人对交付物的数量与质量产生误解，这不属于真正意义上的交付，不能归属诈骗罪范畴，只能认为属于盗窃手段不明显的盗窃行为，仍然应定性为盗窃罪为妥。①

还有一起在刑法界引起较大争议的案件，也属于秘密窃取手段不明显的例子。该案的基本案情如下：朱某发现有一个推摩托车的人形迹可疑，觉得他的摩托车可能是偷来的。当其将摩托车停在路上发动想骑走时，朱某走过去，装着认识这辆车的样子，围着车看了一会儿，然后对他说："你到哪里去?"那人弃车而逃。此时，朱某见四周无人，就想将车骑回家据为己有。刚骑一会儿，朱某就被前来查找的失主抓获。摩托车的估价为 3200 元。关于朱某行为的

---

① 关于交付意思的内容，在德日等大陆法系国家，有的学者主张严格认定，即交付者除了把财产的占有转移给对方外，还必须对交付的内容（包括交付的对象、数量、价值等）有全面的认识。否则，就不能认为有交付的意思，交付行为也不存在。但也有学者主张放宽认定，至少被欺骗者只是对交付财物的价值有误认时，应该认定有交付意思，肯定交付行为成立。参见刘明祥著：《财产罪比较研究》，中国政法大学出版社 2001 年版，第 231 页。我们倾向于交付者应对所交付的财物具全面认识，唯有如此，才符合诈骗罪的"自愿"处分自己财物的内涵，否则就属于非"自愿"的交付，不能归属于诈骗罪的处分行为，只能视为被秘密窃取的一种形式。

定性,存在下面几种代表性的意见:

其一,朱某的行为构成诈骗罪。该观点认为,朱某佯装认识摩托车的样子,围着摩托车看一会并问"你到哪里去",是一种虚构事实的欺骗行为。这种行为使得盗车者误认为自身盗窃行为被发现而弃车逃走,朱某也因此得以占有该摩托车,其行为符合诈骗罪的逻辑顺序:诈骗行为—使他陷于错误认识—他人基于错误认识处分财产—行为人获取财产或财产性利益。

其二,朱某的行为构成敲诈勒索罪。该观点认为,敲诈勒索罪中的"威胁或要挟的方法",既包括明确对被害人进行威胁或要挟,也包括以含蓄方式进行威胁或要挟。本案中,朱某佯装认识车子,围着车看并问"你到哪里去",就是对盗车者的一种含蓄威胁,其意在于告诉盗车者:我知道你是偷车贼。这种观点还认为,敲诈勒索罪中的"强索公私财物"并不以明示索要财物为要件,只要行为人在实施威胁或要挟行为时有从被害人处取得财物的意思即可。本案中朱某的行为表明其在见到盗车者时即有从盗车者处取得好处的动机。因此,朱某吓贼取赃行为在本质上是一种敲诈勒索行为。

其三,朱某的行为构成盗窃罪。该观点认为,朱某在盗车者弃车逃跑之前的行为,是一种诈骗行为。但是,朱某看四周无人便骑上摩托车往家里跑,则是将赃物秘密据为己有的盗窃行为。这种观点还认为,对于以非法占有为目的,实施多种犯罪手段获取他人财物的犯罪案件,应当以获取财物的直接手段定性。本案中,朱某获取该摩托车的直接手段是趁四周无人秘密窃取的。

其四,朱某的行为构成侵占罪。该观点认为,"代为保管的他人财物",既包括经他人委托而代为保管的他人财物,也可包括未经他人委托而自行代为保管的他人财物。未经他人委托自行代为保管的实质,是指排除非法占有情况之外,基于事实行为的一种占有。本案中,朱某发现推车人形迹可疑,便进行试探,结果吓得盗车人弃车而逃,该车便由受盗车人非法占有的状态转变为受朱某控制的状态。在所有人不明的情况下,朱某暂时占有该摩托车,即属"代为保管",进而将该摩托车据为已有,就构成侵占罪。

其五,朱某的行为构成转移赃物罪。该观点认为,本案朱某明知摩托车是偷来的,但他仍非法转移并占有该车,构成转移赃物罪。

其六,朱某的行为构成抢劫罪。该观点认为,朱某以非法占有为目的,以胁迫的方法吓走盗车人,当场取得财物,符合抢劫罪的犯罪构成。

我们认为,本案尽管存在一些特别之处,但其行为性质应属于盗窃罪。这里涉及对盗窃罪行为性质的理解,盗窃行为实际上是采取一种平和的手段对他人持有的财物的占有。对于他人持有的理解,不必局限于事实上的控制,还应包括观念上的控制。例如路边停放的机动车，即使没有上锁，也应推定为车辆所有人的持有，将之占为己有，同样应认为是破坏了占有关系，属于盗窃行为。本案中的朱某实际上就是在他人非法占有摩托车后的继续非法占有。尽管朱某的占有摩托车的行为对于第一非法占有人而言具有公然性，但同样是背着车辆真正所有人进行的，我们也不会荒唐到认为朱某是捡拾了第一非法占有人丢弃的摩托车，一个能够在大街上随便捡拾并非报废的摩托车的社会明显是不符合社会通念的。

持朱某的行为属于侵占罪的观点是认为在盗车者弃车而逃后，朱某便处于对该摩托车的占有状态，在其决定将车骑回家据为己有之前，朱某对该摩托车的占有仍是一种合法占有，因而认为朱某将持有变为非法所有，符合侵占罪的主要特征。这是把对某物的事实控制与合法占有概念混同了。某人事实控制或持有某物并非就构成占有，更遑论合法占有了。按照这种观点推出的逻辑就是，只要某物被移离原所在地，则原物主就失去对该物的占有，这明显是没有考虑观念上的占有问题。对占有关系简单化为事实控制关系，不符合现代物权法理论与实践。

持诈骗罪的观点也不对，因为诈骗罪的一个显著特点是被害人受行为人的欺骗行为影响从而形成错误认识并进而自愿地将财物交给诈骗人或其指定的第三人。从本案来看，首先真正的失主根本就没有与朱某发生任何联系，而盗窃者弃车而逃的行为仅仅是其对盗来赃物的一种事实上的处分行为，他的这种事实上处分行为并没有将车交给朱某的意思，更谈不上他是自愿将摩托车交给朱某。

持转移赃物罪的观点更是不当，因为转移赃物罪侵犯的主要客体是司法机关的正常活动，而他人财产所有权仅仅是次要客体。刑法将转移赃物罪规定在“妨害司法罪”这一节，也正反映了这一点。本案中朱某在明知摩托车是赃物而转移赃物的主观目的不是妨碍司法机关的调查取证和追缴赃物等，而是非法占有该摩托车，因此根本不能将朱某的行为认定为转移赃物罪。

认为朱某的行为构成抢劫罪或敲诈勒索罪的观点又过分夸大了朱某在盗车者弃车之前所实施的一系列行为的强制作用。朱某的行为显然不属于暴力、胁迫或其他手段，同样也不属于威胁或者要挟的方法。倘若本案以抢劫罪或敲诈勒索罪起诉，公诉人显然无法举证证明朱某具体的抢劫或敲诈勒索的手段行为。朱某在本案中的话语并不足以使人心生恐惧，盗窃者弃车而逃不是出于朱某对其实施的心理强制，而是其本人做贼心虚的心理。[①]

2.盗窃罪既遂、未遂的认定问题

国内刑法界关于盗窃罪既遂与未遂的划分标准一向有失控说、控制说和“失控＋控制”说等三种观点之争。值得注意的是，最高人民法院与最高人民检察院在1992年12月11日《关于办理盗窃案件具体应用法律的若干问题的解答》中曾规定：“已经着手实行盗窃行为，只是由于行为人意志以外的原因而未造成公私财物损失的，是盗窃未遂。”这一规定别具一格，我们可称之为“损失说”。[②]

损失说与上述三说皆有所区别，独具特色。因为失控说以财物的所有人和保管人是否丧失对物的占有即控制为标准，划分既遂与未遂。控制说以盗窃犯是否获取对被盗财物的实际控制为标准，划分既遂与未遂，侧重于强调犯罪人的主观恶性应在盗窃既遂中得到较充分的展开。“失控＋控制”说以被盗财物是否脱离所有人或保管人的控制并且实际置于行为人控制之下为标准，划分既遂与未遂，试图吸取失控说和控制说的各自优点，以严格限制盗窃既遂的范围。

区分盗窃既遂与未遂的上述三种传统观点，是针对盗窃有形财物而言的。如果盗窃对象是无形财物，例如刑法第265条规定的电信窃取行为，传统观点便会失去其应用价值。损失说以盗窃行为是否造成公私财产损失作为区分盗窃既遂与未遂的标准，能够更好地适应盗窃罪既包括有形财物也包括无形财物的特点。如果盗窃对象是无形的重要技术成果、长话账号和码号等包含经

---

① 与此案类似的另一案件是：甲窃得摩托车一辆（价值5000元），乙明知该车是赃车仍予购买。一日，丙发现该车停放在某商场门口，因丙知道该车是甲盗窃后卖与他人，故欲占有，遂在停车处停留且仔细查看，并说：“我的车怎么在这里？今天竟然被我找到了，是哪个人把车停在这里的？”乙在附近未敢应答。丙谎称自己是车主，遂将该车推走。对丙的行为性质的认定有两种不同的意见。第一种意见认为，被告人丙明知摩托车是赃车的情况下，故意以伪称是车主的方法吓唬乙，对其进行要挟，使乙认为是车主前来要车，并出于心理上的恐惧而放任被告人将车占有。丙的行为符合强行取财的特征，已构成敲诈勒索罪。另一种意见认为，丙以虚构事实、隐瞒真相的方法，伪称自己是车主，使财物持有人产生错误认识，“自愿”将该物交出，其行为符合诈骗罪的犯罪构成，应以诈骗罪处罚。参见《人民法院报》2006年4月11日法庭内外周刊版。此案被告人丙的话语对乙而言显然就具有较大的精神强制性，法院认定为敲诈勒索罪尚且还存在争议，更遑论本案了。

② 该规定在1997年11月4日的上述《解释》中却没有体现，该《解释》明显是有意回避这一问题，留给刑法理论界相对大的争论空间。

济价值的信息，那么信息的特点决定了盗窃者与原所有人、持有人之间形成一种共有关系。原所有人、持有人并未完全失去对信息的占有和控制，盗窃者也并没有完全占有和控制该信息，因而危害后果只能是经济上的损失，而不可能单纯地表现为犯罪对象即信息在空间位置上的变化。所以，盗窃行为造成公私财物损失的，是既遂；未造成公私财物损失的，是未遂。我们主张，针对有形财物的盗窃应以上述三说为判断既遂与未遂的标准（我们更倾向于控制说），而针对无形财物的盗窃，则应以损失说为判断既遂与未遂的标准。但是，对于利用计算机实施的盗划银行资金（电子货币）的行为，仍应以控制说作为判断既遂、未遂的标准。对此可参见前述“郝氏兄弟侵入计算机非法取款案”。[①]该案争议的焦点在于：郝景文、郝景龙非法侵入银行计算机系统、盗划银行资金后再到储蓄所取款的行为应当以盗窃罪定罪处罚，还是以诈骗罪处断？[②]如果以盗窃罪定罪处罚，那么是盗窃罪既遂，还是盗窃罪未遂呢？

在此，我们主要讨论其既遂、未遂的问题。我们认为这种盗划电子货币（直接代表财产利益的信息和数据）的行为是否应当认定为盗窃罪是需要进一步研究的。即使认为法院对此案的定性（定盗窃罪）是正确的，但在本案盗窃罪既遂与未遂的认定问题上也仍存有争议。在本案中，法院的判决意见认为被告人郝氏兄弟构成盗窃罪既遂（盗窃金额 72 万元）。

关于非法划拨电子货币行为的既遂与未遂的判断标准，比较有说服力的观点认为：只要行为人非法将他人的电子货币划入自己的账户，就成立盗窃罪既遂，不存在犯罪中止和犯罪未遂的余地。其所持理由如下：(1)电子资金不同于一般知识信息，将他人账户的资金通过计算机秘密划拨到自己的账户上，被害人账户上的资金必须相应减少，否则电脑拒绝运行。行为人将他人的电子资金调拨进自己的账户中，由于行为人已经完成了电子资金的转引，也就意味着这笔资金已经脱离了被害人的控制而为行为人所控制，此时行为人是能够随时提取现金或者将其窃取的电子资金在网络上使用，如网上购物和其他交易等，故应成立（犯罪）既遂。(2)否认电子资金的转移构成（犯罪）既遂，而要求行为人取出现金或通过网络使用才成立（犯罪）既遂的观点，实际上是不承认电子资金是盗窃罪的犯罪对象，而只承认电子资金转换成现金或作其他

---

① 详见最高人民法院刑事审判第一庭、第二庭主编：《刑事审判案例》，法律出版社 2002 年版，第 445 页。

② 屈学武教授在其 2004 年版的《金融刑法学研究》一书中认为本案理应认定为刑法第 194 条第 2 款的金融凭证诈骗罪。

用途才成立(犯罪)既遂的观点,不但不能够反映信息社会经济关系的发展状况,而且与《解释》第 5 条第 2 项关于盗窃有价支付凭证、有价证券、有价票证的规定相冲突。①

我们赞同只要行为人非法将他人的电子货币划入自己的账户,就成立盗窃罪既遂的观点。有论者认为,利用计算机实施的犯罪是一种隔离犯,即虚拟空间的犯罪结果向现实转换在时空上还存在隔离,虚拟阶段的结果仅仅表现为权利记载上文义或信息数据的改动,它是否必然损害权利人的权益,还必须依赖于行为人进一步深化行为,致使权利人实实在在的财物侵犯,从而出现实实在在的现实结果。对此我们认为,利用计算机实施的财产犯罪不是隔离犯,所谓隔离犯,是犯罪行为与犯罪结果出现时间差,而利用计算机盗划资金是行为与结果同时出现的,虽然仅仅表现为权利记载上文义或信息数据的改动,但却是确确实实的财产变化。在现代社会,我们所拥有的财产难道不是基本上通过记载上的文义或信息数据来体现的吗?诚如最高人民法院的倾向性意见认为:“被告人郝景文、郝景龙通过非法操作计算机将银行资金 72 万元划入个人存款账户,自该资金划入个人存款账户时起,二被告人已经在事实上通过该存款账户取得了划入款项的所有权,即被告人可凭存单随时支取存款账户内的钱款,其盗窃犯罪行为已经实施终了。”②

盗窃案件有犯罪既遂与未遂之分。在盗窃未遂的场合,盗窃数额是指行为人主观上企图盗窃和客观上可能得到的数额。因此,对于那些在银行、金库、商店、博物馆等处作案,以盗窃巨额现金、金银、贵重商品或珍宝、珍贵文物为目标的,即使未得逞,也应以犯罪未遂定罪处罚。至于这种案件是按刑法第 264 条哪个档次的法定刑认定,则应视具体案情而定。对于盗窃行为实行终了的未遂,这种认定不会存在问题,关键是对盗窃行为未实行终了应如何认定的问题。对此我们认为,如果盗窃行为人存在确定的故意,则可以此确定故意的内容来确定盗窃的数额。如果盗窃行为人的故意不确定,则可以从客观上可能造成的损失数额、犯罪目标等全部案情进行分析认定。例如,行为人着手窃撬保险柜未能撬开或柜内分文没有,就可以认定行为人有企图盗窃数额较大的财物的犯罪故意;行为人潜入银行金库、博物馆等处作案,但听到声响溜

① 转引自赵廷光、皮勇:《关于利用计算机实施盗窃罪的几个问题》,载《中国刑事法杂志》2000 年第 1 期。

② 最高人民法院刑事审判第一庭、第二庭主编:《刑事审判案例》,法律出版社 2002 年版,第 445 页。

掉，就可以认定行为人有企图盗窃数额巨大财物的犯罪故意。而对扒窃未遂一般只按治安管理处罚条例处罚。

对此，上述《解释》也指出，“盗窃未遂，情节严重的，如以数额巨大的财物或者国家珍贵文物等为盗窃目标的，应当定罪处罚”。

3. 盗窃罪的构成及其既遂、未遂问题与行为人的主观认识的关系

行为人对其所盗物品价值的认识程度是否会影响盗窃罪的构成乃至案件的既遂、未遂的认定？下述案例可以说明这个问题：某日下午，李某和王某在去公园的路上闲逛时，见路边停着一辆桑塔纳轿车。李某走到车前，随意拉了一下车门，车门没锁，李某看到车前排座上有一只黑色提包，环顾四周无人拿包就跑。在逃离现场的途中，王某接过李某手中的提包，拉开拉链，发现内有现金 2000 元，随即装入自己的口袋，顺手把提包扔在离现场 200 米的草地上（提包内尚有 2.5 万元未被发现）。不久，失主在草地上找到装有 2.5 万元的提包。

本案李某和王某的行为已构成盗窃罪无疑，但对本案盗窃数额的认定存在三种不同意见：

第一种意见认为，盗窃数额为 2000 元。其理由是：李、王两人盗窃目标在扔掉提包后已不包括 2.5 万元，且李、王始终不知道包内还有 2.5 万元，所以不能认定。

第二种意见认为，盗窃 2000 元为既遂，2.5 万元为未遂。其理由是：李、王两人已非法占有 2000 元，且已实际控制，构成既遂。那 2.5 万元是由于意志以外的原因而未得逞，属于未遂。

第三种意见认为：盗窃数额应认定为 2.7 万元，其理由是：(1)从犯罪的客观方面看，李、王两人已实施了秘密窃取他人财物（提包）的行为，并使提包及内含的物品脱离物主的控制，置于自己的控制之下，整个盗窃行为即告完成，应属既遂；(2)从主观方面看，李、王拿包就跑，并未从中拿出发现的现金，就证明行为人有非法占有包内全部物品的故意，不能说他们只有非法占有 2000 元的故意；(3)至于李、王两人不知包内还有 2.5 万元，并将包扔掉，属于行为人对赃物的处置行为，不影响盗窃罪整体的成立。在刑法理论上，被盗物品的数额应以被盗物品的实际价值计算，而不应该以行为人的实际获得数额计算。因此，本案中的 2.5 万元也应计入盗窃数额。[①]

---

① 见郑勇：《李某、王某盗窃案》，载陈立主编：《刑法疑难案例评析》，厦门大学出版社 2003 年版，第 213 页。

在分歧意见中，第一种意见认为李、王两人始终不知道包内还有 2.5 万元，故李、王两人的认识内容不包括这 2.5 万元。第二种和第三种意见认为李、王两人的故意及于包内的全部物品。

通常人们对事实的认识会存在程度之差、深浅之别。刑法理论在两个层次上论及直接故意犯罪的认识程度。行为人对所要盗窃对象的数额或价值的认识，也属于事实认识的范畴。因此根据行为人是否对所要窃取的财物数额或价值有明确的认识，盗窃罪的故意可以分为确定性故意和不确定性故意。如果行为人对所要窃取的财物数额或价值有明确的认识，就是确定性故意；如果行为人对所要窃取的财物数额或价值没有明确的认识，则为不确定性故意。本案中李某和王某两人对所要盗窃的对象的数额没有明确的认识，就是属于不确定故意的情况。对于不确定性故意的盗窃行为来说，应以行为人可能窃取的财物数额推定为其预见的数额，通常可能窃取的财物数额就是盗窃对象的实际价值。

不确定性故意的特征是对所要窃取对象的数额没有明确的预见，无论该对象的实际价值是较小、较大或巨大等均在盗窃行为人的主观容忍范围内，[①] 实际着手的数额是较小、较大或巨大，与行为人的主观认识都是不矛盾的，都在其预见的可能性范围之内，所以事实上行为人是认识到了取得盗窃对象实际价值的可能性。在不确定故意的盗窃案件中，行为人只要实施了盗窃行为，取得盗窃对象全部价值的可能性是存在的，而对这种可能性行为人也是有所认识的，因此以行为人可能窃取财物的数额推定为其预见的数额，符合我国刑法的规定。

本案中，李、王两人在着手盗窃的时候，其主观态度是不确定的故意，其预见了其行为取得包中所有财物的可能性。李、王两人在此认识基础之上，实施了积极的行为。李、王两人见四下无人拿包就跑，在逃跑途中查看包内情况，并从包内拿出 2000 元钱装入自己的口袋，李、王两人具有非法占有包内全部财物的目的。因此，李、王两人的犯罪故意应及于包内的全部物品。

关于盗窃罪的既遂标准，我们前面已经阐述了对于有形财物应以控制说为妥。本案处理的几种分歧意见在认定盗窃罪既遂与未遂问题上，也都是采用控制说为标准，为什么却得出不同的结论呢？这主要是由于对“控制”的不同理解造成的。我们认为，“控制”，就是指行为人对财物的实际控制，并不一定指财物就在行为人的手中，而是说行为人能够在事实上支配该财产。但是

---

① 参见董玉庭著：《盗窃罪研究》，中国检察出版社 2002 年版，第 172 页。

这种支配并不要求按照该财产的属性加以利用。例如,行为人入室盗窃一精致陶器,不认识其为天价古董,而将之作为一般陶器使用,仍然属于支配了该财物,应按照其实际价值计算盗窃数额。也就是说,行为人对被盗财物的实行控制并不以行为人对该财物的认识为前提。盗窃案件的客观情况非常复杂,对所要盗窃财物的数额作出明确无误的认识一般是不可能,同样也是不必要的。因此,刑法只要求行为人对财物的数额作出大致的预见即可,即只要求行为人认识到财物存在的可能,并已经事实上控制了所盗物品,就应当认定为对该物品的盗窃既遂。至于行为人控制所盗物品的时间长短以及对所盗物品如何处置并不影响对其盗窃既遂的认定。我们认为这个结论原则上可以适用于一般盗窃案件的认定。因为一般盗窃行为人都是相机行事,能偷多少算多少,而且都存有多多益善的贪欲心理。当然,如果确有证据表明行为人本意在于小偷小摸,不料意外取得大量财物,自己尚未发觉,或者发觉后马上送回事主,此种情形可以认为行为人是以数额较小的财物作为确定性的盗窃目标,但却由于意志以外的原因得手大量财物。唯有在这种极其罕见的情况下,才能够以行为人对所盗财物是否有认识来判定是否既遂。例如,饥寒交迫的行为人目的非常明确,只为偷一件正在晾晒的衣服来御寒,不料衣服的夹层里藏有一价值上万的钻戒,行为人没有认识到。行为人即使控制了衣服,但对钻戒完全没有发现,而且行为人也确实没有占有其他财物的概括性故意。在这种情况下,就不能以行为人事实上控制了该钻戒而将之客观归罪。当然,我们认为,这种特例在现实生活中发生的概率是很小的,只能进行特殊处理。①

基于上述分析,在本案中,我们不能以李某和王某没有认识到2.5万元,就认为他们不存在对2.5万元的控制。李某和王某虽然对提包内的另外2.5万元没有认识,但是李某和王某控制了提包,在盗窃该提包时,李某和王某是

---

① 行文至此,偶见《检察日报》2006年3月15日登载一案例,犯罪嫌疑人陈某在某广场窃得一部手机后被当场抓获,经估价被盗手机价值人民币930元(含SIM卡),卡内话费余额为人民币75元。由于案发当地盗窃犯罪数额较大的起点标准为1000元,因而话费余额的计算直接关系到犯罪嫌疑人罪与非罪的认定。对此案我们认为,一般而言,盗窃手机的行为人主观上指向的犯罪对象仅为手机本身,一般不会包括卡内话费。但也有例外,例如行为人盗得手机后一路狂打。因此,对这种案件的认定还是应采主客观相结合的认定方法。在无法证明行为人具有概括故意且行为人对其所没有认识到的价值部分或不想认识的内含价值没有造成实际损失的,则对行为人只能按其实际认识或实际控制的部分认定其盗窃数额。就本案而言,犯罪嫌疑人陈某在盗窃手机后被当场抓获,因无法查明陈某是否具有非法使用手机内含话费的主观故意,故该75元话费不宜计入盗窃数额。

基于概括故意实施的，如果他们发现提包内的另外2.5万元钱款无疑会义无反顾地将其占有。也就是说，从本案案情看，没有证据表明李某和王某对提包内的2.5万元没有占有目的，而只有占有他们实际得手的2000元的目的。因此，虽然李某和王某并未实际占有2.5万元，但仍然不影响李某和王某对该2.5万元承担盗窃既遂的责任。李某和王某两人扔掉藏有2.5万元的提包的行为只能视为是他们对所得赃物（缺少耐心和仔细搜索）的一种无知和愚蠢的处置行为。

总之，李某和王某对窃得提包内的全部财物具有概括性的预见，并在这种认识因素的基础上着手实施盗窃提包的行为，并且实际上控制了该提包，但是由于自身认识错误，没有发现包内另藏的2.5万元现金，将其和提包一起扔掉（本案失主在草地上找回提包及其中的2.5万元，纯属偶然性且是在李某和王某处置提包之后），行为人没有实际占有提包内含的2.5万元，不影响其犯罪既遂的构成。本案应按照共同盗窃2.7万元认定李某和王某盗窃既遂的数额。

这个案例说明，行为人对所盗物品的认识错误一般不会导致其行为无法达到既遂。由于盗窃罪是数额犯，有时候还可能存在由于行为人的认识错误而将价值极高的物品以极低的价格贱卖，在这种情况下，对所盗数额的计算仍应按照物品本来具有的价值认定。例如，行为人盗窃一台电脑并贱价卖掉，却没有认识到该电脑内存的价值高昂的建筑设计软件，对此，如果必须根据行为人的文化程度来推认其是否应有认识，并以之作为是否应将软件的价值计入盗窃数额的依据，将会给司法实践造成极大的困惑和混乱。我们认为，只要能够推定行为人具有概括性的盗窃故意，就应按照原本价值计入。即使行为人实际得赃数额很少，也应按照本来价值计算。又如，行为人盗窃刹车扳并将之按照废铁卖掉，甚至也不必要求行为人在得手时认识到所盗物品属于特殊材料，更不必要求行为人认识到是刹车扳，即只要具有概括性的盗窃故意就应按照物品本来的价值计算数额。

第11章 诈骗罪的司法认定

一、诈骗罪客观方面的认定

诈骗罪，是指以非法占有为目的，采用虚构事实或者隐瞒真相的方法，骗取数额较大的公私财物的行为。本罪的客体是公私财物所有权。诈骗罪侵害的对象与盗窃罪相同，是公私财物。因此，前论有关盗窃罪对象的内容范围亦可作为诈骗罪对象的内容范围。但这里有一个问题值得探讨，这就是诈骗罪的侵害对象除了公私财物外，是否还包括财产上的不法利益？外国刑法如德国刑法、瑞士刑法规定诈骗罪是意图获得财产上的不法利益而损害他人财产，日本刑法第246条规定的欺诈罪有骗取财物和获得财产上的不法利益两种情况。台湾刑法规定的诈欺罪也有取得财物与取得财产上之不法利益两种类型。后一种类型又可简称为“诈欺得利罪”。[①] 所谓财产上之不法利益，指以欺骗手段获得交付现实财物以外的财产利益，如以欺骗手段取得债权或免除债务、以欺骗手段招收工人干活而不付给工资等等。我们认为，我国刑法虽然只规定诈骗罪的侵害对象是“财物”，但为了有效地打击诈骗犯罪，应将“财物”作扩大解释，使之能够包括财产上的不法利益。

本罪的客观方面表现为行为人采用欺骗方法，引起他人的错误认识而处分财产，从而非法占有数额较大的公私财物的行为。诈骗罪的客观方面包括以下几个基本要素：

1. 采取欺骗的方法

所谓采取欺骗的方法，主要是指行为人采用虚构事实或者隐瞒真相两种方法。“虚构事实”是编造某种根本不存在的事实使他人相信，也就是“无中生

---

① 参见陈立著：《海峡两岸法律制度比较·刑法》，厦门大学出版社1993年版，第303页。

有”。虚构的事实可以是全部，也可以是一部分。“隐瞒真相”是用某种情况来掩饰另一种根本不存在的事实，即“以假充真”。这两种方法无论使用哪一种，还是交替使用，都不影响诈骗罪的成立。其本质都是对于不真实的情况表示其为真实。对于不真实情况的表示应区别于意见表示。意见表示不过是表示人将其内在的主观见解向外予以表达而已，并不强制对方接受。因此，纵然其所表示的意见使对方陷于错误，但此仅属“误导”，而非诈骗。例如，某人表示黄铜比黄金有价值，此为对一种事物的评价，属意见表示。纵使相对人竟然相信，而用黄金与其对换黄铜，亦不构成诈骗。但若某人将其所持黄铜冒充黄金，则属不真实的情况表示，可构成诈骗行为。

行为人实施诈骗不论是以语言、文字或动作，均可构成本罪的行为。如无钱饮食、住宿，即属以其行为状态虚构其愿意支付的意思，或有支付能力，而实际上并不支付或无力支付。有人认为上例是不作为诈骗，我们不能苟同。因不作为之构成，须有告知义务。而饮食、住宿者似无先行告之店主其有支付意思、能力的义务。若这么认为，显属不符实际，亦不自然。故宁可认为这是一种动作诈骗为妥。实践中发生的诈骗的形式可谓多种多样，常见的有冒充诈骗，即假冒他人的身份，并利用该身份骗取别人的信任，以达到诈骗钱财的目的。如冒充外商、港澳台商，冒充国家工作人员，冒充专家、医生等等；伪造诈骗，如利用伪造的合同、介绍信、支票、文凭、信用卡等等各种凭证、文件或票据进行诈骗；圈套诈骗，就是诈骗分子利用一些人的私心，特别是想贪小便宜的欲望，使被害人上当受骗，如连环诈骗、设赌诈骗、收购诈骗、拍卖诈骗等等。

应予注意的是，行为人实施诈骗行为除积极的作为外，尚包括消极的不作为。但不作为诈骗的构成，须以行为人负有告知义务为限。如行为人不负告知义务，则不构成此种不作为诈骗。所谓告知义务，即对于具体法律行为重要的事实，予以告知的法律上的义务。这种法律上的告知义务不以法律有明文规定为限，因交易习惯上有此告知义务的，也包括在内。[1]

行为人实施诈骗行为不以对于特定人实施为限，即使对不特定之多数人实施，亦可构成。如刊登虚假广告以骗取多数人的钱财。另外，行为人的诈骗也不以直接向被骗人实施为限。即使以间接方式施骗，达到其不法获利的目的，亦可构成本罪。例如三角诈骗，这种类型的诈骗造成被骗人与财物受损人分离的现象，有如间接正犯的情形。但这种被欺骗人与财物交予人非同一的情况，一般限于被欺骗人对财物所有人的财物有处分之权。若无此关系，则财物所有人可拒绝交付，诈骗不可能得逞。

2. 引起他人的错误认识而处分财产

行为人所采用的欺骗方法，必须能够或足以引起他人错误的判断而处分财产方能构成诈骗罪。这里所说的判断错误必须区别于无知。在判断错误的场合，被骗人对事实本存在一定的认识，而无知则对事实本身不存在任何认识。被骗者若对事实毫无观念、一无所知，则不存在陷入错误，因此也就不可能成为诈骗罪的被骗人。如对无意思能力之幼童或精神病人施骗取财，行为人纵有欺骗之行为，但被骗人已无判断能力，行为人利用此等状态取财，则有如盗窃罪之取走他人财物，当论以盗窃罪，而不能认定为诈骗罪。但若是对知虑浅薄的未成年人或限制行为能力人实施诈骗，则此类人并非全无意思能力，对事物尚有一定的判断，故仍可论以诈骗罪（国外刑法有称此种诈骗为“准诈骗罪”）。

---

① 普通法传统有“买者自慎之”原则（即在买卖双方处于相互独立地位的交易中，如果一方未询问有关信息，则另一方没有义务予以告知），它反映的是在商品交易中，处于平等交易地位的双方都有义务自己去获取信息。它背后体现的哲学理念是个人主义在商业活动中的反映。从实证的角度考虑，在交易中的买方没有询问相关信息的情况下，假若法律要求卖方有义务主动披露过多的信息，便会不恰当地增加卖方的交易成本，而鼓励买方“懒惰”，以坐收渔利。因此，一个更为恰当的法律规则是鼓励买方自己去寻求与交易有关的信息。但是，“买主自慎之”这一古老的法律原则发展到今天已经产生了变化。出于正义、公正和公平交易的考虑，普通法系的法官们确立了该法律原则的例外规则。例如，如果卖方知道某种事实会“实质性地”影响买卖标的的价值，且该事实只有卖方知道或只有卖方才能获得该事实，同时卖方还知道买方不知道这些事实或者买方通过尽职调查或观察仍无法获得该信息，则卖方有义务向买方披露上述事实。显然，“实质性”的要素标准是较高的，对于非实质性的事实，不披露不构成欺诈。在现代法律关系中更为人们接受的法律原则是，如果交易行为的任何一方隐藏或隐瞒一个他有义务善意披露的重大事实，则他的沉默就是欺诈性的。参见张利宾：《买卖合同中的信息不披露是否构成欺诈》，载《人民法院报》2005 年 12 月 26 日“法治时代周刊”版。

被骗人陷于错误之后，紧接着即是处分财产。所谓处分财产不仅指民法上的法律行为，如买卖(订货、买入、售出)、借贷、担保、放弃请求权等其他一切对其本人或第三人财产的任何事实行为，也包括任何足以使自己或第三人之财产减低或失去其经济价值的忍受或不作为的情形。被害人之处分财产行为，为诈骗罪客观方面的重要特征，此乃本罪不同于其他财产犯罪的关键。故判断被骗人是否已经实施处分行为至关重要。举例而言，行为人到商店假充顾客，试穿衣服，乘营业员不备而穿走衣服。虽手段上使用诈骗方式，令营业员误信为购衣，但衣服的取得，非由营业员之处分而得，营业员只让其在一定范围内试穿，并不准其穿出店外。若营业员被骗而同意其穿出店外，而后付款，则属处分行为，可构成诈骗罪。故是否构成处分财产行为，应以处分人是否将其财物交付相对人达到不可控制之范围为判断标准：财物尚可控制的，即尚未处分；财物交付相对人，已不可控制的，即为处分行为。还需注意，处分不以被骗人本人处分为限。如甲被骗，将被骗内容告之于乙，乙亦信，而将财物处分于诈骗人，亦属诈骗罪之处分行为。此种情形，甲成诈骗人的工具(传递诈骗内容)。此情形不同于诉讼诈骗的间接正犯在于乙本身亦受骗而自愿处分财物，而前者乃是不自愿的、被迫的。

3. 诈骗结果

依照刑法第 266 条规定，诈骗罪必须是取得公私财物数额较大的才构成犯罪。就是说，诈骗犯罪必须要求危害结果达到一定程度。这也是区分一般诈骗行为与诈骗罪界限的重要标准。对于没有达到“数额较大”标准的一般诈骗行为，就不能依照刑法追究刑事责任，而只能根据《治安管理处罚法》处罚。根据有关司法解释，诈骗罪的数额较大，以 2000 元为起点。各省、自治区、直辖市高级人民法院可根据本地区的经济发展状况，并考虑社会治安状况，在 2000～4000 元幅度内确定数额较大的起点。需要注意的是，已经着手实行诈骗行为，只是由于行为人意志以外的原因而未获取财物的，是诈骗未遂；诈骗未遂，情节严重的，也应当定罪并依法处罚。① 对诈骗未遂的认定，可参照前述盗窃罪未遂的认定方法。

关于诈骗罪客观行为的认定，我们结合下述案件进一步说明。叶某通过朋友叶某某、何某某得知被害人蔡某某之子因涉嫌伤害致人死亡案被抓，蔡某某来拜佛算命，急于找人为其子说情疏通关系，救其子一命。经叶某某、何某

---

① 参见最高人民法院 1997 年 1 月 25 日《关于审理诈骗案件具体应用法律的若干问题的解释》。

某介绍,叶某遂向蔡某某宣称其亲戚朋友在司法部门工作,能帮蔡某某疏通关系,保证救其子一命,但要打通公检法三家各个环节需要12万元人民币的费用,并许诺为蔡某某的儿子聘请一名好的律师,安排时间让蔡某某与其子见面。嗣后,叶某多次催促蔡某某付钱,蔡某某救子心切,四处借债,分四次凑足12万元人民币付给叶某。叶某分给叶某某、何某某各2万元(包括购买手机、金项链等)。期间,叶某与朱某某(在司法机关工作的关系人)联系帮忙,并拿3万元给朱某某,作为朱某某帮请律师和找人疏通关系的费用。叶某自己用赃款买了一部手机,并到四大佛教名山游玩28天。蔡某某多次催问帮忙情况,叶某一直保证能救其子一命,说她男朋友的哥哥是法院院长,叫蔡某某放心,不要多问。直到法院通知蔡某某为其子聘请律师,叶某仍推托说亲戚出差,没时间,又说律师没用,都是法院、检察院的事,叫蔡某某随便请一个律师算了。至此,蔡某某方觉被骗,遂到公安机关报案,公安机关将叶某抓获归案,后叶某因怀孕被取保候审,叶某的哥哥为缴纳取保候审保证金通过知情人小蔡向朱某某要回2万元。案发后,叶某某、何某某各退赃款人民币2万元,叶某退款8万元,全部赃款已退回被害人蔡某某。

对本案中的叶某是否构成诈骗罪存在较大的争议。本案的认定所出现的争议,主要在于关于诈骗罪中欺诈行为程度的要求。理论上认为,欺诈行为必须达到一个量上的要求,也就是说,欺诈行为只有达到一定程度,即达到足以使一般人产生错误认识的程度,①才能满足诈骗罪的客观方面的要求。欺诈的程度与欺诈的对象有密切关系,因此,在考察欺诈程度的时候,不仅要看是否使一般人在这种情况下产生错误认识,而且还要结合被欺骗人的实际情况看欺诈行为是否引起被骗人的错误认识。错误认识,是指被欺骗人的主观认识与客观事实不一致。在本案中,蔡某某存在着两个错误的认识:第一,蔡某某错误地认为可以用钱打通公检法三家,救其子一命;第二,叶某具有打通公检法各个环节的能力。正是在这两种错误的认识的作用下,蔡某某向叶某交付了财物。

在本案中,叶某向蔡某某宣称其亲戚朋友在司法部门工作,能帮蔡某某打理关系,保证救其子一命,但要打通公检法三家各个环节需要12万元人民币的费用,并许诺为蔡某某的儿子聘请一名好的律师,安排时间让蔡某某与其子见面。有论者认为叶某采取了夸大自己疏通能力的欺诈形式,是为了能从帮蔡某某打理关系中获得较多"中介"费用,这只是一般的违法行为,其夸大自己

---

① 参见刘明祥著:《财产罪比较研究》,中国政法大学出版社2001年版,第208页。

能力的虚假事实并未达到诈骗罪客观方面所要求的程度。理由是：

首先，蔡某某认为用钱打通公检法三家就可以救其子一命的错误认识是先于叶某的行为而产生的。本案中，蔡某某在其子被逮捕后，就萌生了通过疏通关系为其子开脱的念头，只是她没有现成的关系而已。因此，蔡某某就存在着通过打通关系可以达到救其子一命的错误想法。而叶某的夸大自己疏通能力的行为是在得知蔡某某急欲找人打通关系后才实施的。所以，叶某的夸大自己疏通能力的行为与蔡某某产生第一个错误认识，并不存在引起和被引起的关系。蔡某某的第一个错误认识是被现实社会中存在的司法腐败现象所误导，并非由叶某的夸大行为引起。

其次，蔡某某的第二个错误认识，即叶某具有打通公检法各个环节的能力，是由多个因素共同作用的结果。第一，蔡某某一开始就不相信司法是公正的，认为可能出现徇私枉法的情况。第二，叶某向蔡某某宣称的部分事实与蔡某某产生第二个错误认识具有因果关系。叶某向蔡某某所作的陈述和保证中确有部分情况，即其有亲戚朋友在公检法部门工作（叶某确实有亲戚在公安部门工作，其请托的关系人朱某某在检察机关工作）是真实的。蔡某某得出叶某具有疏通能力的结论，与这部分事实有密切的联系。第三，叶某向蔡某某宣称的情况除了真实的部分外，还有一部分是叶某夸大的，也就是宣称其有能力救蔡某某的儿子。这部分夸大的事实与蔡某某产生第二个错误认识也具有因果关系。从案件事实上来看，叶某夸大自己能力的部分事实，对蔡某某的决定也产生重要的影响。正是在这三个方面的原因综合作用下，蔡某某才产生了第二个错误认识。

该论者认为，本案中，叶某夸大自己能力的行为只是引起了蔡某某第二个错误认识的条件之一，只有和其他两个条件综合作用，才能合乎逻辑地引起蔡某某错误认识这个结果；单有叶某的夸大自己能力的行为而不具备其他两个条件，蔡某某的第二个错误认识就不会发生。如果只有叶某的夸大行为，而蔡某某并没有第一个错误认识，即蔡某某并不相信只要通过在公检法机关搞关系就可以救其子一命，那么，无论叶某如何夸大自己在公检法机关的疏通能力，蔡某某也不会产生第二个错误认识，即叶某具有打通公检法各个环节并救其子一命的能力。而如果只有叶某的夸大行为，而不存在叶某在公检法机关有亲戚朋友的事实，那么叶某的夸大行为就变得毫无根据，蔡某某也不会相信她。上述的三个条件对于蔡某某产生第二个错误认识的结果都具有同样重要的作用，缺少其中任何一个条件，都不足以引起蔡某某的第二个错误认识。总之，该论者认为，叶某夸大自己疏通能力的行为尚未达到足以使对方产生错误认识的程度，不能满足诈骗罪客观方面所要求的行为，因此，不能对叶某的行为认定为诈骗罪。[①]

我们不能苟同上述观点。我们认为所有的诈骗行为都是建立在被害人一定的错误认识基础上的，也就是利用被害人的弱点或某些不正确的观念。如果社会上的人的认识都很健全，都不存在错误观念，那么诈骗行为也将无从发生。更何况本案的被害人认为现实生活中存在司法腐败也不是什么错误认识，这是社会现实在人们观念上的反映，只是这种观念被本案的行为人恶为利用罢了。要追问被害人蔡某某的错误认识是否由被告人叶某引起，不能以蔡某某对社会原有的一般抽象性认识为判断依据，而应分析蔡某某在此次事件中的具体认识是否由叶某引起。尽管蔡某某对司法腐败存在一般性的看法，但是这种司法腐败现象是否能落实到自己儿子牵涉的具体案件中，就取决于叶某的误导。我们分析诈骗罪被害人的错误认识的产生应该分析具体错误认识是如何产生的，而不是去追究为什么会存在这种错误认识。本案被害人蔡某某之所以认为叶某具有打通公检法三家的能力，完全是被叶某的虚构事实所误导，叶某宣称其男朋友的哥哥是法院的院长，而且一再许诺能救蔡某某儿子一命，这已经达到了诈骗罪的足以引起他人错误认识的程度，而不是一般的夸大事实问题。蔡某某正是基于对叶某疏通能力的绝对信任，才将 12 万元交付给叶某。我们可以说叶某利用了蔡某某救子心切的心理，也利用了蔡某某对司法腐败的一般性认识，但我们不能因为被骗人存在被骗的先决条件，就认为诈骗人的诈骗行为对被骗人的错误认识不具有引起与被引起关系。任何现象的产生都存在一定的条件，任何事件的出现都存在纷繁复杂的因果链，但是我们应当在环环相扣的因果关系和条件关系中剥离出起决定作用的直接原因。我们认为，本案被害人蔡某某的被骗起决定作用的原因就是叶某的虚构事实、信誓旦旦的许诺导致的，没有叶某的虚构事实和事前信誓旦旦的许诺，蔡某某是不会将 12 万元钱款交付叶某的。至于叶某向蔡某某所作的陈述和保证中确有部分事实，即其有亲戚朋友在公检法部门工作(叶某确实有亲戚在公安部门工作，其请托的关系人朱某某在检察机关工作)，这并不能影响本案的诈骗性质。这是因为:第一，这部分事实与叶某的虚构事实(即其男朋友的哥哥是法院院长)及其许诺(保证能救蔡某某儿子一命)相差太远，不属于在一般基础事实上的夸大行为，而且叶某的许诺也不存在任何现实根据和可能性，

---

① 见陈鹭萍:《叶某诈骗案》，载陈立主编:《刑法疑难案例评析》，厦门大学出版社 2003 年版，第 223 页。

纯属欺骗行为;第二,叶某也并没有确实有效地利用上述关系,只是给了朱某某3万元作为朱某某帮请律师和找人疏通关系的费用(这样简单的敷衍处理是不可能实现其事前的许诺的,不能构成其接受请托的对价),这表明叶某并没有真心帮忙打通关节,救蔡某某儿子一命的想法。叶某存在无偿占有被害人蔡某某钱款的故意,从其得到钱款后即肆意挥霍钱款,到处游玩也可印证这一点。因此,我们认为叶某的行为构成诈骗罪。

二、诈骗罪认定应注意的问题

1.诈骗罪与民事欺诈行为的界限

民事欺诈,是指在民事活动中,故意地以不真实的情况为真实的意思表示,使他人陷入错误而作出一定民事行为的意思表示,从而达到发生、变更或消灭一定的民事法律关系的不法行为;刑事诈骗则是以骗取财物为目的,故意捏造虚假事实或隐瞒事实真相,使他人陷于错误而自愿交付本人或第三人所有的财物的犯罪行为。按照民法通则第5条规定"一方以欺诈、胁迫的手段或者乘人之危,使对方在违背真实意思的情况下所为的"民事行为无效。对无效的民事行为,应按照民法通则第61条的规定处理,即"当事人因该行为取得的财产,应当返还给受损失的一方。有过错的一方应当赔偿对方因此所受的损失,双方都有过错的,应当各自承担相应的责任"。而以非法占有公私财物为目的的诈骗行为构成犯罪的,则应依法追究刑事责任。民事欺诈行为和诈骗罪的相同点在于:(1)两者都可以发生在经济交往活动中;(2)客观上都有欺诈行为存在;(3)行为都可对特定财物取得不法占有状态。两者的主要区别在于:第一,民事欺诈可以形成民事法律关系,虽然这种民事法律关系可能部分无效或者全部无效。诈骗犯罪虽然可以引起刑事责任和民事责任的双重法律后果,但就诈骗犯罪行为本身而言,根本不产生民事法律关系。第二,民事欺诈行为人的目的在于引起被欺诈人与自己或第三人进行一定的民事活动,从而发生、变更或消灭一定的民事法律关系。而诈骗犯罪的行为人在主观上以骗取财物为目的,虽然其诈骗行为在客观上可以引起他人为一定民事法律行为的意思表示,但诈骗犯本人根本没有承担约定的民事义务和履行约定的民事法律行为的诚意。这一点是刑事诈骗与民事欺诈最本质的区别,因此,认定诈骗犯罪的关键,在于查明行为人是否具有诈骗公私财物的目的。如前所述,民事欺诈的行为人采取欺诈行为的目的,在于影响对方的意思表示,与自己或第三人发生、变更、消灭一定的民事法律关系,其不正当利益须通过自己对约定的民事义务的履行作为中介间接取得;诈骗犯罪的行为人实施犯罪的目的,在于骗取财物本身，其非法利益不是通过对约定的民事义务的履行来取得，而是由诈骗行为直接取得。由此可知，民事欺诈人主观上所追求的是因欺诈成立的民事法律关系的客观实现，诈骗犯对事前与他人约定的民事义务，从其主观上看，是出于虚拟的，也是根本无意实际履行的。因此，从行为人是否具有诈骗公私财物的目的这个主观要件出发，就不会混淆民事欺诈和刑事诈骗的界限。下面我们举一个案例加以说明：

林某，A 市退休职工。林某与 A 市平安区购销部签订协议，由林某负责推销该购销部从外地购进的暖风机 2000 台(每台购入价为 135 元)，提取销售利润 33%给林某作为推销费。由于暖风机供过于求，仍有 1488 台暖风机无法销出。林某为推销，便指使邻县某家具厂经销部离职人员王某，假冒该厂名义与 A 市天华工业供销公司经理吴某签订购销 1488 台暖风机的合同，单价为 205 元。同时，林某为骗取吴某的信任，又伪造一份家具厂欲购买暖风机的求货书，通过王某一并交给吴某。另外，林某又授意他人告知吴某，平安区购销部有暖风机供应，单价为 175 元。吴某以为从平安区购销部购进暖风机后，再转手给家具厂，可从中赢利，遂从银行贷款 260400 元汇往平安区购销部，从该部购入暖风机 1488 台，结果暖风机全部积压推销不出去。事后，林某从平安区购销部获取推销费 25000 元。

本案在处理上存在以下两种分歧意见：

一种意见认为，林某已构成诈骗罪。理由是：(1)林某用虚构事实和隐瞒真相的欺骗方法，使吴某产生错觉，上当受骗；(2)林某有诈骗的直接故意，目的为占有推销费(具有非法占有公私财物的目的)。

另一种意见认为，林某不构成诈骗罪。林某与天华工业供销公司经理吴某签订的暖风机买卖合同，一方付款，一方交货，没有骗取天华供销公司货款的行为。

我们认为林某的行为不构成诈骗罪。诈骗的行为特征是，使用虚构事实或隐瞒真相的方法，使公私财物所有人产生错误认识，从而“自愿”将公私财物交给犯罪分子，而犯罪分子因而得以无偿占有被害人的财物，并不承担任何义务。而林某取得天华工业供销公司的货款，虽存在欺骗的情况，但天华工业供销公司并非无偿奉送，林某亦非无义务占有，而是以购销合同形式，一方交付货款，一方交付货物，而且，分别都履行了义务。首先，从合同的事实来看，并非虚假，而是确实履行。其次，林某在推销中制造虚假的经济信息的目的，是寻找买主使买方与他签订合同，以将积压物品销出，并没有非法无偿占有买方财物的企图。再次，林某所得 25000 元推销款是其履行代理推销的报酬，不是诈骗所得，况且，这笔款项是平安区购销部给付的，并不涉及侵害天华工业供销公司财产所有权的问题。总之，林某不构成诈骗罪。但其行为存在欺诈性，属民事欺诈行为，其所订合同为无效合同，因此获得的财产应追回，并应承担相应的民事责任。

但须注意，若行为人采用连环推销的方法推销的是毫无使用价值的伪劣商品，此种连环推销的欺诈行为则会转化为刑事诈骗，应按诈骗罪认定。

2.关于窃取与骗取交织的占有财物行为的认定

诈骗罪与盗窃罪同属侵犯财产罪。这两种犯罪侵害的客体同为公私财产所有权，主观方面同样以非法占有公私财物为目的，客观方面也都具有占有公私财物的行为。两罪的根本不同点在于犯罪手段方面，即占有公私财物的行为方式不同。骗取不同于窃取，这在一般情况下还是比较容易区分的。但近年来，经常出现骗取与窃取交织在一起的情况，区分两罪便有一定的困难，这里拟结合几个介于诈骗罪与盗窃罪的边缘的案例，再论诈骗罪与盗窃罪的本质区别。

刘某经介绍人介绍，与自称是收购黄金的王某相识，双方商定，刘某以每两2800元的价格，将6.5两黄金卖给王某。刘某将黄金交王某检查后，王某将黄金放入一铁盒内，并将铁盒缠上胶布，放入提包，上了锁。之后，王某称“钱未带够，回去取钱，15分钟即来”，并将提包交刘某，刘某等了一个小时未见王某返回，疑有欺诈，遂撬锁检查，方发现铁盒内并无黄金。原来，当刘某将黄金交给王某后，王某在验收时用同样的空铁盒调换了装有黄金的铁盒，从而获得了黄金。

本案王某是在交易中乘人不备将装黄金的铁盒调换，从而占为己有。但在整个行为过程中，行为人也有欺骗行为，其欺骗行为是用于脱身。问题在于，在实施这一欺骗行为之前，王某已将黄金控制于自己手中，而得到黄金的方式恰恰是采取了乘人不备秘密窃取的方法。其所使用的欺骗行为不影响盗窃罪的成立，因为行为人获取财物不是在受害人明知的情况下，其欺骗的目的是使受害人对于行为人是否拿走财物产生误解。也就是说，受害人实际上并未处分财物，并非“自愿”将财物交给行为人，故不符合诈骗罪的特征，因此定盗窃罪应为不争之论。[①]

再举一例对处分行为加以说明。乔某在某市交通岗看见交通民警正在处理外地人林某的交通违章行为，乔某便主动为林某说情，并代林某垫交罚款30元，将林某被扣的日本产"本田"牌125型摩托车领回。随后乔某以自己是本地人，对付交通民警方便为由，将林某的摩托车行车执照及发票骗到手。乔某驾车带林某到市国际俱乐部门前，以让林某到前面看看有否交通岗为借口，将林某骗下车。林某下车到前面查看，乔某待林某走过拐角处，即乘机将摩托车骑走。本案乔某占有摩托车的行为，即是采用诈术，经被害人的"同意"而占有的。其占有财物是被害人"处分"的结果。尽管这种"处分"并非彻底处分(亦属有瑕疵的处分)，而是临时处分，即临时将财物交付他人，但毕竟使诈骗人完全控制了该物、占有了该物而逃之夭夭。

这里特别需要对"处分"的程度进行一番探讨。有些临时交付并不构成"处分"，如行为人在商场的柜台前装作顾客挑选大衣，营业员将大衣拿给他试穿，行为人趁营业员忙碌之际穿着大衣逃离现场，像这类型的案件一般就不认定为诈骗罪，而是认定为盗窃罪。在这种场合下，被害人亦有"临时处分"的情形。行为人占有财产也是通过被害人"交付"的，那么这种情况与前述摩托车案件有何区别？这种区别是比较微妙的，关键在于这种交付的场所是限于一定的范围，是随时可以收回的。如果营业员因被骗而同意将财物交给他人，并让其带出店外，则可构成一种处分行为，因这时财物已处于无法有效控制状

---

① 与之类似的案件，例如被告人林某从某市小商品市场购得价值38元的稀金戒指一枚，前往某百货大楼金银首饰部。林某在挑选一枚与其购得的稀金戒指极为相似的戒指(标价1028元)，谎称决定购买要予以试戴为由，摘下标有黄金克数及标价的标牌，然后趁营业员为另一顾客开票之际，迅速将金戒指换成稀金戒指，并重新套上了标牌。而后以带钱不够为由将稀金戒指退还给营业员。此案的行为实质也是趁营业员不注意实施的掉包行为，营业员没有处分行为，属于秘密窃取，林某的行为应认定为构成盗窃罪。

态。行为人以此骗取财物,就应定为诈骗罪。[①]

3. 诉讼诈骗行为的认定

所谓诉讼诈骗,是指行为人以提起民事诉讼为手段,作出虚假的陈述、提出虚假的证据或者串通证人提供伪造的证据,使法院作出有利于自己的判决,从而获得财物或财产上不法利益的行为。[②] 我国刑法对诉讼欺诈没有规定,刑法界对诉讼诈骗行为的认定大致有三种观点:

其一,认为诉讼诈骗不构成犯罪。理由如下:(1)从犯罪的主观方面来看,诈骗罪的主观故意只能是直接故意,而不能是间接故意。诉讼欺诈必须经过诉讼这一特定阶段才能实现其非法意图,能否得逞,最后取决于法官的认定。因此,诉讼欺诈的意志因素是放任,而非积极地追求。(2)从犯罪侵犯的客体来看,诈骗罪侵犯的客体是财产所有权,诉讼欺诈侵犯的客体是民事诉讼的正常秩序。诉讼行为主要发生在民事诉讼过程中,企图通过欺诈行为寻求"合法"结果,干扰了法院正常的民事审判活动。(3)从犯罪的客观方面来看,诈骗罪的行为人使用虚构事实或隐瞒真相的欺骗方法,使对方陷入错误,从而"自愿地"交付财物。诉讼欺诈的对象不是对方(被害人)而是法院,法院判决对方败诉,交出财物时,对方不是自愿的,而是迫于法律的强制。综合上述三方面的分析,持该观点的论者认为民事诉讼中当事人伪造证据欺诈行为确实可能会给被害人造成损失,扰乱了民事诉讼的正常秩序,其危害程度并不亚于诈骗

---

① 笔者还曾经承办过这样一起案件:行为人将自己精心打扮,西装革履,举止气派,骑一辆豪华摩托车到某小店,随即掏出手机嘟嘟按键,"经理吗?我到了。让他们送货上门吧。你们准备好钱",于是向小店老板一口气要了十条高档香烟和几袋茶叶外加两箱啤酒。店老板喜出望外,认为遇到了大买主,乐不可支地推出自行车将两箱啤酒捆上再努力将茶叶搭上、扎牢。行为人通情达理地说,"烟就我帮你拿吧,放在我车上"。店老板骑着负重的自行车,跟着在前引路的行为人,心花怒放地奋力前进。到了转弯处,行为人的摩托车突然加速,转眼间消失得无踪。店老板一时傻眼,追,自己不堪重负;弃车,又心疼啤酒茶叶。眼睁睁看着十条高档香烟被诈走。行为人以此方式行骗本市 32 家小店总共骗走 300 多条高档烟,几十瓶洋酒,价值计 7 万余元。很多被害人为了保全面子,咽下恶气。他们事后对警方说"被人偷了、抢了可以叫,可是被人骗了,说出去让人笑,只得暗暗消化这份窝囊气"。这种案件,我认为行为人的行为性质表面上具有欺诈性,但是,被害人并没有完全处分财物,而是紧随其后(虽然对其财物的控制有些松弛,但毕竟在跟踪控制着)。行为人其实是利用被害人难以追逐的难堪境地占有财物的,其性质应属于抢夺。

② 参见刘明祥著:《财产罪比较研究》,中国政法大学出版社 2001 年版,第 251 页。

罪，但由于没有相应条款加以规定，根据罪刑法定原则，只能按照无罪处理。①

其二，认为诉讼诈骗更符合敲诈勒索罪的构成特征，应以敲诈勒索罪认定。理由如下：(1)敲诈勒索罪是采用威胁或要挟的手段，强迫他人交付财物，诉讼欺诈是借助法院判决的强制力迫使对方交付财物，而不是骗取对方的财物。(2)诈骗罪往往是利用被害人的弱点来行骗，比较容易得手，社会危害性大。而在诉讼欺诈行为中，法官负有审查案件事实真伪的职责，并具有专业的技能，同时，在诉讼程序的设计上，还存在着二审终审制和审判监督制度，可以防止错案的出现。因此，持该观点的论者认为诉讼欺诈构成敲诈勒索罪。②

其三，认为诉讼欺诈构成诈骗罪。理由如下：(1)从诉讼欺诈侵犯的客体来看，诉讼欺诈以占有他人财物为直接目的，其侵犯的客体应是他人的财产所有权。并且，诉讼欺诈并不侵犯民事诉讼的正常秩序，因为庭审的任务之一就是排除虚假证据，查清事实，如果没有虚假证据的存在，庭审活动也就无须存在。(2)从诉讼欺诈的客观方面来看，认为诉讼诈骗属于诈骗罪中的三角诈骗行为，即行为人诈骗的财物所有人和被诈骗对象虽非同一主体，但作为诈骗罪的"对方"不一定是被害人，诈骗行为的对方只要求是具有处分财产的权限或者处于可以处分财产地位的人，不要求一定是财物的所有人或占有人。在诉讼诈骗中，人民法院处于被欺骗地位，通过人民法院的被欺骗取得了被害人的财产，是三角诈骗中的一种，应该以诈骗罪定罪处罚。诈骗罪并不要求被欺骗者与交付财物的人是同一人，被欺骗者的自愿也不意味交付财物的人是自愿的。所以，诉讼欺诈应以诈骗罪定性。③

我们认为，诉讼诈骗行为根据目前的刑法规定，不构成诈骗罪或敲诈勒索罪等，如果在诉讼诈骗过程中有伪造公文、印章行为的只能以伪造公司、企业事业单位、人民团体印章罪处罚；如果有指使他人作伪证的，以妨害作证罪处理；如果行为人没有以上行为则只能对其以妨害诉讼秩序为由处以司法拘留

① 参见潘晓甫、王克先：《伪造民事证据是否构成犯罪》，载《检察日报》2002年10月10日。

② 参见王作富：《恶意诉讼侵财更符合敲诈勒索罪特征》，载《检察日报》2003年2月10日。

③ 参见张明楷著：《刑法学》，法律出版社2003年版，第777页。

或罚款。[①] 但是,我们认为,立法有必要对诉讼诈骗行为专设罪名。理由如下:

首先,诈骗罪的本质特征在于被害人(包括财物所有人、管理人以及其他占有人)基于被欺骗自愿交付财物的行为,这种基于被骗交付财物的自愿性也是诈骗类犯罪区别于其他财产犯罪的基础,而诉讼诈骗所欺骗的对象是法院,法院并不是财物的所有人、管理人或占有人。对于财产所有人来讲,财物被侵夺的原因不是自己被欺骗,而是基于法院被欺骗后用国家强制力强行将自己的财物执行与他人。法院对被骗财产并没有所有权,也没有任意处分他人财物的权力,只不过是基于受欺骗而以生效判决为基础强行将他人财物执行与行为人,这与诈骗罪的特征显然不符。同时也不宜将诉讼诈骗归入三角诈骗的行为类,三角诈骗只是诈骗方式的不同,其他特征仍符合诈骗罪的构成要件,三角诈骗的直接被欺骗人虽然不是财产的所有人,但此人也应该是财产的管理人或合法占有人,而且财产的所有人对此并不知晓,否则诈骗也不能顺利实施。那么可否用"间接正犯"来解释诉讼诈骗?即认为行为人是通过欺骗法院来取得他人财物的,在这过程中法院成了间接正犯中的被利用者的角色,但这种解释实际上是对间接正犯理解的偏差,应该说间接正犯利用他人所实施的犯罪绝大多数都是以欺骗实际行为人来实施的,但是构成的罪责却各不相同。例如医生将毒药谎称是治病的药让护士拿去给被害人服用的行为构成故意杀人罪,教唆一个未达到责任年龄的年幼无知的儿童去盗拿他人数额较大的财物则构成盗窃罪,其中均有欺骗行为,但却因行为目的和被利用人的行为方式不同而罪责不同。间接正犯罪责的确定在于利用者的意志因素与被利用者的实行行为的结合。不能仅因为对被利用者存在欺骗意志就归为诈骗罪,否则绝大多数的间接正犯犯罪行为均可被定为诈骗罪。而且,诈骗罪(包括三角诈骗)的侵害客体只是他人的财物所有权,而诉讼诈骗所侵害的是法院的司法权威和他人的财物所有权双重客体,其中对法院的司法权威的侵害往往更为严重,因此,对诉讼诈骗行为决不能简单归入以侵害财产为主要犯罪客体的诈骗罪中。

---

① 最高人民检察院法律政策研究室在 2002 年 10 月 14 日《关于通过伪造证据骗取法院民事裁判占有他人财物的行为如何适用法律的答复》中认为:诉讼中有伪造其他单位印章的依照刑法第 280 条第 2 款,以伪造公司、企业事业单位、人民团体印章罪处罚;如果有指使他人作伪证的,依照刑法第 307 条第 1 款的规定,以妨害作证罪追究刑事责任;如果无以上行为的,则由人民法院按照民事诉讼法的有关规定处理。

其次，诉讼诈骗行为也不应定为敲诈勒索罪，敲诈勒索罪的着重点在于对受害人的精神强制，如以揭发被害人的隐私相威胁等，即受害人交出财物是基于法外力量的威胁，而且该威胁是违法的，不可能是法院审判和强制执行力的威胁，更重要的是敲诈勒索的威胁方式并不是直接强行占有财物或利用他人强行占有财物，而是基于内心的恐惧“自愿”交出财物，否则就是抢劫行为。但诉讼诈骗确是以法院的强制执行力为基础，编造假象由法院执行他人财物然后交与行为人，这与敲诈勒索罪的侵害客体和客观方面等均有本质区别。该观点的偏差在于将法院的审判权和强制执行力看作对财物所有人的威胁，而没有看到诉讼诈骗的得逞往往在于法院公开的执行行为，该行为并没有对被害人造成恐惧心理，被害人之所以交出财物，仅是服从法院的强制执行权。

我们认为，诉讼诈骗行为侵害的不仅是被害人的财产所有权，而且其结果将导致被害人对司法机关丧失信心，对法律规则不再信任，从而对以诚实信用为核心的和谐社会理念造成巨大的破坏。即使法院可能通过再审或上诉审对诉讼诈骗行为进行矫治，但其对司法权威和声誉的损害也是现实存在的，对诉讼资源也会造成极大浪费。这些危害结果远比诈骗罪严重，立法上确有必要对其专设罪名，可定名为诉讼诈骗罪。对因为诉讼诈骗行为而导致法院作出有利于诉讼诈骗行为人的判决的，应直接认定为该罪的既遂，诉讼诈骗行为人意图诈骗的数额可以作为量刑的情节。鉴于诉讼诈骗行为侵害客体的双重性和严重的社会危害性，对该罪的法定刑也应比诈骗罪的法定刑重方为合理。

4. 正确区分诈骗罪与其他特殊诈骗罪的界限

刑法除规定了上述普通诈骗罪之外，还规定了其他一些特殊诈骗罪，如刑法第 192 条至第 200 条规定的各种金融诈骗罪，以及刑法第 224 条规定的合同诈骗罪。这些特殊诈骗罪主要在诈骗对象、手段以及客体上与普通诈骗罪有区别，规定这些特殊诈骗罪的法条与刑法第 266 条是特别法条与普通法条的关系，根据特别法条优于普通法条的原则，对符合特殊诈骗罪构成要件的行为，应认定为特殊诈骗罪，不能认定为普通诈骗罪。因此，刑法第 266 条在规定了诈骗罪的罪状与法定刑之后规定：“本法另有规定的，依照规定。”但是适用特别法法条的前提，是该行为符合特别构成要件，对此尤应注意。我们举一个实际案例加以说明。

犯罪嫌疑人王某、胡某（在逃）通过他人介绍认识被害人王某某。王某、胡某冒充某公司业务员，谎称手头有柴油资源，并以该公司委托人名义与王某某签订虚假的买卖合同，经王某、胡某要求，在合同中附加“王某某将购油货款存入银行，存折由王某保存”的附加条款，同时王某以预支火车车皮费用为名向王某某索得人民币2.5万元。王某某依约将货款人民币42万余元存入银行，王某、胡某遂向王某某索要存折，王某某有所担心，便到银行更换存折、密码并要求银行注明存款应凭身份证及密码同时支取之后，才将存折交与王某。此后，王某谎称手续已办好，要求王某某去银行支取2.5万元以支付运输费用，在王某某取钱之时由王某、胡某安排的“小谭”（在逃）偷看了取款密码。按照预先商议，胡某凭存折、密码及伪造的“王某某”身份证从三个银行网点共领取了人民币33.9万元。

本案中，犯罪嫌疑人王某在毫无履约能力的情况下，以虚假身份，虚构主体和事实，在签约、履约过程中以支付运输费用为名骗取被害人王某某人民币两笔共5万元的事实，应认定为合同诈骗罪，对此没有争议。

对于本案中王某利用签订买卖合同骗取被害人王某某的存折，并由同伙按照计划窃取密码，使用伪造的被害人身份证冒领存款33.9万元的犯罪事实，应定何罪，在案件处理过程中，有人认为，行为人骗取33.9万元与骗取5万元的犯罪事实均应认定为合同诈骗罪。理由是：(1)根据刑法第224条的规定，合同诈骗指以非法占有为目的，在合同签订、履行过程中，骗取他人财物的行为，其犯罪手段有五种法定形式，本案正符合第224条第1款第1项“以虚构的单位或者冒用他人名义签订合同的”。合同诈骗作为特别的诈骗方式，与普通诈骗的一个重要区别就在于行为人以订立、履行合同的形式掩盖其非法占有的目的，犯罪手段是法定的，离开合同，犯罪嫌疑人就无法实施犯罪行为。而本案中，若无买卖合同的存在，就不会有相应的存款存入银行，就没有存折的交付行为，也不会让犯罪分子假借支取运输费用为由乘机窃取了存取密码，更不会让冒领存款的行为得以实施。(2)合同诈骗的特殊性同样体现在侵犯客体的双重性，本案存在的虚假合同，正是对法律所保护的正常市场经济秩序的侵害。(3)王某利用虚假的合同，虽然只是骗取到被害人的存折，但这却是本案诸多行为中最为重要的一环，正是因为在合同中约定了“存折交给王某保管”这一条，才使诈骗分子得以顺利获取存折，并使得其后续的行为有了实现的可能。(4)存折是一定财产权利的凭证，行为人骗取到存折，就使得合同诈骗处于未遂的状态，之后实施的偷看密码、冒领存款的行为是实现犯罪目的的手段行为，使得犯罪行为达到既遂，根据牵连犯原则，本案王某等人骗取被害人王某某33.9万元人民币的犯罪行为应认定为合同诈骗罪。

我们认为，根据诈骗的犯罪特征及本案的实际情况，行为人非法获取33.9万元的犯罪事实应认定为诈骗罪。那么，在骗取存折的过程中，犯罪分子与被害人签订了虚假的买卖合同，据此是否就应该认定该行为为合同诈骗罪呢？

我们认为这种意见亦需斟酌。关于刑法第224条有关合同诈骗罪的规定,从表面上看,似乎诈骗活动中有合同的存在就是合同诈骗,其实不然。刑法对合同诈骗作出单独规定,其深层次的原因在于,合同诈骗行为既扰乱了正常的市场经济秩序,同时又侵犯了合同相对人的财产所有权。合同的存在不只是形式上的意义,同时也是犯罪分子实现犯罪目的的关键手段,是侵犯合同相对人财产所有权的决定性因素。被害人正是基于对合同的信任,才作出错误的财产处分行为。而本案的具体情况如下:(1)王某等人利用合同骗取到的只是被害人王某某的存折,其本身并不是能够马上兑现的有价支付凭证或票据。就本案而言,仅有被害人的存款存折,没有正确的取款密码及身份证,根本不能直接领取存款。嫌疑人只有凭伪造的身份证及偷看的密码,才可能要求银行挂失存折、重新更换。(2)被害人王某某并没有基于合同而作出直接的、错误的财产处分行为。银行的支付行为同样也不需要知晓买卖合同的存在,银行之所以支出存款,原因是被诈骗犯罪分子冒领存款行为所蒙骗。本案中,王某等人利用合同骗取存折,虽然存在虚假合同,侵害了正常的市场经济秩序,但利用合同骗取存折并非是使他人的财产所有权发生转移的决定性手段,尚未实质性地侵犯对方当事人的财产所有权。真正使得犯罪目的得逞的环节是王某等人凭借假身份证、存折、密码冒领存款的行为。合同的出现与最终银行的错误处分没有直接的、必然的、实质性的联系。因此,我们认为本案有关33.9万元的犯罪事实,应认定为诈骗罪。

值得在此讨论的是,本案在处理过程中,还有一种意见认为针对33.9万元的犯罪事实应认定为盗窃罪。理由是,诈骗行为和盗窃行为在主观上均是"以非法占有为目的",两种行为的区别在于犯罪的客观特征即实施手段的不同。诈骗行为是公然骗取,以虚假事实骗取被害人的信任,让被害人"自愿"地作出错误处理财产的行为;而盗窃行为则是秘密窃取。本案中行为人利用合同骗取到存折,一方面,被害人王某某并非基于对合同的信任将存款直接交与王某等人,其更换存折、更改密码并要求银行注明严格的取款条件,均表明被害人并非基于信任,"自愿地"作出错误的财产处分行为。另一方面,王某等人骗取到的存折,并不能直接兑现,不能直接实现行为人获取钱款的目的,本案关键在于行为人窃取被害人的密码并实施了冒领存款的行为,而这些行为针对被害人而言,都属于"秘密窃取",其行为都是背着财物所有人实施的,被害人是在不知情的情况下失去对财物的所有权。

我们认为,这个观点也有一定道理。就一般情况而言,在持有存折以后,要占有存折中的存款的关键是知悉存折的密码。大多数存款人也是以对存折加密的方法来控制存折中的存款。正是在这一关键环节，本案被害人并无基于自己意思的处分行为。盗窃罪区别于诈骗罪的关键即在于被害人是否对自己的财产实施了处分行为。盗窃行为的被害人是在自己完全不知情的情况下被他人将自己财产的所有权非法转移的，当然他不可能就这种财产所有权转移表达自己的意思，即以自己的意思处分财产。

本案行为人取得密码的方法显然不是以骗取的方法，而是通过偷看的方法。这种以非法占有存款为目的的偷看密码行为与秘密窃取他人的电信码号、上网账号、股票交易密码一样，皆属盗窃性质。只不过这种盗窃对于实现犯罪目的是间接的，其不是直接盗窃财产本身，而是盗窃取得财产的手段，此类盗窃可归为信息窃取型盗窃。但应注意的是，信息窃取型盗窃要实现对财产的占有尚需有进一步的使用行为，若行为人窃得信息而无使用行为，则因其未满足构成要件而不构成犯罪，也不构成犯罪未遂（当然，若信息本身即代表财产，则取得信息就是取得财产）。

而本案的特殊之处就在于行为人在使用窃得的密码时多出了一个环节。由于被害人要求银行除密码外尚需凭身份证才能取款，导致了本案有别于一般偷看密码取款的案件，使得行为人为取款不得不多实施一个手段行为，即使用伪造的身份证。这便使本案稍显复杂化，并使得本案的行为指向发生变化，即从原先针对被害人的盗窃转为针对银行的诈骗。使用伪造的身份证取款从本质上说是一种隐瞒事实真相的行为，可以认为具有诈骗性质。但是，若无事先窃得的密码，仅凭伪造的身份证也是不可能取得存折中的存款的，其诈骗也不可能得逞。因此，我们不能说银行是完全被骗。因为存折是真实的，密码是确实的，只是身份证是伪造的。银行固然存在审核不严的问题，但责任并不全在银行。若认为本案行为人仅构成对银行的诈骗，则银行应对被骗后果负全责。假使本案行为人未被抓获或赃款无法追回，则银行须负全部赔偿责任，但这显然不符合当前的司法实践。造成存款被冒领的结果，被害人将存折交付行为人及被偷看密码亦是原因之一，被害人亦存在某种程度的过失。因此，银行不可能负全责。认为本案行为人仅是对银行的诈骗也是失之偏颇的。总而言之，本案行为人实现非法占有存款的实行行为，实际上是由两部分构成。前段针对被害人实施的盗窃与后段针对银行实施的诈骗，前后两部分行为结合为一体才遂成行为人的犯罪目的——非法占有他人存款。从某种意义上说，本案就那 33.9 万元的犯罪事实应属于诈骗与盗窃相互交织的犯罪。对这种犯罪行为互相交织的行为的定性，应分辨其主要的行为性质，即以具有关键意义的行为定性。本案具有关键意义的行为从社会观念上看似乎是窃取存折密码的行为，但是由于存折密码本身不能构成盗窃罪的对象[①]，因此，行为人前段窃取存折密码的行为不是构成要件的行为，由此，真正能够决定本案性质的行为是行为人后段诈骗银行取款的行为，既然如此，本案只能以诈骗罪认定。

---

① 参见前述有关盗窃罪对象的论述。

第12章 侵占罪的司法认定

一、侵占罪基本构成的认定

侵占罪，是指以非法占有为目的，将代为保管的他人财物或者他人的遗忘物、埋藏物占为己有，数额较大，拒不交还的行为。本罪的客体是公私财产所有权。本罪的对象是代为保管的他人财物或者是他人的遗忘物、埋藏物。不少论者认为这里的“他人”，仅限于其他个人，不应包括国家或者单位。我们认为不应作如此限定。如果是国家或者单位委托行为人代为保管财物，而行为人非法占为己有，固然可以按贪污罪或者职务侵占罪认定，但若是国家或单位所有的遗忘物、埋藏物，而行为人非法占为己有，拒不交还，却不能认定。何况代为保管财物亦不限于存在委托关系，而致使不能按贪污罪或职务侵占罪认定。因此，只有将这里的“他人”包括国家或者单位，使上述行为得以按侵占罪认定方显合理。

关于代为保管的他人财物的理解问题。何为代为保管的他人财物？刑法界有狭义说和广义说两种理解。狭义说认为仅指受他人委托暂行代其保管的他人财物；[①]广义说则认为还应包括一切虽未经他人委托而为行为人占有的且负有返还义务的他人财物，如因担保关系占有的质押物、留置物，因租赁关系占有的租赁物，因借贷关系占有的借用物，因承揽关系占有的定做物，乃至因无因管理、不当得利而占有的他人财物等等，即只要行为人对他人财物具有

① 参见刘家琛主编：《新刑法条文释义》（下），人民法院出版社 1997 年版，第 1197 页。梁华仁、裴广川主编：《新刑法通论》，红旗出版社 1997 年版，第 295 页。但迄今为止采狭义说者缺乏比较明确的法理阐述。

法律上或事实上的支配力,均可包括在内。[①]

对代为保管的他人财物采狭义说或广义说的不同解释将使本罪范围发生很大变化。若取狭义,则其对象只是受托保管物,主体只是受托保管财物的人;若取广义,则其对象可包括一切依法或事实上占有的他人财物,主体也扩及一切依法或事实上占有他人财物的占有人。

广义说的观点实际上来自台湾地区。[②] 但台湾地区刑法有关侵占罪的规定,在构成要件上并不同于大陆。台湾地区刑法第 335 条规定的普通侵占罪之构成要件为"侵占自己持有他人之物"。[③] 应该说台湾地区刑法的"自己持有他人之物"的外延确很宽泛,因此台湾地区刑法界对侵占罪对象作广义解释是可行的、合理的,亦不会违反条文文义,但却不能为我所用。大陆刑法将侵占罪对象明确限定为"代为保管的他人财物",完全不同于一般性的"持有"或"占有"的他人财物,其外延是比较狭窄的,显然不宜直接搬用域外虽罪名相似,但内涵不同的条文解释。

我们认为,既然我国刑法对侵占罪的对象作出比较明确的范围限定,则学说上就不应任意将其扩大化。将"代为保管的他人财物"等同于"自己持有他人之物"是违背立法限定侵占罪构成范围的旨意的。而且,这种扩大化的解释,将使刑法侵入本应由民法调整的领域。如按广义说,则将使诸多物权、债权民事法律关系转化为刑事法律关系。有关当事人可以将依约或到期不返还或未返还质押物、留置物、租赁物、借用物、定做物乃至不当得利的对方当事人

---

① 广义说几乎是目前刑法界的通说,且有比较详细的阐述。可参见王作富:《论侵占罪》,载《法学前沿》第 1 辑,法律出版社 1997 年版,第 39～42 页。陈兴良:《侵占罪研究》,载《刑事法判解》第 1 辑,法律出版社 2000 年版,第 7～10 页。

② 参见陈朴生:《论侵占罪之持有关系》,载蔡墩铭主编:《刑法分则论文选辑》(下),台湾五南图书出版公司 1984 年版,第 176 页。国内持广义说的论者几乎是全盘吸收了陈朴生在该文所表述的观点,乃至表述方式。

③ 台湾地区刑法的规定与日本刑法的规定比较接近,日本刑法第 252 条规定的侵占罪的构成要件为"侵占自己占有的他人的财物"。尽管如此,日本刑法学说上都认为侵占罪的占有必须是基于委托关系,在同被害人的关系方面,当然是以信赖关系为基础,就物的占有而言,与委托者之间存在着信任关系还是必要的等等。可见,日本刑法学说对侵占罪的对象实际上还是采狭义解释,即强调以合法委托为前提。参见[日]木村龟二主编:《刑法学词典》(中译本),上海翻译出版公司 1996 年版,第 721 页。国内有些论者认为日本刑法理论中关于侵占罪中占有含义的理解大体同于台湾学者的主张,即采广义说,是不符实际的,要么是理解错误。参见刘志伟:《侵占罪研究》,载《刑法论丛》第 2 卷,法律出版社 1999 年版,第 100 页。

径直告之以侵占罪，而无须通过民事法律解决。这样一来，大部分的民事案件都将成为侵占罪案件，侵占罪这一刑法条文将成为君临民事物权、债权纠纷的"帝王条款"。将民事问题刑事化，这无疑是违反当代刑法的谦抑原则和刑法的最后手段性的。因此，我们不赞成对"代为保管的他人财物"作广义解释，它既违反文义，也不符刑法目的。我们基本同意狭义说，但应指出，狭义说的"受他人委托暂行代其保管的他人财物"，强调的是作为我国刑法规定的侵占罪的对象必须存在合法的委托关系，至于这种委托关系的成立，既可以是明示的，如口头约定或有书面合同，也可以是默示的，即虽无明确约定，但根据当时的场景，社会通行观念认为存在委托关系。[①] 但决不包括行为人未经委托基于某种事实持有的他人财物。

当然，这样解释疑问还是存在的。有人提出，对于将未经他人委托而基于某种事实而持有的他人财物非法占为己有和将他人委托而持有的他人财物非法占为己有的行为，两者客观上都造成了对他人财物所有权剥夺的结果，主观上都具有剥夺他人财物所有权的故意，如果只惩罚前者而放纵后者，显然不利于对两种情形下他人财产所有权的平等保护。[②] 我们认为，这种论调充其量只能说是针对立法者的建言，即要求立法者对侵占罪的对象加以扩大，以达到其所认为的所谓"平等保护"。而就现行实然的条文已有明确限定的情况下，只能严格解释。刑法的解释与任何法律条文的解释一样，文义解释是首位的，是解释的基石，能够按文义解释阐明的，自不得再运用其他解释方法，只在有

---

① 例如甲雇用三轮车工人乙，用三轮车将彩电拉到修理店修理，乙蹬车前往，甲骑车在后跟随。路过一小商店，甲让乙停车，自己进店买香烟，乙趁甲暂时离开之际，蹬车逃跑，将彩电据为己有。对于此案中乙的行为，有学者认为应定盗窃罪。参见王作富:《论侵占罪》，载《法学前沿》第1辑，法律出版社1997年版，第41页。也有学者认为应定侵占罪。参见刘志伟:《侵占罪研究》，载《刑法论丛》第2卷，法律出版社1999年版，第144页。赵秉志将本案中的彩电换成冰箱，亦认为应构成侵占罪。参见赵秉志:《侵犯财产罪》，中国人民公安大学出版社1999年版，第272～273页。

上述观点的分歧关键在于代为保管的委托关系是否存在，认为应以盗窃罪认定的理由是，本案中的甲和乙之间不存在委托关系，认为甲只承担运输义务，彩电始终处于乙的控制之下，即使甲进店购物，亦不能认为甲具有委托乙保管彩电的意思。但笔者赞同本案应按侵占罪认定，理由是，在甲进店购物时，尽管没有明示乙代为保管其所托运之物，但根据当时场景，社会通行观念能够推定，在甲离乙的那一段时间具有默示乙代为保管的意思。这类默示委托在人们的日常生活中是经常发生的，且往往心照不宣，尤应注意认定。

② 参见刘志伟:《侵占罪研究》，载《刑法论丛》第2卷，法律出版社1999年版，第97页。

复数解释结果存在之可能性时，方能继之以论理解释等其他解释方法。[①] 至于对"代为保管的他人财物"作严格的文义解释果真产生如刘文所认为的不利于对他人财产所有权的平等保护，也是无可奈何的事。在罪刑法定原则之下，不能因为某个人(或某些人)认为某些行为具有与现行法条禁止的行为具有同等的社会危害性，而对现行法条任意扩张解释。实际上刑法没有做到同等保护，应规定为罪而没规定，应禁止而无禁止，不知有凡几[②]，刑法的漏洞或不完整性毋宁说是刑法的常态。何况侵占受他人委托而持有的他人财物与侵占未经他人委托而基于某种事实而持有的他人财物两者并不等同。两者虽都属剥夺他人的财物所有权，但前者还破坏了委托信任关系，是一种具有背信性质的侵占行为，其对所有权人存在双重的伤害，性质无疑比后者严重。

本罪的对象还必须确定何为"遗忘物"，何为"埋藏物"。关于遗忘物问题下面将进行专门论述，在此不赘述。埋藏物，就其本义而言，是指埋藏于地下或他物之中的物。它既包括有主物，也包括应归国家所有的无主物；既包括归私人所有的物，也包括归国家、单位所有的物。[③] 埋藏物包括三种情形的埋藏物：一为所有人明确的埋藏物，依法本归该所有人所有。二为所有人不明的埋藏物，根据民法通则的规定，所有人不明的埋藏物，视为无主财产，应归国家所有，禁止任何单位和个人据为己有，否则视为不法占有。三是具有历史、艺术和科学价值的文物，这些文物并不属于所有人不明的埋藏物，但却依法归国家所有。文物保护法第 4 条第 1 款规定的"中华人民共和国境内地下、内水和领海中遗存的一切文物，属于国家所有"。作为侵占罪对象的埋藏物应包括上述三种情形的埋藏物。

本罪在客观方面表现为将代为保管的他人财物或者将他人的遗忘物、埋藏物占为己有，数额较大，拒不退还或者拒不交出的行为。从犯罪行为的发展过程看，侵占行为的发生是建立在合法持有他人财物基础之上的。行为人合法持有他人财物首先是基于一种民事法律关系，合法取得了对他人财物的占有权，但不享有对该项财物的所有权，行为人负有归还或是交出该项财物的义

---

① 参见梁慧星:《民法解释学》，中国政法大学出版社 1999 年版，第 245 页。

② 自 1997 年新刑法颁布实施以来，已有不少学者指出新刑法的诸多漏洞或有待修改的地方，但只要这些漏洞还未被立法者填补，有待修改的地方还未修改，自然仍得依法办案。

③ 我国民法上的埋藏物特指那些所有人不明、归国家所有的埋藏于地下或他物之中的物。此乃埋藏狭义的埋藏物。刑法侵占罪中所指的埋藏物不必也不应与此相同。

务。但是后来行为人却公然拒绝履行义务，不归还其合法持有的财物，把他人财物非法转归已有，这样，原有的民事法律关系就变成了一种刑事法律关系。占有转为所有的行为，也就是变占有人为所有人而对占有的财物进行处分，如赠与、转让、消费、出卖、出借、交换、加工等。

由于侵占罪的对象本处于行为人“代为保管”或者控制支配之下，故侵占之时，不必移动财物。此乃侵占区别于盗窃、抢夺、诈骗、抢劫等财产犯罪之要点，后者侵犯的对象虽也是他人财物，但却本非为行为人所控制支配。侵占行为区别于其他财产犯罪的关键即在于，侵占行为的行为人“取得财物”本身不具有违法性(财物本在其代管或控制之中)，其构成犯罪的行为在于转占有为所有；而其他财产犯罪的“取得财物”本身就是违法的，其罪构成于“取得财物”之时。

侵占埋藏物虽不限于对该埋藏物所在场所具有支配控制权(如工人在基建工地挖掘时发现的埋藏物)，但应限于偶然发现，而不是有意为之。如果行为人明知某处有他人的埋藏物或推断某处有地下埋藏物，而以非法占有为目的，前去挖掘，并将埋藏物非法据为己有的，则不能认定为侵占罪，而应根据埋藏物的性质分别认定为盗窃罪或其他罪。

所谓“拒不退还”或“拒不交还”，在表现形式上是多种多样的，有的是严词拒绝，有的是软磨硬泡，还有的则是行为人去向不明，远走他乡，以逃脱财物所有人的索要等等。在具体认定时，应当区分不同情况：一是如果财物所有人向侵占行为人明确提出交还主张，并且举有证据证明该财物属于其合法所有时，行为人无视证据，公然加以明确拒绝的，即应认定为拒不退还或者拒不交出的行为。二是如果侵占行为人在财物所有人明确提出交还主张时，虽承认了其主张并答应交还，但在其后又擅自处理了该财物，致使无法实际交还的，也应认定为属于拒不交出或者拒不退还的行为。三是如果侵占行为人虽有非法侵占的行为，但最终还是交出或者退还了其侵占的财物(关于交出或者退还的时间应以法院立案为最后界限)，则不能视为构成本罪。四是如果侵占行为人在财物所有人明确提出交还主张之前，已经处理了该财物，但事后承认并答应赔偿的，则也不以本罪认定。

关于“数额较大”的问题。侵占罪在客观方面要求行为人非法侵占他人财物数额较大为必要条件。只有财物数额达到较大时，才构成犯罪行为，否则不以犯罪论处。由此可见，侵占他人的财物是否数额较大是区分罪与非罪的基础。关于何谓数额较大，在刑法中并没有具体规定，有待于司法机关作出进一步的解释。在司法解释没有出台之前，我们认为可以参照司法实践中认定盗窃罪数额较大的标准。但在处理具体的侵占罪案件时，一般应掌握在高于盗窃罪中数额较大的标准，因为侵占罪和盗窃罪毕竟有所不同，两者在犯罪的客观方面存在着较大的差异。在主观恶性上，侵占罪和盗窃罪相比，行为人的主观恶性也较小，因为行为人并没有采取其他非法的手段去积极地夺取，其犯罪对象的他人财物，在犯罪行为实施之时已处于行为人的控制之下。因此，在数额标准上，在认定侵占罪时，应掌握在高于盗窃罪的数额之上。

二、侵占罪认定应注意的问题

1. 关于“代为保管”关系的确定问题

对“代为保管”关系的确定，从法律上看即涉及财物是否为行为人所占有。若可确定为行为人占有，行为人转占有为所有则为侵占；若非为行为人所占有，行为人占为己有则为盗窃。此关乎此罪与彼罪的界限问题，应加以重视。一般而言，代为保管关系若有明确的委托合同，较易确定。但在下述情形中有时要确定是否存在“代为保管”关系，则须视具体情况而定。

(1)雇佣的委托关系。例如主人雇佣保姆可能存在全权委托和一般委托。前者将一切财物一应委托保管，即将钥匙全数交付，并指明一切保管的财物，此种情况在现实生活中较少；后者一般委托做家务、带小孩附随委托代看门户，对具体财物并无委托其保管，如钱款、贵重饰品、金器更是为主人亲自收藏、避开保姆。在这种情况下保姆乘主人外出而将主人家中财物取出转卖或作其他处分，应视为盗窃。因为此时主人虽外出，其财物乃视为主人占有而非保姆占有(虽然此时保姆事实上占有其所盗的财物，但这种事实上占有被称为“附随持有”)。此种情形有如旅客在饭店内一时持有客房内所有的物品，虽为其实际持有，但若擅自取走仍按盗窃罪认定而不属侵占，其理亦是此种持有仅是一种附随持有，而非占有。

上述结论适用于一切具有上下主从关系的雇佣关系，如小店内的商品通常认为为店主占有(不论其是否在场)，所雇店员虽实际上握持或监守商品，仍不过为店主对商品的占有的辅助人。除非店主将商品全权委托，则另当别论。因此，雇员不被视为具有“代为保管”商品，亦不占有商品，若擅自取走，应按盗窃认定。

但如果数个主体参与管理控制财物，而且数个主体之间存在上下关系，例如公司与员工的关系，此时财物占有归属的认定就变得较为复杂。对于此种情况下占有的归属问题，有共同占有说、上位者占有说以及区别说等不同见解。共同占有说认为上位者的占有属于社会观念意义上的，而下位者的占有则是客观事实意义上的，两者应该结合起来，即财物归上位者与下位者共同占有。上位者占有说则认为，下位者只是上位者实现对财物占有的辅助手段，财物的占有实质上仍然是归属于上位者。区别说则认为，存在上下位关系的财物占有归属问题应该分类处理。对于下位者仅仅是作为上位者的占有辅助手段的情况，应该认为财物的占有归属于上位者。所谓占有辅助手段，指的是下位者在上位者的监督下机械地管理控制财物，完全缺乏自主性。这种情况下的下位者不构成刑法意义上的占有者，类似于工具而已。对于下位者有一定自主权的情况，则可以认为上位者和下位者共同占有财物。在这种情况下，上位者对于下位者的监督控制比较松弛，虽然尚未完全将处分权授予下位者，但是下位者也具有一定的支配能力。因此，双方都有支配权，共同占有财物。还有一种情况是上位者出于高度的信任，将财物完全托付给下位者，由下位者全权处理财产的相关事宜。此时，应认定为下位者占有财物。因为下位者已经脱离了上位者的监控，具有完全的支配权。上下位的关系十分复杂，而且随着社会经济的发达，不同经济组织形式大量出现，上下位关系多样化趋势更加明显。区别说考虑了这些各式各样的上下位关系的具体情况，更能够适应社会经济生活中的实际情况，因此更为全面，更为可取。

(2)封缄物的委托关系。即对装入容器或加以特别包装的财物，加锁或封固，委托他人保管或运送，其占有关系如何，大陆法系学说未臻一致，约有以下观点：

其一是认为封缄或锁定的整个物体属于受托人占有，但其包装或容器内各个物品，则仍属于委托人占有。即认为使用容器锁定或包装封缄的物品，其整个物体的占有移转于受托人，但寄托人对其内容物品，既然加锁封缄，就依然具有现实的支配力，其占有并未移转于受托人。持此观点者认为“支配之可能，只要物的支配可能的手段尚存，即不能认为已经丧失”。根据本说，若取得整个锁定或封缄的物体，即构成侵占罪；若仅抽取其内容的一部分物品，则构成盗窃罪。

其二是认为封缄或锁定的整个物体包括其包装和容器内物品均属于寄托人占有。根据本说，不论取得整个物体或抽取其内容的一部分物品，均构成盗窃罪。

其三是认为不论封缄或锁定的整个物体还是其包装或容器内物品均属于受托人占有。按本说，不论取得整个物体或抽取其内容的一部分物品，均构成侵占罪。其理由是“凡支配物之全体者，支配其一部”。认为受托人从委托人处接受容器盛装物时，就在客观上现实地控制了这个整体，这既是一种直观的感受，也符合一般人的社会观念。而且，财物丢失或者损坏，受托人都要承担赔偿责任，却又不具有占有的支配权，显然不合理。即使合同中约定了受托人赔偿责任豁免或者受托人不得打开容器，那也不能以民事权利对抗刑法上占有的认定，毕竟民事权利是抽象意义上的，而刑法上的占有则是现实的。抽象的占有和实际上的失控并不矛盾。

我们认为，第一种观点颇为离奇，过分注重封缄、锁定的效果。对封缄或锁定物究竟属于委托人或受托人占有，应就各个具体的情形，看其对物事实上的支配力及支配力所及的范围和强弱进行判断。如大型保险箱、远洋货柜、集装箱的受托保管人，虽以整体委托，但不能支配内部，故不属受托人占有。若受托人窃取委托物中的物品，应以盗窃罪认定。反之，如委托人虽然保留容器的锁匙，但若无保管人的同意即不能接近容器时，委托人对容器内的物品的事实上的支配，实已不存在。如将密码箱委托他人保管，虽上锁，但受托人事实上占有密码箱的全体及内容。委托人虽控制密码，但其事实上的支配力已丧失。因此，若受托人非法占有委托物或其中物品的皆应按侵占罪认定。

(3)共同共有物的委托关系。共同共有物乃数人基于法律或依合同的共同关系而共有之物，共同共有人对共有物在未分割之前并无应有部分，各共同共有人的权利及于共同共有物的全部。共同共有物财产的处分除法律合同另有规定外，应取得全体共有人的同意。因此，共同共有人中任何人占有共有物，亦即占有其他共有人的财物，如果未得共同共有人全体的同意，擅自处分，应构成侵占罪。

夫妻共有财产、家庭共有财产、合伙企业共有财产都是共同共有财产的具体形式。其中任何人将其持有的共同共有财产擅自处分，可构成侵占。因为在这种情形下，可视为行为人受共同共有人委托“代为保管”共同共有物。当然，若情节轻微，一般也不会定罪。法律规定“须告诉乃论”即是控制其犯罪化之一的立法措施。此种情形多数通过民事法律关系解决。

2. 关于非法占有遗忘物行为的问题

刑法第 270 条第 2 款规定，非法占有他人的遗忘物，埋藏物，依照侵占罪的规定处罚。其中对非法占有遗忘物的行为颇多争议。首先是遗忘物概念本身的争议：遗忘物与遗失物有否有区别，是否同一概念？虽然主流观点认为遗忘物有其确定的内涵，不同于遗失物，多数论著将其界定为基于物主的意思暂放某一处所后忘记带走，而物主随即能够准确回忆起财物遗置的时间、地点，尚未完全丧失控制的动产。而遗失物则是物主因疏忽、偶然失去，物主通常无法回忆失落何处、完全失去控制的动产。一般认为，遗失物与遗忘物的区别可从以下几个方面分辨:(1)财物放置的地点或场所是否基于物主的意思。遗失物是不基于物主的意思而偶然失去的,其所处地点或场所具有随机性,因此其失落的地点通常在道路、广场、街道等人员流动场所,也就是物主当时是处于流动状态。而遗忘物则是基于物主的意思而暂放在某一地方后忘记带走的,其放置的地点或场所具有意志性,因此遗忘物失落的地点通常为物主曾驻足停留的比较适宜放置财物的地方,也就是物主由动态变为相对静态的场所。(2)物主对财物失落的时间、地点是否能作准确的回忆。凡物主能够准确回忆失落时间、地点的财物,是遗忘物;凡物主只能推断出大概失落时间、地点,甚至根本不知道何时何处失落的财物,则为遗失物。此外,人们的日常社会生活观念也是判断财物为遗失物抑或为遗忘物的一个准则。例如,失落在马路上的钱包,社会观念一般认为是遗失物;失落在餐桌上的钱包,社会观念就认为是遗忘物。其道理在于人们的日常生活观念并不认为后者物主与财物之间的持有关系已经丧失,只是认为这种持有关系比平常松弛而已。可见,遗失物与遗忘物的关键不同点即在于物主对财物的持有关系是否还存在。尚存在持有关系的(不管如何松弛、微弱)是遗忘物,不存在持有关系的是遗失物。即一般都以物主是否能够准确回忆财物失落的时间、地点以及财物是否完全失控作为遗忘物与遗失物的关键区别点。①

但也有学者认为,遗忘物即遗失物,是一物两名,两者无根本区别。他们认为我国民法与刑法分别采用遗失物与遗忘物这两个术语不能成为遗忘物与遗失物区分的充分理由,而是立法语言上不严谨的表现,认为遗失物与遗忘物之间具有不可分性,都是财物所有人非出于本意而丧失了控制的财物。他们还认为,如果将遗忘物与遗失物的区分取决于物主的心态,即是否能够准确回

---

① 参见高铭暄、马克昌主编:《刑法学》,北京大学出版社 2000 年版,第 521 页。陈明华主编:《刑法学》,中国政法大学出版社 1999 年版,第 618 页。肖扬主编:《中国刑法学》,中国人民公安大学出版社 1997 年版,第 512 页。赵秉志主编:《新刑法学教程》,中国人民大学出版社 1997 年版,第 649～650 页。杨春洗、杨敦先主编:《中国刑法论》,北京大学出版社 1998 年版,第 507 页。上述论著所持观点大同小异,其来源也许可追溯到廖增昀的《贪污罪与侵占罪》一文(载《法学》1990 年第 1 期)。该文认为,遗忘物是所有人或持有人因一时疏忽遗忘于某特定地点或场所的财物,本人尚知物之所在,并未完全丧失对物之持有和控制。

忆,并以此区分是否构成侵占罪的界限是不符合刑法的犯罪构成理论的等等。①

我们认为不应否认遗忘物与遗失物的区别,因为这种区别是以社会通念为基础的。某种称谓或概念如果符合社会通念,并能为公众所接受,就具有存在的合理性。只是在将这种社会通念提升为法律规范时,因使其具有可操作性、可区别性,而不宜采用日常观念的常识性的区别方法。这种区分法极易在边缘地带出现模糊与交叉。比如,主流观点强调遗忘物与遗失物的区别之一是物主对财物失落的时间、地点能否作准确回忆,笔者认为就很模糊,也难以操作。遗忘于特定场所的财物,有时物主可能也难以作准确回忆,而有些遗失在公共场所的财物,物主也可能有准确的回忆,故以此作为两者的区别,是会有争议的。总之,以物主的心态作为区分遗忘物与遗失物的根据是不足以将两者区分开来的。另外,主流观点还强调遗忘物与遗失物之区别,在于对财物是否完全失控,这也是有问题的。其实,不论是遗忘物还是遗失物,只要物主离开物所在的特定场所,且特定场所的支配控制权人尚不知情,就是失控。实践也很难区分失控的程度,何谓尚未完全失控和完全失控?其实,任何财物一旦脱离物主和场所支配控制权人的监控,就是失控,不论时间如何短暂。

我们认为,对遗忘物的概念,可通过规范解释的方法加以定性。实际上,遗忘物是由暂放物转化而来的,原本是基于物主的意思暂放于某一特定场所,此场所是一个比较有限的、可控制的范围。因此,可将遗忘物界定为物主暂放于某一特定场所而忘记带走的财物。即强调其本为暂放物(财物放置地点的意志性),而且是暂放于特定的场所(财物放置场所的特定性)而遗忘的,至于物主遗忘后的主观心态,是否能够准确回忆,是否对该物完全失控,可以不论。由此便可将其从遗失物中清楚区别出来。只要本不属暂放物或不是放置于特定场所的丢失物,皆可归入遗失物。这样既简洁明了,又便于操作。

关于遗忘物从暂放物转化而来这一点比较容易被接受,问题是如何进一步界定特定场所。我们认为,这里的特定场所,旨在强调其可能存在第二重支配控制权人,故范围应是有限的、可以控制的,如出租车、餐馆、银行、图书馆、

---

① 参见陈兴良:《非法占有他人遗忘在特定场所的财物的定性》,载《法学前沿》第1辑,法律出版社1997年版,第179～180页。陈兴良在其《侵占罪研究》(载《刑事法判解》2000年第1辑)中对上述观点有更深入、系统的阐述。此外,孙建国、汤留生主编的《新刑法原理与实务》(四川人民出版社1997年版,第881页)也认为遗忘物与遗失物并无根本的区分,因而将两者并称。

邮局、各类营业厅。这些范围比较有限的场所,才可能较易被第二重支配控制权人发现该遗忘物,并行使支配控制权。若范围太宽泛,如公园、街道、码头,则即使在这些地方也可能存在相应的管理人员,但这些管理人员对失落于该范围的财物的发现与行使支配控制权都是很困难的。如公园的管理人员对失落于公园的物品的发现是很困难的,警察对失落在街道、码头的物品也很难发现并行使支配控制权。实际上在这些公共场所,不仅是具体的管理人员,任何第三人对失落物都有权拾得并暂时代管。

我们认为,刑法将遗忘物区别于遗失物,只对非法占有遗忘物的行为依侵占罪论处,而对占有遗失物的行为,则留给民事法律调整,①是符合刑法谦抑原则和刑法的最后手段性的。尽管域外有些国家和地区对非法占有遗失物的行为亦有刑罚处罚规定,但并不适用侵占罪法条,而是另设有占有脱离持有物罪,且刑罚极轻。② 而且应予注意的是,这些设有遗失物罪的国家和地区的刑法,都是沿用已久的老旧刑法,如日本刑法、意大利刑法以及我国台湾地区的刑法。③ 但凡近几十年新修订颁布的刑法,皆无此种犯罪的规定。如德国刑法、法国刑法、瑞士刑法。我们在刑事法律的移植与借鉴方面,应该注意学习域外较新的刑法规定,而不宜仿效那些老旧刑法的老掉牙规定。

界定了遗忘物的概念后,现在可以来探讨何谓非法占有遗忘物的行为。目前刑法界广为流行一种观点,认为"所谓侵占遗忘物,是指他人将财物遗忘在行为人有权控制的范围之内,行为人将财物收管起来是合法的,但是,他非法据为己有,拒不交出,即为侵占遗忘物"。④ 简而言之,就是必须是对遗忘物

---

① 根据我国民法通则第 79 条的规定及司法实践,拾得遗失物应当返还失主。拾得人在拾得遗失物以后,应及时通知所有人。不知所有人或所有人不明时,应当发出招领通知并代为妥善保存,或者交公安机关或有关单位处理。发出招领通知后,遗失物经过一定期间无人认领,即应收归国家所有。拾得人在占有遗失物期间,因故意行为造成其毁损灭失的,应承担民事责任。此外,根据最高人民法院《关于贯彻执行〈民法通则〉若干问题的意见(试行)》第 94 条规定"……拾得人将拾得物据为己有,拒不返还而引起的诉讼的,按照侵权之诉"处理。

② 日本刑法第 254 条规定,犯侵占脱离持有物罪,处 1 年以下惩役或者 10 万元以下罚金或者科料。意大利刑法第 647 条规定,犯侵占遗失物罪,经被害人告诉,处 1 年以下有期徒刑或者 6 万～60 万里拉罚金。台湾地区刑法第 337 条规定,犯侵占脱离持有物罪,处 500 元以下罚金。可见其法定刑皆明显轻于侵占罪的法定刑。

③ 日本现行刑法颁布于 1907 年,迄今已逾 90 多年,垂垂老矣。意大利现行刑法颁布于 1930 年,亦已进入古稀之年,我国台湾现行刑法颁布于 1935 年,也已过花甲之年。

④ 王作富:《论侵占罪》,载《法学前沿》第 1 辑,法律出版社 1997 年版,第 46 页。

所在场所(如出租车、餐馆、银行、邮局)具有支配控制权的人,将该遗忘物占为己有,拒不交出的才能按侵占罪认定,若是对该场所不具有支配控制权的人非法占有该遗忘物,则应以盗窃罪认定。例如,乘客坐出租车时,将贵重物品遗忘在出租车上,如果出租车司机发现以后,将之非法占为己有则构成侵占罪。如果是后来的乘客发现该遗忘的贵重物品而占为己有的,则应以盗窃罪论处,因为该财物是遗忘在出租车这样一个特定场所,虽然财物原所有人丧失了对财物的控制,但该财物的控制义务转移到了出租车司机身上,后来的乘客的秘密窃取是针对司机而言的,因而构成盗窃罪。这就是所谓的双重控制说。[①]这种双重控制实际上也就是将刑法第 270 条第 2 款有关非法占有遗忘物的行为作为注意规定[②]来理解的,强调非法占有遗忘物行为与一般侵占行为形态的相同性,即先是合法持有,后转为非法占有,因此认为必须是对遗忘物存在实际支配控制权人侵占该遗忘物,才属侵占,而无实际支配控制权人的非法占有则为盗窃。

对于这种双重控制说,我们原先也表示赞同,[③]但现在觉得这种理论在实践中会遇到一些问题。第一,当遗忘物虽遗忘于特定场所,而对该特定场所有支配控制权人尚未发现该物被遗忘时,如何能够行使支配控制权?如果不能,又谈何双重控制?在这种财物所有人和场所支配控制权人都对该遗忘物丧失控制的情况下,即双重失控的情况,他人占有该遗忘物并不存在对财物控制关系的破坏,径以盗窃罪认定,是不符合盗窃罪的构成要件特征的。

第二,如何界定遗忘物场所的支配控制权人也可能是一个颇为复杂的问

---

① 关于双重控制说,王作富最早将此观点表述于《中国刑法研究》(中国人民大学出版社 1988 年版,第 607 页),后在新刑法颁布后,王作富又在前引《论侵占罪》一文中,重述了类似的观点。陈兴良在《非法占有他人遗忘在特定场所之财物的定性》一文中,将王作富的此种观点概括为双重控制说。另外赵秉志主编的《财产犯罪研究》第 330～331 页亦有相同论述。但若就该理论的渊源而论,实际上是来自台湾刑法学界。台湾刑法学者林山田在其所著《刑法特论》(上)第 216 页早有类似说法,只不过林氏所论及的对象是遗失物。

② 国内已有学者论及刑法条文中的注意规定与特别规定的不同,认为注意规定是在刑法已有相应规定的前提下,提示司法人员注意,但并没有改变相关规定的内容,只是对相关规定内容的重申;而特别规定则指明,即使某种情况不符合普通规定,但在特殊条件下也必须按普通规定论处。参见张明楷:《简论"携带凶器抢夺"》,载《法商研究》2000 年第 4 期。

③ 参见陈立:《中国刑法分论》,厦门大学出版社 2000 年版,第 377～378 页;陈立:《经济犯罪理论与实务》,厦门大学出版社 1996 年版,第 27 页。

题。当该场所只有一个管理人员时，如出租车司机，则自然不会有问题。但若该场所是一个范围相对比较大、人员比较多的场所，如饭店、餐馆、银行、邮局等等，则应如何确定对该场所有支配控制权人？是所有的在该场所工作的人员都是支配控制权人，还是仅指主管人员才是支配控制权人？若为后者，则其他工作人员的占有是否也应认定为盗窃罪？若为前者，则认定所有工作人员乃至勤杂人员皆为对场所具有支配控制权人，并不符合实际，也不符合社会通念。此种支配控制权人的身份一旦无法确定，将对认定非法占有遗忘物的行为带来莫大的困难。

我们认为，实际上并不必要求占有遗忘物的行为形态一定要与侵占代为保管的他人财物的行为形态具有完全相同性。刑法第 270 条第 2 款应理解为特别规定，而不是注意规定。也就是说，第 270 条第 2 款关于非法占有遗忘物的行为，强调的是只要非法占有的对象属于遗忘物，即应当按侵占罪论处，而不必考虑其行为形态和主体身份。从文义解释该款，也得不出立法者有提示必须是对场所有支配控制权人的占有才构成侵占罪。既然从文义解释不能得出该提法（前已述及文义解释是首位的，在能够用文义解释时，就不得再采其他解释），为什么学者们要自找麻烦，赋予该款新的意义和内容，再来为这些附加的意义和内容的理解费尽心思？因此，我认为，在非法占有遗忘物行为中，不应该（也没必要）强调双重控制说，只要非法占有的对象是遗忘物[①]，即应按侵占罪认定，而不论行为人是否对特定场所具有支配控制权。

3. 非法财物是否可成为侵占罪的对象问题

即基于不法原因而受给付之物，可否为本罪的对象问题。[②] 例如，为了向公务人员行贿而委托物品或委托保管盗窃所得的赃物，当受托人随意消费或处分这些物品时，能否构成侵占罪？在民法上，在不法原因给付的场合，对那些“物”是没有返还请求权的，但可否为刑法所保护，遂成问题。大陆法系国家

---

① 为避免不必要的误解，这里遗忘物的特定场所自然是排除了物主自己控制的场所，就如同遗忘在自家一时找不到的物品，人们不会将之视为遗忘物。

② 日本学者平泽修认为应区分基于不法原因的给付与基于不法原因的委托两种情况。前者所有权已经转移，后者则未转移所有权。可能构成侵占罪的对象的应是后者。参见[日]阿部纯二等编：《刑法基本讲座》第 5 卷，法学书院 1993 年版，第 246 页。我们认为，严格地说，这种区分是正确的，但鉴于目前前者的提法在我国刑法界已约定俗成，广被接受，故本文亦不勉为区分。

向来有争论，主要可分为肯定说与否定说。①

(1)肯定说。即肯定因不法原因而给付之物，也可以成为侵占罪的对象。采肯定说的观点又有分歧。有主张委托人虽不得依民法向受托人请求返还不法原因给付之物，但并未因此而丧失所有权。故受托人就该项因不法原因所给付之物，仍为持有他人之物，从而如有据为己有的行为，即成立侵占罪。有主张应离开民法之是否保护，而讨论刑法上有无犯罪性，因此民法上所不保护的委托关系，并无碍于成立刑法上的侵占罪。刑法注重的是，是否符合构成要件。

(2)否定说。即否定因不法原因而给付之物可以成为侵占罪的对象。论者所持见解也有所不同。有主张给付者不得请求返还其物，则收受者对给付者不负任何义务，因而给付者对收受者即无应受保护的所有权，从而收受者就该物所为的行为，即无成立侵占罪的余地。有主张此种场合不能认为违背委托信赖关系，不符侵占罪的法律意义，故不构成侵占罪。还有认为，对民法上无返还义务，却以刑罚制裁其返还，将导致破坏全体法律秩序的统一性，故应否定其成立侵占罪。②

近年来，国内刑法界也开始关注这个问题。前引王作富、赵秉志、陈兴良、刘志伟等文章皆讨论这个问题，又皆持肯定说。其基本理由不外是将日本、台湾地区刑法界上述肯定说用大陆化的语言加以重述。唯有个别论者持否定说，但并没说明理由。③

我们认为，就我国刑法而论，应否定基于不法原因给付的财物可作为侵占罪的对象。最主要的理由是，我国刑法第 270 条第 1 款所规定的代为保管关系是合法的代为保管关系，不能包括非法的代为保管关系。本来代为保管就

---

① 日本尚有少数学者持折中说，即认为因不法原因而为财物委托，因其欠缺侵占罪中的违背信任关系的要素，故应构成侵占脱离持有物罪。此种观点被认为推论过于烦琐，在适用上也颇多困难，以侵占脱离持有物罪认定，亦是一种不恰当的拟制，再加上我国刑法无此罪名，故更少人论及此说。折中说的介绍参见张明楷：《法益初论》，中国政法大学出版社 2000 年版，第 525 页。

② 关于上述论说可参见[日]木村龟二主编：《刑法学词典》，上海翻译出版公司 1991 年版，第 728～729 页。陈和慧：《论侵占罪》，载蔡墩铭：《刑法分则论文选辑》(下)，台湾五南图书出版公司 1984 年版，第 738～739 页。[日]吉川经夫：《刑法各论》，法律文化社 1982 年版，第 189 页。

③ 张明楷：《刑法学》，法律出版社 2003 年版，第 782 页。陈广君等主编：《新刑法释论》，中国书籍出版社 1997 年版，第 341 页。

是接受委托而保管，作为法律的用语，只能指合法的委托关系。非法的委托关系是无效的，是不被法律认可的。如果认为代为保管包括代为保管非法财物（例如代为保管赃物或代为保管贿赂物），这是对法律用语的亵渎。这种表述不仅不符合法律规范，也是有语病的。不能将这种错误的解释强加给立法者。域外有关侵占罪的"占有"或"持有"在理论和判例上均解释为合法占有或合法持有。诸如词义中性的"占有"、"持有"尚且被狭义解释为须具合法性，则我国刑法代为保管这一显具褒义性质的用语，在法律上限定为合法的代为保管，更是顺理成章的。

其实，国内持基于不法原因给付的财物可以成为侵占罪的对象的论者，在阐述刑法第 270 条第 1 款的代为保管的含义时，虽皆将其含义广义解释为类似日本刑法的占有或台湾地区刑法的持有，但亦都强调其必须具有占有或持有的合法性。如王作富在前引《论侵占罪》一文中明确指出："新刑法第 270 条所说的'代为保管'他人财物，即是表明了持有他人财物的合法性根据。"陈兴良在前引《侵占罪研究》一文中，也指出，"我国刑法第 270 条虽然使用代为保管一词，但从内容上分析，这是一种委托管理关系，具有持有的合法性"。① 既然如此，又如何能使这种占有或持有的合法性包容基于不法原因给付的财物？难道持有赃物、持有贿赂物不具违法性？

国内持肯定论者有一种主张，认为基于不法原因给付的财物，收受人主观上既认识到该财物系不属于自己所有的他人之物，客观上又实施了非法占为己有的行为，与侵占罪的构成要件完全相符，就没有理由不基于刑罚目的的考虑将其作为犯罪论处；并以抢劫、盗窃赃物的行为亦构成抢劫罪、盗窃罪作为类比，认为皆是基于惩治侵犯他人财物所有权行为的刑法目的性考虑。②

我们认为，这种说法是无视犯罪构成要件内涵的就事论事的纯目的论。侵占罪行为既然是以存在合法的代为保管关系为前提，基于不法原因给付的财物，一开始就注定了其不符合侵占罪的对象，又如何能说，占有这种非法财物符合侵占罪的构成要件呢？至于抢劫、盗窃财物的行为能够构成抢劫罪、盗窃罪，是因为其具构成要件的符合性。抢劫罪、盗窃罪构成要件对作为犯罪对象的财物来源是否合法没有加以限定，而侵占罪的对象诚如上述则须具合法

① 王作富：《论侵占罪》，载《法学前沿》第 1 辑，法律出版社 1997 年版，第 39 页。陈兴良：《侵占罪研究》，载《刑事法判解》第 2 卷，法律出版社 2000 年版，第 6 页。

② 参见刘志伟：《侵占罪研究》，载《刑法论丛》第 2 卷，法律出版社 1999 年版，第 104 页。

性，故两者之间是不能类比的。认定犯罪何能抛开犯罪构成而单作刑法目的性考虑？

肯定论者还有一种主张，大致是袭用日本、台湾地区刑法理论界的肯定说法，即认为因不法原因给付的财物，虽然交付人不能请求收受人返还，但收受人也不能取得该财物，对该财物应收归国家所有或发还被害人。收受人将他人不法交付的财物占为己有，也是非法的。因此，对于侵占非法财物的行为以侵占罪论处，并不是保护非法财物获得者的所有权，而是保护公私财物的所有权。[①]

非法财物应当没收，上交国库或者发还给被害人这是正确的，收受人不会因为给付人丧失返还请求权而取得该非法财物的所有权，这也是正确的。但问题是，是不是一定要通过认定其构成侵占罪来否定其所有权，来追缴其占有的非法财物呢？我国刑法将侵占罪规定为亲告罪，即“告诉才处理”。若要认定收受不法原因给付财物的行为人的侵占罪，则基于不法原因给付财物的人是无权告诉的。告诉权人要么为上一任的被害人，即财物原所有人，要么为国家。若告诉权人为财物原所有人，则很难想象财物原所有人在财物被盗后，不告发盗窃犯，而仅向法院告发代为保管赃物者的侵占行为的情景出现(这样的情况可能么?)。而若盗窃犯已被提起公诉，被盗财物自然会依法返还给被害人，[②]财物原所有人又有必要再告之以侵占罪么？若国家作为告诉权人，这在法律上符合亲告罪本身的概念么?[③] 退一步说，即使“告诉才处理”的案件可以按公诉案件起诉，国家可以作为告诉权人，也很难想象国家不去追究盗窃、贿赂、窝赃、销赃的行为，而告之以侵占罪；而若国家已追究了盗窃、贿赂、窝

---

① 参见王作富:《论侵占罪》，载《法学前沿》第1辑，法律出版社1997年版，第43页；赵秉志:《侵犯财产罪》，中国人民公安大学出版社1999年版，第259～260页；陈兴良:《侵占罪研究》，载《刑事法判解》第2卷，法律出版社2000年版，第16页；刘志伟:《侵占罪研究》，载《刑法论丛》第2卷，法律出版社1999年版，第104页。

② 根据刑法第64条的规定:“犯罪分子违法所得的一切财物，应当予以追缴或者责令退赔，对被害人的合法财产，应当及时返还……”

③ 根据刑法第78条关于“告诉才处理”的解释，告诉人显然不可能包括国家。因此，有论者又认为，规定本罪“告诉才处理”是立法者的疏忽所造成的，矛盾的解决只有通过修改立法。参见赵秉志主编:《侵犯财产罪研究》，中国法制出版社1998年版，第325页。目前在刑事诉讼法学界，关于“告诉才处理”案件中的被害人，能否包括法人单位尚有争议，但无论如何，还没提出告诉权人可以是国家的观点。参见徐静村主编:《刑事诉讼法学》(上)，法律出版社1998年版，第182页。

赃、销赃等犯罪行为，则非法财物自然会被没收，国家又有必要为了没收非法财物而诉诸侵占罪么？可见，有些学者纸上谈兵、坐而论道达到何等超然现实的境界！

其实，要剥夺收受基于不法原因给付的行为人的非法财物的所有权，并不必使其构成侵占罪。径直按其本来触犯的罪名认定即可。大致可分为以下几种情况：

其一，行为人明知是犯罪所得的赃物，先行同意予以窝藏、代为销售，而后又转变犯意，占为己有的，可直接认定为窝赃罪或销赃罪；

其二，行为人先行同意代为行贿或介绍贿赂，而后又转变犯意占有贿赂物的，可直接认定为行贿罪共犯或介绍贿赂罪；

其三，行为人一开始就有占为己有的意图，而假意承诺代为窝赃、销赃，或代为行贿、介绍贿赂的，则可认定为诈骗罪；

其四，行为人在其他犯罪中参与保管用于犯罪的财物或犯罪所得，后将该财物占为己有的，可按各该罪的共同犯罪认定；

其五，行为人对其所接受财物的非法属性并不知情，而后占为己有的，为对象不能犯，一般应免予处罚，但非法财物应予没收。

总之，我们认为，基于不法原因给付的财物，不能成为侵占罪的对象。肯定论者的主张至少是不符合我国刑法有关侵占罪的构成要件。当然，接受基于不法原因给付财物的行为人，并不因此取得该物的所有权，由于该财物要么是赃物、贿赂物，要么是其他犯罪物品或犯罪所得，不论行为人是否构成相关犯罪，都应当予以没收。但这都无涉于侵占罪。

第13章 敲诈勒索罪的司法认定

一、敲诈勒索罪客观方面的认定

敲诈勒索罪，是指以非法占有为目的，对被害人实施威胁或者要挟的方法，强索公私财物的行为。本罪侵犯的主要是公私财物的所有权，但同时也侵犯了他人的人身权利或其他权利。本罪某种意义上属于恐吓取财（这是本罪区别于其他财产犯罪的显著特点），其恐吓行为，必然会对被害人的心理产生强烈的心理压力，包括恐惧、担心、困扰、悲愤、怨恨、屈辱等不良情绪，而且，本罪被害人产生这些情绪往往不是一时性的，而是会在相当长的一段时间萦绕不止，挥之不去。这些情绪对被害人的心理健康有极大的损害，甚至会导致某些心因性疾病的发生，从这个意义上我们说，本罪也侵犯了他人的人身权利（例如健康权）或其他权利（例如人格权）。

敲诈勒索罪可以说是介于抢劫罪与诈骗罪中的一种财产犯罪形态，一方面，它存在强迫的成分；另一方面，它又存在被害人处分的成分。但两种成分都不彻底。强迫没有达到完全的强迫，处分也不是甘愿的处分。因此，其客观表现形态有着一定的复杂性。

本罪在客观方面表现为使用威胁或要挟的方法，逼使被害人当场或限期交付财物的行为。威胁与要挟的表现形式，有口头的，也有书面的，有向被害人当面直接提出的，有通过第三者向被害人转达的，有公开向被害人威胁，也有以暗示方式进行要挟。威胁与要挟的内容，有对被害人及其亲属以杀、伤相威胁的，有以揭发或张扬被害人的隐私要挟的，有以毁坏被害人及其亲属的财产相威胁，有以凭借或利用某种权势损害被害人的切身利益进行要挟的，也有抓住被害人的某些违法乃至犯罪行为的把柄进行要挟的。所谓“逼使受害人交付财物”，是指由于行为人实施了威胁、要挟的方法，造成被害人精神恐惧，不得已而交出财物。行为人既可以是逼使被害人当场交出财物，也可以是限期交出财物。

刑法学传统的观点认为，敲诈勒索罪只能是采用威胁、要挟方法，不包含暴力方法，并认为这是其与抢劫罪的显著区别。[①] 但是我们认为这种区别不是绝对的。其实，在司法实践中对敲诈勒索行为的认定并不排除可能使用暴力的情形出现，关键在暴力使用的形式和目的。如果使用暴力是为了使被害人不能、不知或不敢反抗，以达到当场占有其财物的目的，构成抢劫罪无疑。但是并非所有使用暴力的形式和目的都是这样的，有可能是出于其他形式和目的使用暴力，如果暴力的形式是为了达到恐吓被害人，仅作为威慑形式使用（而不是为了当场制伏被害人），或者暴力的目的是迫使被害人答应日后交付财物，那么即使行为人使用了暴力，该行为也只应该构成敲诈勒索罪。[②] 实践中，行为人当场实施暴力，并以今后进一步实施暴力相威胁的敲诈勒索案件时有发生。[③] 在有些敲诈勒索的场合，行为人可能对被害人实施一定的暴力，比如先对被害人进行一顿殴打，特别是在被害人存在一定过错的场合，往往存在行为人先对被害人出于激愤的临场殴打而后再讨价还价进行敲诈勒索的情形，此种情况属于暴力行为在先，勒索行为在后。在这种场合被害人交出财物并不是因为惧于行为人的暴力，而是出于自己做了坏事，侵犯了他人的利益，为了平息对方的怨怒而作的让步。此时先行的暴力行为与之后的勒索财物之间并没有直接的因果关系。因此必须指出，构成敲诈勒索罪手段行为的暴力无论如何不能是当场取财的直接原因，只能是辅助条件，即暴力所产生的威慑效果不能达到抑制被害人反抗的程度，而只是起到让被害人不得不权衡利弊得失的程度，所以暴力不能包括拘禁的类型，因为在被拘禁的情况下，已经抑制了被害人的反抗而完全丧失了权衡选择的能力。

至于行为人对被害人实施了足以抑制其反抗的暴力后，迫使其日后交付财物的行为属于何种性质，张明楷教授认为，尚需进一步研究（倾向于认定为抢劫罪）。[④] 我们认为，这种情形仍应认定为敲诈勒索罪，也就是说，虽然行为人实施了足以抑制被害人反抗的暴力，但是并非当场取得财物，而是直接要求

---

① 参见王作富：《认定抢劫罪的若干问题》，载《刑事司法指南》第 1 辑，法律出版社 2000 年版，第 23 页。另参见高铭暄、马克昌主编：《刑法学》，北京大学出版社、高等教育出版社 2000 年版，第 527 页。

② 此种当场实施的暴力实际上起的是以实施暴力相威胁一样的胁迫作用。参见高铭暄主编：《刑法专论》（下编），高等教育出版社 2003 年版，第 731 页。

③ 参见刘明祥：《财产罪比较研究》，中国政法大学出版社 2001 年版，第 294 页。

④ 参见张明楷：《刑法学》，法律出版社 2003 年版，第 765 页。

(并非发现被害人身无分文后，才改变主意)被害人日后交付财物的，只能认定为敲诈勒索罪。因为它不符合抢劫罪的当场取得财物的构成要件的要求。而且，我们还认为，只要被害人不是当场交付财物，被害人就存在交付与不交付的选择余地。由于被害人存在脱离行为人暴力直接控制的空间，被害人要不要交付财物并非直接屈从于行为人的暴力，只是受到该暴力所导致的心理强制，但是这种强制由于空间距离，已经不具有绝对强制的性质，而仅是一种相对强制，被害人事实上仍具有一定的意志自由和行为选择能力，因此，符合敲诈勒索罪的构成。

总之，敲诈勒索罪可以包括使用暴力，在要求被害人日后交付财物的情况下，这种暴力甚至可以达到抑制被害人反抗的程度；在要求被害人当场交付财物的情况下，这种暴力不能达到使被害人不能反抗的程度，这时的暴力起的仅是一种威慑作用。由此，就可以解释实践中对一些使用轻微暴力当场取得财物的(例如发生在青少年的清钱行为)，一般按照敲诈勒索罪定性的缘由。表面上这种情况也符合两个当场的条件，似乎和抢劫罪一样，但其暴力实质上并没有达到足以抑制被害人反抗的程度，被害人之所以给钱是为了息事宁人，不想惹麻烦，与抢劫罪被害人的不得不给钱的性质有所不同。

另外，尚应注意对以下几种情况的处理：一是当场实施暴力后，既当场取得财物，又当场要求被害人日后交出财物(如当场取得的财物较少，心有不甘而又逼迫被害人写下欠条或借据)；二是当场实施暴力没有实际得财，而要求被害人日后交出财物或逼迫其写下欠条、借据的。有论者认为这种情形属于兼容犯，应择一重从重处罚，认为这种情况不存在两个独立犯罪行为，不能对暴力行为进行两次评价，而查证行为人暴力的主观目的也有困难，单纯定性其中一个罪又不能全面评价整个案件事实，故按一重罪从重处罚。[①] 但张明楷教授认为这种情况应认定为两个罪。[②] 我们倾向于张明楷的观点。我们认为暴力行为具有持续性、阶段性，它是可以分开评价的。

此外，刑法明确规定了抢劫罪可以由胁迫手段构成，但是没有明确敲诈勒索罪的手段行为是否包括胁迫。刑法学理论通说认为，敲诈勒索罪的手段是

---

① 刘树德著:《敲诈勒索罪判解研究》，人民法院出版社 2005 年版，第 37 页。

② 张明楷在其 2003 年版的《刑法学》中提出，行为人对被害人实施了足以抑制其反抗的暴力，但由于被害人身无分文，又迫使其日后交付财物的，宜将抢劫罪(未遂)与敲诈勒索罪数罪并罚。参见张明楷:《刑法学》，法律出版社 2003 年版，第 764 页。

采用威胁或要挟的方法。[①] 我们认为,所谓胁迫手段和威胁的方法并无本质上的区别,都是以暴力为内容的精神强制方法,两者内涵难以区分。但是较之于敲诈勒索罪,抢劫罪的危害性被认为要大得多,法定刑也重得多。除了在于抢劫犯罪行为人不仅仅当场对被害人实施手段行为,而且当场夺取被害人财物,即所谓"两个当场"这个原因以外,更重要的是,抢劫罪的行为人"往往使被害人处于人身权利与财产权利难得两全的极度紧迫的危险状态",[②]因此,其胁迫的强度已经达到使被害人根本没有任何选择的余地,完全失去了意志自由的程度,唯有如此,才会具有当场同时实施手段行为与目的行为的效果。可见,作为抢劫罪的胁迫手段,其强度明显要超过手段行为与目的行为不是当场同时实施的敲诈勒索罪(仅指暴力、暴力威胁的手段行为)中使用的威胁,敲诈勒索罪行为人所使用的(暴力)威胁的强度较低,其作用也仅是起恐吓作用,造成一定程度的心理压力(不是绝对压力)。也就是说,即使被害人不给钱物,其可能面临的暴力并不会很重,充其量是轻微伤的皮肉之苦,被害人的人身和财产权利受侵害只具有或然性,被害人的意志自由也不会完全丧失,危险性也不会那么急迫。由此可知,抢劫罪的胁迫与敲诈勒索罪的威胁的区别不在于内涵,而在于使用程度。因此,以是否是"两个当场"来区分抢劫罪与敲诈勒索罪虽是司法实践的通常做法(目前这种做法有所改变),但更重要的是,还要考虑到被害人是否有权衡利弊得失的余地,即被害人是否尚存有自由意志。在被敲诈勒索的情况下,被害人虽然在当时受制于人,但还存在思考的空间、权衡利弊的余地,因此,在被敲诈时就会考虑是破财消灾还是承受当下苦痛,如果被索要太多,承受不起,被敲诈人就会不惜承受当下的苦痛而不舍财物,反之,若在经济能力承受范围内,则会选择破财消灾。

当然,如果行为人实施暴力威胁的目的是日后取得财物,则这种暴力威胁的程度与抢劫罪的胁迫应无区别,只不过前者是日后取得财物,后者是当场取得财物。[③]

作为敲诈勒索罪的对象的财产形态应包括动产和不动产。共同财产、同

---

① 参见高铭暄、马克昌主编:《刑法学》,北京大学出版社、高等教育出版社 2000 年版,第 527 页。

② 参见王作富:《认定抢劫罪的若干问题》,载《刑事司法指南》第 1 辑,法律出版社 2000 年版,第 22 页。

③ 关于当场取财的理解可以参考《何木生抢劫案》,载《刑事审判案例》,法律出版社 2002 年版,第 399～402 页。

财共居的财产、非法财产、违禁品、被扣押物品、犯罪所得的物品等等，我们认为也都可以成为敲诈勒索罪的对象。至于敲诈勒索罪的对象是否包括财产性利益，我们认为应当包括，但是不能包括提供非法服务，也不能包括非财产性的不正当利益，例如要求官位、调动岗位及工作等等。[①]

刑法第 274 条将“数额较大”作为敲诈勒索罪的概括性定量要件。最高人民法院 2000 年 4 月 28 日通过了《关于敲诈勒索罪认定标准问题的规定》，将数额较大规定为 1000～3000 元为起点，数额巨大以 1 万～3 万元为起点，各地可根据本地区具体情况在上述幅度内确定具体数额标准。数额较大不是仅指实际上占有的数额，敲诈勒索数额较大，即使未遂，如果情节严重也应定罪处罚，但必须有造成数额较大财产损害的可能性，否则不构成本罪。[②] 这样规定是考虑到敲诈勒索犯罪中是通过被害人取得财物，被害人一般都有报案、自救的时间、空间，因此，其数额标准可略高于盗窃罪；而敲诈勒索犯罪存在对被害人实施精神上威胁、强制的特征，故敲诈勒索犯罪的数额略低于诈骗犯罪。[③] 从犯罪恶性上看，敲诈勒索罪应比盗窃罪和诈骗罪重，但是其最高法定刑却只有 10 年有期徒刑，这是由于敲诈勒索罪没有数额特别巨大的规定，而盗窃罪、诈骗罪存在数额特别巨大的情形。为什么敲诈勒索罪没有数额特别巨大的规定？我们的理解是，如果被害人被敲诈数额特别巨大，则被害人通过权衡利弊得失，是不会同意行为人的要求的，而会选择牺牲本体利益，例如宁可失去名誉毅然报案或者去面对将来可能的威胁而不破大财。这样从总体而言，敲诈勒索罪的犯罪性一般只能发生在数额巨大的情况下，其可能出现的最大危害性比起数额特别巨大的盗窃罪、诈骗罪就会小一些，因此，其法定最高刑才会设在 10 年有期徒刑（相应的盗窃罪、诈骗罪法定最高刑为无期徒刑，特别是盗窃罪甚至有死刑的规定）。

二、敲诈勒索罪认定应注意的问题

（一）敲诈勒索罪与行使权利行为的界限

敲诈勒索罪的主观要件为故意并应具有非法占有他人财物的目的，单纯实施恐吓行为，在我国不构成本罪。对采用恐吓手段索债的行为也不宜认定

---

① 对这个问题的理解可参照前述关于诈骗罪对象的论述。欠条、借据能否成为本罪对象也应参照前述有关抢劫罪对象的研究。

② 参见刘树德著：《敲诈勒索罪判解研究》，人民法院出版社 2005 年版，第 82 页。

③ 参见刘树德著：《敲诈勒索罪判解研究》，人民法院出版社 2005 年版，第 82 页。

为本罪,这个问题涉及本罪与行使权利行为的界限,需要讨论。对此,我们举一个案例加以说明。

李某从王某处买了两支某品牌的冰淇淋,该品牌的冰淇淋系哈尔滨市 A 公司生产。后李某发现其中一支冰淇淋上有块蓝色布头,遂向王某退换了一支另外品牌的冰淇淋。王某认为发财的机会来了,便给 A 公司写了一封信,大意是:由于发现 A 公司生产的冰淇淋粘有拖布头,导致经济上损失巨大,精神上也遭沉重打击。如果将此事通过新闻媒体曝光,A 公司声誉将一败涂地。王某据此向 A 公司索赔 50 万元,并要求将现金送到,否则后果自负。A 公司收到信后,与王某约定见面时间并向公安机关报案。王某来到 A 公司与该公司总经理谈判,并同意将索赔价降到 28 万元。这时,公安人员赶到将王某抓获归案。对此案中王某行为的认定产生了严重分歧:

一部分人认为王某的行为构成敲诈勒索罪。理由是:(1)王某作为销售者,不是消费者,无索赔权;(2)王某即使有索赔权,其 28 万元的索赔标的也明显超出民事索赔的合理范围,显属不当;(3)王某写信声称"如果通过新闻媒体曝光,A 公司声誉将一败涂地"的行为之性质是以 A 公司的声誉相要挟,符合敲诈勒索罪的特征。

另一部分人认为王某不构成敲诈勒索罪。理由是:(1)王某享有民事索赔权,其索赔权是由李某的退换行为转让而来;(2)索赔 28 万元或 50 万元并无不当,因为精神损害赔偿并没有确切标准;(3)王某写信的行为不属要挟,因为根据《消费者权益保护法》第 34 条的规定,发生消费者权益争议时,可以通过与经营者协商的方式解决。王某在法庭上要求赔偿 50 万元与写信要求赔偿 50 万元就行为本身而言并无任何性质上的区别。

一审判处王某的行为构成敲诈勒索罪,判处有期徒刑 3 年,缓刑 3 年。王某不服判决,提出上诉,二审认为王某实施的行为应是一种平等主体之间的民事法律纠纷,不构成犯罪,遂撤销了原审判决。①

我们认为二审法院的判决是正确的,王某无罪,其行为不构成敲诈勒索罪。一般而言,当行为人本身无权实施威胁或者要挟的行为时,构成敲诈勒索罪,但是须有一个前提条件,即行为人所要求取得的财物或者财产性利益对行为人本身而言是无权得到的,即非法的。如果行为人以实施人身伤害、揭发隐私、毁坏财物等违法行为相威胁或者要挟,向对方追索合法债务时,不应以敲

① 甘敏:《王某敲诈勒索案》,载陈立主编:《刑法疑难案例评析》,厦门大学出版社 2003 年版,第 274 页。

诈勒索罪论处。因为敲诈勒索罪侵犯的客体是复杂客体，敲诈勒索的行为人不仅侵犯了他人的人身权利或其他权益，更为主要的是侵犯了公私财产的所有权，刑法把敲诈勒索罪规定在“侵犯财产罪”一章也正反映了这一点。既然行为人实施威胁或要挟的目的是追回自己的合法债务，就谈不上对他人财产所有权的侵犯。但是，如果债权人对债务人将威胁的内容付诸实施，构成其他犯罪的，应根据具体情况依法追究其刑事责任。如对他人人身造成伤害的，以故意伤害罪论处；毁坏财物的，以毁坏财物罪论处等等。

不过，当行为人本身有权实施其威胁或者要挟的内容时，应根据“权”的性质分别予以考虑。这里可将“权”分为公权力和私权利。如果行为人基于公权力有权实施威胁或者要挟行为，并且凭借其权力索取他人财物，数额较大时，我们认为行为人的行为构成受贿罪，而不是敲诈勒索罪。因为公权力的行使主体，主要是指被授予权力的国家机关工作人员。当国家机关工作人员利用被授予的权力对他人实施威胁或者要挟索取财物时，实际上是利用职务上的便利索取财物，为他人谋取利益的行为，符合受贿罪的构成特征，而其威胁或者要挟的行为，应视为一种索贿的举动，作为受贿罪的量刑情节，按刑法第385条的规定，从重处罚。例如，某税务工作人员在工作中发现某个体户存在严重的偷税漏税行为，便向其威胁如不给他1万元“好处费”，就依法追究其法律责任。个体户害怕法律的制裁便交了1万元以“息事宁人”。这里该税务工作人员的行为就是一种索贿行为，构成受贿罪，而不是敲诈勒索罪。

当行为人基于私权利有权实施威胁或者要挟的内容，索取的财物如对自身而言为非法利益的，则也会构成敲诈勒索罪。举例言之，如果甲了解到乙曾有犯罪行为，因而要求乙交付1万元钱，否则就要告发，此时甲要告发乙的犯罪行为虽属合法权利，但其无权从中取得利益，其欲借告发行为获利可以构成敲诈勒索罪，即使甲是犯罪的被害人或与被害人有密切关系，其以要告发乙的犯罪为要挟所要钱款也可能涉嫌敲诈勒索罪（例如实践中常见的强奸罪的被害人家属敲诈强奸犯的情形，情节严重的，不排除被认定为敲诈勒索罪）。其原因在于对犯罪行为的处理必须通过国家司法机关进行，任何人不得私下对应由公诉机关起诉的犯罪行为作私下调解谋利。但若行为人索取财物是因为行为人与对方存在私法领域的债权债务关系的，其利用对方某种把柄或弱点进行要挟，对索赔数额进行漫天要价，则不构成敲诈勒索罪。其原因在于私法领域并不禁止私下协商，至于协商的方式只要不侵犯他人的人身权即可，即使一方存在利用对方的把柄、弱点进行要挟，也不可能构成犯罪。何况我国刑法也没有规定单纯的恐吓罪。敲诈勒索罪的构成不仅要求存在恐吓行为，还要求其取财行为也是非法的，两者缺一不可。对敲诈勒索罪的行为人进行刑事制裁是因为其行为侵犯了公私财产所有权和他人的人身权利或其他权利。既然行为人有权实施“威胁或要挟”的行为，尽管这种威胁或者要挟也会对他人形成心理强制作用，但因行为人这样做是行使自身的权利，不存在对他人的人身权利或其他权利的侵犯问题。同时，行为人行使能对他人产生心理强制作用的权利是为了有利于解决自身与对方的合法的债权债务关系，也不存在对他人所有权侵犯的问题。

本案中，作为经销者的王某向A公司索赔是合法的行为，其行为性质属于基于私权利而要挟对方以有利于自己解决与对方的合法债权的债务关系的情形。首先，王某威胁或者要挟的内容，即“向新闻媒体曝光”，是王某享有的合法权利。《中华人民共和国宪法》第35条规定，公民有言论的自由。因此，王某如果将A公司生产的冰淇淋上有蓝色布头一事向新闻媒体曝光，即使给A公司的声誉造成了负面影响，造成该公司负责人的恐惧心理(我们倒宁愿那些伪劣商品的生产者、经营者常有恐惧心、畏惧心)，其要挟曝光的行为也不违法。其次，王某与A公司存在一种合法的债权债务关系。即使根据民法界某些专家的观点，认为经销者不属于消费者不能适用《消费者权益保护法》第35条第2款规定。[①] 但是在本案中，李某发现其从王某处购得的A公司生产的某品牌冰淇淋带有蓝色布头后，既可以向销售者王某要求赔偿，也可以向A公司要求赔偿。既然李某选择了从王某处退换一支另外品牌的冰淇淋，表明其已认可从销售者王某那里获得的这种赔偿方式。而冰淇淋带有蓝色布头一事是A公司的责任，因此王某在赔偿李某后，可以向A公司追偿，即王某具有向A公司进行索赔的权利。也就是说，王某有权直接与A公司交涉商讨赔偿事宜。同时，我国相关民事法律并未禁止经销者向生产者提出精神赔偿的权利，所以王某向A公司提出精神赔偿的行为，并不违法。而我国的精神赔偿并没有确切标准，时下为区区小事而提出天价索赔的案例比比皆是，从未有被归入敲诈勒索范畴的。即使认为王某提出的50万元或者28万元的要求不合理，但也并不违法。其行为无论如何不可能质变为敲诈勒索。那种认为王某

---

① 《消费者权益保护法》第35条第2款规定：“消费者或者其他受害人因商品缺陷造成人身、财产损害的，可以向销售者要求赔偿，也可以向生产者要求赔偿。属于生产者责任的，销售者赔偿后，有权向生产者追偿。……”

的索赔远远超过了应得的赔偿额，就使得合法的索赔变为非法的敲诈的观点，[①]明显滥用了质量互变规律。这种观点导致的就是王某如果选择在法庭上提出天价索赔要求就不会构成敲诈勒索，而私下提出就会构成敲诈勒索的荒唐逻辑。诚如上述，私法领域并不反对私下解决纠纷，如果纠纷的一方无法接受对方的要求，完全可以选择法庭上见分晓。也就是说，A公司如果无法接受王某的要价，完全可以选择到法庭上解决纠纷，其代价就是让其经营伪劣商品的行为被曝光。法律当然不能鼓励A公司仅付出小小的代价就能够掩盖其制假的行为。法律应当让制假者面对要么付出巨大的成本，要么就会被曝光这样两难的境地，唯有如此，才能遏制当下的制假风潮。

综上，王某本身是有权利实施其“威胁或者要挟”A公司的行为的，即他有权向新闻媒体曝光。同时，王某向A公司声明要求支付50万元或者28万元的赔偿金虽不合理，但也不违法，故王某的行为无罪。王某对A公司的行为仅表明两者之间存在民事法律纠纷，这种解决方式不应为法律所禁止，当然更不应作犯罪处理。

(二)敲诈勒索罪与民间索取“精神损害赔偿”的关系

实践中常有配偶一方纠集数人对另一方配偶与第三者实施的通奸行为或婚外情行为进行要挟从而勒索钱财的行为，还有强奸罪被害人的家属对实施强奸行为的行为人以“私了”为名勒索财物的情形。对此类情形如何定性，理论界和实务界的评价差异较大。有的认为被告人纠集他人捉奸或控制强奸罪行为人，实质目的是强行索取不法利益，具有非法占有目的，且数额较大，构成敲诈勒索罪。在此过程中，如又具有以采用捆绑、殴打等手段限制他人人身自由的行为，同时构成非法拘禁罪，为牵连犯，应择一重罪处罚。另一种意见认为，被告人纠集数人为索取精神损害之债的行为，不构成敲诈勒索罪，但如果被告人非法剥夺他人人身自由的行为，应构成非法拘禁罪。

目前，第一种意见多为实务界所采，但是，我们认同第二种意见。仅就行为人的客观行为而言，似乎符合敲诈勒索罪的客观要件。但综合案情，还需考察行为人的主观方面，分析行为人究竟是以非法占有为目的，还是以被害人履行其“精神损害赔偿之债”为目的。

根据我国现阶段的社会道德标准，有配偶者与他人通奸，家庭成员有人被强奸，确实会给其配偶或近亲属带来耻辱感，导致其社会评价降低，影响其正

---

① 参见:《敲诈勒索系列案件的比较与分析》，载《刑事司法指南》第4辑，法律出版社2005年版，第63页。

常的社会交往和工作活动,造成其精神损害,而民间也认为第三者有赔偿的义务,尤其是对强奸罪的行为人,民间更是认为强奸罪的行为人应有赔偿的义务。因此,不可否认,上述人员索要"精神损害赔偿之债"从一般社会观念来说确实具有维护自身权益的目的,而不是非法占有他人公私财物的主观意图。

在这类行为中,被告人迫使被害人交纳的钱款虽名目不一,如"罚款单"、"名誉损失费"、"精神补偿费"等,要求被害人给付精神损失之债,但从索赔数额考察,数千元到数万元的要求与社会经济发展水平、被害人的收入、被告人受到的感情伤害等因素相比,也在理性范围之内,可见被告人并非基于利用此事件,以期非法占有被害人的财产。

据此,我们认为,被告人捉奸(或控制强奸罪行为人)后扣押人质索取赔偿的行为,主观上是基于道德优势,要求被害人赔偿"精神损害之债",虽然此类"精神损害之债"在民法上尚未有定论,但只要行为人是以索取债务为目的,无论债务性质合法与否,债务同样反映行为人的行为与被害人的损害之间实际存在一定的关系,债务性质不影响这类案件的定性,追讨这种债务不能认定行为人具有"非法占有目的"。最高人民法院 2000 年 7 月 18 日颁布的《为索取高利贷、赌债等法律不予保护的债务非法拘禁他人行为如何定罪问题的解释》规定,"行为人为索取高利贷、赌债等法律不予保护的债务,非法扣押、拘禁他人的,依照刑法第二百三十八条的规定定罪处罚"。可见最高司法机关也认为,即便是法律不予保护的非法债务,它仍然是事实上客观存在的,不会因为法律不承认而消失。刑法并不只是从属于民法的保护法,应当有其独立的价值体系与评判标准。债权债务关系是否为民法所承认并保护并不能决定刑法上对于相关行为本身应受谴责性的评价。被告人与被害人之间存在的某种民法不予保护或未明确的某种债权债务关系在现实生活中往往会成为被告人实施勒索钱财的诱因,或者说存在条件关系。对这种关系的认识不应站在民法的角度上,而应该从一般人的角度进行理解,刑法评价的基础即在于此。由于这种事实上的条件关系存在,刑法对此类行为的评价自然有必要区别于无此关系存在的行为。所以,只要被告人与被害人之间事实上存在着这种条件关系,无论是否为民法所承认和保护,在进行刑法评价时都应当综合考虑。

我们认为,被害人破坏他人的家庭关系,或强奸他人造成他人家庭的整体名誉受损,广义上看也是一种侵权行为,从而就产生一个侵权之债。但是这里存在一个问题,就是这种债务并非一般法律意义上的债务,而且一般并不为法院所确认,即使为法院所确认,其数额也难以确定。事实上,因这类破坏家庭名誉的行为而产生的损害赔偿是否成立,在学界和实务界都有所争议,做法不一，但是主张被侵害人有权得到损害赔偿的观点和做法也得到一定的社会舆论支持，特别是强奸罪被害人提出的赔偿请求，也已得到判例和学说的支持。[①] 因此，我们倾向于认为这种侵权之债是应当受到法律保护的，可以将之视为一种合法债务。退一步说，即使这种债务不是民法所确认和保护的，这也不会影响到其作为一种条件关系存在。如果没有相关侵害事实存在，被告人的行为也就不会发生，而且如果被告人所索要的财物并不至于与被害人的侵权行为造成的损失悬殊，就不应被看作一个借口。这种事实上的条件关系从社会一般人角度看来，是完全存在的。因此，即便民法上不保护这种债权，也不应影响到刑法对因其而引发行为所作的评价。刑法应当摆脱因民法不完善造成的不确定状态，进行独立的评价。所以相对于不存在这一条件关系的勒索钱财的情况，刑法评价应当有所不同。从举重明轻角度来看，被民法作出否定评价的高利贷、赌债等债务尚且可以作为"索债"的债，更何况只是民法上不置可否、未有定论的侵权之债？这就更应该作出有利于被告人的评价。如果将被告人的上述行为定性为敲诈勒索罪，则实未综合考查案情，考量被告人主观方面，而是仅仅依据客观方面的行为定罪量刑，有客观归罪之嫌。因此，我们认为上述行为不属于具有非法占有目的的敲诈勒索罪，而属于一种事出有因的民间纠纷，应通过民事调解的方式解决这类问题。[②]

（三）敲诈勒索罪与招摇撞骗罪的界限

本罪在司法实践中与招摇撞骗罪也存在一定的交叉关系，需要注意。例如，行为人高某、林某、罗某在某市南关七里铺"方正"打印部非法印制了"防暴

① 实务界有著名的深圳市"贞操权案"，一审判处赔偿强奸被害人8万，二审裁定撤销一审判决，并驳回被害人起诉，见《北京青年报》2002年12月8日；佛山市则有一相似案件，一审判决赔偿强奸被害人3000元，二审改判2万元，见《北京青年报》2001年6月5日；2002年6月16日，浙江市丽水市莲都区则对一相似案件判决赔偿强奸被害人2万元，见网易新闻，http://news.163.com/editor/020616/020616_447608.html；广东省高级人民法院副院长陈华杰、省高级人民法院民庭梁聪审判长则认为强奸受害人可以主张贞操权损害赔偿，参见国法网新闻，http://www.law.com.cn/pg/newsShow.php? Id=526；最高人民法院副院长黄松有主张强奸罪中被害人有权获得贞操权损害赔偿，见《精神损害赔偿与人格权益的司法保护》，载《人民法院报》2001年7月29日；学界观点也认为强奸犯罪被害人有权获得损害赔偿，见杨立新、杨帆：《最高人民法院〈关于确定民事侵权精神损害赔偿责任若干问题的解释〉释评》，载《法学家》2001年第5期。

② 值得注意的是，实践中常有妻诱使他人上钩，夫依约前来捉奸，索取财物，这无疑就具有敲诈勒索罪的非法占有目的，构成敲诈勒索罪无疑。

巡警上岗证”。三被告人纠集在一起，身着公安制服，持“防暴巡警上岗证”，先后闯入某市14户人家中，以抓赌为名，用不交罚没款就带到派出所审查相要挟，非法搜缴，获取钱款共计人民币10500余元。当被害人拒绝交纳所谓“罚没款”时，高某、林某对被害人有轻微的殴打和搜身行为。

对本案的处理有认为应认定为招摇撞骗罪。理由是：高某、林某、罗某三人以谋求非法利益为目的，采用冒充公安人员的形式，身着公安制服，持“防暴巡警上岗证”，进行诈骗，损害国家机关的威信及其正常活动，因此应该定为招摇撞骗罪。但我们认为本案不应该定为招摇撞骗罪。

本案认定的关键在行为手段上。招摇撞骗的行为手段，由两部分组成：一是招摇，二是撞骗。招摇指故意张大声势、引人注目，招摇过市；所谓撞骗，指到处行骗。而骗是指行为人通过谎言或施诡计使被骗者上当，并心甘情愿地交出财物。招摇撞骗罪是以“骗”为基本特征的，被害人在受骗后往往是“自愿”交出财物或出让其他合法权益。本案被告人高某、林某、罗某虽然假冒了国家工作人员的身份，即身着公安制服，持“防暴巡警上岗证”，但是从实际案情看，被害人并未真的被被告人所蒙骗，而自愿交出财物。首先，被告人并不符合招摇这一行为特征，因为被告人并不希望自己的行为被他人发现，所以尽量只让被害人知道他们的存在，以免使自己的身份暴露，因而被告人在行为过程中带有秘密的色彩，而不愿大肆宣扬。其次，被害人并非被三位被告人的假身份所蒙蔽，而真的相信从天而降出现了几位警察。退一步说，即使被害人真的相信了这几位假警察，也不会自愿交出财物的。本案的事实是，被告人实施了一定的殴打行为，再进行要挟，要求被害人交出罚没款，否则带到派出所，被害人基于对可能遭受更大的人身和财产损失的惧怕，而作出利益上的权衡，即基于破财消灾的心理，忍气吞声交出财物。被告人虽然冒充警察获取财物，但这只不过是一个辅助手段，对其取得财物不是起根本的作用，定为招摇撞骗罪是不合适的。本案被告人以抓赌为名，对14户人家进行威胁，声称如果不立刻交出财物，就要送入派出所审查。被害人之所以屈从，也是因为自己有“把柄”在被告人手中，害怕如果不满足被告人的要求，事情会被曝光，不但名誉扫地，而且可能遭受更大的人身和财产损失。被告人在行为过程中所实施的暴力，是使被害人产生恐惧心理，迫使他们交出财物，但是被害人还有选择不交出财物的余地，即被害人还是可以选择去派出所，虽然他们放弃了这样的选择，自愿当场交出财物，但并不能否认他们选择自由的存在。还需要指出的是，本案中的被告人虽然实施了一定的暴力，但这种暴力是如此轻微，只是作为助其声势以恐吓被害人，也不能视为抢劫罪的手段行为。因此，以敲诈勒索罪认定本案被告人的行为才是恰当的。

第14章 □□□ 贪污罪的司法认定

一、贪污罪对象的认定

贪污罪，是指国家工作人员或受国家机关，国有公司、企业、事业单位，人民团体委托管理、经营国有财产的人员，利用职务上的便利，侵吞、窃取、骗取或者以其他手段非法占有公共财物的行为。关于贪污罪的对象，我国刑法理论界长期以来都认为是公共财物，刑法第 382 条也是这样规定的。所谓公共财物，学理上认为也就是刑法第 91 条所界定的公共财产，包括国有财产，劳动群众集体所有的财产，用于扶贫和其他公益事业的社会捐助或者专项基金的财产以及在国家机关，国有公司、企业，集体企业和人民团体管理、使用或者运输中的私人财产。① 但是，刑法第 271 条第 1 款在规定职务侵占罪的罪状后，在同条第 2 款又规定，"……国有公司、企业或者其他国有单位委派到非国有公司、企业以及其他单位中从事公务的人员有前款行为的，依照本法第 382

---

① 实践中在认定私人财产是否处于国有单位的管理之中还可能存在一定的争议。例如，云南省昆明市有一个案例：行为人范某先后在自己所在的储蓄所代母亲赵某办理 16 笔存款，金额计 147000 元。手续办好后，范某又在电脑系统中将交易记录取消，并将钱款全部取走，使账款平衡。为了不让母亲发现，范某又将已经作废的存单交给母亲保存。而范某则将钱款拿去做生意。后被发现。该案一审按贪污罪判处范某 10 年有期徒刑。范某上诉，认为该钱款根本没有进入储蓄所，他只是骗拿了母亲的钱，存单是无效的。二审认定范某使用母亲赵某的财产并不构成犯罪。两人是母子关系，在共同生活中已经形成对家庭财产的共同拥有，对本案所涉及款项，应看作是范某对家庭财产的欺骗占有，并非侵犯他人的财物所有权，不属刑法调整范围。我们认为本案的关键在于该存单是否有效，若存单有效，范母坚持要储蓄所支付，则范某应构成贪污罪，此时该存款属于公共财产；若存单无效，范某的行为又不属表见代理，则该存款不属公共财产，范某当然就不构成贪污罪。

条、第383条的规定定罪处罚”,却引发了刑法理论界对贪污罪犯罪对象是否仍然是公共财物的两种观点的争论。一种观点认为,刑法第271条第2款的规定,实际上是立法者对贪污罪对象的调整,即将贪污罪的犯罪对象由单一的公共财物扩大到公私财产的范畴。另一种观点则认为,贪污罪的对象仍然是公共财物,只是在适用刑法第271条第2款的规定时,应当科学划定非国有公司、企业或其他非国有单位财物中哪些属于公共财物的范围。只是如何从非国有公司、企业或其他非国有单位的财物或混合性经济中认定公共财产存在不同观点。有的认为,公共财物必须以终极所有权为标准,在混合型经济中,必须按国有、集体的股份或出资比例认定公共财产;有的认为,应以是否控股来划定混合型经济的财产性质,即国有、集体控股或投资比例占多数的企业的财产,应全额认定为公共财产,反之则一律不认为公共财产。

我们赞同第一种观点。理由如下:刑法第91条对公共财物的界定,是以所有制形式为依据的,这种认定方法在投资主体一元化的情况下是可行的。但是,目前我国的公司、企业大量存在着投资主体多元化的情况,对于这种企业,我们难以将其简单地归入国有企业、集体企业抑或是私营企业当中,只能称其为混合所有制形式的企业。而要想从混合所有制企业的财产中界定公共财产的范围是难以办到的,因为这些财产的拥有者就是混合所有制企业本身,“一物不容二主”,这是物权法上最基本的概念,不宜在财产上再设定什么“终极所有权”,国家、集体是否控股,只是显示国家、集体对企业的控制力,并不能改变企业财产的性质。上述第二种观点的实质是想为了使刑法第271条第2款的规定能够符合刑法第382条贪污罪的构成要件,为此不管采用什么方法,也要认定混合型经济中公共财产的范围(这样给人一种削足适履的感觉)。其实,1997年刑法改变1979年刑法将贪污罪归于侵犯财产罪的做法,将之与贿赂犯罪共同组成“贪污贿赂罪”一章,也就是说,立法者认为贪污罪的本质在于其行为的渎职性,而不在于对财物所有权的侵犯。刑法第271条第2款之所以规定国有公司、企业或其他单位委派到非国有公司、企业或其他非国有单位中从事公务的人员,利用职务上的便利非法占有本单位财物的,以贪污罪定罪处罚,也并不在于这些人员非法占有的财物是否公共财产,而在于这些人员由于贪利而亵渎了国家工作人员职务的廉洁性。既然行为人所侵犯的财物所有权的性质对于其行为的渎职性并没有什么影响,那么又有什么理由将非公共财物排除在贪污罪犯罪对象之外呢?刑法分别规定贪污罪与职务侵占罪并不在于突出对公共财物的保护,而在于突出“从严治吏”的立法精神。因此,在目前的立法状况下,只能理解为刑法第271条第2款的规定,实际上是对刑法第

382 条贪污罪对象的一种补充。这样一来，贪污罪的对象就不再仅仅局限于公共财产了，而是也包括公司、企业这些法人财产在内；相应地，贪污罪侵犯的客体也就不再是公共财物的所有权，而是同时包括法人财产权在内。当然，如果在将来修改刑法时，将刑法第 382 条贪污罪的对象不再限于公共财产，就不仅能与目前乃至今后我国经济发展形势相适应，而且也能够凸显规定贪污罪在于从严惩治亵渎公职的廉洁性的精神。

二、贪污罪客观方面的认定

贪污罪的客观方面表现为利用职务上的便利，侵吞、窃取、骗取或者以其他手段非法占有公共财物。所谓利用职务的便利，是指行为人利用其职责范围内主管、经手、管理公共财物的合法职权或地位所形成的便利条件，假借执行职务的形式非法攫取公共财物。进一步分析，首先，“利用职务上的便利”，要求行为人在自己的职权范围内或依其职务地位的条件具有主管、经手或管理公共财物的合法职权。[①] 其次，“利用职务上的便利”，必须是行为人在自己的职权范围内，假借执行职务的合法形式进行的。即行为人实施的非法攫取公共财物的行为与其所具有的职权具有相关性，是循其职权范围进行的，而不是指与职权无关，只是因工作关系熟悉作案环境，或凭借工作人员身份便于接近作案目标等工作之便。例如，财务科出纳员利用自己经管现金的职权便利，侵吞由其经管的公款，属于利用职务之便。但如果出纳员利用其进出本单位的方便，将财务科的一台笔记本电脑盗走，则不属利用职务之便，而仅属利用工作的便利条件，应构成盗窃罪。因此区别“利用职务之便”与“利用工作之便”往往导致定罪的不同。关键在于，这种便利条件是否直接产生于行为人的职权。“工作之便”是指工作所涉及的范围内的一切方便条件，而“职务之便”是指职权范围内的方便条件。工作之便的外延要比职务之便的外延大得多。实践中的认定，可用主体置换法。由于职务之便具有职务的特定性，只有具有该职务的主体才可利用这种便利条件，因此可将案件中的具有某种特定职务

---

① 值得注意的是，这里的职务合法性，只能是现行存在的职务的合法性，而且合法性也只能是形式的合法性。因此，如果有人通过欺骗组织，例如伪造学历、伪造身份，而获得某种职务，但是该职务是经过组织考察后任命或选举产生的，该职务在形式上就具有了合法性。即使其取得职务的手段具有欺骗性，但是其取得的职务是真实的、实在的。对外，这种职务具有公信力，其职务权力行使产生的法律效果与其他合法取得的职务没有区别。行为人利用该职务产生的便利条件，非法占有公共财物的，亦应当以贪污罪论处。

的主体更换为不具有这种特定职务主体，看原来的犯罪行为是否还能完成。如果置换后的主体因不具有该特定职务而失去完成这一行为的手段，以致无法完成这一行为，那么，这一行为所利用的就是“职务之便”，反之亦然。以上述出纳员为例，其侵吞自己保管的公款的行为，不具有出纳员的身份无法完成，故属利用职务之便；其盗窃科室内电脑的行为，不具有其特定职务的要求，只要在该科室内工作的人员亦可完成，则属利用工作之便。

但应注意的是，当今社会职权分配日益分化，单个人的职务之便，往往难以遂成贪污犯罪行为，尚需利用他人的职务之便，或者利用管理上的漏洞，如利用他人职务行为的不履行或疏忽才能完成。但只要其中有一环节是利用本人职务之便进行的，即属利用职务之便。

值得注意的是，从事劳务工作产生的便利条件是否也属于利用职务上的便利的含义范围？我们认为，从实践上看，由于从事劳务工作也要经手劳动工具，接触劳动对象，也会产生某些便利。例如，工厂里的检验工的工作，使其能够持有劳动对象，单位的司机能够控制所驾驶的车辆，若这类人员利用这些条件非法占有该劳动对象，也是利用了履行岗位工作职责带来的方便条件。但是，由于贪污罪的主体有特别要求，其职务便利的职务具有公务性，因此，这种便利不属于贪污罪的职务便利的范围，这类人员的行为不构成贪污罪，而只能按职务侵占罪认定。

从司法实践看，由于行为人利用不同职务的便利和自身的条件，贪污的方式、方法也就多种多样，概括起来有以下四种：

(1)利用职务之便侵吞公共财物。所谓侵吞是指行为人利用职务上的便利，将暂时由自己合法管理、使用的公共财物，公开或秘密地非法占为己有的行为。从司法实践看，侵吞的表现形式通常有以下四种：①将自己合法管理、使用的公共财物隐匿不交，占为己有；②将自己管理的财物账目进行涂改伪造，应支付的不支付，应入账的不入账，从而侵吞钱财；③将依法追缴的赃款赃物、罚没款物或者赢利多出物款（如营业员盘底多出的物款），非法私自占有；④将自己合法管理、使用的公共财物，擅自赠送他人或者非法转卖。贪污侵吞的特点在于，被侵吞的公共财物是行为人以合法的形式管理、使用的，而不是窃取或骗取得来的，而这种对原所有财物的持有是依据其职务或职权的。此乃区别于一般公民的侵占他人财物的行为。

(2)利用职务之便窃取公共财物。即行为人利用职务上的便利，用窃取的方法，将自己与他人共同合法管理、使用的公共财物，窃为己有的行为。例如仓库保管员窃取自己与他人共同保管的财物，单位的出纳员窃取与其他出纳员共管的金库的现金，以及利用职务之便利用电脑秘密窃取他人保管的公款等等。值得指出的是，利用职务之便窃取公共财物，只能限于窃取行为人与他人共同管理的公共财物，而不能包括行为人单独管理的财物。因为自己单独管理的财物，无论是自己公开拿走或窃走，都只能叫侵吞，不能叫盗窃。既然贪污罪的构成、罪状已将侵吞区别于窃取分别列举，就应分别归类。对于这点，现在有许多教科书在谈到关于贪污的窃取形式时，亦有所疏忽。人们往往把贪污罪中的窃取行为等同于监守自盗。实际上，监守自盗是中国古代法律的一个术语，泛指那些负有监督、把守财物职责的人盗窃自己监督、把守的财物。它实际上除包括现代我国刑法贪污罪中的窃取形式外，还包括了某些侵吞形式的行为，不能硬将古代法律的某些概念与现代法学硬性等同起来，这未免过于牵强，也不利于概念的明确性和科学性。

(3)利用职务之便骗取公共财物。所谓骗取，指行为人利用职务上的便利，涂改单据，虚构事实，欺骗主管领导或有关财务工作人员，虚报冒领公共财物的行为。例如，采购员涂改单据，以少报多，骗取公款；出差人员伪造单据、涂改数字，冒领旅差费；工地负责人或劳资人员多报出勤人员或考勤时数，虚报冒领工资、劳保用品等等。贪污手段中的骗取公共财物具有下列三个特征：①骗取公共财物必须是行为人利用职务之便，如果与职务无关则不能定为贪污。例如，某企业采购员杨某，在医院收费处偷了一本空白收据，多次填上金额到本单位报销医药费，累计达 2000 元，此行为只能按诈骗罪论处。②骗取的必须是行为人本单位的财物，如果是外单位的财物，则不能定为贪污。例如采购员或劳资人员涂改提货凭证或虚报劳动时数，多领外单位的财物据为己有，就不能定为贪污，而只能定为诈骗。③骗取的公共财物既可以是本人主管或经手的公共财物，也可以是他人主管或经手的公共财物。例如，本单位的采购员涂改单据，从财会人员手中冒领货款；车间的领料员向发料员虚报损耗，从而多领工具、材料据为己有。

(4)贪污公共财物的其他手段。所谓其他手段，是指除上述侵吞、窃取、骗取方法以外的其他利用职务之便贪污公共财物的方法。例如利用职权私发工资占为己有，冒名借出公款存入银行取息据为己有，在购销活动中有意抬高或降低价格，再以回扣的形式占为己有等等。另外，根据刑法第 394 条规定，国家工作人员在国内公务活动或者对外交往中接受礼物，依照国家规定应当交公而不交公，数额较大的，以贪污罪论处。

三、贪污罪主体的认定

贪污罪的主体是特殊主体，具体包括两类人员。一类是国家工作人员。根据刑法第93条的规定，国家工作人员具体包括四种人员：

（1）国家机关中从事公务的人员。这是指各级国家权力机关、行政机关、[①]审判机关、检察机关、军队中从事公务的人员。中国共产党的各级机关、中国人民政治协商会议的各级机关中从事公务的人员，属于国家机关工作人员。

（2）国有公司、企业、事业单位及人民团体中从事公务的人员。国有公司是指公司财产完全属于国家所有的公司，包括国有独资公司，两个以上国有企业组成的有限责任公司、股份有限公司。国有企业是指财产完全属于国家所有的从事生产、经营活动的经济联合体，国有控股、参股的股份有限公司不属于国有公司，原来是国有公司、企业，经过股份制改造之后，公司、企业吸收了非国有资本，改制后的公司、企业也不再属于国有公司或国有企业。国有事业单位是指国家投资兴办管理的科研、教育、文化、卫生、体育、新闻、广播、出版等单位。人民团体是指各民主党派、各级共青团、工会、妇联等群众性组织。其特点是享受国家财政拨款、在群众自愿参加的基础上成立的非营利性社会团体，其下限也是乡级（街道办事处）。

（3）国家机关，国有公司、企业、事业单位委派到非国有公司、企业、事业单位和社会团体从事公务的人员（即所谓心在国有，身在非国有）。这是指国家机关，国有公司、企业、事业单位委任、派遣，在非国有公司、企业、事业单位和社会团体中从事公务的人员，如作为国有公司、企业的代表，在国有控股或者参股的股份有限公司（例如中外合资、合作，股份制公司、企业）中从事组织、领导、监督、管理等工作的人员。根据2003年《全国法院审理经济犯罪案件工作座谈会纪要》（以下简称《纪要》），这类人员不论委派之前的身份如何，只要是由国有性质的单位委任派出的，并且负有代表或监督国家资产利益的任务的，就应认定为属于委派人员。如果是由非国有单位聘请调任，且不负有代表或监督国家资产利益任务的就不能认定为委派人员。有些委派人员虽然原来负有代表或监督国有资产的任务，但是后来由于所到任的公司、企业改制，已经不存在国有资产，而该委派人员没被原委派单位调回，而是被所在单位重新聘任就职的，就不能再认定其为委派人员。因为其已经不具有代表或监督国有

① 根据我国的政治实际，其下限为乡级（街道办事处）。

资产的任务。据此，对于委派的内涵及外延，可以从两个方面的特征来加以理解和把握：一是形式特征，委派在形式上可以不拘一格，如任命、指派、提名、推荐、认可、同意、批准等均无不可；二是实质特征，须代表国家机关，国有公司、企业、事业单位在非国有公司、企业、事业单位和社会团体中从事组织、领导、监督、管理等公务活动，亦即具有国有单位的直接代表性。对此，在司法实践中应当注意以下三点：第一，《纪要》根据刑法修订的精神，摒弃了过去长期沿用的身份论的观点，对国家工作人员包括受委派等准国家工作人员的认定具有决定性意义的是从事公务即代表国有单位行使组织、领导、监督、管理等职务活动，而不再是国家工作人员的身份。第二，《纪要》对代表国有单位从事公务更多的是将之作为一个事实来加以理解的，在具体认定是否具有国有单位代表性的问题上，应当更多关注实际情况，而不是只看有无委派手续。在诸如原国有公司、企业改制为股份有限公司的特定情形中，即使原国有公司、企业的工作人员因各种原因未及获得任何形式的委派手续，但仍代表国有投资主体从事公务活动的，同样应以国家工作人员论。第三，代表国有单位从事公务活动具有直接性，通常人们所说的“二次委派”不得视为委派。一些特殊行业的非公有制经济单位中，其高层的管理决策层（比如董事会）往往是由党政主管部门委派的，而具体的执行人员（比如经理人员）又由该管理决策层自行任命。此种情形，只有前者属于委派，而对后者，即“二次委派”，则不能认为是委派。

(4)其他依照法律从事公务的人员。这是指依照法律规定选举或者任命产生，从事某项公共事务管理的人员，包括农村村民委员会、城镇居民委员会的组成人员。① 上述人员的本质特征就是从事公务，所谓从事公务，是指在国家机关，国有公司、企业、事业单位，人民团体等单位中履行组织、领导、监督、管理公共事务以及监督、管理国有财产的职责。如果从事的是劳务活动、技术服务工作，就不认为是从事公务。如售货员、收银员、售票员等，不论是否具有国家干部身份，只要其从事的工作不具有职权内容，就不能认定为刑法意义的

① 应注意，村民小组组长不属于其他依照法律从事公务的人员范围。对村民小组组长利用职务上的便利，将村民小组集体财产非法占为己有，数额较大的，应当依照职务侵占罪定罪处罚。参见《最高人民法院公报》1999 年第 4 期。

国家工作人员。[①] 这里涉及如何区分公务与劳务的问题。"公务"一词的语义，包括国家公务和集体公务，但现行刑法已将集体经济组织工作人员排除在贪污罪主体的范围之外，因此，"贪污罪主体的依法从事公务的人员，只能是从事国家公务"。[②] 这种公务活动"具有管理性、职权性的特点"。[③] 根据公务活动的管理性和职权性的特性，我们可以将同一单位内部的劳务活动与公务活动区别开来：如果该工作人员只是从事劳动生产或劳动服务活动，没有一定的职称，不享有对公共事务的管理权，那么该工作人员从事的就是劳务；反之，如果该工作人员从事的是组织、领导、监督、检查、办理等具体管理性的活动，并且有一定的职称，享有对公共事务的管理权，则该工作人员从事的是公务。当然，劳务活动也不是没有任何管理，但其管理和公务人员对公共事务的管理有本质的区别，即不具有职权性。2000 年 4 月 29 日全国人大常委会在《关于〈中华人民共和国刑法〉第九十三条第二款的解释》中规定："村民委员会等基层组织人员协助人民政府从事下列行政管理工作，属于刑法第九十三条第二款规定的其他依照法律从事公务的人员：(一)救灾、抢险、防汛、优抚、扶贫、移民、救济款物的管理；(二)社会捐助公益事业款物的管理；(三)国有土地的经营和管理；(四)土地征用补偿费用的管理；(五)代征、代缴税款式；(六)有关计划生育、户籍工作；(七)协助人民政府从事其他行政管理工作。"因此，村委会组成人员在从事上述协助人民政府从事行政管理性质的工作时，即属于其他依照法律从事公务的人员。

第二类是受国家机关，国有公司、企业、事业单位，人民团体委托管理、经营国有财产的人员。这是指不属于国家工作人员，受国家机关，国有公司、企业、事业单位，人民团体委托，以承包、租赁等方式管理、经营国有财产的人员。

根据刑法第 382 条第 2 款的规定，构成受委托管理、经营国有财产的人员

---

① 2002 年上海市有一案例：被告人司某身份为国家干部，担任某国有医院挂号员，从事收缴就诊病人医药费的工作，采用实收少缴或不缴的手段，侵吞医药费达 948700 余元。一审被按贪污罪判处无期徒刑。后被告人上诉。二审(即上海市高级人民法院)认为，被告人的工作职责仅是按照就诊病人提供的医生处方或划价金额收取医药费，并按照规定于当日下班前上交到医院财务处，其工作仅限于收取和上交医药费，不具有任何代表单位进行组织、领导、监督和管理的职能，其工作性质属于劳务性，而非管理医药费的公务性工作，不具备贪污罪的主体身份，改判司某犯职务侵占罪，处有期徒刑 14 年。我们认为本案是值得深入研究的有关贪污罪主体案例。

② 高铭暄主编：《刑法专论》(下篇)，高等教育出版社 2002 年版，第 782 页。

③ 高铭暄主编：《刑法专论》(下篇)，高等教育出版社 2002 年版，第 782 页。

必须符合下述三个条件:其一,委托主体必须是国家机关,国有公司、企业、事业单位,人民团体;其二,必须存在委托和被委托关系;其三,委托内容必须是特定的事务,即从事对国有财产的管理、经营这样一种特殊的事务。

受委托管理、经营国有财产的这种公务性,是刑法对利用职务上的便利非法占有受委托管理、经营的国有财物行为规定以贪污论处的主要原因。但是,受委托管理、经营国有财产的人员毕竟不是国家工作人员,"以贪污论"毕竟不是"以国家工作人员论",在司法实践中,应当严格掌握其认定标准。

首先,受委托管理、经营国有财产不同于国有单位对其内部工作人员的任命、聘任或者委派。国有单位任命、聘任其工作人员担任一定职务,在本单位从事经营、管理活动的人员,以及基于投资或者领导关系委派到非国有单位从事经营、管理、监督活动的人员,在性质上均属于国有单位的内部人员,国有单位对其所作的任命、聘任或者委派,属于单位内部的工作安排,从这一点来讲,双方不是平等的关系。根据刑法第 93 条第 2 款的规定,这些人员属于依法律、依职权或者授权从事公务的人员,应当以国家工作人员论。受委托管理、经营国有财产则不同,委托是基于信任或者合同等其他关系而产生的权利义务关系,被委托人与委托单位是一种平等的关系。受委托最典型的就是公民个人与国有企业签订承包、租赁合同,依照合同约定对国有企业进行管理、经营。1999 年《最高人民检察院关于人民检察院直接受理立案侦查案件立案标准的规定(试行)》对"'受委托管理、经营国有财产'解释为是指因承包、租赁、聘用等而管理、经营国有财产"。上述《纪要》对"受委托管理、经营国有财产"也明确是指"因承包、租赁、临时聘用等管理、经营国有财产"。需要注意的是,聘用虽然亦可成立委托关系,但不是一般劳动关系意义上的聘用,而是管理、经营国有财产意义上的聘用。随着劳动制度改革的深化,国有公司、企业与其工作人员,都必须通过签订劳动合同明确相互的权利义务关系,而且往往表现为聘用的形式。因此,单纯从聘用形式来看,还不足以将国有公司、企业中以国家工作人员论的人员与受委托管理、经营国有财产的人员区分开来,必须联系聘用的内容是基于内部劳动关系所作的工作安排,还是基于信任或者合同等其他关系而作出的委托加以判断。

其次,受委托管理、经营国有财产也不同于国有单位非国家工作人员从事的不具有公务性质的生产、服务等劳务活动。委托的内容必须限于对国有资产进行管理、经营。所谓管理,是指依委托行使监守或保管国有资产职权的活动;所谓经营,是指行为人在对国有资产具有管理职权的前提下,将国有资产投入市场,作为资本使其增值的商业活动,也就是对国有财物具有处分权。显然，管理、经营国有财产与经手国有财物是有区别的。1997 年刑法也正是出于这一考虑，将 1988 年全国人大常委会颁布的《关于惩治贪污罪贿赂罪的补充规定》第 1 条关于“其他经手、管理公共财物的人员”的规定修改限缩为“受……委托管理、经营国有财产的人员”。如果受委托的事项不是管理、经营国有财产，而是从事具体的保管、经手、生产、服务等劳务活动，不能适用刑法第 382 条第 2 款的规定。比如国有企业的承包、租赁经营者受国有企业的委托，在生产或经营过程中依照合同约定对国有财产行使管理和经营权，因此，应视为“受委托管理、经营国有财产的人员”。在承包企业里的一般职工，则不能视为“受委托管理、经营国有财产的人员”。

四、贪污罪认定应注意的问题

1. 正确区分科技活动中的贪污罪与非罪的问题

科技人员若具备国家工作人员的身份或受委托管理、经营国有财产，亦可能构成贪污罪。但是处理科技活动中的贪污罪问题时，特别要把科技人员利用业余时间和非职务成果提供科技服务、咨询所获得的正当报酬与贪污罪行为区别开来。要正确区别这两种行为的性质，关键在于：

(1)分清行为人所提供的服务或咨询是代表本单位进行的常规的本职工作，还是其利用业余时间，应用本身具备的专业知识、能力而付出的额外劳动。简言之，即分清行为人所提供的服务、咨询究竟属职内还是属职外。若是在业余时间进行的职外服务，所获报酬归己不应有异议，与贪污罪问题无涉。当然，如果该科技人员所提供的服务或咨询是代表本单位进行的，是其本职工作的一部分，则该服务或咨询所得应归单位所有。因为该科技人员对其本职工作已领取了应有的工资报酬和奖金，享受了该单位的一切福利待遇，如果再背着单位私自占有被服务或咨询单位支付给本单位的钱款，则属非法占有公共财产。若具备贪污罪的其他要件，则可构成贪污罪。

(2)分清该科技人员所利用的技术成果是职务成果还是非职务成果。若是非职务成果，即科技人员自己利用业余时间，自行从事研究发明创造出来的，则利用这种成果帮助外单位提供科技服务，所获报酬自然应归该科技人员所有。但若属职务成果，即其所有权不属科技人员本身，而属本单位所有，则该科技人员（即使他本人参与该项研究）无权擅自将职务成果转让或泄露。若以此方式而取得的报酬，应视为非法占有公共财产，严重的，同样可以构成贪污罪。

但有时区别职务成果与非职务成果存在一定的困难。如有的科技人员将本单位的职务成果再进一步改造、革新后擅自转让，从中获利。对这种情况，一般可就前期职务成果加以估价后认定。但如果科技人员仅仅是利用本单位的技术设备、条件而独自进行开发性研究，而后转让获利，尽管与其本职工作也有一定程度的关联，一般不宜认定为贪污性质。至于其占用本单位的技术设备或占用工作时间问题，则可责令其支付一定的补偿费。

2. 贪污罪与职务侵占罪的界限

根据刑法第271条的规定，职务侵占罪，是指公司、企业或者其他单位的人员，利用职务上的便利，将本单位财物非法占为己有，数额较大的行为。从我国刑法职务侵占罪的立法沿革来看，它和贪污罪有着密切的联系，职务侵占罪可以说就是从贪污罪中分化出来的一种新罪，由于司法解释改变了职务侵占罪中侵占的本意，出现了同为侵占财产犯罪，但侵占罪之侵占与职务侵占罪之侵占的含义并不相同。与其说职务侵占罪与侵占罪相近，不如说与贪污罪更相近。从贪污罪和职务侵占罪的构成要件来看，两罪在主观方面都表现为故意，两罪的客观方面都为"利用职务上的便利"非法占有财物。在占有财物的方式上，刑法对贪污罪作了列举，即"侵吞、窃取、骗取或者其他手段"，而对职务侵占罪使用了"非法占为己有"的字样，但是我们仍可以认定两罪中的"利用职务上的便利"，除了职务性质因为身份不同而有所区别外，在行为方式的内涵上是相同的。这从刑法第271条第1款与第2款采取对比规定的立法方式同时规定职务侵占罪和贪污罪上看，也表明立法者认同两罪在客观方面是相同的。不过应该说明，两罪中职务的含义并不相同，职务侵占罪所利用的职务上的便利不仅包括利用从事公务的便利，也包括从事劳务的便利；而贪污罪的利用职务上的便利，仅指利用公务的便利。

总之，贪污罪和职务侵占罪的构成要件中，主观方面和客观方面是相同的(或者说基本是相同的)，两罪的客体虽然有复杂客体和简单客体之别，但客体对于在司法实务中区分两罪的界限并无太大的意义。因此要准确区分两罪的界限，只能从犯罪主体和犯罪对象上入手。

职务侵占罪的主体可以是任何单位(无论是国有单位，还是非国有单位)中除代表国有单位从事公务(要么直接在国有单位从事公务，要么受国有单位委派在非国有单位从事公务，无论怎样，都可以称之为"代表国有单位从事公务")的人员之外的其他任何人员。换句话说，职务侵占罪的主体为任何单位中没有从事国家公务的非国家工作人员。

职务侵占罪的犯罪对象为"本单位财物"。从逻辑上讲，"本单位财物"可以是一切单位的财物，而并非仅仅是非国有单位的财物。例如，国有单位中从事非公务的人员利用从事劳务之便将本单位的财物占为已有而构成职务侵占罪时，其侵占的财物就是国有财物。据此，职务侵占罪的犯罪对象既可以是非国有单位的财物，也可以是国有单位的财物。结合本章第一部分关于贪污罪对象的论述，可见，贪污罪与职务侵占罪的犯罪对象在外延上并无区别。由此我们可以得出结论：贪污罪和职务侵占罪的界限主要在于两罪的犯罪主体的不同。贪污罪的主体包括国家工作人员以及受国有单位委托管理经营国有资产的人员。职务侵占罪的主体可以是任何单位（包括国有单位和非国有单位）中没有从事公务的非国家工作人员。下面我们举一个实例对此进一步加以说明：

厦门象屿储运有限公司（以下简称储运公司）是厦门市两家国有独资公司共同出资成立的公司，该公司与厦门象屿建设公司（系国有独资公司）签订包干经营协议书，协议约定由储运公司对象屿建设公司出资开发的海关验货场进行包干经营并且对场内存放的货物负安全和保险的管理责任。1998年12月，被告人张珍贵受储运公司聘用，从事该公司的门岗工作，其岗位职责具体是：根据已缴费的缴费卡放行出验货场的车辆，负责场内货物的安全，晚上时间还代业务员、核算员对下班期间进出验货场的货柜车打卡、收费。被告人黄文章是厦门象屿胜狮货柜有限公司初验员。

张珍贵被聘用为门岗后，曾多次萌发盗窃验货场内集装箱的邪念。张珍贵在结识被告人黄文章后，两人密谋约定偷窃验货场内的货物，由黄文章负责偷窃其所属公司厦门象屿胜狮货柜有限公司的出场单并联系销赃事宜，张珍贵负责选择作案时机并负责将集装箱进出保税区大门的登记资料偷出并予以销毁。1999年4月29日下午，张珍贵单独看管海关验货场，便通知黄文章联系拖车前来拉货。黄文章联系拖车后于当天晚上7时左右，将厦门象屿某进出口贸易有限公司寄存在海关验货场内的3个集装箱货柜和货柜内所装的1860箱“华隆”牌多元酯加工丝以及3个车架（总价值659878元人民币）偷走并拖往福建省龙海市港尾预谋销赃。1999年4月30日上午，储运公司向公安机关报案。5月3日，张珍贵、黄文章被公安机关抓获归案，追回了“华隆”牌多元酯加工丝1573箱、3个集装箱货柜及3个车架，仍有287箱多元酯加工丝（价值达76715元人民币）无法追回。已追回的物品已由公安机关发还失主。

检察院指控认为，被告人张珍贵身为受国有公司委托管理国有资产的人员，利用职务上的便利伙同被告人黄文章监守自盗公司财物，两人行为均已触犯刑法第382条第2款、第3款及第25条的规定，构成贪污罪，系共同犯罪，并且贪污的数额特别巨大，给国家造成巨大损失，情节特别严重，应根据刑法第383条第1项的规定处罚。

被告人张珍贵及其辩护人辩称，检察院指控的两人构成贪污罪属定性错误。理由是：(1)张珍贵并非受国有公司委托管理国有资产的人员；(2)张珍贵没有职务之便可利用，充其量是秘密窃取而已；(3)张珍贵所在的储运公司的管理权仅限于收费、放行，并不核对拉货人是否是货主。由此，储运公司与货主的关系应该是场地租赁关系而非保管关系。被告人黄文章的辩护人提出，本案罪名应认定为职务侵占罪而非贪污罪。理由是：(1)张珍贵的身份与职责不符合贪污罪的主体特征，从案件实际情况看，海关验货场的工作只是一般性劳务，不具有管理的性质，且张珍贵作为门岗，其工作职责也不具有管理的性质；(2)本案的犯罪对象并非贪污罪的犯罪对象——国有财产。

一审法院审理认为：被告人张珍贵，在受聘为厦门象屿储运公司门岗期间，利用当班看管验货场货物，核对并放行车辆，代理业务员、核算员对进出验货场的货柜车打卡、收费等岗位职责的便利，与被告人黄文章相互纠集，内外勾结，共同将所在公司负责保管的货柜窃取占为己有，其行为均已构成职务侵占罪，系共同犯罪。公诉机关的指控定性不准，因为被告人张珍贵既不是受委托管理、经营国有财产的人员，也不是国有公司中从事公务的人员，其身份不符合贪污罪的主体构成要件，两被告人不构成贪污罪，而是职务侵占罪。最终，一审法院依照刑法第271条第1款认定本案两被告人犯职务侵占罪，为共同犯罪。一审判决后，两被告人均未提出上诉，检察院也未提出抗诉。

本案中，张珍贵伙同黄文章将本单位包干经营的验货场内的货物窃取占为己有的行为，系共同犯罪。对黄文章行为的定性取决于对张珍贵行为的定性，因为两被告人窃取验货场货物之所以能够得逞，是利用了张珍贵"职务上的便利"，这是显而易见的。在张珍贵被聘用为储运公司承包经营的验货场的门岗时，公司规定的岗位职责为"根据已缴费的缴费卡放行出验货场的车辆，负责场内货物的安全，晚上时间代业务员、核算员对进出验货场的货柜车打卡、收费"，而张珍贵伙同黄文章窃取验货场货物时，正是利用其单独当班时机负责场内货物的出入之便而将货物"顺顺利利"拉走的。张珍贵、黄文章的这种"利用职务上的便利"窃取货物的行为该如何定性，是构成贪污罪，还是构成职务侵占罪？如前所述，贪污罪与职务侵占罪的主要区别在于两罪的主体不同，因而解决本案的争议关键在于要对张珍贵的身份进行准确认定。张珍贵所在的储运公司为国有公司，而在国有公司中"利用职务上的便利"窃取本单位管理的财物如果构成贪污罪的话，则行为人的身份要符合下列条件之一：要么是该公司中从事公务的人员，要么是受国有公司委托管理经营国有资产的人员。

首先，我们可以认定张珍贵在储运公司从事的是一般性劳务，而不是公务。根据公务活动的管理性和职权性的特性，我们可以将同一单位内部的劳务活动与公务活动区别开来：如果该工作人员只是从事劳动生产或劳动服务活动，没有一定的职称，不享有对公共事务的管理权，那么该工作人员从事的就是劳务；反之，如果该工作人员从事的是组织、领导、监督、检查、办理等具体管理性的活动，并且有一定的职称，享有对公共事务的管理权，则该工作人员从事的是公务。当然，劳务活动也不是没有任何管理，但其管理和公务人员对公共事务的管理有本质的区别。本案中，张珍贵作为储运公司聘用的门岗，其工作职责包括核对放行已缴费的出验货场的车辆，负责验货场存放货物的安全防范（而所谓安全防范工作，应该是所有门岗工作的应有之义），以及晚上代替已下班的业务员和核算员打卡、收费，所有这些活动都不具有管理的性质，同时，张珍贵从事的门岗职务并不具有职权性，因而我们可以说张珍贵在储运公司从事的仅仅是劳务，而不是公务。

其次，我们要分析张珍贵是否为“受国有单位委托管理、经营国有资产”的人员。储运公司作为国有公司，承包经营另一国有公司——厦门象屿建设公司出资开发的验货场，但这并不意味着作为储运公司门岗的张珍贵就是“受国有单位委托管理、经营国有资产的人员”，因为象屿建设公司开发的验货场不是委托张珍贵个人经营管理的，而是委托储运公司承包经营管理的，具有经营管理海关验货场权限的人员只能是储运公司的直接责任人员，而并储运公司内部的劳务人员。

可见张珍贵虽然是国有公司的员工，但他既不是从事公务的人员，也不是受国有单位委托经营管理国有资产的人员，不能将其利用职务上的便利伙同黄文章窃取本单位管理的财物的行为认定为贪污罪。法院将张珍贵和黄文章的行为认定为职务侵占罪是准确的。张珍贵的行为完全符合刑法第 271 条第 1 款关于职务侵占罪的规定，张珍贵、黄文章窃取验货场货物的当晚，张珍贵单独当班，履行着核对并放行车辆，代业务员和核算员打卡、收费，以及对验货场货物的安全防范等职责，但张珍贵与黄文章内外勾结，将验货场存放的货物拉走，利用的是其工作上的便利，因而张珍贵构成职务侵占罪。黄文章作为该案的共犯，对其行为也应作职务侵占罪认定。

第15章 挪用公款罪的司法认定

一、挪用公款罪基本构成的认定

挪用公款罪是指国家工作人员利用职务上的便利，挪用公款归个人使用，进行非法活动的，或者挪用公款数额较大，进行营利活动的，或者挪用公款数额较大，超过3个月不还的行为。

本罪侵犯的客体是公款的所有权关系。挪用公款行为，首先侵犯了公款的占有权，挪用公款的直接目的是归个人使用，从而又侵犯了所有权中的使用权。尽管行为人的挪用只是暂时的，可能在一定时间内归还给所有权人，然而，由于公款的占有权和使用权受到了侵犯，所有权人在一定时间内对公款失去了控制，因此，公款的收益权、处分权也必然受到一定程度的侵犯。虽然所有权人还没有从根本上失去对公款的所有权，但其所有权已经受到了事实上的侵犯，那种认为只有出自非法永久占有的目的，直接侵害所有权中的处分权才构成侵犯财产所有权的观点是过分夸大所有权中某项权能的重要性而忽视了所有权中四项权能的相互关联和整体性。尽管处分权在所有权中具有相对的重要性，但不能说只有侵犯处分权才侵犯所有权。非法占有、使用和收益同样也是侵犯所有权的表现形式，更何况挪用公款即使不算永久处分也是暂时处分，所以不能说不侵犯所有权。

挪用公款罪的对象是公款。所谓"公款"，是指国家或集体所有的货币资金，包括人民币、外汇和各种有价证券①。一般公物不能成为本罪的对象。②

---

① 有价证券包括汇票、本票、支票、股票。另外，根据最高人民检察院的解释，国库券也可以成为本罪的对象。

② 但是如果行为人将公物变卖，进而将变卖款挪归个人使用的，达到法定情节，则可构成挪用公款罪。

但特定的公物，如用于救灾、抢险、防汛、优抚、扶贫、移民、救济的物质可以成为本罪对象。这是因为刑法第 384 条第 2 款专门规定“挪用用于救灾、抢险、防汛、优抚、扶贫、移民、救济款物归个人使用的，从重处罚”。司法实践中也已经出现对于以使用变价款为目的挪用公物的行为以挪用公款罪认定的生效判决，①另外，挪用单位“小金库”的款项也被认为可以构成本罪。这说明司法实践趋向于从实质上把握“公款”的内涵，而不是仅从狭义上理解公款的范畴。有时公款还可以表现为应收账款。例如，受国有事业单位委托经营、管理国有财产的国家工作人员，利用管理、经营福利彩票投注站的便利，违反有关规定，在没有交纳投注金的情况下，擅自打印并获取巨额彩票的行为，从行为对象的性质上看就是属于挪用应收账款。本来购买彩票应先付款，但行为人利用职务便利，不付款而直接打印彩票谋求中奖再还钱，实际上就是挪用了应收账款。②

本罪在客观方面表现为行为人利用职务上的便利，挪用公款归个人使用，进行违法活动，或者挪用公款数额较大，进行营利活动，或者挪用公款数额较大，超过 3 个月未还的行为。

这里所说的“挪用公款归个人使用”，根据 2002 年 4 月 28 日全国人大常委会《关于刑法第三百八十四条第一款的解释》，以下三种情形属于挪用公款归个人使用：

(1)将公款供本人、亲友或者其他自然人使用的。无论本人、亲友或者其他自然人，相对于单位而言都是个人。这是一种典型的挪用公款归个人使用的表现形式。

(2)以个人名义将公款供其他单位使用的。这种行为的关键是“以个人名义”，它是打着个人的旗号。实践中多表现为在单位的出借款条上或者其他提

---

①　参见上海静安区法院和上海第二中级人民法院审理的被告人王正言挪用公款案，载《刑事审判参考》2000 年第 5 辑。

②　2003 年 12 月 1 日，刘某与某县有奖募捐委员会办公室签订了销售福利彩票协议，承接到彩票销售权。2003 年 12 月 21 日下午，刘某决定铤而走险，进行一次“空投”。按照正常交易规则，必须先交钱才能投注，刘某利用自身销售彩票的便利，在没有交钱购买彩票的情况下，从彩票投注机上一次性打出总金额为 55.69 万元的复式福利彩票。待中奖号码揭晓，这些总金额为 55.69 万元的复式福利彩票仅中 8320 元奖金。案发后，刘某给彩票管理中心打下 55.69 万元的欠条。本案案情见孙宇：《“空投”套购彩票的性质及数额认定》，载《检察日报》2006 年 3 月 14 日。本案法院认定刘某构成挪用资金罪。本案的行为主体如果被认定为国家工作人员，则行为人的行为就构成挪用公款罪。

供款项的文件上签的是个人的名字，且无单位的公章。至于还款是以什么名义则在所不问。因为，在实践中，许多挪用公款的案件在案发时用款单位还没有开始还，有的根本就还不上，只有挪用人在出借款条上的个人签名。这样，虽然把单位的公款借给了其他单位，但手续上反映的却是个人把钱借出，是个人将公款非法置于个人支配之下的一种表现形式，同样严重侵犯了本单位对公款的支配使用权。认定是否属于“以个人名义”，不能只看形式，要从实质上把握。具体地说，它可能包括下述形式：一是超越职权，并逃避财务监管，例如，国有公司总经理虚构子公司需要一笔钱款，令财务人员将公款划到子公司的账上，再由子公司将公款划给使用人。二是行为人与使用人约定以个人名义进行。三是尽管没有约定，但是借款、还款都是以个人名义进行的。根据立法解释，以个人名义将公款供其他单位使用的，无须再看是否谋取个人利益，即可认定挪用公款“归个人使用”。

(3)个人决定以单位名义将公款供其他单位使用，谋取个人利益的。这种行为实际上是以公款作为谋取个人利益的一种手段，也符合将公款非法置于个人的支配之下，公款私用的本质特征。“个人决定”，既包括行为人在其职权范围内的决定（如小单位的一把手决定），也包括超越职权（如擅自、未经集体讨论）的决定。有论者认为，这里的“个人决定”近指超越职权范围的决定。这种观点会给司法实务造成一定的困难，因为有不少单位的负责人支配公款的权限并不很明确，既然不明确，就无法认定超越职权；另外，假如单位负责人的权限虽然有一定的范围，如可以支配公款 100 万，结果他动用 200 万，那么对其认定的数额究竟是 100 万还是 200 万，争议很大。因此，我们认为，在这种情形下，因行为人是个人决定谋取个人利益的，实际上是个人将公款作为谋取私利的手段，本质上属于挪用公款归个人使用，无须再考虑其决定权限的因素。但是，单位集体讨论决定的，不属于“个人决定”。“以单位名义”，是指出借、提供公款的款条上清楚地写着单位的名称，而非个人的名字。这里所说的“其他单位”中的单位，与刑法第 30 条中规定的单位是一致的，即包括公司、企业、事业单位、机关、团体。“谋取个人利益”，既包括合法利益，也包括非法利益；既包括谋取财产性利益，如钱物，也包括谋取非财产性利益，如为子女升学、调换工作等。但不宜扩大到感情方面，例如由此加深感情，或者由此成为朋友，因为这方面的认定在举证上十分困难。至于是否包括为“亲朋好友”的利益，则存在争议。例如，将公款挪给其亲朋好友所在单位使用是否构成挪用公款罪。一般认为，若该亲朋好友是所在单位的领导或决策人员，则可认定；若该亲朋好友仅是一般员工，则不宜认定。总之，个人利益应是具体的、对个人利害关系影响较大的利益，而不包括无形的、对个人利害关系影响微弱的利益。至于个人利益是否真正实现，则在所不问。但必须要有证据证明而不能采用推定的方法。例如，有人认为，行为人以单位名义将公款给其他单位使用，个人没有实际得到利益，也不存在徇私的客观事实，只要其行为没有利益归属的单位性，也可以推定其是“为个人利益”而擅自动用公款，再符合其他条件的，也可以认定为挪用公款罪。我们认为，在没有证据证明利益归属于单位的情况下，就推定存在着“谋取个人利益”的事实，不符合刑事诉讼证明原则，是不可取的。利益是否归属于单位和是否谋取了个人利益，是两个独立的事实，不存在非此即彼的关系，应当分别运用证据加以证明。

值得注意的是，如果谋取的财产性利益达到受贿罪的定罪标准，就应定受贿罪。如果没有谋取个人利益，则属于单位之间的非法拆借行为，一般不应定罪，但用款单位无力还款，给单位造成重大损失的，对挪用人可以渎职罪追究刑事责任。另外，行为人挪用公款给不具有法人资格的私有公司、私营企业使用的，也属于挪用公款归个人使用。因挪用公款索取、收受贿赂构成犯罪的，依照数罪并罚的规定处罚。

刑法规定，挪用公款的行为构成犯罪有三种情况。1998 年 4 月 6 日最高人民法院《关于审理挪用公款案件具体应用法律若干问题的解释》明确规定了三种不同情况的认定标准：

(1)挪用公款归个人使用，数额较大，超过 3 个月未还的，构成挪用公款罪。

挪用正在生息或者需要支付利息的公款归个人使用，数额较大，超过 3 个月但在案发前全部归还本金的，可以从轻处罚或者免除处罚。给国家、集体造成的利息损失应予追缴。挪用公款数额巨大，超过 3 个月，案发前全部归还的，可以酌情从轻处罚。

(2)挪用公款数额较大，归个人进行营利活动的，构成挪用公款罪，不受挪用时间和是否归还的限制。在案发前部分或者全部归还本息的，可以从轻处罚；情节轻微的，可以免除处罚。

挪用公款存入银行、用于集资、购买股票和国债等，属于挪用公款进行营利活动。[①] 所获取的利息、收益等违法所得，应当追缴，但不计入挪用公款的数额。

(3)挪用公款归个人使用，进行赌博、走私等非法活动的，构成挪用公款罪，不受“数额较大”和挪用时间的限制(但司法解释还是作了数额上的限制)。因挪用公款进行非法活动构成其他犯罪的，依照数罪并罚的规定处罚。[②]

关于挪用公款归还个人欠款行为的性质如何认定，也是个争议激烈的话题。例如：被告人李某系某国家机关财务处长，其妻曾以个人名义向某商业银行贷款炒股，但由于股市行情不佳，致使该笔贷款无法归还。于是，李某利用其管理本单位财务的职务之便，挪用了一笔数额较大的公款供其妻归还了银行贷款。此后不到 3 个月，李某之妻又从银行获得了一笔新的贷款，归还了李某从其单位挪用的款项。对于此案中李某的行为是否构成挪用公款罪，关键在于李某的行为是否属于挪用公款用于营利活动。一种意见认为，归还贷款是履行依法还贷的义务，本身不属于营利活动，至于原先的贷款是用于营利活动还是进行非法活动，与挪用公款还贷不是同一法律关系。因此，对于挪用公款归还个人贷款的，应当认定为一般的“挪用公款归个人使用”，而不应根据原先贷款的用途，认定挪用公款归还个人贷款是属于一般的“挪用公款归个人使用”，还是用于非法活动，或者进行营利活动。据此，李某所挪用的款项就不应认定为进行营利活动；又因挪用时间尚未超过 3 个月，则李某的行为不构成挪用公款罪。另一种意见认为，挪用公款归还个人贷款的，应当根据产生贷款的原因，分别认定属于挪用公款三种情形之哪一种；归还个人进行营利活动产生的贷款，应当认定为挪用公款进行营利活动。依此观点，李某的行为构成挪用公款罪。

我们认为后一种意见理由更充分。这是因为：司法实践中经常发生挪用公款归还个人因非法活动而产生的欠款，如赌博欠款的现象，如果对这些现象一概认定为一般的“挪用公款归个人使用”，从而要求以“数额较大”和“超过 3

---

① 挪用公款购买福利彩票是否属于“进行营利活动”？有观点认为，购买福利彩票是热心公益事业，有利于国家和社会。但一般认为购买福利彩票与纯公益性的捐赠乃是有区别的；购买福利彩票有中奖的可能性，普通大众购买福利彩票的目的已经不是单纯的献爱心，更多的是希望能有中奖的好运气。其实质与购买股票行为是一样的，只不过购买福利彩票的行为具有双重性，多了一份爱心，但仍应归入营利行为。

② 有学者认为按挪用公款的去向认定不很合理，而且会导致实践的困难，如行为人挪用公款 100 万元盖一楼房，一楼用于做店面，二楼用于开赌场，三楼用于居住。此种情况如何认定，如何计算数额，甚为不便。

个月”为必要要件，则会轻纵此类行为。基于这种考虑，挪用公款归还个人欠款的，应当根据产生欠款的原因，分别认定属于挪用公款的何种情形。归还个人进行营利活动或者进行非法活动产生的欠款，应当认定为挪用公款进行营利活动或者进行非法活动。

此外，从审判实践中遇到的一些案例看来，挪用公款用于公司、企业注册资金证明的现象也较为普遍。多数情况下，挪用的时间并不长，但数额较大。对于这类案件，如何认定公款用途的性质，即属于营利活动还是非营利活动，直接关系到挪用行为的罪与非罪。有一种观点认为，所谓营利活动，应当是创造经济价值的活动，而挪用公款用于公司、企业注册资金证明的，由于经济实体尚未建立，创造经济价值的活动尚未开始，被挪用的公款还没有直接投入营利性的生产经营活动，因而不能认定为一种营利活动。

我们认为这种观点值得进一步研究。从理论上讲，申报注册资本是为进行生产经营活动作准备，属于成立公司、企业进行营利活动的组成部分。因此，挪用公款归个人使用，用于公司、企业注册资金证明的，应当认定为挪用公款进行营利活动。值得注意的是，此类案件可能涉及虚假出资、抽逃出资罪等其他犯罪。应根据具体案件的情节，按罪刑适应原则正确认定和处罚。

挪用公款给他人使用，不知道使用人用公款进行营利活动或者用于非法活动，数额较大、超过三个月未还的，构成挪用公款罪；明知使用人用于营利活动或者非法活动的，应当认定为挪用人挪用公款进行营利活动或者非法活动。即按“所知轻所犯，按所知”原则认定。

对于三种不同情况的挪用公款的数额及其计算和情节问题，上述《解释》也作出了明确的规定：

挪用公款归个人使用，“数额较大、进行营利活动的”，或者“数额较大、超过三个月未还的”，以挪用公款 1 万～3 万元为“数额较大”的起点，以挪用公款 15 万～20 万元为“数额巨大”的起点。挪用公款“情节严重”，是指挪用公款数额巨大，或者数额虽未达到巨大，但挪用公款手段恶劣；多次挪用公款；因挪用公款严重影响生产、经营、造成严重损失等情形。

“挪用公款归个人使用，进行非法活动的”，以挪用公款 5000～1 万元为追究刑事责任的数额起点。挪用公款 5 万～10 万元以上的，属于挪用公款归个人使用，进行非法活动“情节严重”的情形之一。挪用公款归个人使用，进行非法活动，情节严重的其他情形，按照本条第 1 款的规定执行。

各高级人民法院可以根据本地实际情况，按照本解释规定的数额幅度，确定本地区执行的具体数额标准，并报最高人民法院备案。

挪用救灾、抢险、防汛、优抚、扶贫、移民、救济款物归个人使用的数额标准，参照挪用公款归个人使用进行非法活动的数额标准。

多次挪用公款不还，挪用公款数额累计计算；多次挪用公款，并以后次挪用的公款归还前次挪用的公款，挪用公款数额以案发时未还的实际数额认定。①

对行为人挪而未用，只要数额较大，并超过3个月未还的，也应按挪用公款罪的既遂认定。

挪用公款罪的追诉时效，从挪用公款行为实施完毕时起计算。也就是说，挪用公款罪不属于继续犯。②

本罪的主体是国家工作人员。使用人与挪用人共谋，指使或者参与策划取得公款的，以挪用公款罪的共犯认定，即使其非国家工作人员。但若使用人仅是消极接受公款使用，并无参与共谋、指使或策划，则不能构成本罪。

本罪的主观方面是故意，即行为人明知是公款而故意非法占用，但是准备以后归还，并非有永久性地占有或者侵吞公款的故意。

二、挪用公款罪认定应注意的问题

1. 挪用公款罪与贪污罪的界限

挪用公款罪与贪污罪虽存在一定的相似之处，但两者的区别还是很明显的，主要表现为：(1)客体要件不完全相同。就对财产的侵犯而言，前者侵犯了公款的占有权与使用权，后者侵犯了公共财物的所有权整体。(2)侵害对象不完全相同。前者原则上只限于公款，例外地包括特定公物；后者既包括公款，也包括公物。(3)客观方面行为不同。前者只是挪用公款，即暂时占有、使用公款；后者是以侵吞、窃取、骗取或者其他手段非法将公共财物占为己有。(4)主观故意内容不同。前者以暂时占有、使用公款为目的，具有归还的意图；后者以永久性不法所有为目的，不具有归还的意图。根据上述《解释》，行为人携

---

① “案发时未还的实际数额”是指案发时行为人挪用公款的总额扣除已归还的数额，不能简单理解为如果案发时行为人全还了就不定罪。至于“以后次挪用的公款归还前次挪用的公款”的情形，也要准确理解。例如，行为人第一次挪用公款5万元，第二次又挪用5万元，若后次挪用的5万元不是用于还前次的5万元，而是挪用以后从事营利活动，赚了钱后把前次挪用款还了，这种情况挪用公款的数额还是要累计计算的，因为通过赚来的钱还前一次，不属于拆东墙补西墙的情形。参见“冯安华、张高祥挪用公款案”，载《刑事审判参考》总第45辑，法律出版社2006年版，第28页。

② 刑法学界对此曾有不同看法，现在司法解释明确本罪不属于继续犯。

带挪用的公款潜逃的，应按贪污罪认定。因为这种情况表明，行为人的主观目的已经从暂时挪用转变为永久性的占有。[①]

挪用公款罪与贪污罪两者的区别，还可以间接地从其犯罪手段上反映出来。贪污罪的行为人为了达到将公共财物占为己有的目的，一般采取销毁或改变国家或集体单位对财物所有权确认的凭证的手段，例如，涂改账目、伪造单据、收入不记账、少支多报、多收少报、重复开支、虚报冒领、伪报失盗等手段，尽其所能掩盖、隐匿公共财物的真实去向，尽量在账目上不留痕迹，以达到非法永久占有公共财物的目的。挪用公款罪行为人主观上是要将公款满足个人某种临时性需要，使公款暂时失控，并加以利用，一般不采取销毁、改变国家或集体对公款所有权的确认的凭证的手段，而是不经批准，违反财经制度，擅自占用自己管理或支配的公款，所以总要给使用的款项留个“后门”，使其在有条件的情况下可以顺利归还。一般而言，对于那些“人尚在，账未平”而案发的，应按挪用公款罪认定。当然，如果行为人大肆挥霍公款，又无任何偿还能力，说明行为人本不想归还公款，即使其账未平，人尚在，也应按贪污罪认定。而对于行为人采取弄虚作假的手段平账，但由于受到某种条件的制约，不能完全平账，也不能仅以账未做平作为不认定贪污罪的理由。有时候，行为人虽然采取一些虚假手段以应付有关方面查账，但客观上不可能通过这种手段把账目真正做平，公款也不可能被其非法占有，则仍然应当以挪用公款罪定罪处罚。例如，中国建设银行某支行办事处原负责人陈某收到储户存入该办事处的委托贷款共计 75.5 万元，全部不入账，供个人使用。为掩盖挪用公款行为，陈某又采用偷支储户存款等方法，用公款归还了上述委托贷款之大部分。由于陈某偷支储户存款，致使该办事处的库存现金与账面不符，账面大于实有款

---

① 行为人携带挪用的公款潜逃的，对其携带的部分公款以贪污罪认定没有争议，但对其已经挪用但未携带的部分公款如何认定，则有不同认识。有的认为应仍以挪用公款罪定罪，不计入贪污数额；有的认为应全部定贪污罪。参见钟宣：《彭国军贪污、挪用公款案》，载《刑事审判参考》第 2 辑，法律出版社 2003 年版，第 64 页。我们认为，不能仅因被告人潜逃而简单地推定其对全部公款都具有非法占有的目的。大多数情况下，行为人是因为实施了挪用公款的犯罪行为且畏惧承担刑事法律责任而潜逃，是一种畏罪行为，其主观上是出于畏惧的心理。行为人挪用公款已属犯罪既遂，其畏惧案发而潜逃不影响其犯罪行为的性质，也就是说对未携带的公款，其主观上不一定转化为不打算归还该公款，该公款仍是客观上不能归还。当然，对于行为人潜逃时携带的挪用的公款，以及如果查明行为人有能力归还挪用的公款而拒不归还，如采取隐匿、转移挪用的公款的手段拒不归还，则说明行为人的主观犯意已由非法使用公款转化为非法占有公款，应当以贪污罪定罪处罚。

数55万元。为了达到账款相符，掩盖其挪用公款行为并应付支行的检查，陈某指使他人办理虚假贷款55万元的手续并入账，冲减了库存现金，虚假地增加了贷款数额。此案，一、二审法院均认定陈某的行为构成贪污罪，并判处其死刑，剥夺政治权利终身。最高人民法院经复核认为，陈某签订55万元的虚假贷款合同以冲减库存现金的行为，实际上是其挪用公款行为的一部分。其签订假贷款合同的目的，在于年终财务检查时掩盖挪用公款的事实，这种手段无法使账面平衡，不能实现侵吞公款的目的。因此，最高人民法院以挪用公款罪改判陈某无期徒刑。

2.挪用公款罪与用账外客户资金非法拆借、发放贷款罪的界限问题

用账外客户资金非法拆借、发放贷款（即所谓的“体外循环”）罪与挪用公款罪相似，但在犯罪构成的各个方面又有明显不同，司法实践中应当特别注意严格区分。

(1)犯罪主体不完全相同。两罪主体虽然都是特殊主体，但前者可以由单位构成，后者只能由自然人构成；前者自然人作为犯罪主体时，只能由银行或者其他金融机构的工作人员构成，而后者可以由任何单位中的国家工作人员构成。

(2)主观方面虽然都是故意，但前者要求必须以谋利为目的，行为人追求的是金钱、物质利益；而后者不要求有明确的犯罪目的，即犯罪目的不影响挪用公款罪的构成。

(3)侵犯的客体不同。前者侵犯的是国家金融和存贷款管理制度，后者侵犯的则是公款的使用权。

(4)客观方面区别虽然不是很明显，但在许多情况下又是划分两罪界限的关键。用账外客户资金非法拆借、发放贷款罪的行为人将客户资金不记入银行账户，用于非法拆借、发放贷款，必须与存款的客户相沟通，客户同意后，其行为才属于用账外客户资金非法拆借、发放贷款。如果客户未同意，或者根本不知情，行为人利用职务便利将客户资金（此时实际已成为银行或者其他金融机构的资金）用于非法拆借、发放贷款的行为同样属于挪用公款的行为。因为客户将资金通过银行或者其他金融机构的柜台存入，取出存款凭证，并无任何违法或者过错行为。此笔资金不论吸收存款的行为人是否将其记入银行法定账户，这笔资金的本金、利息都应由该银行或者其他金融机构到期偿付。行为人将其挪作他用，用来非法拆借、发放贷款，一旦造成本金不能收回的损失，当然应当由其所在的银行或者其他金融机构赔偿存款的客户。简单地说，如果客户同意，有共谋，就构成用账外客户资金非法拆借、发放贷款罪；如果客户不同意或不知情，资金已入银行大账，就构成挪用公款罪。

(5)使用人不同。前者用账外客户资金非法拆借、发放贷款，使用人可以是任何个人、单位；而后者的公款使用人只能是个人，如果单位使用，挪用公款人则必须是挪用公款构成犯罪后，将此笔公款又挪用给其他单位使用。

3.“挪而未用”行为的定性

一般情况下，挪用公款行为和擅自使用公款行为是同时发生的，但在一些特殊案件中，发生了理论界有人讨论的所谓“挪而未用”的情况。如被告人系某一国有公司的财务主管，以炒股为目的擅自将数额较大的一笔单位公款划到其个人账户中，但来不及将公款投入股市就被揭发。这种案件应如何处理，实务上历来意见不一。

主要有三种意见：第一种意见认为，挪用公款以“归个人使用”为构成要件，这说明挪用公款罪的构成必须具有“挪”后并且“使用”的行为；无论以何种方式使用了公款，必须实际进行了“使用”，否则就不构成挪用公款罪。第二种意见认为，“挪而未用”的情形属于挪用公款未遂。第三种意见认为，行为人虽然没有实际使用公款，但同样造成了公款失控的后果，侵犯了国有单位对公款的使用权和收益权，影响了国家工作人员职务行为的廉洁性，应当以挪用公款罪论处。

我们认为第三种意见较为合理。理由是：一方面，从词义上分析，挪用公款应当理解为“为了‘用’而‘挪’”，“用”是行为人实施“挪”这一行为的目的，无此目的，则不可能产生“挪”的行为。与此相联系，“挪”是挪用公款罪客观方面的行为要素，无此行为，则不成立挪用公款罪；但“用”不必是一种客观行为，而是一种目的要素。虽然在实际发生的绝大多数案件中，“用”是紧随“挪”发生之后的一种伴随行为，但在个别特殊的场合，行为人完成了“挪”的行为以后来不及使用公款即案发。如果能够查明挪用公款的目的在于将公款用于营利活动或者非法活动，则仍然应当按照挪用公款用于营利活动或者非法活动处理；如果无法查明被挪用的公款的目的用途，但在数额和时间方面符合法定的条件的，也可能满足挪用公款的构成要件。这就是说，挪用行为中的“挪”应理解为挪用公款罪客观方面的构成要素，而“用”属于该罪主观方面的构成要素。另一方面，只要行为人挪动了公款并使公款脱离了单位的控制，就侵犯了单位对该款项的占有、使用和收益权，破坏了公款所有权的完整性，同时也侵犯了国家工作人员职务行为的廉洁性。司法认定中不应等待行为人将挪出的款项使用之后，才确认危害后果的发生。行为人挪出公款后，即使未及使用，只要具备法律规定的其他要件，完全可以认定其构成挪用公款罪既遂。

至于第二种意见认为“挪而未用”的情形属于挪用公款未遂，其实质是将犯罪目的的实现等同于犯罪既遂,是不妥当的。一般认为,行为人意欲挪用公款用于营利活动或非法活动,已经着手实行了“挪”的行为,但尚未使公款脱离单位控制,由于被及时揭发等行为人意志以外的原因,最终没有将公款挪至个人的控制之下,这种情况构成挪用公款罪未遂。实务上如果出现这样的案件,必须证明行为人意欲将公款用于营利活动或者非法活动的主观目的。假设行为人挪用公款之目的是将公款用于合法的非营利活动,则不存在犯罪未遂,因为刑法上有“超过 3 个月”的时间条件。未超过 3 个月的,不构成犯罪;超过 3 个月的,构成犯罪既遂。总之,挪用公款后尚未投入实际使用的,只要同时具备“数额较大”和“超过 3 个月未还”的构成要件,就应当认定为挪用公款罪。

总之,行为人完成了挪出公款的行为,并有证据证明其目的在于将公款用于非法活动的,应认定其构成挪用公款罪既遂;行为人完成了挪出数额较大的公款的行为,并有证据证明其目的在于将公款用于营利活动的,亦应认定其构成挪用公款罪既遂;行为人将数额较大的公款挪至个人控制之下,超过 3 个月未还,虽然无证据证明其使用公款的目的,仍然应当认定其构成挪用公款罪既遂;而只有在“挪”的行为本身处于未完成状态时,才可以认定未遂。

当然,在尚未实际使用的场合,挪用公款的社会危害性相对较小,量刑上可以从轻考虑。但这种从轻情节是一种酌定情节。审判实践中较为典型的案例是沈阳市原常务副市长马向东挪用公款案。1998 年 12 月 4 日,马向东指使沈阳市财政局原局长李经芳、沈阳市城建局原局长宁先杰和香港居民尤某某在香港注册成立定志有限公司,李经芳为董事长,宁先杰和尤某某为董事,尤某某为经理。1999 年 1 月,马向东、宁先杰、李经芳去香港代表沈阳市人民政府给在招商引资中作出突出贡献的港商发奖金。发奖后,马向东指令他人将发奖金剩余的公款 398799.19 美元打入定志有限公司账户。回沈阳后,马向东向沈阳市政府主要领导汇报在香港发奖金剩余约 40 万美元,但没有提及在香港注册定志有限公司的事。1999 年 6 月,尤某某从定志有限公司账上提 2.52 万美元,用于支付其 1999 年 1—6 月工资 12 万港币,即每月 2 万港币,以及马向东、李经芳、宁先杰于 1999 年 6 月在香港赌船上赌博时的餐费、住宿费等。定志有限公司自注册以来没有开展过任何业务。1999 年 7 月 6 日,经沈阳市政府要求,马向东指令他人将打入定志有限公司的款项汇回原账户。该案在诉讼过程中,关于马向东将公款约 40 万美元打入定志公司账户的行为是否构成挪用公款罪的问题,控辩双方争论激烈。有一种观点认为,虽然马向东使用了部分费用,但其余大部分公款还存放在定志有限公司的账户中而尚未被实际使用,且马向东挪动公款的真实意图不明确,不能证实马向东具有个人使用的目的，因而其行为不构成挪用公款罪。南京市中级人民法院和江苏省高级人民法院的判决、裁定没有采纳这一观点，而是认定马向东的行为构成挪用公款罪。其主要理由是：根据刑法第 384 条的规定，构成挪用公款罪的行为有三种，即挪用公款进行非法活动、进行营利活动和一般的挪用公款归个人使用。在最后一种情况下，有“超过 3 个月未还”的时间要求，马向东的行为就符合这种情况。马向东可能意欲将此笔美元用于赌博，但无充分证据予以证实。该案中不存在此笔美元准备为公使用的可能性，不需要证明公款的具体用途，更无须证明将公款用于营利或者非法活动，只要证明行为人已擅自将公款挪离合法持有单位而超过 3 个月未还的，就达到了法律要求的证明行为人构成挪用公款罪的标准。我们认为，一、二审法院的判决是正确的。

4．挪用公款犯罪追诉时效的计算

(1)如何认定挪用公款行为的状态

追诉期限的确定和计算是与刑法分则所规定的每一种犯罪的不同状态紧密联系的。每一种犯罪的不同状态决定了其法定追诉期限的确定和计算是不相同的。因此，要想正确解决挪用公款罪的追诉期限如何计算的问题，首先要正确认定挪用公款犯罪行为究竟属于何种状态。有一种意见认为，挪用公款的行为是一种“挪而用之”的持续行为，在归还前，被挪用的公款处于被持续侵害的状态，其追诉期限应当从犯罪行为终了之日，即所挪用的公款归还之日起计算。另一种意见认为，单纯地就挪用公款这种行为本身而言，其应是一种行为犯，也就是公款一经被挪出，挪用公款的行为即已完成。我们认为挪用公款是一种行为犯的意见。具体理由如下：

从刑法规定的挪用公款罪与贪污罪的构成理论分析，挪用公款是对公款的使用权的侵害，与贪污罪以将公共财物非法占为已有为目的不同。因而，挪用公款，“挪”是行为，“用”是行为的目的，只是表明了行为人擅自挪出公款的目的不是占为己有，而是非法使用，将公款挪出使之处于被非法使用的状态中，侵害的是公款的使用权。这也是我国刑法区分挪用与贪污的立法本意所在。一般而言，这种对公款使用权的非法侵害，在实施非法将公款挪出行为终了之时即已完成。而公款的不归还，只是侵害公款使用权这种行为的危害结果的持续，而不是挪用行为本身的持续，这如同伤害犯罪一样，伤害行为已经实施完毕，伤害结果在未被治愈之前，一直处于持续状态。

如果对挪用公款行为本身以持续状态来确定，并以归还被挪用公款之日作为追诉期限的起算时间，则对于一直不归还公款的挪用犯罪而言，就实际等于没有了追诉期限。对于社会危害严重的故意杀人犯罪尚且还有追诉期限，而对于挪用公款犯罪却存在着无限期追诉的可能。纵观我国刑法分则所规定的每一种犯罪,即使是属于持续犯罪状态的,也没有无限期追诉的情况存在。这显然于理不通,与法不合。

(2)挪用公款数额较大,超过3个月未还的行为追诉期限的计算

对于挪用公款数额较大,超过3个月未还的,应当如何计算追诉期限的问题,也存在着不同意见。有人认为,对此应当从挪用公款行为实施完毕之日起开始计算,3个月的归还期限不必考虑,与其他情形的挪用公款犯罪的追诉期限相一致,司法实践中便于掌握;并且这种情形的挪用公款犯罪较之其他情形的挪用公款犯罪,在主观恶性和实际危害方面相对较轻,如果以3个月期满之日为起算时间,对于与其同时实施的不同情形的挪用公款行为而言,则其追诉期限却比其他情形的挪用公款犯罪还要多3个月,不尽合理。我们认为,就刑法理论而言,追诉期限是对罪犯追诉的有效期限,必须以罪犯为主体,而罪犯这一主体的产生是以其实施了犯罪行为为前提的。因此,追诉期限应当是以犯罪存在,亦即犯罪行为客观发生为前提的,只有行为人实施了犯罪后才有追诉期限开始计算的问题。我国刑法对于挪用公款数额较大这种情形的挪用行为,规定了以3个月内是否归还作为是否成立挪用公款犯罪的必备要件。如果3个月内已经全部归还,则不能作为犯罪追究行为人的刑事责任。3个月的法定归还期限尚未到,则挪用公款数额较大的行为也就尚未构成犯罪。刑法第89条规定,“追诉期限从犯罪之日起计算”,而“犯罪之日”尚不存在,则追诉期限也就不能开始计算。

另外,追诉期限从犯罪成立之日起计算的规定,对于这种情形的挪用公款犯罪而言,并不存在追诉期限比其他情形的挪用公款犯罪还多3个月的情况。因为其追诉期限的起算时间要比其他情形的挪用公款犯罪的起算时间晚3个月,其实际的追诉期限与其他情形的挪用公款犯罪在相同条件下是一样的。而这3个月是不可忽略,更不可随意变通规定的。首先,这3个月不到期限,就不存在挪用公款犯罪的问题,没有成立犯罪,也就没有法定追诉期限的开始计算。其次,如果规定这种情形的挪用公款犯罪的追诉期限与其他情形的挪用公款犯罪的追诉期限相同的话,也就是从挪用行为实施完毕之日起开始计算追诉期限,从理论上而言,追诉期限的起算之日,就是可以追究行为人刑事责任之时。如果行为人在已经开始计算追诉期限的3个月内归还了被挪用之公款,根据刑法规定是不构成犯罪的。这样一来,没有犯罪存在却已经开始计算的追诉期限该如何中止呢?

综上所述,挪用公款数额较大,超过3个月未归还的犯罪行为的追诉期

限，应当从超过3个月归还期限之日即挪用公款犯罪成立之日起开始计算。

5. 个人以单位名义为他人提供财产保证的性质认定

在司法实践中，经手管理公共财物的国家工作人员滥用职权，擅自以本单位名义为他人贷款提供担保，致使单位公款被银行划拨以抵偿到期债务的情况时有发生。对这种行为如何定性，有两种分歧意见：[①]一种意见认为，担保只是以书面形式提供一种保证责任，并不先行支付现金。在保证过程中，公款只处于一种可能抵偿的风险之中，仍在原单位控制之下，其占有权、使用权和收益权都未因担保而改变。至于银行划款抵偿，那是贷款人不归还贷款的结果，不是提供担保之人主观上的故意，故这种形式的违法行为不能以挪用公款罪论处。如果已经造成了公共财产的重大损失，可按刑法第397条处理。另一种意见认为，担保是一种法律关系，个人擅自以单位名义提供担保意味着用公共财产为个人承担法律义务，在保证期间，该项财产的占有权、使用权和收益权均发生转移，作为财产所有者的原单位对该财产已失去控制，如发生划款事实，应以挪用公款罪论处。这两种意见中，第一种意见实质上是否认为他人贷款提供担保能够作为挪用公款罪的行为方式，这种看法显然是不正确的。第二种意见认识到在实践中挪用公款的方式是多种多样的，为他人贷款提供担保也是挪用公款的方式之一。因为个人以单位名义用公款为他人贷款进行担保，会使该公款处于高风险状态，一旦贷款人不能到期还款，单位的公款就会被强行划拨，公款的使用权必然会受到侵犯。但是，我们认为，这种行为能否以挪用公款罪论处还要结合提供担保的具体情况而定。

以单位名义为他人提供财产担保属于第三人担保。第三人担保有保证、抵押和质押三种形式。保证担保属于信用担保，在保证担保期间，公款仍在本单位控制、支配之下，公款的占有权、使用权和收益权并未因担保行为而发生改变，为他人贷款提供保证担保的行为不符合挪用公款的基本行为特征，故我们同意第二种意见。理由如下：

以公款使用权为侵犯客体的挪用公款罪，其行为特征表现为公款私用，即以个人使用为目的，非法改变单位公款的占有状态，将公款置于个人控制、支配之下。所以，成立挪用公款罪，必须具备以下两个方面的要件：一是前提要件，即公款的特定化；二是实质要件，即公款占有关系的转移。那么，保证担保行为是否具备了该方面的特征呢？我们的答案是否定的。

---

① 参见王作富主编：《刑法分则实务研究》(下)，中国方正出版社2001年版，第1731～1733页。

根据担保法规定，保证担保是指保证人和债权人约定，当债务人不履行其债务时，保证人将按照约定代为履行债务或者承担责任的一种担保方式。作为担保的一种具体形式，保证担保的特征在于：第一，保证担保中用作担保标的的主要是保证人的信用，提供保证担保，只需签订一份保证合同即可，无须指定具体的担保财产，可能用于清偿担保债务的财产是不确定的；第二，保证担保期间，即保证责任发生之前，保证人无须向债权人移交财产，可能用于清偿担保债务的财产仍然处于保证人完全的控制、支配之下，财产的占有权、使用权和收益权及正常处置不会因保证担保的存在而受到任何影响。保证担保所体现出来的财产的非特定化和财产占有、使用的完整性特征，正好与前述挪用公款的两方面要件形成鲜明对比，所以，不应将为个人提供保证担保的行为认定为挪用行为。[①]

在保证的情况下，只有债务人无力履行债务，保证人才有义务履行债务。此时，才会发生公款被划拨抵偿，因此，挪用公款的时间应从公款被划拨时起算。在抵押的情况下，从抵押权设定之日起，作为抵押物的财产的各项权能的行使实际上已经受到限制。以公款（包括汇票、支票和债券）为个人债务作抵押担保的，尽管公款的占有权未发生转移，但相关的权能已经受到限制，因此，挪用公款的时间应从抵押行为发生时起算。在质押的情况下，由于质押物的占有权已经由债权人行使（尽管债权人无权处分质押物），因此，挪用的时间更应从质押行为发生时起算。值得注意的是，当行为人以大额记账有价证券为质押贷取少量贷款的，应如何计算挪用公款的数额？例如用一张150万元的存单质押给银行，贷款20万元归个人使用的，是计算挪用150万元，还是计算20万元？有人认为该存单已经脱离单位控制，应计算挪用150万元。但我们认为，应以所贷的款项即20万元认定，因为该存单的控制权在银行（而不是在个人），其中不会被抵偿的部分是不会有风险的，所以应以真正可能产生损失的部分计算，才符合罪刑相适应原则。[②]

---

① 还有一种与保证类似的行为，就是以公款向银行申请个人存款证明（资信证明），用于为其子女出国留学办理签证时使用。若银行出具了相应的资信证明后，该存款会被冻结一定时期。我们认为，在这种情况下，挪用的时间以银行冻结该公款的时间计算，若冻结时间达到3个月以上的就符合挪用公款供个人使用的条件，应认定为挪用公款罪。

② 最高人民法院《全国审理经济犯罪案件工作座谈会纪要》规定："挪用金融凭证、有价证券用于质押，使公款处于风险之中，与挪用公款为他人提供担保没有实质的区别，符合刑法关于挪用公款罪规定的，以挪用公款罪定罪处罚，挪用公款数额以实际或者可能承担的风险数额认定。"

第16章 受贿罪的司法认定

一、受贿罪客观要件的认定

受贿罪的客观方面表现为，行为人利用职务上的便利，索取他人财物，或者收受他人财物，为他人谋取利益。它具体包括以下几个方面的内容：

1. 行为人利用了职务上的便利

何谓“利用职务上的便利”，刑法并没有予以明确，理论界也存在较大分歧。主要有三种观点：其一认为，利用职务上的便利专指利用本人职务范围内的权利，[①]不包括利用第三人职务便利。[②] 其二认为，利用职务上的便利既包括直接利用本人职务范围内的权力，也包括利用上下级职务之间纵向制约关系所形成的便利条件。[③] 其三认为，利用职务上的便利既包括直接利用本人职务范围内的权利，也包括本人与第三人之间因纵向或横向制约关系所形成的便利条件。[④] 我们赞同第三种观点。2003 年 11 月 13 日《全国法院审理经济犯罪案件工作座谈会纪要》(简称《纪要》)明确规定“刑法第 385 条第 1 款规

---

① 本人职权范围内的便利条件就是本人的职权范围，其是基于一定的职务，由法律、法令、章程、条例或在任命授权时由上级明确限定的。行为人利用了这种附于一定职务上的法定权限的便利条件，就是利用本人的职务之便。一般来说，职务和职权是相一致的，任何职，便有何权。但是，在实际生活中也有不一致的情况，一些负责党务工作的干部就其职务而论并不掌握行政、财务等权力，但事实上是集数权于一身。当职务与职权不一致时，对于是否利用职务之便的认定，就应以事实上所享有的职权为依据。

② 参见孙谦主编：《国家工作人员职务犯罪研究》，法律出版社 1998 年版，第 91 页。

③ 参见杨兴国著：《贪污贿赂罪法律与司法解释应用问题解疑》，中国检察出版社 2002 年版，第 185～189 页。

④ 参见陈正云、文盛堂主编：《贪污贿赂犯罪认定与侦查实务》，中国检察出版社 2002 年版，第 64 页。

定的利用职务上的便利，既包括利用本人职务上主管、负责、承办某项公共事务的职权，也包括利用职务上有隶属、制约关系的其他工作人员的职权”。从这一司法解释可以看出，“利用职务上的便利”具体表现形式有两种：一是利用由自己职务而产生的直接主管、负责、承办某项公共事务的职权，主要包括决定权、领导权、参与权及知情权。二是利用与本人职务上有隶属、制约的其他工作人员的职权。既包括处于上位、上级的国家工作人员对下位、下级的国家工作人员纵向的领导权、监督权，如市委书记、政协主席对市财政局长，市长对市检察院的检察长，市人大主任对市人事局长等；同时也包括不具有隶属、领导关系的各单位、部门之间一方国家工作人员对另一方国家工作人员由于职务关联所形成的横向制约关系，如税务局工作人员利用其查处偷漏税行为的便利条件，要求辖区内某国有企业经理为他人安排工作。[①] 从法律上看，这些人之间不存在行政或工作上的隶属、领导关系，但由于前者对后者在管理上或是业务上所具有的制约权，使得后者不得不服从于前者，这种服从就是附属于一定职务而产生的横向制约条件，利用第三人的职务便利只不过是本人职务所支配的职权的自然延伸。一方面，行为人的职务支配、推动第三人利用职务为请托人谋取利益；另一方面，如果第三人不设法满足行为人的要求，行为人就可能利用职务给其带来不利后果。因而在此种情况下，行为人通过第三人的职务行为为他人谋取利益而收受财物的，属于刑法第185条规定的一般受贿罪的范畴。

而在刑法第188条规定的间接受贿中，行为人更多的是依赖于第三人的职务便利，通过第三人的职务行为为请托人谋取不正当利益，从而达到索取或收受请托人财物的犯罪目的。根据上述《纪要》是指“行为人与被利用的国家工作人员之间在职务上虽然没有隶属、制约关系，但是行为人利用了本人职权或者地位产生的影响和一定的工作联系，如单位内部同部门的国家工作人员之间，上下级单位没有职务上隶属、制约关系的国家工作人员之间，有工作联系的不同单位的国家工作人员之间等”。其依赖的基础在于行为人自身的职权和地位对第三人职务有一定的影响力。但这种情况下的影响只能是一种非制约性的影响，不存在制约关系。[②] 这种非制约性影响弱于制约性影响而强于一般社会关系影响。弱于制约性影响，说明行为人的职务对第三人来说不

① 应该注意如果在该国有企业依法缴纳税款的情况下，税务工作人员所提出的要求不属于利用横向制约关系，与下述关于间接受贿的论述互相对照。

② 参见张穹主编：《修订刑法条文实用解说》，中国检察出版社1998年版，第516页。

具有直接的强制力，行为人仅仅通过行使其本身职权并不能有效完成请托事项，只有在得到第三人职务行为的配合后才能达到目的。强于一般社会关系影响，说明行为人的职权地位与第三人的利益有着一定的联系。在行为人存在一定职务的前提下，其利用该职权、地位的影响使第三人受益或受损具有一种现实的可能性。可能性是因行为人职务对第三人职务不具有制约性，行为人并不必然可以根据自己的意志而使第三人受益或受损。但这种可能性又具有相当现实性，因为行为人在特定条件下可运用其职务影响而为关系第三人利益之行为。[①] 这种情形主要存在于行使社会管理职责的国家机关工作人员与其他单位的国家工作人员之间，如工商、税务机关的国家工作人员与公司、企业之间。我们不能认为上述关系都是一种横向的制约关系。在公司、企业合法经营、依法缴纳税费的情况下，工商、税务机关对公司、企业并不存在直接的制约关系，而只是一种职能上的联系。只有在工商管理机关对企业的不法经营活动、税务机关对企业的偷漏税行为进行查处时，这时的工商管理机关或税务管理机关的国家工作人员对接受查处的公司、企业才存在制约关系，如果其乘机要求该公司、企业的国家工作人员为请托人谋取利益，而索取、收受请托人财物，就不属于利用本人职权和地位所形成的便利条件，而是直接利用了本人职权，属于普通受贿，不属于间接受贿。

间接受贿中的利用便利条件实际上可以分为利用本人“职权”形成的便利条件和利用本人“地位”形成的便利条件。前者要求本人职权与被利用的国家工作人员的工作或业务活动有一定关联性，能产生一定影响，这在司法实践中的认定相对清楚；后者不要求本人与被利用的国家工作人员存在职权上的关联性，其认定存在一定程度的模糊，有必要作些说明。“地位”通常是指人在社会关系中所处的位置，对于国家工作人员则是任职级别、身份等。虽然“地位”以行为人具有一定职务和一定职权为前提，行为人地位的高低与其职务高低和职权的大小有很大关系，人们看重行为人的地位，实际上是看重他手中的权力，但地位和职权是不同的。“职权”影响须以双方职务存在关联性为前提，而“本人地位形成的便利条件”不要求行为人与被利用的国家工作人员之间存在职务上的关联性。“利用本人地位形成的便利条件”应该是指，本人与其他国家工作人员的工作或所在单位的业务或职能活动没有关联，但行为人在重要单位或重要部门任职，位高权重，足以使作为第三人的国家工作人员产生想跟

---

① 参见苏文革著:《受贿罪客观要件之研究》，载《刑事法判解》第5卷，法律出版社2002年版，第94页。

近、讨好、巴结的心理，及将来可能得到回报的想法(有耕耘就有收获)，或者两个在不同的单位或部门任职，有着不同的职务和职权范围的国家工作人员，结为关系网，出于投桃报李的动机，而按照行为人的请求为请托人谋取不正当利益。一般而言，在间接受贿中，第三人在是否履行职务行为来满足行为人的受贿目的上具有意志上的相对自主选择性，而在一般受贿中，第三人由于受制于人，为求自保，只得服从，少有选择余地。

根据刑法第388条的规定，成立间接受贿，需要具备以下条件：(1)行为人利用的是其他国家工件人员的职务行为。如果行为人利用的是其他不具有国家工作人员身份的公司、企业管理人员职务上的行为，就不能构成间接受贿。(2)行为人利用了本人职权或者地位形成的便利条件。如果行为人利用与其他国家工作人员之间的单纯亲友关系，则不能成立间接受贿。(3)必须是为请托人谋取不正当利益。所谓不正当利益，是指根据法律及其政策不应当得到的利益。如果行为人通过其他国家工作人员职务上的行为为请托人谋取的是正当利益，从中索取或者收受了请托人的财物，则不能构成间接受贿。间接受贿，符合受贿罪的数额和情节要求的，按受贿罪定罪处罚。

是否利用职务之便是认定受贿罪客观方面的关键，如果行为人不存在利用职务之便的情况，就不能认定其行为构成受贿罪。对此，我们举一实例加以说明。被告人陶某、周某、李某分别为A市国有运输公司管理人员。陶某是公司业务科长，周某是公司生产科长，李某是行政科长。公司法定代表人是洪某，任公司经理。陶某得知B合营出租汽车公司因故将要歇业，便和B公司经理商谈，将B公司的12部出租车运力额度调配到A国有运输公司。之后，陶某、周某、李某就与A公司总经理洪某商量如何安排这12部出租车运力额度。商讨结果是，由陶某、周某、李某三人各分配4部运力额度，由他们各自找人承包经营，到公司统一签订合同，收取承包费及每月的管理费。陶、周、李三人各自通过中介人，将运力额度全部转让出去，除收取法定的承包费和管理费外，每部运力额度还多收取3万～4万元，总计40余万元的额外钱款，由陶、周、李分别占有。根据陶、周、李的供述，这多余的40万元，是承包人为垄断出租车市场多给的，是当时普遍存在的哄抬出租车承包经营的一种不正常现象，实际上已经超出出租车营运的正常价格(有些地方的三轮车营运权也哄抬到数万元)，能够搞到这些钱是陶、周、李的本事，所以，应归他们所有。而根据洪某的陈述，他也承认是将这些运力额度作为奖励给陶、周、李三人的。洪某认为这三人平常工作勤勤恳恳，任劳任怨，公司没什么可以拿出来做奖励，就把陶某搞来的运力额度作为奖励了，他也知道当时运力额度的转让承包是可能得到额外收入的，但具体多少不清楚。后此事被公司内部的知情人举报而案发。(钱款的分配为，陶某得 15 万，周某得 13 万，李某得 12 万。后三人又供述洪某分别向陶某要 6 万，向周某要 4 万，向李某要 3 万。由于第二次分配是现金交付，洪某坚决不承认，因此证据不足，无法认定洪某也涉案。但对陶、周、李而言，则存在减少他们得款的实际数额问题。)

我们认为本案不能认定为受贿罪。诚如上述，要认定本案各行为人构成受贿罪，必须证明各行为人所实施的行为与行为人的职务便利具有关联性。如果行为人不存在利用职务便利的问题就不可能构成受贿罪。从本案的整个事实过程来看，三被告人并不存在利用职务便利的问题。本案的基本事实是，当 A 市运输公司取得 12 部出租汽车运力额度后，该运输公司的经理洪某便和被告人陶某、周某、李某等公司的其他负责人，就所取得的运力额度分配问题进行研究讨论，在公司经理洪某的主持下，将 12 部运力额度分别分配给陶某、周某、李某。公司经理洪某是将所取得的运力额度作为一种奖励分配给上述人员的。当这些运力额度被作为奖励给予上述人员后，这些运力额度就从原本应由公司支配、控制的公共利益转变为个人支配、控制的私人利益，它就脱离了公司而归属于被分配到的相应个人。当本案的三被告人作为被分配到相应运力额度的人员，对其所取得的运力额度找有关人员到市场进行转卖套现时，实施的就纯属是一种个人行为，与其本身的职务、身份没有任何关系。因为任何人取得这种运力额度，都可以自己或者找人到市场转卖套现，而不需要有任何职务便利。实际上在本案所涉及的那些转卖运力额度的相关人员中，也都不存在利用职务便利的问题。简而言之，三被告人对其所取得的运力额度进行的处分行为与其职务便利无关，纯属是一种个人交易行为。其通过运力额度交易所取得的钱款虽然可以说是一种分配不公的所得，但绝不是受贿所得。受贿行贿本质上是一种权钱交易，这其中的权必然是公权力，而不能是个人利益。如果在 A 市运输公司的决策人员还没有将所取得的运力额度分配给上述人员之前，三被告人就利用其主管业务的便利条件将运力额度直接与相应的承包人进行交易从而收取或者索取钱款则无疑可以构成受贿罪。但由于三被告人是因为其工作表现而被奖励分配到相应的运力额度，他们再对其所取得的运力额度进行转卖套现，则属于用个人利益与个人进行交易，不存在用公权力进行交易的问题，谈不上权钱交易，其性质就不可能是受贿行为。

对本案认定的关键在于应分清分配之前的运力额度与分配之后的运力额度的关系。分配之前的运力额度属于公共利益，对之处分属于公权力的行使，与职务便利有关;分配之后的运力额度属于个人利益,对之处分属于私人利益的行使,与职务便利无关。当然,我们也不能不指出,A市运输公司将本应由公司支配、控制的运力额度通过公司决策人员的决定,分配给个人的这种做法是十分不妥当的,不论是作为奖励还是其他考虑,这样做明显破坏了对出租车运力额度的正常管理,也是违反对出租车承包的有关管理制度的。从分配的角度讲,这种分配也是明显不公平的,导致了"近水楼台先得月"的情况出现。三被告人通过这种不公平的分配所得到的钱款理应上缴国库。

2. 行为人索取或者非法收受他人财物

索取贿赂和收受贿赂是受贿行为的两种基本形式。首先,关于索取贿赂问题。索取贿赂,是指行为人利用自己的职权或者与职务有关的便利条件,主动向职务行为相对方索要财物的行为。司法实践中主要有三种表现形式:一是乘他人要求自己通过执行或不执行职务行为,为他人谋取利益,主动要求对方交付财物,例如以不给好处就不办事,不烧香就不显灵,不浇油就不滑溜的恶态进行勒索,以此作为满足对方要求的交换条件。二是凭借本人的职权对他人利益的直接制约关系,主动向他人索取财物,并且明示或暗示,如果满足其要求,可以利用职权为他人谋取利益。三是凭借本人的职权对他人利益的直接制约关系,主动向他人索取财物,并且以如不满足其要求,将利用职权使他人遭受某种损失为要挟。有学者认为,索取贿赂同样必须具备"为他人谋取利益"的行为。理由是:索贿本质上仍是以权换利,如果不以为他人谋利为条件,就违背了受贿罪权钱交易的本质特征;从索贿者与被索者关系来看,被索者是有所请求,表面上是被迫的,实质上仍是自愿的。而如果索取者仅是利用权势和威胁,而不是利用职务之便为他人谋利而攫取他人财物的,则只能构成敲诈勒索罪。[①] 我们不同意此种观点。从刑法的规定来看,对索贿与非法收受贿赂规定的不同之处就在于索贿情况下不要求具备"为他人谋取利益"之行为,它体现了由于索贿行为人主观恶性深,社会危害性大于非法收受贿赂,因而采取严于后者规定的立法意图。司法实践中大量存在着行为人在他人无求于己的情况下,以利用手中职权致使他人不利益为要挟,向他人索要财物的案件。例如司法人员对被告人的家属提出若不交付一定钱款,就要加重判被告人的罪责进行要挟。在这种情况下,相对方对行为人本无所求,行为人也没有许诺或暗示为相对方谋利,相反是以利用职权使相对方不利益为威胁,迫使相对方交付财物。如果行为人的行为定为敲诈勒索罪,势必导致重罪轻判。我

① 参见陈立:《对受贿罪几个问题的再研究》,载《政治与法律》1991年第4期。

们认为，这种情况实际上构成了受贿罪与敲诈勒索罪的想象竞合犯，从一重处罚仍应认定为受贿罪。当然，此时行为的本质已不是“以权换钱”，而是“以权索钱”了。在此必须注意，无论是否有为他人谋取利益行为，索贿行为人都必须利用其职务便利，即与其职务具有关联性，且该职务对相对方利益具有制约性。如果行为人职务行为对相对方利益实际上不存在影响，而行为人以能够通过职务行为使相对方利益或不利益，或不是以职务行为的行使进行要挟，则不能构成受贿罪。例如司法人员利用其身份虚张声势，以不给财物就要加重被告人的罪责，而实际上他并无此权限，或即使有一定的权限，但并不会或也不可能因之改变被告人的罪责，则此时行为人的行为只能构成敲诈勒索罪。

其次，非法收受贿赂问题。收受贿赂，是指行为人利用职务上的便利，以许诺或者实施为他人谋取利益为条件，接受对方财物的行为。收受贿赂与索要贿赂的主要区别在于他人交付财物出于自愿而不是被迫的，其主观上具有用财物收买国家工作人员而换取某种利益的目的。对于受贿人而言，其收受贿赂是在行贿人主动给予的情况下实施的，而不是出于本人的主动要求，具有被收买的性质。受贿人、行贿人之间存在着典型的权钱交易，行贿人通过交易获得了利益或者换取了受贿人为其谋取利益的许诺，受贿人则通过利用职务上的便利为他人谋取利益，从而获得他人给予的财物。权钱交易的结果，使国家工作人员职务行为的廉洁性受到了损害。非法收受财物构成受贿罪必须同时具备为他人谋取利益行为。

3.“财物”范围的界定

作为受贿罪的犯罪对象，贿赂的范围界定问题一直是法学界争论的焦点，主要有三种观点：第一种观点认为，贿赂仅限于财物，包括金钱和物品。司法实践中不应任意扩大贿赂的范围。[①] 第二种观点认为，贿赂指的是财物，但这里的财物应作扩大解释，不仅包括有形的可能用金钱估价的物品，而且包括其他可以满足人的物质需要的可以用金钱计量的利益，即物质(财物)性利益。[②] 第三种观点认为，贿赂不限于财物和财产性利益，还包括非财产性的不正当利益，包括可以满足人的精神和物质欲望的非财产性的权利和利益，如性交、出国留学、安排工作、提职提级等。[③] 我们认为，上述观点的争论其实是法律实

① 参见孙谦主编：《国家工作人员职务犯罪研究》，法律出版社 1998 年版，第 90 页。

② 参见陈兴良主编：《罪名指南》，中国政法大学出版社 2000 年版，第 1522 页；刘家琛主编：《刑法分则及配套规定新释新解》，人民法院出版社 2000 年版，第 3181 页。

③ 参见陈立：《贿赂应包括非财产性利益》，载《法学杂志》1988 年第 1 期。

然与应然的冲突。从目前的刑法规定来看，受贿罪的犯罪对象应只限于财物，而不包括财产性利益和其他非财物性利益。主要理由是：首先，从我国对受贿罪的立法传统来看，将贿赂界定为财物具有法律规定的一贯性。我国古代法律明确规定贿赂为财物，如唐宋明清的刑律都把官吏受贿（包括受财枉法、受财不枉法）视为赃罪，并实行"计赃论罪"的原则，这里的赃指的就是财物，即以受贿人收受财物的数额来定罪量刑。不仅古代如此，新中国成立后，人民政府颁布的惩治贪污条例，也都把收受贿赂作为贪污行为的一种形式加以规定。例如1952年《中华人民共和国惩治贪污条例》规定受贿以贪污论，其对象是金钱、财物。1979年刑法将受贿罪的犯罪对象规定为"贿赂"，并规定"赃款、赃物没收，公款、公物追还"。可见，贿赂指的也是"财物"。1988年的《关于惩治贪污罪贿赂罪的补充规定》（下称《补充规定》）及1997年刑法则进一步将受贿罪的犯罪对象明确为"财物"。其次，1997年刑法的起草讨论过程中，不少人提出将贿赂的范围扩大至财产性利益，如实践中常见的无偿提供劳务、免费提供某种资格、长期借用财物等，但修订刑法没有采纳该意见。[①] 可见，没有将财产性利益和非财产性利益纳入贿赂的范围并不是立法的疏忽，刑法将贿赂限定为财物的态度是明确的。因此，在立法对此未作进一步修订前，司法实践中应将贿赂的范围严格把握在"财物"内，限于金钱和物品，包括各种现金和财产凭证，如有价证券、提货单、银行存单、支票、汇票、股票等，以及各种动产和不动产。

但在区分财物与财产性利益时，应注意将变相收受财物与收受财产性利益区别开来。现实生活中，受贿人索取、收受他人财物的方式是多种多样的，有的是赤裸裸地收人钱财，有的则很隐蔽、很间接，如设定债权、免除债务、支付消费款等。如某工商局长因买房向某私营企业主借款20万元，后该局长帮该私营企业主在不符合条件的情况下办理了企业年检事宜，该私营企业主将其20万元债务免除以示感谢。该免除行为不是非财产性利益。就该私营企业主而言，只是用原来借给工商局长的20万元代替本应交付的"酬谢费"20万元，虽然没有现钱现物的交接，但该工商局长通过债务免除间接地取得了财物，只是交付财物的方式不同而已，其行为就是一种变相受贿罪。类似的变相贿赂行为还包括代缴保险费、直接出资安排旅游度假、直接出资提供劳务（例如帮助装修房屋）、提供车辆或别墅供国家工作人员使用[②]、在玩麻将时有意

---

① 参见敬大力主编：《刑法修订要论》，法律出版社1997年版，第210页。

② 其数额计算方法可以根据车辆折旧和房屋的租金计价。

输钱让国家工作人员得利以及出资安排国家工作人员到娱乐场所进行色情消费等等(但如果不是直接出资,而是对方亲自提供性服务或是安排国家工作人员到其开办的娱乐场所进行色情消费则不宜认定为变相受贿)。

当然,我们否认现行刑法受贿罪中“财物”的范围包括财产性利益和其他非财产性利益,并非反对将有关利益列入“贿赂”范畴通过刑法予以规范,相反,从有效打击腐败犯罪、切实维护国家工作人员职务行为廉洁性的角度出发,将贿赂范围扩大至财产性利益以及提供女色、升职提级等非财产性利益,从而加大对受贿犯罪的打击力度,有其必要性和可行性,①但这只能通过立法解释或修订刑法予以解决。

4. 行为人必须有为他人谋取利益的行为

将为他人谋取利益规定为受贿罪的构成要件始于1985年最高人民法院和最高人民检察院的《关于当前办理经济犯罪案件中具体应用法律的若干问题的解答》,此前1979年刑法并无类似规定。此后,1988年的《补充规定》在受贿罪的概念中也提到为他人谋取利益,将之与非法收受他人财物的受贿行为联系在一起。1997年刑法第385条在受贿罪的罪状中也规定,非法收受他人财物必须同时具备为他人谋取利益行为,而对索取财物则没有相应要求。可见,在非法收受他人财物式受贿中,为他人谋取利益是犯罪的构成要件。那么,为他人谋取利益在受贿罪构成要件中居于何种地位,司法实践中应如何理解把握?对此,我国刑法学界存在不同观点。第一种观点为“客观要件行为说”,认为“为他人谋取利益”属于受贿罪的客观要件,在非法收受他人财物式受贿中必须同时具备为他人谋取利益的实际行为才能构成犯罪。在此基础上,有学者认为刑法上的故意行为大多有一个从开始作准备、着手实行到最终完成的过程,因此,只要行为人实施了为他人谋取利益的准备行为,无论最终是否真正实行或完成,都可认定具备“为他人谋取利益”之要件。② 第二种观点为“主观要件说”,认为“为他人谋取利益”属于受贿罪的主观要件,是行贿人与受贿人之间货币与权力互相交换达成的默契,就受贿人而言,只是对行贿人

① 从多数国外的立法例看,对受贿罪主要是根据受贿行为的不同情况作为设定罪名的依据,并不以受贿数额作为依据。参见陈立:《贿赂应包括非财产性利益》,载《法学杂志》1989年第4期。

② 参见刘明祥著:《如何认定受贿罪“为他人谋取利益”》,载《检察日报》2003年6月27日第3版。

请托的一种心理态度。[①] 第三种观点为"客观要件许诺说",认为"为他人谋取利益"属于客观要件,但该行为包括许诺、实施和实现三种前后相续的阶段性行为,只要有其中任何一种行为,就具备了为他人谋取利益之要件。而且许诺既可以是明示,也可以是默示。这是目前的主流观点。[②]

我们认为,从刑法第 385 条"非法收受他人财物,为他人谋取利益"的表述方式,只能理解为客观要件的表述方式。纵观中外刑事立法体例,对主观要件的表述一般均采用"故意"、"过失"、"明知"、"意图"、"以……为目的"、"预谋"等方式。[③] 而且从 1989 年 11 月 6 日最高人民法院和最高人民检察院的《关于执行〈关于惩治贪污罪贿赂罪的补充规定〉若干问题的解答》及 1999 年 8 月 6 日最高人民检察院的《立案标准》的规定来看,也是将其作为客观要件来对待的。但是若将为他人谋利理解为客观要件,在实务中有时确实存在令人费解之处。例如,如果行贿人所谋取的是行为人应为之职务行为,行为人收钱后为该职务行为则构成犯罪,而若行为人收钱后应为而不为反而不构成犯罪,这岂不很滑稽,而且还可能放纵一些收钱后还未及为他人谋利的受贿行为人。因此,从现有的立法规定及有效惩治受贿犯罪的角度出发,"客观要件许诺说"相对可行。它既可以克服收受行为完成而不为他人实施应为的职务行为反不构成犯罪的理论尴尬,同时也可以避免对意图而尚未实际实施谋利行为的行为人的放纵,而且表面上也符合刑法的规定。但深究起来,"客观要件许诺说"也有其不足之处。该说认为,为他人谋取利益的许诺既可以是明示,也可以是默示。对于他人提出的利用本人职务之便为其谋取利益的要求,既未明确表示同意,又未明确表示拒绝的,应视为默许对方的要求。也就是说,如果行为人收受他人财物并只需没有明确拒绝他人谋利请托的,便构成受贿罪,而不论行为人内心是否真正意图为他人谋利。但相当部分的该说支持者又认为,行为人以允诺为他人谋利为条件收受他人财物,没有也不打算为其谋取利益的,不构成受贿罪,而是诈骗罪。[④] 这明显前后矛盾。而另一部分该说支持者认为,承诺后未实施为请托人谋取利益的行为,分不清究竟是条件不成熟还是根本

---

① 参见王作富、陈兴良著:《受贿罪构成新探》,载《政法论坛》1991 年第 1 期。

② 参见刘光显、周荣生著:《贿赂罪的理论与实践》,人民法院出版社 1993 年版,第 82 页;刘守芬主编:《刑法学概论》,北京大学出版社 2000 年版,第 573 页。

③ 参见苏文革著:《受贿罪客观要件之研究》,载《刑事法判解》第 5 卷,法律出版社 2002 年版,第 101 页。

④ 参见刘光显、周荣生著:《贿赂罪的理论与实践》,人民法院出版社 1993 年版,第 79 页。

就不想实施，既然进行了承诺，又收受了财物，就应推定其准备实施，构成受贿罪。[①] 这固然免去了证明行为人内心真实意图的麻烦，但这种“推定”是否符合罪刑法定原则和主客观相一致原则，值得怀疑。还有部分该说支持者认为，利用职务上的便利为他人谋取利益的许诺既可以是真实的，也可以是虚假的，只要许诺的内容与国家工作人员的职务有关联，虚假的许诺也成立为他人谋取利益之要件。[②] 依据该观点可推出，为他人谋取利益要件的成立，既无须客观之行为（默示即可），亦无须主观之意图（虚假亦可），只要他人对其职务行为有所求，行为人不明确表示拒绝就够了。那么，立法还有什么必要多此一举将之规定为受贿罪构成要件呢？可见“客观要件许诺说”同样不能根本解决为他人谋利之要件的立法规定与司法实践之间的矛盾。我们认为，对此问题的根本解决应是取消谋利行为作为受贿罪的犯罪构成要件，只要行为人的受贿行为与其职务具有关联即可构成受贿罪，至于行为人受贿后利用职务便利实施谋利行为则可分别以违背职务的谋利与不违背职务的谋利作为受贿罪的加重类型进行规定（多数国家有关受贿罪的规定都是采取这种立法模式）。但在我国立法机关尚未对之修改前，司法实践可以先按照“客观要件许诺说”来执行，即不论行为人是否实际实施为他人谋取利益的行为，也不论为他人谋取利益是否实现，只要行为人许诺为他人谋取利益，就可以认为该要件成立。

二、受贿罪主观要件的认定

受贿罪的主观方面表现为直接故意，即行为人明知利用职务上的便利索取财物，或者收受他人财物为他人谋取利益的行为是一种具有社会危害性的不法行为，而仍然决意为之。行为人必须认识到自己索取、收受的财物的贿赂性。若误贿为礼，则是认识错误。例如，行贿人有事，先不请求，先行感情积蓄，以礼代贿，名礼实贿，而收受人真诚以为是礼，则缺乏受贿的认识因素。反之，若误他物为贿赂，同样是认识错误。例如与财人仅是为了获得指控的证据而故意与财，而行为人却以为贿赂而收之，尽管行为人具有接受贿赂的意思，但他人所交付之物并非出于行贿的意思，其物并非贿赂，自无收受贿赂实现的可能。因此，这种收受贿赂的意思是毫无意义的，仍是缺乏认识因素。所谓认

① 参见范春明著：《贪污贿赂犯罪的法律适用》，人民法院出版社2001年版，第83页。

② 参见刘家琛主编：《刑法分则及配套规定新释新解》，人民法院出版社2000年版，第3181页。

识贿赂性，就是认识到收受的财物是有关其职务行为的不正当报酬，与职务行为存在着对价关系，亦即认识到所索取、收受的贿赂必须以其一定的职务行为作为相对给付。当然，对这种对价关系(或曰相关关系)的认识，只需就其职务范围概括地确定即可，不要求对职务行为的种类与内容作具体而详细的确定。

行为人对于贿赂具有认识后，在其认识的基础上，便形成其意志因素。认识因素是意志因素的基础，犯罪故意的决意就是在认识因素的基础上，行为人不顾必然或可能引起危害后果的现实而仍然决定去实施达到其犯罪目的所必须实施的行为。在受贿罪中，行为人的犯罪目的是获取贿赂，只有索取或收受财物的行为是行为人为达到其犯罪目的所定然要实施的行为。至于为他人谋取利益的行为，并不必然影响犯罪目的的达到。在现实生活中，也存在“收钱不办事”、“榨干了事”或者“收钱不马上办事”的现象。从刑法保护法益的角度来看，只要行贿人为买“权”送“钱”，而受贿人明知该“钱”的性质而仍然决意收取，就已侵犯了刑法所保护的法益——国家工作人员职务行为的不可收买性和职务行为的廉洁性，而不管受贿人是否实施了为他人谋取利益的行为。为他人谋取利益在受贿故意中只是认识因素的内容，而不必然是意志因素的内容。

对于事先没有约定而事后受贿的情况，有论者认为，由于行为人主观上虽有收受财物的故意，客观上也有事后受财的行为，但没有以为他人谋取利益作为交换条件而收取他人财物的故意，因此不构成受贿罪。[①] 我们不同意这样的观点。在此种情况下，行为人在认识因素上对于所受财物与其先前谋利行为之间的关联性与对价性是有明确认识的，只不过不具备在贪利心理支配下而为他人谋取利益的决意，但不能因此否认其受贿故意。行为人明知他人送的财物是对自己曾利用职务便利为其谋取利益的报酬，而仍决意接受财物。虽然根据故意犯罪的理论，主观故意应当与客观行为的发生具有同时性，事前故意与事后故意都不构成犯罪，但是收受型受贿罪在客观方面具有特殊性，它是由收财行为与为他人谋利的行为构成的复行为，受贿行为人的主观故意只要发生在这两种行为中任何一种行为的实施过程中都可以认定故意与行为具有同时性。事后收受型受贿是谋利在先，收财在后，行为人在收受财物时的主观故意呈现“历时性”，即存在一定的时间间隔，但是只要行为人认识到所收受的是对其实施在先的职务行为的回报，以其先前的职务行为具有对价关系，就表明行为人具有受贿的主观故意。如前所述，为他人谋取利益之决意的有无

① 参见陈兴良主编:《罪名指南》，中国政法大学出版社 2000 年版，第 1525 页。

不必然是受贿故意意志因素的内容，此时行为人的主观犯意集中体现在其接受贿赂时的心理状态，即明知是先前谋利行为的对价物仍然追求收受该贿赂的结果。因此，我们认为，只要能证明行为人明知所受财物与先前谋利行为的关系，即使行受贿双方事先没有约定，也可以构成受贿罪。我们还有必要指出的是，严格而言，事后受贿的表述并不准确，只是一种约定俗成的提法，如果将"事"理解为实行行为，则受贿罪的实行行为包括谋利行为和收受财物两种行为，在收受财物时存在故意实乃事中故意，非事后故意也。

至于行为人有意造成引起行贿的环境和状态，使对方误认为只要行贿便可达其目的，从而提供贿赂，行为人则将对方所提供的贿赂上报，以表示自己的廉洁，以及行为人企图利用职务之便为其亲友谋利，却并不想借此索取、收受任何财物或其他利益，则可认定为行为人本无收受贿赂的决意，不符合受贿罪的主观要件。

三、受贿罪共同犯罪的认定

从刑法理论上看，受贿罪作为一种故意犯罪，它与其他许多故意犯罪一样，存在着共同犯罪。但是，受贿罪是身份犯，它以国家工作人员作为特殊主体，非国家工作人员能否与国家工作人员一起构成共同受贿犯罪，理论界存在着肯定说与否定说两种观点。① 其中肯定说是目前通行的观点，司法实践也是按肯定说观点适用法律的。我们也同意肯定说的观点，即非国家工作人员虽然不能单独构成受贿罪，但可以与国家工作人员一起构成共同受贿犯罪。

在共同受贿犯罪中，犯罪实行行为只能由国家工作人员实施，非国家工作人员不能成为共同受贿犯罪的实行犯，而只能是教唆犯或帮助犯。对这一问题，部分学者持有否定观点。他们认为，不具有国家工作人员身份的人也能实施共同受贿犯罪的实行行为，成为实行犯。② 其立论根据主要包括三点：一是受贿罪客观要件的行为是由数个行为组合而成的复合行为，可以由国家工作人员和非国家工作人员分别实行。③ 二是利用职务之便为他人谋取利益与索

---

① 参见赵秉志、许成磊著：《贿赂罪共同犯罪问题研究》，载于《国家检察官学院学报》2002 年第 10 卷第 1 期。

② 参见冯殿美著：《论受贿罪的共同犯罪问题》，载《刑法热点疑难问题探讨》，中国人民公安大学出版社 2002 年版，第 1087 页。

③ 参见姜伟、侯亚辉著：《共同受贿犯罪若干问题探讨》，载《中国刑事法杂志》2002 年第 2 期。

取或收受财物两部分行为之间不可分割，当非国家工作人员实施索取或收受财物行为而不能认定是一种实行行为时，将造成共同受贿犯罪不能认定。三是受贿罪构成行为是由“收受他人财物”的原因行为和“利用职务便利为他人谋利”的结果行为两个实行行为构成的，其中结果行为有特殊身份要求，只能由国家工作人员实施，而原因行为则无特殊身份要求，既可由国家工作人员本人实施，也可由不具有国家工作人员身份的人实施。因此，非国家工作人员和国家工作人员都可成为受贿罪的实行犯。①

我们不同意否定说观点。首先，刑法之所以规定身份犯必须由特殊主体构成，是因为只有具备特殊身份的主体具有相关特定义务，其违反该特定义务就会造成特定法益的侵害，而不具备该身份的主体因不具有相关特定义务，其实施相同行为不会造成相应法益的侵害，因而不构成相关犯罪。受贿罪即如此，只有国家工作人员利用职务便利收取财物的行为才是法律规范的对象，而非国家工作人员因无特定义务，其收取财物的行为不具有刑法上的评价意义。其次，认为索取或收受财物行为没有特殊身份要求的观点完全错误。因为若非基于职务关系索取或收受财物，则该财物就不具备贿赂的特征，而职务关系正是基于特殊身份而产生的，因而索取或收受财物行为与为他人谋利行为一样有特殊身份要求。再次，非国家工作人员在实施索取或收受财物行为的情况下，必定有相应职务的国家工作人员的委托、暗示或默许，而这种基于该国家工作人员的行为意思而为之的行为不是非国家工作人员的实行行为，而是替该国家工作人员实行的一种行为，是帮助行为。因此，共同受贿犯罪中实行行为具有特定性，只能由国家工作人员实施。

还有学者提出共同受贿具有贿赂物的整体性和共同占有性特征，即共同受贿的财物是作为整体由数人或一人收受共同占有的，如果分别收受和占有请托人贿赂物，应属单独受贿而非共同受贿。我们也不同意此种观点，只要各行为人具有共同的受贿故意，又共同实施了谋利行为，即使是分别收受和占有请托人贿赂的，也应认定为共同受贿犯罪。例如甲利用职务之便为请托人丙谋利，但仅凭甲的职务之便无法遂成丙的利益，请托人丙将行贿款 50 万元交给甲，让甲转交 20 万元给帮助为丙谋利的乙。这种情况属于典型的共同受贿，毋庸置疑。但如果甲和乙是分别从丙处取得相应贿赂款，而彼此同谋为丙谋利乃无碍于受贿共犯的成立。

---

① 参见朱旭光、杜志宏著：《论受贿罪共犯的认定》，载《刑法热点疑难问题探讨》，中国人民公安大学出版社 2002 年版，第 1107 页。

国家工作人员之间互相勾结共同受贿的，根据受贿构成要件和共同犯罪理论进行认定，并无困难。但司法实践颇感为难的是国家工作人员与非国家工作人员之间互相勾结共同受贿犯罪的认定问题，有必要作些探讨。

1. 国家工作人员与公司、企业人员共同受贿的认定

刑法将公司、企业人员利用职务上的便利，索取他人财物或者非法收受他人财物，为他人谋取利益的行为从受贿罪中剥离出来，单独规定为公司、企业人员受贿罪。根据刑法第163条的规定，公司、企业人员受贿罪与一般受贿罪的构成是有所不同的。从刑法规定上看，两罪存在以下区别：第一，主体不同。公司、企业人员受贿罪的主体是非国有公司、企业中不具有国家工作人员身份的工作人员；而受贿罪的主体是国家工作人员。第二，客观方面表现有所不同。公司、企业人员受贿罪明文规定必须数额较大才构成，且索取贿赂也必须以为他人谋取利益为要件。另外，公司、企业人员受贿罪的利用职务之便不包括间接利用职务之便的情况。而受贿罪没有明义规定必须数额较大，且索取贿赂不要求为他人谋取利益。另外，受贿罪的利用职务之便包括间接利用职务之便的情况。尽管两罪的区别明显，但是司法实践中经常遇到国家工作人员特别是国有公司、企业委派到非国有公司、企业中从事公务的人员与公司、企业人员共同受贿的案件，对此如何认定需要研究。

我们认为不能简单地认定为受贿共犯或是公司、企业人员受贿共犯，而应区分不同情况作出正确认定。第一种情况是：国家工作人员与公司、企业人员互相勾结共同受贿，其中一方没有利用本人职务上的便利的，虽然行为人具有特定的身份，但对于共同犯罪的性质并无影响，此时应以实行犯的犯罪性质，即上述人员中利用职务便利实施的犯罪的性质认定为受贿罪或者公司、企业人员受贿罪。第二种情况是：国家工作人员与公司、企业人员相勾结共同受贿，仅由国家工作人员利用职便，而公司、企业人员不知其具备国家工作人员身份的，该公司、企业人员不宜认定为受贿共犯，而应在各共同犯罪人主客观方面重合部分认定为公司、企业人员受贿罪共犯，[①]在此基础上，该国家工作人员可以按照想象竞合犯处理，以受贿罪定罪处刑。第三种情况是：国家工作人员与公司、企业人员相勾结共同受贿，但只是各自利用了自身职务上的便利，并没有行为上的分工协作的，这种情况实际是两种不同身份人的行为都具有实行行为的性质，应分别定罪为宜。但应结合各自在共同犯罪中所处的地位和作用，在各自的法定刑幅度内作出适当处理，这样可以更好地体现罪责刑

① 参见张明楷著：《刑法的基本立场》，中国法制出版社2002年版，第273～284页。

相适应的要求。第四种情况是:行贿人请托事项需要国家工作人员和公司、企业人员不仅利用各自的职务便利,而且需要利用对方的职务予以协同,而国家工作人员和公司、企业人员不仅各自利用自己职务上的便利,还利用了对方职务上的便利。此时,各行为人的行为既可看作是受贿罪共犯,也可以认为是公司、企业人员受贿罪共犯,可以按照想象竞合犯的处理原则,从一重罪处断,即以受贿罪共犯处理。①

2. 国家工作人员与其他非国家工作人员共同受贿的认定

如前所述,国家工作人员与无特殊身份的非国家工作人员共同受贿的,利用职务之便的国家工作人员是实行犯,非国家工作人员只能是教唆犯或是帮助犯。司法实践中大多为国家工作人员与其家属、情人或好友互相勾结伙同受贿,主要有以下形式:一是非国家工作人员与国家工作人员共同商议、策划利用后者职务之便为他人谋取利益,索取或收受他人财物,前者参与传递信息、接受财物,或者事后帮助转移财物,毁灭罪证,掩饰罪行的,国家工作人员为实行犯,非国家工作人员为帮助犯;二是非国家工作人员以劝说、开导、督促、唆使、威逼等方式教唆国家工作人员索贿受贿,或者既唆使又帮助其接受财物,国家工作人员因其教唆而产生或坚定其受贿犯罪意志,在其帮助下进行受贿犯罪的,国家工作人员为实行犯,非国家工作人员是教唆犯又是帮助犯;三是国家工作人员利用职务之便为他人谋取利益,指使、暗示非国家工作人员索取或收受他人财物,后者在明知贿赂性质的情况下,仍为其实施索取或收受行为的,或是非国家工作人员索取或收受他人财物,并将收受情况及他人请托事项告知国家工作人员,后者表示同意的,构成共同受贿犯罪,国家工作人员为实行犯,非国家工作人员为帮助犯。但如果非国家工作人员在不知情的情况下,代为收受或转交贿赂,或是国家工作人员指定行贿人将财物送给与其有关系的非国家工作人员,非国家工作人员不知该财物的性质,或虽然预见到财物性质但与该国家工作人员没有任何沟通联系而予以收受的,不宜认定为共同犯罪,因为此时双方没有形成主观上的共同故意,只能认定该国家工作人员单独构成受贿罪。

这里需要研究一种情况,即国家工作人员教唆非国家工作人员以其职务关系为条件向他人索取贿赂,该国家工作人员既没有为他人谋取利益行为,也没有亲自实施索取或收受财物行为的,应如何认定?刑法学界存在三种观点:

---

① 参见赵秉志、许成磊著:《贿赂罪共同犯罪问题研究》,载《国家检察官学院学报》2002 年第 10 卷第 1 期。

第一种观点认为具有特定身份的人教唆没有特定身份的人实施因身份而构成的犯罪，两者已结为一体而取得该身份，因而非国家工作人员可以构成实行犯，国家工作人员为教唆犯。第二种观点认为此时国家工作人员构成教唆犯，非国家工作人员为帮助犯。第三种观点认为国家工作人员构成间接正犯，非国家工作人员构成间接正犯的帮助犯。我们不同意上述观点。如前所述，我们坚持非国家工作人员不能构成共同受贿犯罪的实行犯，而教唆犯和帮助犯是相对于实行犯而言的，在不存在实行犯的情况下，根本谈不上教唆或帮助。同时，间接实行犯之提出本是从反面否定共犯存在的理论，[①]被利用者不构成犯罪，而教唆者构成单独犯。因而上述三种观点很难让人信服。对这个问题应分两种情况来看：如果国家工作人员教唆无刑事责任能力的非国家工作人员向他人索贿的，非国家工作人员不构成犯罪，该国家工作人员为间接正犯，单独构成受贿罪；如果国家工作人员教唆有刑事责任能力的非国家工作人员，通过利用其职务关系强行索取他人财物，情节严重的，两者构成敲诈勒索罪共犯，非国家工作人员为实行犯，国家工作人员为教唆犯。因为无特定身份的非国家工作人员受到教唆，主观上产生了以利用国家工作人员职务便利使他人利益或不利益为由索取他人财物的犯意，客观上实施了相应行为，完全符合敲诈勒索罪的构成要件。

特别应该强调的是，对国家工作人员与其家属共同受贿的认定要谨慎从之。国家工作人员为他人谋取利益，由其父母、配偶、子女等家属索取或者收受他人财物，是司法实践中最为常见的一种共同受贿形式。由于在日常生活中联系紧密，同时具有建立在共同财产关系上的共同利益，决定了双方在共同犯罪故意贯通上的隐蔽易行，增加了相关证据的收集难度，造成双方共同受贿犯罪认定的复杂化。在认定此类案件时，既要考虑国家工作人员与其家属关系的特殊性，又要严格把握共同受贿犯罪的主观、客观构成要件，对于下列没有确切证据证明双方具有共同受贿故意的行为，一般不宜认定为共同受贿犯罪：(1)家属知道国家工作人员收受贿赂并共同开支，但没有具体的犯罪共谋行为，也没有具体帮助行为的；(2)国家工作人员为他人谋取利益，指使家属收取他人财物但并没告知财物性质，或是指定行贿人将财物送交其家属，该家属在不知情的情况予以收受的；(3)家属事前索取或收受他人财物后，要求国家工作人员为他人谋取利益但没告知其收取财物情况，或是家属要求国家工作

① 参见赵秉志、许成磊著：《贿赂罪共同犯罪问题研究》，载《国家检察官学院学报》，2002年第10卷第1期。

人员为他人谋取利益后，向他人索取或收受财物，该国家工作人员不知情的；①(4)国家工作人员知悉其家属接受财物后，要求予以退回，但其家属消极对待，该国家工作人员听之任之，以致未能退回的。

由于对国家工作人员与家属共同受贿取证极为困难，因而给众多行为人以可乘之机。特别是有些行为人与其家属事前订好攻守同盟，一旦案发，双方一口咬定，家属收受财物没有告知该国家工作人员，该国家工作人员并不知其家属收受了他人财物，自己为他人办事是出于公心。此时如果不能证明本人确实知道，或者其家属确实告知了收受财物等情况，不仅难以认定双方构成共同受贿，而且由于为他人谋利与收受财物行为分离，也无法认定该国家工作人员单独构成受贿罪。有部分学者主张，在国家工作人员及其家属共同受贿故意的认定上建立一种推定的证据制度，采取严格责任，如果国家工作人员为他人谋取了利益，其家属借此索取或收受他人财物，就可以推定该国家工作人员知道其家属收受财物的行为，没有必要再去证明是否存在同谋。这种证据制度的建立，虽然有利于打击此类犯罪，避免放纵犯罪分子，但却与以证据定罪的司法原则相悖，因此并不可取。鉴于此类情况的大量存在，建议从立法上对国家工作人员家属私自利用国家工作人员职务关系索取或收受财物的行为单独加以规范。

四、受贿罪认定应注意的问题

1. 受贿罪与贪污罪的界限

贪污、受贿形影不离，从形式上看确实也存在着许多共同点，如主体都是从事公务人员，客观方面都是利用职务之便，主观上又都具有贪利的动机等等。然而，受贿罪和贪污罪毕竟是两种不同性质的犯罪，在表面的共性中，仍存在明显的个性。

(1)受贿罪和贪污罪的主体固然都是从事公务人员，但各自的内涵不尽相同。成为受贿罪主体的从事公务人员，要求具有可利用于为行贿人谋利的职务或职权。而成为贪污罪主体的从事公务人员则必须具有可利用于直接占有

---

① 但是如果国家工作人员家属，假称可以通过其与国家工作人员的特殊关系，劝说国家工作人员为他人谋取利益，在国家工作人员不知情的情况下收受他人财物的，符合诈骗罪的构成特征，应以诈骗罪论处；如以对他人实施威胁或要挟的方法强行索要财物的，应以敲诈勒索罪论处；如假冒国家工作人员身份，骗取他人财物的，应以招摇撞骗罪论处，不构成共同受贿犯罪。

公共财物的职务或职权。从外延来讲，前者宽于后者。无论哪一种职务、职权，只要别有用心，便有机可乘，均可利用于同行贿人做“以财物枉法相谢”的交易。但要直接占有公共财物，则必须担任主管或经管财物的职务，或拥有主管或经管财物的职权。

(2)利用职务之便的方式不同。贪污罪的利用职务之便是利用主管或经管财物之便，非法占有自己主管或经管范围内的公共财物，其利用职务之便是用于直接满足私利。而受贿罪的利用职务之便是用于为行贿人谋利，作为交换条件，再从行贿人那里获得利益，其满足私利的方式是间接的，满足行贿人的利益才是直接的。因此，受贿罪的利用职务之便，可以是作为，也可以是不作为。如海关人员故意不履行检查工作，以此方式为走私犯谋利，从而收受贿赂。而贪污罪的利用职务之便则一定是积极的作为，即行为人积极作出职务不允许的非法占有公共财物的行为。

(3)所占有的财物的来源不同。贪污罪因为是利用自己主管或经管本单位财物的职务或职权非法直接占有财物，所以其所占有的财物只能是其主管或经管的，属于本单位的，或受其直接管辖的单位和部门的公共财物。而受贿罪所获取的财物，不管是私人财物还是公共财物，都不能是受贿方本单位的财物。也就是说，受贿方所在单位在财产上不能有直接损失，受贿方占有的财物只能属于行贿方(单位或个人)，是行贿方作为交换代价自愿付出的。行贿方不可能用受贿方的财物来换取受贿方提供的利益，否则就不成其为“交易”，谈不上“以利换权”，而成为内外勾结的共同贪污犯罪。

分辨占有物的来源，对于区别那种内外勾结的贪污罪与受贿罪的界限很有效。如有些犯罪分子采取签订假合同、开假提货单或利用回扣形式把大量公共财物先转手给与其勾结的同伙，然后再共同分赃。从形式上看，犯罪分子利用了职务上的便利，为对方谋利，因而从对方获取财物，似属受贿。但实质上则是利用职务之便侵吞了本单位的公共财物，只是在形式上采取了迂回的方式。犯罪人占有的财物实际上乃是本单位的财物，而不是与之勾结的对方(单位或个人)的财物。从占有财物的来源便可认定此类案件属贪污罪而不是受贿罪。①

这里有必要根据上述提出的分辨占有物的来源来对司法实践常见的收受回扣的行为进行定性。根据我国刑法的规定，在经济往来中，违反国家规定收受各种名义的回扣，手续费归个人所有的，以受贿罪论，这一规定，在理论上称

---

① 参见陈立:《对受贿罪几个问题的再研究》，载《政治与法律》1991 年第 4 期。

为经济受贿。回扣,是指在商品交易或劳务买卖中,卖方从收取的价款中返还还给买方或卖方经办人的款项。回扣既可以存在于商品交易中,也可以存在于劳务买卖中,根据占有物来源论,可以把回扣区分为两类,即属于受贿性质的"回扣"和属于贪污性质的"回扣"。

一是买卖双方以正常的价位成交,从自己所得的价款中抽出一部分返还给买方或买方经办人,这部分价款是卖方应得的,因此从这部分价款中抽取的作为回扣的部分,其所有权也应当归属于卖方,其给或不给的控制权也掌握在卖方手中,这种情况下,买方或买方经办人如获取非法所得的回扣款,便是收受"他人"财物,则其行为可能构成受贿罪,而不构成贪污罪。

二是买卖双方恶意串通,以明显高于市场价格的价位成交,然后卖方按照双方约定从中抽取一部分返还给买方或其经办人,这种回扣是一种价外回扣,其实质是,买卖双方合谋将本属于买方的价款变相地拿了出来,使买方向卖方多支出一部分价款,这部分多支出的价款所有权应当归买方,遭受损失的也是买方。因此,这种情况下双方合谋行为是一种特殊的贪污共同犯罪,即内外勾结的贪污犯罪,而不再是受贿罪。

因此,对于收受回扣行为的性质,不能一概而论。要注意区分受贿性质的回扣和贪污性质的回扣,所以,从回扣的角度看,如果买卖双方是以明显高于市场价格的价位成交,行为人收受的回扣便是卖方按约定从货款中抽取的一部分,是行为人在故意提价的前提下收受的价外回扣,实质是非法占有其所在单位多支出的但仍属本公司所有的价款。这种回扣属贪污性质的回扣,其行为应当认定为贪污罪而非受贿罪。

2.受贿罪与国家工作人员利用工作便利从事中介收取报酬的界限

国家工作人员利用工作之便从事中介而收取报酬违背了有关供给工作人员不得经商的禁止性规定,其行为是非法的,严重的要给予行政处分并没收非法所得,不能将之按照受贿罪认定。但两者的界限很容易混淆,必须注意区别,我们以一案例加以说明。某市甲公司为从农行某分理处申请一笔贷款,同意进行"以存定贷"活动,并委托时任该市农行某分理处副主任的被告人柳某联系存款事宜。柳某遂向甲公司提出利息差,得到甲公司的同意。于是,柳某先后找到乙公司等三家单位拉存款,并告知可获利息差。乙公司等三家单位将所需利息差数报给柳某,柳某为个人从中捞取好处,在乙公司提出的月利率5.85‰利息差的基础上私自增加3‰的利息差。之后,柳某隐瞒真相向甲公司财务部经理樊某称乙公司提出的利息差按月率8.85‰计算。樊某经请示公司领导后表示同意。乙公司将300万元人民币定期一年存入某分理处。于是甲公司从某分理处获得贷款700万元人民币。甲公司从账上转出31.86万元人民币到该分理处储蓄所，用以支付乙公司8.85‰的利息差。柳某便将该笔款转入以“张悦”开户的活期存折中。之后，柳某除将22.06万元人民币付给陈某作为甲公司支付给乙公司5.85‰的利息差外，将剩余的10.8万元人民币占为已有，用于个人装修房屋等。案发后，柳某亲属为其退出全部赃款。

对此案，认为柳某的行为已构成受贿罪的理由是：甲公司支付“利息差”具有行贿的故意，甲公司在整个贷款过程中，只与柳某发生单线联系，与乙公司等存款单位无任何接触，其在同意支付“利息差”时完全是出于一种概括的、放任的行贿故意。同时，柳某具有索贿的故意和行为。在甲公司与柳某商谈贷款事宜的过程中，柳某主动提出要补利息差，其后利用“利息差”点数形式索要个人好处。柳某身为国家工作人员，在贷款业务中，向贷款方索要利差实际上已构成索贿行为。我们不能同意这种观点。

首先，行贿人行贿的故意应该是一种直接故意，不存在间接故意的形式。甲公司在支付利息差时并未存在行贿的故意。行贿表现为直接故意，即明知自己的行为是收买国家工作人员利用职务上的便利为自己谋取利益，而实施该种行为。本案中，甲公司和柳某之间并未言明利息差如何分配，虽然甲公司可能知道柳某会借机捞取好处费。但是也不能排除甲公司认为柳某是纯粹为单位开展业务的可能。因为甲公司对柳某的后续行为并不关心，即不关心利息差归谁所有。又由于甲公司没有直接和几家存款单位接触，所以即使可以猜测到柳某会从中渔利，但对柳某会从中获得多少利息差，甲公司无从知道，也从未打探过。总而言之，甲公司对柳某有没有从中谋利和谋利多少都并不能确实知道。如果甲公司以为柳某并未从中得到好处，那么该公司就可以完全排除行贿的意图。如果在本案中非要给柳某定受贿罪，而与柳某相“对合”的甲公司的行贿故意还不能确定，无疑是不合逻辑的。受贿与行贿是相对应、相互依存的（虽然不必同时构成犯罪），如果无法查实甲公司的行贿故意，也就不能认定柳某的受贿故意。

其次，柳某在本案中也不存在利用职务之便为他人谋取利益的行为。持柳某构成受贿罪的观点认为，柳某利用负责农行某分理处全面工作的职务之便，为乙公司谋得高于正常存款利率5.85‰的利息差，为甲公司谋得700万元的农行贷款。离开柳某的职务之便，存贷双方的利益都无法取得。但是我们认为，柳某只是利用其长期经办存款和贷款业务而熟悉诸多客户的机会，熟悉工作圈子里的人和事。她能够找到存款单位，这是利用她广泛的人际关系寻到的。柳某充其量是利用工作上的便利。利用工作上的便利，只是利用从事某种工作而产生的方便条件，与职权无关。如果在这个案件中柳某利用的是职务之便，则事实应该是这样的：柳某在收受甲公司的贿赂后，利用其有决定发放贷款的权力，将贷款发放给甲公司。但事实并非如此。简而言之，柳某利用其工作上的便利取得好处费，但是并没有利用其职权之便，因而柳某不构成受贿罪。当然，柳某的行为违反了行政法律的规定，其非法所得应该没收。

应该注意的是，对国家工作人员既利用工作便利又利用职务之便，即所谓"两利用"行为的认定：所谓"两利用"行为是相对于单一利用职务上的便利而言。司法实践经常遇到有些国家工作人员既利用工作便利又利用职务上的便利为他人谋取利益，索取或非法收受他人财物的案件，对此类行为应如何处理，司法实践感到特别棘手，处理各异。我们认为，如果行为人明显是利用职务上的便利和手段为他人谋取利益，从而索取、收受财物的，应以受贿罪论处。如果行为人索取或非法收受财物的行为既有利用工作便利的成分，又难以排除利用职务上的便利的情况下，则不宜认定其构成受贿罪。因为从行为的客观性质来看，受贿行为是一种典型的"权钱交易"，而"两利用"行为是利用职权与利用工作便利的混同。从行为人的主观心态来看，既有权钱交易的意思，又有利用工作便利实施中介收取报酬的意思。在这种情况下，认定受贿无疑是加重了被告人的刑事责任，使利用工作便利提供中介服务的报酬部分也按犯罪进行了处罚。因此在不能分清利用职务与利用工作便利的情况下，应依照疑罪从无的原则处理。

3. 受贿罪与收受馈赠的界限

区分接受馈赠与收受贿赂的界限关键在于对对象物的确定。馈赠与贿赂有着本质的不同。馈赠或者是亲朋故旧之间正常的礼尚往来，一般发生于佳节、喜日，或者是为资助有难者的慷慨解囊。贿赂则发生于平日不相往来，却有利害关系者之间，往往是背地里进行且礼出无名。馈赠没有任何虚伪和欺骗，赠与人是真心实意地把自己的财物给予对方，受赠人也表示乐于接受赠与人的财物。赠与人和受赠人之间是以平等的身份进行赠与和受赠的。赠与人不因赠与而高人一截，受赠人也不因接受赠与而低人一等，赠与人不向受赠人索取任何回报，受赠人也无须向赠与人支付任何代价。而贿赂则是行贿、受贿双方达成的一种不法交易，双方各有所求，各图其利，各自都希望从对方身上得到相应的回报。可见，为了表示情谊或为资助有难者的赠与，无不为之善。这与为收"夜雨"而放"春风"，为打"巧鸳鸯"而舍"金弹子"的贿赂行为不可相提并论。但现实生活中确有不少人为谋取私利也把贿赂行为冠以馈赠之名，明曰友谊，暗度陈仓，表面是"礼尚往来"，实际是"放长线，钓大鱼"。在馈赠的幌子下，进行着肮脏的讨价还价的交易，这尤其值得区分。在这种场合下，就得根据“受赠人”的职务内容、其职务行为与“赠与人”之间的关系、当事人个人关系的亲疏、所提供的利益的种类和数量、接受利益的经过等各种情况，来判断其是具有贿赂性还是真正属于朋友之间的礼尚往来。

朋友关系是现实生活中人与人在交往过程中所形成的一种较密切的关系，在朋友交往中也往往有一定的礼品馈赠。国家工作人员在生活中必然也会产生友情，也难免有礼尚往来，对其所收受的财物确实不能一概而论均认定为受贿，但也不能一概认定为是朋友间的礼尚往来。特别是当前“感情投资”的行受贿犯罪日益普遍，行受贿双方不仅在归案后辩解是朋友关系，即使在收受财物当时也是打着朋友的旗号行行受贿之实，对此类行为尤其应予注意，否则必然给行受贿犯罪留下逃避法律制裁的漏洞。现实生活中人们所说的朋友关系非常泛化，有的只要见一次面，双方就可以互称朋友，甚至称兄道弟，有的则有意识地建立所谓朋友关系，以此为借口大肆进行行受贿犯罪活动。这些所谓的朋友关系不能成为影响受贿犯罪认定的因素，否则所有的行受贿双方都可自称是朋友关系而不必承担法律责任，行受贿犯罪也就无从打击。影响行受贿犯罪认定的必须是人与人长期交往中形成的、不同于一般人际交往的具有较特殊感情的人际关系。区分到底是贿赂还是朋友关系、礼尚往来可以从以下几点进行考察：

一是要考察双方关系的基础。朋友关系并非无源之水、无本之木。真正的朋友关系应是基于长期的精神交往，至少是精神交往为主要方面，双方在精神生活方面存在一定的互相依赖，在长期的精神交往中，偶有物质上、生活上的交往，但不应介入权钱交易的因素。而行受贿案件中所称的朋友关系，往往建立于权钱交易的基础上。通过送钱送物等各种手段建立双方间所谓的私人交情，之后获得了非常明显的利益，而且这种利益的获得与交情对方的职务之便不可分离，这就属于感情投资型行受贿犯罪的典型表现。即使表面上存在特殊感情的朋友关系，但是在审视双方关系时，应该看到掩盖在所谓朋友关系之下的经济利益。二是要考察礼尚往来是否具有相当性。朋友关系中的所谓礼尚往来，是一种交往礼仪，互相往来的礼品一般价值相当，符合礼节习俗。两者之间所送财物的总体价值相当。若相差巨大，则应从中找寻权钱交易的本相。三是要考察双方对互相之间关系的性质是否心知肚明。当对方有求于己，而国家工作人员利用职权为之谋取利益，从中收受财物的，只要具有一般的认识能力，就完全能够认识到对方与其交往及其送财送物的主要意图。即使双方通过频繁的业务往来，确实也可能发展成一定的朋友关系，但是，这种朋友关系是依附于利益关系之上的，行为人主观上不可能不明白这种所谓朋友关系的实质。人的意识不可能脱离客观实际而存在，一方违背礼俗习惯不断送财送物与另一方利用职便为之谋取利益间的关系是显而易见、极易察觉的。

总而言之，当利益关系掺入某些朋友关系时，我们必须分析建立、维持双方关系的主要原因以及双方关系发展的主要原动力，要透过表面的朋友关系看到内在实质的利益关系。在当下物欲横流、利益冲天的社会情境下，对所谓的朋友关系、礼尚往来应从严把握。所谓朋友关系、礼尚往来，概念含糊、界限不明。受贿犯罪嫌疑人往往在案发后辩解是朋友间的礼尚往来，而所提出的朋友关系经常是模糊难辨、牵强附会，难以查证。所谓的回送财物的价值大部分也难以查证。若不从严掌握，容易模糊受贿罪的界限。我们认为，重要的是要抓住行受贿双方是否存在权钱交易的事实，对于在利用职权进行权钱交易过程中建立起来的所谓朋友关系，以朋友关系之名掩盖利益关系之实都应从严掌握。对于存在回送物品的情况，则应具体情况具体分析，如果在时间及因果关系上有一定关联性、价值上较为相当，可以认定该笔是礼尚往来而不予认定为受贿。除此之外，对收受的财物皆应认定为受贿，至于回送的财物价值可以在量刑时酌情考虑。

4. 离退休国家工作人员构成受贿罪的认定

司法实践中，离退休国家工作人员非法受财，主要有三种情形：第一种是在任职期间利用职务上的便利为请托人谋取利益，并与请托人事先约定，在其离退休后收受请托人财物的；第二种是在任职期间利用职务上的便利为请托人谋取利益，并未与请托人事先约定，在离退休后收受请托人财物的；第三种是离退休后，利用过去在职期间的社会关系发挥“余热”，通过其他国家工作人员的职务行为，为请托人谋取不正当利益，收受请托人财物的。对于第一种情形，2000 年 6 月最高人民法院《关于国家工作人员利用职务上的便利为他人谋取利益离退休后收受财物行为如何处理问题的批复》指出，应以受贿罪定罪处罚。这是“事后受贿”的一种形式，谋利与受财在时空上的分离并不能掩盖“权钱交易”的本质，批复的精神是正确的。至于第二种情形，既不同于第一种情形，也不同于一般在职国家工作人员的事后受贿，目前立法及司法解释尚无明确规定。根据罪刑法定原则，司法实践中不宜定罪处刑。但当前一些国家工作人员在退休前无论有无钱财约定均不惜滥用权力做“好人好事”，为请托人谋取不正当利益，在退休后对请托人答谢的财物心安理得地予以接受。对这些行为如果不予以刑事追究的话，不仅影响恶劣，而且会为犯罪分子规避法律提供借口，建议立法机关尽快加以完善。对于第三种情形，由于国家工作人员离退休后，就不再具备国家工作人员的主体身份，同时不再担任相关职务，不存在利用职务便利问题，因此也不构成受贿罪。只能通过党纪政纪进行规范，对其谋取的非法利益予以没收。但对已离退休的国家工作人员如受原单位或其他国有单位返聘、聘请并受其委派从事公务时，利用受委派从事公务的职务便利，索取或收受他人财物，为请托人谋取利益的，或是已离退休的国家工作人员与在职国家工作人员相勾结，伙同受贿的，则应以受贿罪定罪处罚。

图书在版编目(CIP)数据

经济犯罪理论与实务/陈立著.—修订本.—厦门:厦门大学出版社,2006.8

(厦门大学法学院刑事法学系列/陈立主编)

ISBN 7-5615-1117-5

Ⅰ.经…　Ⅱ.陈…　Ⅲ.经济犯罪-研究-中国　Ⅳ.D924.334

中国版本图书馆 CIP 数据核字(2006)第 089934 号

厦门大学出版社出版发行

(地址:厦门大学　邮编:361005)

http://www.xmupress.com

xmup @ public.xm.fj.cn

沙县方圆印刷有限公司印刷

2006 年 8 月第 2 版　2006 年 8 月第 1 次印刷

开本:787×960　1/16　印张:21.75　插页:2

字数:376 千字　印数:0001—3 000 册

定价:30.00 元

如有印装质量问题请与承印厂调换